U0456865

张国宝 著

光辉历程

中国发展改革40年亲历与思考

人民出版社

张 国 宝

目　　录

一、能源电力篇

二、装备制造篇

三、重大工程篇

六、访谈对话篇

一、能 源 电 力 篇

1. 当前能源形势"危"中之"机"

2. 有序推进水电又快又好发展

3. 福岛核电事故分析及中日核电站安全比较

4. 珍惜成就、坚定信心，夯实我国核电发展基础

5. 我国民用核技术发展任重而道远

6. "后福岛时期"能源政策观察

7. 重塑中的世界能源格局

8. 中国新能源成就令世界瞩目

9. 美国页岩气革命的蝴蝶效应

10. 能源改革不能言必称国际惯例

11. 正确发挥政府在新能源市场中的作用

12. 能源改革不能照搬西方国家做法

13. 中美能源没有根本利益冲突

14. 制约中国能源的几个关键问题

15. 政府最重要的作用是营造自由发展的社会氛围

当前能源形势"危"中之"机"[*]

这次国际金融危机波及范围之广、影响程度之深、扩散速度之快，超出人们的预料。金融危机对我国能源行业带来了严峻的挑战，也提供了难得的调整机遇。我们要按照党中央、国务院关于经济工作的决策和部署，审时度势，统筹规划，化"危"为"机"，变压力为动力，继续推动我国能源行业科学发展，为保持经济平稳较快发展提供坚实的能源保障。

一、"危"之表现

（一）能源需求下降

1. 电力需求下降。今年 1 至 11 月，全国全社会用电量 31531 亿千瓦时，同比增长 6.67%。10 月份单月用电量同比下降 3.7%，是自 1999 年以来首次单月用电量同比下降，而 11 月单月用电量同比下降幅度达 8.6%，国际金融危机和经济形势对国内经济的负面影响充分显现。

2. 石油需求下降。今年下半年，金融危机加剧，导致石油需求下降，经济合作与发展组织（OECD）国家原油库存迅速增加。2008 年 10 月底，其库存已足以维持 56.8 天的需求，远高于 4 年来的平均值。

---

* 本文是 2008 年 12 月 29 日张国宝发表在《人民日报》上的署名文章。

全球经济严重下滑导致全球原油需求下滑明显，从而油价受到空前的下行压力，目前进入市场的原油数量仍远超实际需求。根据 12 月 17 日欧佩克达成的减产新协议，该组织将减产 220 万桶 / 日。国内成品油需求也显著下降，成品油已由上半年的供应不足转为供应有余，一些地区已出现压库现象。

3. 煤炭需求回落。2008 年前三季度我国累计煤炭消费量 20.28 亿吨，同比增幅 5.7%，比上年全年回落 3.7 个百分点，预计全年消费量 27.4 亿吨左右，增长 4.5%，增幅比上年回落 5 个百分点。10 月，一改今夏煤炭供应紧张状况，全国煤炭社会库存 1.78 亿吨，比 7 月上升 29.9%；12 月初，全国煤炭社会库存已达 1.84 亿吨，而五大发电集团的库存煤达到 5000 万吨以上，创历史最高水平，电厂存煤天数也接近一个月。

（二）石油煤炭价格下行

1. 石油价格。由于经济衰退导致能源需求持续下降，12 月 24 日，纽约商交所 2 月轻质低硫原油期货合约价格跌至每桶 35.35 美元。从 7 月 11 日创下每桶 147.27 美元的历史最高纪录以来，国际油价已经累计下跌了 76%。

2. 煤炭价格。7 月以来，国际煤炭价格一路下滑。代表亚太地区动力煤现货价格的 BJ 指数 7 月 3 日创出 190.95 美元的历史最高点后快速回落，11 月 6 日 BJ 指数价格为 102.55 美元，4 个月内价格降幅近 100 美元。国内煤炭价格受需求持续减弱等不利因素影响，下降趋势不断加快。11 月 24 日，秦皇岛港发热量 6000 大卡 / 千克的大同优混平仓价为 680—700 元 / 吨，比两周前的价格下跌了 22%；发热量为 5500 大卡 / 千克的山西优混平仓价跌幅更大。

3. 煤化工和石化产品价格。9 月以来钢铁企业出现的大面积停产和减产，迅速传导并直接影响到焦炭行业，焦炭销售价格比 8 月份下降了 1000 元 / 吨左右。国内石油和化工产品市场价格继续大面积回落，石化协会跟踪的 168 种产品中 10 月份环比下跌的有 138 种，占 82.1%。以甲醇为例，10 月中旬价格跌破 2400 元 / 吨，10 月底跌至 2000 元 / 吨左右，生产企业基本处于亏损状态。

（三）能源企业经营困难加剧

1. 发电企业

由于经济下滑，电量需求降低，加上国内发电装机容量依然保持较快增长，导致发电设备利用率持续下滑。1 至 11 月份，全国发电设备累计平均利用小时为 4317 小时，比去年同期降低 269 小时。其中，火电设备平均利用小时为 4508 小时，比去年同期降低 326 小时。根据国家电网公司旬报，11 月份全国单月发电量比去年同期下降 7.13%，其中火电发电量同比下降 13.77%。以蒙西电网为例，11 月份蒙西电网最大供电负荷下降至 690 万千瓦，下降 38.2%。

受今年三季度前电煤价格上涨、金融危机导致电量需求下降等因素影响，发电企业的全行业亏损持续扩大。1 至 10 月份，五大发电企业集团合计亏损 268 亿元，而上年同期是赢利 283 亿元。

发电企业融资难度加大。直接融资方面，股市接连暴跌，市场信心低迷，企业通过发行股票融资渠道严重受阻；由于整体亏损，绝大部分发电上市公司已经失去公开发行股票融资的资格。间接融资方面，银行对亏损发电企业的资信审查日趋严格，融资难度进一步加大。

2. 石油石化企业

中国石油集团公司前三季度公司营业收入、上缴税费同比增长 42% 和 44%，但由于受炼油业务政策性亏损、上缴特别收益金和原材料价格上涨等因素影响，实现利润同比下降 28%。由于利润下滑，公司现金流呈现负增长。近期以来，国内成品油市场需求减少，销量大幅下降，库存不断上涨，主要炼油企业开始降低负荷生产；化工产品市场步入景气下行周期，价格大幅下滑，产品严重滞销，这些都严重影响了公司效益。

中国石化集团公司资产负债率在 60% 以上，现金流非常紧张。成品油市场开始出现萎缩，炼油产业出现政策性亏损，青岛大炼油厂投产 3 个月亏损 40 亿元。由于价格因素，走私活动猖獗，高价原油无法消化，严重影响了公司效益。

3.煤炭企业

以煤炭产业链较为完整的中煤集团为例，10 月份该公司主要核心业务收入分别比二、三季度收入水平降低 13.3% 和 10.3%，利润分别比二、三季度平均水平降低 32% 和 30%。

二、"机"之所在

此次国际金融危机对我国能源发展的影响是挑战与机遇并存，只要因势利导，应对得当，在危机和困难中抓住发展和调整的机遇，就能化不利为有利。金融危机使能源供需矛盾得到缓和，一直绷得很紧的煤、电、油、运矛盾得到很大缓解，为能源行业"休养生息"，解决一些深层次矛盾提供了重要机遇期；世界经济增长明显减速，造成国际能源资源和资产价格回落，为我们开发利用海外能源资源和提高科技实力带来了有利条件。我们要善于从国际国内条件的相互转化中用好发展机遇、从国际国内资源的优势互补中创造发展条件，更好利用国际国内两个市场、两种资源，扎扎实实办好自己的事情。

（一）积极拉动内需，加强能源基础设施建设

为应对金融危机，党中央、国务院出台了关于进一步扩大内需促进经济增长的十项措施。我们认真贯彻中央的决策部署，迅速开工建设重大能源项目，加大能源领域投资力度，提振信心，拉动内需。

一是加快核准和开工建设一批影响重大的能源项目。目前已经核准福建福清、浙江方家山、广东阳江3个核电站，西气东输二线东段工程，江苏溧阳抽水蓄能电站等重大项目。12月15日又启动建设宁东煤电化基地，同时开工8个煤炭、电力、煤化工项目，包括设计产能2200万吨的煤矿项目，440万千瓦坑口电站项目，一条1335公里的宁东至山东的±660千伏直流输电工程，还有一个全国建设规模第一的聚甲醛项目。这些工程投资巨大，对上下游产业带动大。初步估算，仅3个核电站10台百万千瓦级机组就涉及投资1200亿元；西气东输二线东段干支线全长5300公里，投资930亿元，仅钢材就需要400万吨，如考虑沿线城市内管线改造与建设，共能拉动投资3000亿元。

二是紧急下达中央安排的能源领域财政资金。今年第四季度中央财政在原计划基础上增加安排农村电网改造资金20亿元，城市电网建设资金20亿元，核电、风电装备国产化支持资金8亿元。电网资金、能源装备资金，在10天内都已经按要求、按标准下达。电网工程启动快、产业链长、带动投资作用明显。目前，硅钢片价格止跌回升，上涨了2.4%，就是输变电设备投资拉动的表现。

下一步，要加大对"短板型""欠账型""调整型"能源基础设施投入，增强能源产业的可持续发展能力和对经济社会发展的保障能力。要对优化能源结构意义重大、带动效应明显的核电项目、风电项目和大型煤炭基地建设，关系全局和战略安全的煤、电、油、气跨区域输送通道建设，石油、天然铀等战略物资储备设施建设，以及农村电网、城市电网和城市油气配套管网，加大投资力度。

（二）转变发展方式，加快能源结构调整

当前全国范围内电力生产和消费增速明显回落，电力供需总体平衡，有些地区已供大于求，正是加快推进能源产业结构调整的有利时机。为此：

一是继续加大电力工业"上大压小"力度。我国电力装机中 10 万千瓦以下小机组仍占有很大比例，煤耗高、排放多、污染重。为推进节能减排，"十一五"期间计划关停 5000 万千瓦左右规模的小火电机组。至今年 10 月份，小火电机组已累计关停 3210 万千瓦，其中 2006 年关停 314 万千瓦，2007 年关停 1438 万千瓦，2008 年 1 至 10 月份关停 1458 万千瓦。这些小机组关停后，所需电量由大机组代发，每年可节约原煤 4000 万吨，减少二氧化硫排放 68 万吨，减少二氧化碳排放 6500 万吨。2009 年将继续推进"上大压小"，计划关停小火电机组 1500 万千瓦，同时加快大型、高效、清洁燃煤机组的建设。

二是推进煤炭资源整合。我国煤炭企业组织结构不合理，大矿产量占 60%左右，中小矿产量占 40%左右。2007 年原煤产量 25.4 亿吨，有 1.4 万个煤矿，平均产量 18 万吨。当前煤炭供应基本平衡并开始向宽松方向发展，为加快煤炭资源重组整合，加大关闭小煤矿提供了时机。要采取措施解决小煤矿小、散、乱、差等突出问题，促进煤炭企业兼并重组。要继续加强国家规划的 13 个大型煤炭基地建设，加快批准矿区总体规划，建设现代化的大矿井、大企业、大集团，提高煤炭生产集约化程度和安全生产水平。

三是积极加快发展核电。核电是一种清洁能源，不产生烟尘、二氧化碳、二氧化硫等污染，也不存在大运量、大距离的燃料运输问题。根据国际能源组织统计，2005 年世界核电装机 3.74 亿千瓦，核电装机占总发电装机的比例，全球为 9.66%，法国 56.21%、韩国 26.86%、日本 19.00%、德国 17.07%、美国 10.45%；而 2007 年我国核电装机占总发电装机比例仅为 1.27%。2007 年世界核电消费 2.73 万亿千瓦时，占全球一次能源消费总量的 5.61%；而我国大陆核电消费 626 亿千瓦时，占一次能源消费量仅为 0.77%。发展核电是我国调整能源结构的重要方向，今后若干年应大力发展核电。为此，要加快研究调整核电中长期发展规划，加强核电装备制造能力建设，制定核电管理的法规。2009年，要新开工建设浙江三门、山东海阳、广东腰古和山东荣成等核电站。

四是大力发展可再生能源。制定鼓励风电加快发展的政策，加快我国西南水电开发，加快太阳能等新能源的发展。风电开发方面，2008年预计全年新增装机400万千瓦，年底总装机容量达到1000万千瓦，这就意味着风电装机规模超过了核电，我国将超过印度而排名风电装机规模世界第四；新增装机速度超过西班牙，而成为仅次于美国的发展第二快的国家。要按照"融入大电网、建设大基地"的要求，力争用10多年时间在甘肃、内蒙古、河北、江苏等地形成几个上千万千瓦级的风电基地，争取实现2020年风电装机规模1亿千瓦左右。

五是培育大型能源企业集团。在发挥市场作用的基础上，通过规划和政策支持，从体制和运行机制上提供保障，引导企业实现跨行业融合和重组，鼓励煤、电、路、港、化等相关产业联营或一体化发展，提高国家对能源的控制力和影响力。

（三）加强国际合作，扩大利用海外能源资源

支持能源企业利用海外能源资源和开拓海外市场，保障我国能源和经济安全。

一是加强国际能源对话交流。积极参与中美、中俄、中日、中国与欧盟等双边和APEC、东盟与中日韩（10+3）能源合作、国际能源论坛等多边交流与对话，最大限度地利用好现行国际能源秩序，为我国企业"走出去"营造良好的国际能源合作环境。

二是扩大海外油气资源合作开发。充分利用当前国际金融危机、经济衰退和能源市场疲软的有利时机，加大同能源生产国及周边国家

的能源合作力度。鼓励和支持企业利用自身优势，加大同有关国家的能源资源合作力度，扩大油气领域投资规模，实施多元化的全球油气开发利用战略。利用国际市场价格大幅回落的时机，增加油气资源的进口。抓好中国—中亚天然气管道建设，中哈二期石油管线建设，积极推动中缅油气管道项目建设工作，提高我国能源安全的保障程度。

三是加强能源资源战略储备。我国国家石油储备基地一期已基本建成。二期石油储备基地规划已经完成，库容将达到 2680 万立方米，要积极推进二期基地建设。推进商业石油储备，鼓励企业利用闲置的商业库容，增加石油储备。还要建立其他战略能源物资的政府储备和企业储备。

（四）增强自主创新，推进能源科技装备进步

国际经济衰退和能源需求疲软，为我国引进先进能源技术和装备创造了比以往更为有利的条件。近些年，我国能源技术和装备虽然有了很大进步，但很多方面与国际先进水平相比还有差距。我们要继续高度重视能源科技的发展。一方面，要利用当前时机，争取以较低成本引进更多更好的先进能源技术、装备和优秀人才，开展同有关国家在洁净煤利用、可再生能源、核能、氢能等重大能源技术方面的合作。另一方面，要加强能源技术自主研发，提高自主创新能力。逐步建立企业为主体、市场为导向、产学研相结合的技术创新体系。增加科研投入，大力组织先进能源技术的研发和推广应用。依托国家重点能源工程，带动装备制造业技术进步。落实鼓励购买和使用首台首套重大技术装备的优惠政策。要大力推进烟气脱硫、脱氮、等离子点火、60 万千瓦循环流化床锅炉、百万千瓦空冷机组、特高压输电、非粮生物质能源、生物柴油、深海勘探、煤清洁燃烧利用、煤层气开发、瓦斯综合利用等能源技术。组织好大型压水堆和高温气冷堆、大型油气田和煤层气勘探开发两个重大科技专项的实施。

（五）抓住有利时机，深化能源体制机制改革

由于经济增长减缓、原材料价格下跌，CPI 上行压力明显减弱。近来，CPI 涨幅回落，1 至 11 月份 CPI 累计同比上涨 6.3%，其中 10 月、11 月 CPI 同比上涨幅度分别是 4.0% 和 2.4%。根据国家统计局预计，2008 年 CPI 将在 6% 以内，并具有继续下行的预期，通货膨胀压力得到缓解。这种情况为理顺能源价格形成机制提供了空间。12 月 18 日国务院印发了《关于实施成品油价格和税费改革的通知》，决定自 2009 年 1 月 1 日起实施成品油税费改革，取消原在成品油价外征收的 6 项收费，提高燃油消费税水平，完善成品油价格形成机制，国内成品油价格实行与国际市场原油价格有控制的间接接轨。

目前电煤价格实际存在着"动力煤市场价格与电煤合同价异步并存"的双轨制。CPI 的回落趋势以及国际大宗能源资源商品价格下行，为进一步完善电煤价格市场形成机制，为理顺煤、电价格关系，改善发电行业经营状况，也提供了可能和空间。

有序推进水电又快又好发展 [*]

进一步提高对应对气候变化的认识，
坚持有序推进水电开发

虽然近年来水电、风电、太阳能等可再生能源发展取得了可喜的成绩，但能源结构调整和节能减排的任务仍十分艰巨。2009 年，全国能源消费总量为 31 亿吨标准煤，其中，煤炭约占 70%、石油占 18%、天然气占 4% 左右，非化石能源在能源消费总量的比重从 2008 年的 8.9% 左右下降到不足 8%。在非化石能源快速发展的同时，化石能源消费的增长速度近年来并没有放缓。由于能源消费增长速度快，而核电、水电因建设周期长、前几年开工少等原因发展步伐受到影响，使煤炭的消费比重不仅没有下降，反而上升了。根据有关方面的研究，到 2020 年，我国能源需求总量可能达到 45 亿吨标准煤，要确保实现 2020 年非化石能源消费占能源消费 15% 的目标，水电和核电应发挥主力作用，初步规划水电装机容量应达到约 3.8 亿千瓦，其中常规水电 3.3 亿千瓦以上（抽水蓄能电站 5000 万千瓦），年发电量 1.15 万亿千瓦时。如实现这个发展目标，水电每年可节约原煤 6.8 亿吨，减少二氧化碳排放 13.5 亿吨，减少二氧化硫排放约

---

[*] 本文是 2010 年 5 月 13 日张国宝在金沙江乌东德水电站预可行性研究报告审查会开幕式上讲话的一部分。

920 万吨。此外，从我国水能资源开发潜力看，按国际惯例以发电量计算，目前我国水电开发程度仅为 25%，而经济发达国家的开发程度在 70% 以上。如按开发完技术可开发年发电量的 70%（即 1.7 万亿千瓦时）测算，至少有 1.1 万亿千瓦时的开发空间，节能减排潜力巨大。

由于水电建设周期长，大型电站往往需要 5 至 8 年以上的建设时间。换言之，新建水电要在 2020 年发挥节能减排的作用，必须在 2015 年以前开工建设。根据目前装机和在建情况，考虑水电建设周期，初步推算，2010 年至 2015 年 6 年间需要核准开工水电项目 1.2 亿千瓦左右。但从目前水电核准开工速度来看，难度很大。近年来，受国际环境的影响，加之水库移民问题较为突出，水电发展面临的形势发生了很大的变化，环境和移民压力增大，管理体制和机制矛盾突出，新建项目核准处于停滞状态。2007 年以来，国家核准的常规水电总装机容量只有 1407 万千瓦，平均每年不到 500 万千瓦，这将直接导致 2012 年以后，特别是 2015 年以后我国水电投产规模大幅下降，影响水电后续发展。如不抓紧开工一批新的水电项目，将难以实现我国向国际社会承诺的 2020 年节能减排目标。因此，水电开发目标的实现任重道远。在妥善处理好移民和环保问题的基础上，加快水电开发步伐十分必要。

现在社会舆论对水电开发的议论非常多，有些人甚至把今年西南及湄公河流域旱灾也与中国在澜沧江建坝联系起来，认为是建大坝造成的，甚至大肆炒作。对此，我们通过外交等途径做了很多解释工作。对于水电建设，现在社会上有一种观点，认为就是破坏生态环境。事实上，任何事物都是有利有弊的，无论是哪种能源，包括水电、核电、风电、太阳能、生物质，都各有利弊，不能只看到不利的一面，而应该权衡利弊，做到科学地、可持续地发展。

所以在这个问题上，希望各部门、各单位要进一步统一思想、提高认识、坚定信心，认真领会并贯彻落实《可再生能源法》以及中央对加快可再生能源开发利用的有关指示精神，高度重视水电的开发建设，齐心协力、密切配合，共同把乌东德水电站和金沙江水能资源开发搞好。

不断创新移民安置思路，扎实推进移民安置工作

水库移民安置是水电建设工作的重要组成部分，也是目前水电建设的难点。水电建设成就的取得，与广大移民群众的支持和奉献是分不开的。虽然从总体上看，水电建设为移民生产、生活条件的改善以及脱贫致富创造了条件，促进了地方经济和社会的发展，水电建设移民安置工作也在不断加强和完善。但也应该看到，由于种种原因，不仅已建电站水库移民存在不少遗留问题，而且在建、拟建项目移民工作又面临着新的问题。面对新的形势，各级政府和各有关方面都要认真贯彻落实党中央、国务院关于移民工作的有关精神，坚持以人为本，不断创新移民工作思路和方法，精细推进移民工作，使广大移民基本生活有保障、劳动就业有着落、脱贫致富有盼头。

第一，进一步统一思想、提高认识。移民问题涉及到政治、经济、社会、人口、资源、环境、工程技术等诸多领域，是一项庞大而复杂的系统工程。它既关系到对安置区水、土地、能源等自然环境的合理开发利用，又将对区域经济和社会人文特别是移民的生存环境产生重要影响。要进一步高度重视水库移民工作，把做好移民工作提高到深入贯彻落实科学发展观、执政为民的政治高度来对待。

第二，进一步转变移民工作思路，创新移民工作方法。创新移民安置方式不单是当前移民安置工作的需要，更是安置区经济长远发展和社会和谐稳定的要求。水库移民安置要始终把"移民安置后能尽快

达到或超过其原有生产生活水平"和促进移民脱贫致富、地方经济社会发展作为出发点和落脚点，积极探索移民安置的新思路和新办法。比如在移民的安置方式上，要结合库区实际，多渠道、多途径安置；同时也可研究探索实行移民全民养老保险和医疗保险等新措施。充分利用水电建设运行成本相对低、电价具有相对优势的特点，解决好电站本身的移民问题。

第三，在尊重移民群众意愿的基础上开展移民工作。移民安置方式的采用必须从移民群众的根本利益出发，充分尊重移民的发展权利，尽可能满足不同移民的安置意愿，以便广大移民群众能充分把握和利用好搬迁安置这一机遇，实现移民家庭经济的跨越式发展。

第四，不断完善移民工作程序及机制。要彻底转变重工程、轻移民的思想，试行"先移民、后建设"的水电开发新方针，在工程开工建设前适当超前开展移民安置工作。

第五，积极推进"同网同价"，实行水电与新建火电厂相同的电价，为移民安稳致富进一步创造经济条件。水电开发除工程枢纽建设投资外，主要是移民成本。移民政策不完善，移民费用考虑不足，以及沿袭计划经济时期的成本定价模式，不仅不合理，人为造成了水火电电价的不平等，而且不利于新老移民问题的解决。目前，已建水电的平均上网电价比燃煤火电低 0.1 元左右每度，新建水电总体上也低于火电不少。

第六，维护移民合法权益。省级政府是水电站建设移民工作的责任主体和实施主体，要认真总结移民工作经验和教训，切实负起责任，扎实做好电站的各项移民工作，维护移民合法权益，确保移民工作万无一失。

第七，加强统筹协调、坚持同库同策。移民安置规划设计工作要充分发挥主体设计单位的重要作用。移民安置实施规划设计工作缺乏统筹协调和责任主体是移民工作进展缓慢、方案变更较多的重要原因之一。在移民安置规划实施工作中要充分发挥主体设计单位的责任主体作用,加强统筹协调、坚持同库同策,不断提高移民安置工作质量、确保移民安置工作进度。

高度重视生态环境保护工作,
妥善处理保护与开发的关系

水电是可再生的低碳、清洁能源,水电建设可以发挥巨大的综合效益,也不可避免地会对周围的生态环境产生影响。因此,必须正确处理水电开发与环境保护的关系。

第一,坚持环境友好、有序开发,实现人与自然和谐发展。要进一步提高对水电建设环境保护工作的认识,要充分认识重视水电开发的生态环境保护问题是社会进步的体现,做好环境保护工作,既有利于水电建设综合效益和社会效益的充分发挥,也有利于促进人与自然的和谐相处、区域经济与社会的可持续发展。古代的都江堰、灵渠,新中国成立后的新安江、二滩等,都是水利水电建设与自然和谐发展的典型例证。不能一味地认为改变原来的状况就是坏事。

第二,切实抓好环保措施的落实。要全面落实环境保护法规,严格河流水电规划环境影响评价和水电项目的环境影响评价制度,并重点加强对大型水电工程建设生态环境的研究和保护工作。切实抓好环保措施的落实,加强监督管理。

第三,加快水电建设环境保护技术创新。要研究并解决好水电建设的生态用水、低温水、鱼类洄游、野生动植物保护等问题,加快水电建设环境技术创新,统筹兼顾、科学选择工程建设方案。

第四,高度重视移民安置区的环境保护问题。西南大型水库区生态环境较为脆弱，随着库区经济发展和人类活动增加，如果不采取有效措施，生态系统可能恶化，进而引发生态安全问题。要认真研究库区及移民安置区的生态环境承载力，合理布局移民安置区、落实相应环境保护措施，维护生态环境的可持续性，促进移民安稳致富和库区社会稳定。

福岛核电事故分析及中日
核电站安全比较[*]

    2011 年 3 月 14 日，我到浙江三门核电站考察，期间与中核集团、国家核电技术公司、三门核电有限公司有关负责人对日本福岛核电事故成因、堆型、处置及我国核电装置安全性进行了分析。三门核电缪亚民副总经理曾作为国际核电协会（WANO）检查组副组长在福岛核电站检查一个月，有福岛核电站全套图纸，很熟悉福岛核电站的情况。

    福岛核电站一号机组建成于 1971 年，采用美国通用电气公司早期生产的 46 万千瓦沸水堆。当时的安全技术不完善，而沸水堆本身的技术特点是造成在地震海啸双重打击下发生事故的原因。沸水堆没有蒸发器，只有一个蒸汽回路，反应堆产生的带放射性蒸汽直接进入常规岛，推动汽轮机发电，所以常规岛也有放射性，采用密闭厂房。但沸水堆具有简单、造价低、蒸汽压力参数低、炉膛大、线功率密度低等有利于安全的优点。可是，在这次地震海啸情况下，应急柴油机组被淹失灵，全厂无电力供应，反应堆无法注水冷却。沸水堆的这些特点成了致命弱点。在紧急情况下不得不排放蒸汽减压，但沸水堆没有二回路，只能排放一回路中含有放射性的蒸汽，造成环境辐射。如

---

[*] 本文是 2011 年 3 月 21 日张国宝发表在《中国能源报》上的文章。

是压水堆，可以排放二回路不含放射性的蒸汽。

福岛核电一、三号机组爆炸均因氢气爆炸引起。氢气是因为燃料棒过热到 1600 摄氏度以上，燃料棒包壳锆和水发生锆水反应产生氢。电视上有专家解读氢是常规岛氢冷却产生的，这是错误的。氢气积聚在厂房顶部，而老式的反应堆没有除氢装置，引起了爆炸。而现在的新式反应堆有氢复合装置，使氢又复合成水，不至于产生爆炸。福岛核电站沸水堆的厂房配置最外层是我们电视画面看到类似水立方的厂房，它是没有承压能力的，爆炸炸掉的就是这个厂房的上部。厂房里还有安全壳，安全壳内才是压力容器，核反应在压力容器中进行。所以只有厂房炸开，安全壳尚完好，不至于有大量放射性外泄。电视中有的专家对何处发生了爆炸分析有误。

日方在处置中也有失误。地震海啸发生到一号厂房爆炸 8 小时，日方未采取注入海水的果断措施，可能是抱有侥幸，想保全设备。如早下决心注入海水不至酿成大祸。

14 日的分析中我们已经注意到了福岛二号机组的危险。福岛二号机组燃料棒仍然裸露，没浸入水中，持续升温后必然烧熔。二号机组安全壳内压力已达 8.4 千克，已达安全值 4 千克的两倍，我们已预感到二号机组安全壳可能破损，放射性物质外泄，将造成灾难性后果。15 日早 6 点二号机组安全壳完全卸压，周边辐射异常高，估计二号机组安全壳已破损，辐射灾害终于发生，其后果是很严重的。

我国采用的全部是压水堆，比福岛核电晚建三四十年，技术上已大大改进。首先压水堆采用三回路，如遇紧急情况需释放蒸汽减压，可将二回路不含放射性的蒸汽外排。二是新堆型已普遍装了氢复合装置，氢复合成水，不会发生福岛核电这样的氢爆炸。三是压水堆有蒸发器，三个蒸发器中的水也可带走一部分热量。

所以如遇福岛地震海啸这样的极端情况，压水堆的抗灾能力要优于沸水堆。大家认为我们选择压水堆路线是正确的。现在三门正在建设的 AP1000 三代核电技术，大家分析更是针对了这次核事故暴露出的问题。AP1000 采用爆破阀，在没有任何外界电源的情况下可自动爆破，放出二回路蒸汽到顶上水箱减压，顶上水箱下泄水冷却，安注箱向压力容器内注水，令设计上保证即使堆芯都熔化，压力容器也不会烧穿，将放射性物质控制在容器内，等等。所以我们选择具有非能动性的三代核电技术是十分正确的，即使发生日本这样的极端情况也能有效应对。

珍惜成就、坚定信心，夯实我国核电发展基础[*]

一、总结经验，珍惜我国核电发展取得的成就

"十一五"以来，在国家积极推进核电建设的方针指引下，我国核电产业取得了长足进步，规模化发展初具成效，自主化、国产化能力大幅提升，具备了安全高效发展的良好基础和条件。

（一）规模化发展初具成效

以 2005 年底岭澳核电站二期工程开工为起点，我国核电进入到规模化、批量化发展的一个新阶段。目前全国在建核电机组 27 台，容量 3000 万千瓦，占世界在建机组台数的 42%，建设规模居全球第一。随着岭澳核电站二期 2 号机组的投产，全国在运核电装机容量提高到 1190 万千瓦。"十二五"期间，我国核电发展开始步入收获季节，每年都将有新的机组投产，目前在建的机组也将全部建成。到 2015年，我国投运核电装机容量将达到 4200 万千瓦，届时约占总电力装机的 3%。

（二）机组安全性进一步提高

安全是核电的生命线。从近年的发展态势看，我国核电机组安全性得到了进一步的提高。

---

　　* 本文是 2011 年 8 月 26 日张国宝在中广核集团大亚湾核电基地建设经验总结大会上的讲话。

一是在役机组安全业绩方面,自 1991 年第一座核电站——秦山核电站发电以来,全国核电机组一直保持安全、稳定运行,没有发生 2 级或 2 级以上运行事件,放射性排放也远低于国家规定的标准。

二是在建机组技术水平方面,以岭澳二期为代表的二代改进型成熟技术,通过持续改进,体现机组安全性的堆芯熔融概率已达到 1.5×10^{-5},低于美国核管会 10^{-4} 的概率安全目标,接近三代水平。以三门、海阳为代表的 AP1000 和以台山为代表的 EPR 三代技术,机组安全性也将进一步提高。

(三)核心能力显著提升

一是国产化能力与水平快速提高。我们陆续实现了百万千瓦核电机组大型锻件、反应堆压力容器、蒸汽发生器等关键设备的国产化,培育了中国一重、东方电气等一批拥有核电设备制造能力的企业,在完成核电国产化阶段性目标的同时,大幅提升了我国装备制造技术水平。二是核电科研力量不断增强。为加大关键领域科研攻关力度,国家能源局积极打造国家级能源研发平台,分两批设置了 38 个研发中心,其中有 10 个涉及核电。面向核级设备、数字化仪控、先进核燃料元件研发等核电关键领域,我国在技术研发、核电设计、工程建设、生产运营和技术服务等核心产业环节上构建了专门体系和队伍,培育和提升了各环节的专业化核心能力,较好地适应了我国核电规模化发展的要求。

(四)资源保障能力持续增强

核电的快速健康发展离不开充足的资源保障。近年来,我们在铀资源开发、人才培养等方面做了许多工作,取得了很大成效。一是大力推进铀资源开发,特别是"走出去"到海外开发铀资源。在铀资源富集的哈萨克斯坦、澳大利亚和非洲等重点国家和地区,通过签订政府间协议、直接开采、并购等多种方式,初步打开了局面。二是核电人才队伍不断壮大。各有关企业积极探索人才培养新渠道，通过加强与高校的合作，将培养关口提前，以及在工程实践中培养，确保了人才的持续成长。全国已有近30所高校设立了核专业，每年毕业生超过2000人，可以基本满足未来我国核电较快发展的需要。

二、着眼未来，坚定我国核电发展信心

承接"十一五"核电发展的良好势头，我国在《国民经济和社会发展第十二个五年规划纲要》中确定了在确保安全的基础上高效发展核电的指导方针。但是规划刚刚公布就遇上了日本福岛核事故，引发了我国社会各界对核电安全的广泛关注，对核电发展规模、速度、技术安全等问题产生了不少疑虑，这对我国下一步核电发展肯定将产生不利影响。但是，越在复杂环境下，越需要保持清醒，尤其是对当前形势和长远趋势要有全面、客观、科学的认识。从辩证的角度来看，"危"恰恰蕴藏着"机"，福岛核事故给我们提供了经验和教训，也给我们提供了赶超世界核电水平的机遇。

（一）世界仍然需要核电，中国仍然需要核电

以瓦特发明蒸汽机为标志的工业革命200年来，社会生产力得到了极大发展，人口增加，人类的生活方式也发生了很大变化。但这是伴随着化石能源的大量消耗取得的。人类在200年间几乎用尽了地球上几十亿年间积累的化石能源。再过几十年，即使化石能源不枯竭也会变得稀缺和十分昂贵。目前人类已掌握的风能、太阳能、生物质能等新能源还不足以替代化石能源。

核能的和平利用是人类最伟大的发明之一，它使我们看到了地球上化石能源逐步枯竭后人类可持续生存和发展的希望。截至2010年12月31日，全世界共有441台在运行的反应堆，总装机容量为3.75亿千瓦。今天的核电年发电量相当于1960年全球发电量的总和，提

供了全球 15% 的电力需求。还有 66 台机组在建，相当现有核电机组的 17%。那些想完全废除核电的想法只是理想主义的愿望，就像人类不可能退回原始生活方式一样。

2010 年我国原煤产量达到了 32 亿吨，原油产量突破 2 亿吨，进一步提高化石能源产量将受到资源储量、安全生产等方面的硬制约。进口方面，2011 年上半年我国原油对外依存度已高达 55.2%，不仅早已超过了 50% 的国际警戒线，更超过了美国的 53.5%，居全球第一。价格方面，今年利比亚战事迅速推高了国际油价，加大了我国石油输入型通胀压力。这些都再次敲响了我国能源安全的警钟。另一方面，我国现有能源结构高度依赖煤炭，煤炭在我国一次能源消费中的比重达到 68%，煤电占全国发电总装机容量的比重达到 76.8%，占总发电量的 83%，远高于世界平均水平。这导致我国在气候变化谈判中面临更大的压力。非化石能源的比重不足 8%，主要是靠水电，距离 2020 年 15% 的目标还有相当大的差距。因此，从化石能源逐步枯竭和价格昂贵趋势看，从气候与环境的承载力看，我国在大力发展可再生能源的同时，发展核电是不可替代的选择，否则 2020 年非化石能源的比重难以达到 15%。

（二）福岛核事故后世界各核电大国发展核电的态势并没有根本性改变

福岛核事故无疑给全球核电复苏态势带来巨大打击，一段时期内核电复苏步伐将有所放缓，但不太可能出现上两次核电事故后长达二三十年的萧条期。目前，主要核电国家均宣称要继续保有核电。美国、法国、英国等老牌核电国家表示坚持核能发展立场，并采取措施，全面审视和评估本国核电站安全，尽最大可能保证核能的安全利用。从美国能源部公布的未来五年的能源战略规划看，在日本福岛核事故之后，美国丝毫没有表示要取消或减少核能，相反有关核能的内容在规划中占有很大篇幅。从中可以看到美国要保持在核科技领域的领先地位，研究小型模块式反应堆和舰艇核动力堆，并在核聚变和核基础理论研究上保持领导地位，通过保持核工业支撑美国核武器储备和未来军事需要。美国的核政策没有让人意外，这是大国的应有之举。

日本福岛核事故发生后，我们应该认真吸取日本核事故的经验教训，更加重视核安全，但作为一个人口众多、能源问题十分突出的大国，我们不可能放弃核电。国家在我国未来的核政策上应有一个明确的定位，如果模糊而不清晰，没有一个明确的发展目标不仅会影响能源政策，也会动摇我国的核大国地位。美国未来五年能源规划中对核能的定位值得我们思考，我国未来的核能规划和政策应尽快确定。今年6月，英国在发达国家中率先宣布了新建核电站计划，在2025年前再建8座核电站；俄罗斯、韩国在国际市场上积极进取，并出口核电装备和技术；越南、阿联酋、约旦等新兴核电国家的核电建设与开发工作也在按计划向前推进。长远看，经济发展对能源的需求以及减排二氧化碳、应对全球变暖将是核电发展的两大根本动力，会持续、有力地推动核电朝着更安全、更先进、更经济的方向发展。

（三）科学分析福岛核电事故成因，客观评价我国核电技术的安全水平

福岛核事故发生后，我国各方面的专家对福岛第一核电站的堆型特点、事故成因、事故处置及我国核电机组安全性进行了深入分析，国家能源委专家咨询委员会也召集了专题研讨会。大家的共识是：罕见的天灾，9级强震引发的巨大海啸是事故的成因；20世纪70年代以前设计的沸水堆型在遇到这类事故时暴露出设计上的先天不足，出事机组设备过于老旧，例如没有有效的除氢装置；日方在处置事故中存在侥幸心理，失去了终止事故的最佳时机。

对照我国在役和在建核电站，从技术上看，都是二代改进型和三代技术，除秦山三期是重水堆外，其他都是压水堆。目前全世界在运的核电站绝大多数是二代和二代改进型技术。美国核管会（NRC）通过对核能与全社会其他行业发生事故的深入比较分析，得出"二代核电是足够安全的"结论，并据此批准了现役 71 台核电机组寿命由 40 年延长到 60 年的申请。福岛核事故后，其延寿步伐也没有停止，短短 5 个月内又新批准了 3 台机组的延寿。我国的二代改进型技术是在引进 M310 基础上，经过消化吸收和持续的大量技改逐步发展而来的，特别是在预防和缓解严重事故方面，采取了更为严密的应对措施。可以说，我国二代改进型机组的先进性和安全性，好于美国正在延寿和技改的大部分机组，也好于全世界近 80 台正在运营的大部分 M310 机组。此外，我国正在建设更加先进的三代核电技术示范工程。我国核电厂址条件的适应性更好，不具备形成严重海啸的条件。所以说，我国在运和在建核电站在设计和选址上，对安全是有足够保障的。只要我们始终坚持"安全第一、质量第一"的方针，确保建造质量，做好安全运行管理，核电安全是有保障的，对我国核电安全应充满信心。

（四）以核电为承载，保持我国完整的核工业体系，努力赶超核科研和核工业领域国际先进水平

一定规模的核电发展，可有效带动产业链上的科研、装备制造、工程建设、核燃料等环节核心能力的持续提升，保持一支核技术队伍。以装备制造和核燃料工业为例，近年我国通过积极发展核电，在最短时间内大幅提升了自主制造水平，实现了反应堆压力容器、蒸汽发生器、主泵等一批关键设备的自主化制造。核燃料工业则是典型的寓军于民的技术，美国、法国、俄罗斯等核大国在燃料循环技术和能力上已远远走在了我们的前面，邻国印度经过 50 年的不懈努力，近

年也取得了突破。印度和韩国运行核电站均超过了中国。我国老一辈无产阶级革命家以非凡的勇气和胆略建立了原子能工业，1964年原子弹爆炸成功，1970年核潜艇就下了水，20世纪六七十年代就具备了完整的核工业体系，那时韩国还没有原子能工业。我国在和平利用原子能领域落到了不是核大国的印度、韩国之后，值得我们认真反思。我国需要奋力赶超，以确保核大国地位。经过这五年的快速发展，我们在核电装备制造、工程建设、核燃料循环等领域的核心竞争力正在逐步形成，人才队伍在扩大，如果我们因福岛核事故就裹足不前，之前所付出的努力将功亏一篑。

我国"十二五"确定的方针是安全高效发展核电，要在安全的前提下发展，两者不可偏废，不能因为日本的老旧核电机组出了问题，我们就在发展核电上因噎废食。从发展节奏上看，我国核电"四个自主"能力的形成来之不易，基础还比较脆弱，经不住折腾，务必需要保持核电发展的平稳性、持续性，避免大起大落。从技术上看，二代改进型和三代技术不是完全割裂、非此即彼的关系，二代改进型经过验证目前是足够安全的，通过持续改进会更加安全；三代技术正在做示范，待验证成熟后，我国核电将在安全性上实现新的跨越。

三、正视困难，夯实我国核电发展基础

一个产业的发展，信心至关重要，培育新兴产业需要国家意志。福岛核事故的发生，必然会影响我国政府、公众对安全高效发展核电的信心，相比"十一五"，我国核电会出现"减速"，今年就没有批准新的核电站，已经批准而尚未开工的4个机组也处于停顿状态，这些电站有的已经投入数十亿元前期费用，一些核电装备制造厂后续订货中断。必须清醒看到当前核电发展面临的困难与挑战。这需要我们重建信心，逐步回归到稳健有序的发展轨道上。

（一）全方位做好安全保障工作

我国核电在起步阶段就碰上了三里岛核事故，接下来又是切尔诺贝利核电站事故，政府一直强调"核安全是核工业的灵魂"。福岛核事故发生5天后，国务院就出台了"国四条"，要求对全国在运在建核电机组进行安全检查，暂停审批核电项目，出发点就是要切实保障核安全。今后，社会对核电安全将更加关注。未来4年，我国在建核电机组将集中投产，企业将承担更加繁重的运营工作。核安全保障任务繁重、责任重大，必须切实做好安全工作：一是安全工作要贯彻到核电产业链条上的各个环节和每一个参与主体，确保各环节安全水平没有明显短板；二是系统推进核电技术、管理和法规的完善与提升，全方位协同确保核安全。

（二）系统开展福岛核事故的经验反馈和改进

历史上每次严重的核事故，在给核电产业带来负面影响的同时，也极大地促进了核电安全水平与管理水平的提升和跨越。此次日本核事故也必将促使业界在核电安全设计、预防不可抗力因素、核电厂选址及事故应急响应等技术和管理方面得到进一步改进和提高。对福岛核事故的跟踪与反馈将是一个较长的过程，我们要通过与国际相关机构的沟通合作与信息共享，全方位吸取事故的经验与教训，结合国家核安全大检查中暴露的问题，在核电设计、工程和运营等各环节优化改进。

（三）抓住核电建设放缓的时机进一步培育核心能力

核电建设放缓已是客观现实，我们可利用建设任务减轻的时机在自主创新和核心装备制造能力两个薄弱环节上，潜下心来，以自主化和国产化为目标，全面统筹推进核电技术研发，着力打造自主、先进核电技术品牌；集中力量、加强合作，以科学务实的作风，加快对以AP1000为主导的三代技术的消化、吸收和再创新，同时加快三代核电关键设备的国产化进程。

（四）为核电发展创造良好的舆论环境

福岛核事故无疑会让公众对核电更加疑虑，甚至核电的任何一点风吹草动都有可能被放大。核电中长期规划目前正在修订中，也会受到各方舆论的影响。当前形势下，除扎实做好上述各项工作外，还要进一步重视并正确处理好核电公共关系。通过政府与企业、行业协会共同努力，结合国家安全大检查结果，做好核电宣传与舆论引导，做好核安全文化和核知识的普及工作，消除公众对核电认识的误区，为核电发展创造良好的舆论环境。

我国民用核技术发展任重而道远[*]

我国军用核技术跻身于世界五大国之列，并拥有较完整的核工业体系，早于印度、韩国、日本等国，这归功于一以贯之的国家意志和举国体制，发挥了社会主义集中力量办大事的优越性。事实证明，中国人民、中国知识分子是聪明、智慧、勤劳和富有爱国心的，有能力攀登科学技术的高峰。核工业是如此，航天领域、新能源领域的成就也是如此。遗憾的是，我国民用核技术发展却步履蹒跚，远没有军用核技术的成就显著。在我国成功爆炸原子弹的 20 世纪 60 年代，韩国尚没有原子能工业，而如今韩国已运转 21 个核电反应堆，日本运行 54 个，我国至今只有 28 个。韩国自主开发了 140 万千瓦的核电技术，并获得了阿联酋的订单，而我国核电至今尚未摆脱"万国牌"的阴影。

为什么会出现这一现象？究其原因是在决策发展核电问题上政策摇摆，没有形成国家意志，也影响了人才的培养和装备制造业的升级。20 世纪 60 年代工程物理专业、核技术专业是年轻人向往的学科，门槛也较高，能进入这些专业学习是光荣而自豪的事情，因此聚集了一批优秀人才。而由于民用核技术发展不快，到了 20 世纪 90 年代和本世纪初，核专业成了冷门学科，金融、工商管理硕士（MBA）等成了热门。这一现象在"十一五"期间有所改观。为了给快速发展

---

[*] 本文根据 2011 年 10 月张国宝在中国核学会 2011 年学术年会上的讲话整理而成。

的核电行业培养人才，上海交通大学等院校批准数百名大学工科二年级学生自愿转为核专业。由于核领域需要大量人才，并且就业前景乐观，一时间与核电有关的专业又成了热门学科。由于"十一五"期间核电发展速度加快，也使一批年轻人挑起了重担，在研发、设计、建造、设备制造领域走上关键岗位。但是好景不长，今年发生的日本福岛核事故打击了发展核电的信心，各种弃核言论抬头。这种情绪也动摇了青年学子投身核电事业的热情，长此下去将影响我国核学科的持续发展。

此外，我国核技术领域仍存在许多重大课题需要解决。例如，后处理，虽然我们有了一个后处理厂，但规模较小，装备水平也有待提高。对乏燃料的后处理不仅是解决放射性废料的问题，应看作是有待开发的铀矿。另外，从铀矿的勘探、开采、浓缩到核设备国产化、核技术标准制定，核安全管理是一个庞大的系统工程，我们取得了很大进步，但还有许多问题待解决。就拿核电站用的核级泵阀来说，数量规格很多，约占设备费用的一半，虽然近些年泵阀的国产化成绩显著，但仍有相当部分要靠进口。

"后福岛时期"能源政策观察[*]

日本"3·11"地震距今已近一年半，但地质结构之外的"余震"仍未停歇，能源问题就是一个突出表现。

2012年7月初，借赴日本参加博鳌亚洲论坛中日企业家交流会议之机，我对日本能源问题再做考察与了解。

日本在核电与常规火电之间的两难

日本能源匮乏，因而格外在意节能节电，这方面世界有名。此次身临其境，有了更深层的感受。遭受福岛核事故打击后，日本人更严苛地厉行节约。日本国民在公共场所一向衣冠严整、正襟危坐，而如今上班时间却可不必穿正装。在宾馆里，水龙头开到最大也不过是涓涓细流，断然听不到哗哗的水声。房内空调最低只能调到28摄氏度，如若下雨，室外温度下降，宾馆就会把中央空调关闭。

当然，节俭并不能根治失去核电后日本陷入的"电荒"。夏季用电高峰期更是扩大了缺口。为解决电力短缺问题，7月5日，日本关西电力公司大饭核电站3号机组反应堆开始恢复输电，日本维持两个月的"零核电"时代宣告终结。

日本当地民调显示，约70%的日本民众希望日本能够弃核。就

---

　　*　本文是张国宝发表在《博鳌观察》2012年第2期上的文章。

在 7 月 17 日，17 万人参加了去年灾后以来最大规模的弃核游行，反对大饭核电站重启，敦促政府放弃核电。对于高度依赖核电的日本来说，"零核电"时代实在是一个难以为继的幻想。在福岛核事故之前，日本约 30% 的电力依赖核能发电，是继美国和法国之后全球第三大核能国家。尽管日本首相野田佳彦表示，政府将减少对核能的依赖，但也表达了对完全脱离核能的担忧。由于失去核电，日本今年比前一年多花了 340 亿美元用于进口燃料。

我的日本老朋友石川嘉延夫妇专程来看我。石川先生是我 1981 年在中国国务院外国专家局工作时结识的，当时他在日本静冈县教育委员会任职。此后他曾担任日本自治省（注：日本原中央省厅之一，负责主管地方自治的事务，现并入总务省）的三把手，后又回到静冈竞选知事并胜出，当了 4 届 16 年的知事后，于去年卸任。

石川先生向我讲述了福岛核事故后日本电力的供应情况。他说，静冈有一座滨冈核电站，位于东海大地震的地震带上，如果重启，会遭到当地居民的强烈反对。由于核电停发，日本电力供应紧张，政府一边号召节电，一边加大天然气、油和煤等常规火力发电。天然气、油、煤的进口价格上涨，但日本通产省却不允许涨电价。静冈县所在地的日本中部电力公司亏损已近 1000 亿日元，主要原因就是用火力发电代替核电（滨冈核电站停转），中部电力公司火力发电的燃料成本相比 2011 年增加了 1.5 倍。

我问石川日本对此有什么解决办法？他认为，现在还看不到有什么出路，只能等问题烂出头了才能解决。据中国驻日使馆经参处称，东京拟将电价上调 9% 之事几成定局。

煤气化联合循环发电是优选发展方向？

原来，类似中国的"煤电矛盾"并非中国仅有，日本也是一样。

而且，在节能环保的道路上，日本看上去也并非一帆风顺。比如，煤气化联合循环发电（IGCC）是否是清洁煤燃烧技术的优选发展方向？这是另一个值得深思的问题。

煤气化联合循环发电，就是先把煤在煤气化炉中变成合成气，再用合成气燃烧推动燃气轮机发电。合成气不同于天然气，热值要比天然气低很多。通常一立方米天然气热值在 8000 大卡以上，而合成气热值低于 1500 大卡。并且，联合循环并不是 IGCC 的专有技术，天然气发电也可以联合循环。这项技术的核心是低热值燃气轮机技术。

其实，早在 20 世纪 80 年代，美国通用电气公司就开发出低热值燃气轮机，并在北京人民大会堂举行推广讲座。在美国能源部拨款的支持下，美国在佛罗里达州的坦帕兴建了三个示范工厂，三个厂采用三种不同的煤气化炉进行比较，燃气轮机是一样的。

20 世纪 90 年代，我曾陪同叶青同志（原煤炭工业部副部长、原国家经委副主任）去参观过。这项技术一直未得到广泛应用，主要原因是造价高，和后来发展的超超临界燃煤发电技术相比，效率提高并不占优势，而成本几乎是燃煤发电的三倍。

在中国，这项技术作为一项清洁煤技术在宣传推广。两年前，华能集团在天津开工建设了一个 26 万千瓦的 IGCC 发电厂（天津煤气化发电有限公司），现在尚未完工，造价高达 36 亿元人民币，每千瓦的成本在 13000 元以上，建成后除非有高电价支撑，否则经济效益堪忧。

日本也是从 20 世纪 80 年代开始研发 IGCC 技术。在福岛县的勿来建有日本唯一的一个 25 万千瓦 IGCC 示范电厂，电厂由三菱重工设计建造，日本政府资助 30%。过去日本对此一直保密，不允许参观。近几年新能源技术发展日新月异，该项目已无保密的必要。这次到日本，三菱公司专门安排我看了一下，也意在说服我改变对 IGCC

的看法。

参观后，我和日本同行进行了深入讨论。从目前看，各项数据反倒更支持我的看法：造价高昂、二氧化碳实际并未减排。而且，日本勿来的 IGCC 示范厂用电比率高达 10%；与之相比，上海外高桥三期超超临界燃煤发电机组厂用电不到 4%，IGCC 要高出 6 个百分点。勿来示范厂的送电端综合热效率只有 42%，并不比上海外高桥三期超超临界燃煤发电机组的 43% 占优。

现在，还有煤制天然气技术也加入竞争，是采用 IGCC 的低热值燃气发电好，还是将煤制成高热值天然气，再用常规的燃气轮机发电好？也可以进行进一步的技术与经济比较。

日本勿来 IGCC 示范厂采用两段干煤粉气化炉，合成气热值 1300 大卡。日方也承认现在的造价高昂，打算将燃烧室温度从 1300 摄氏度提高到 1500 摄氏度甚至 1700 摄氏度，进一步提高热效率。

由此可见，IGCC 技术将面临超超临界燃煤发电技术以及煤制天然气再发电技术的竞争挑战，它是否还有推广的生命力，仍然存疑。

日本政府目前正在寻求"后福岛时期"的能源政策，"零核电"是其备选方案之一，但重返常规火电的道路绝不平坦。

重塑中的世界能源格局 [*]

　　当前国际经济形势发生着引人注目的变化。虽然欧盟峰会就解决希腊债务危机达成了一些共识，但西班牙、意大利的债务问题又突显出来，欧债危机仍在继续发酵，自 2008 年美国发生金融危机以来世界尚未走出经济低迷。资本主义政治制度和经济制度的弊端也逐渐暴露出来，短期内难以解决。

　　中东、北非的政治乱局尽管使一些国家发生政权更迭，但乱局依旧。在这样的国际大背景下，世界经济低迷不振，贸易保护主义抬头，大宗货物的价格开始下跌。中国的国际贸易也受到影响，8 月份中国进口首次出现负增长。中国今年上半年 GDP 增速 7.8%，多年来首次降到 8% 以下。

　　大家可以直接感受到的是已持续 10 年的煤炭黄金发展期开始遭遇了挫折，今年 5 月份以来煤炭价格显著下跌，每吨价格比高峰时下跌了 200 多元，秦皇岛港煤炭库存最高时达 960 多万吨，现在情况不见好转。这几年受旺盛需求的刺激，煤炭产能迅速增加到年产 40 亿吨，已出现供大于求。国际煤炭价格的风向标澳大利亚的纽卡斯尔港价格也下跌了 30 美元 / 吨。

　　今年上半年电力增长仅 3.7%，特别是工业用电增长低迷。由于

　　* 本文是 2012 年张国宝在一次会议上的讲演。

需求减缓，经过多年建设能源生产能力大幅增加，多年来电力紧张的局面不再出现。很可能这是一个能源供需关系的拐点。唯有石油价格受国际油价影响居高不下，由于中国石油的对外依存度已达 56%，石油和天然气的进口依然旺盛。国际油价受中东、北非乱局和对伊朗制裁的影响，成为推高油价的炒作因素，今年 4 月初布伦特油价曾一度冲高到每桶 127 美元。当时有人预测年内油价可能冲高到 150 美元一桶。但由于国际经济总体低迷，需求不振，又抑制了油价的上涨。

在这两种因素博弈下，在 4 月初海南的博鳌论坛上我曾预言全年的国际油价将不会超过每桶 130 美元，最大可能是在每桶 110 美元左右徘徊。直至目前，油价还大体在我的预测范围内。石油价格疲态已现。由于西方能源消费和供应已经平衡，增长很小已成为常态，能源消费中心东移已经成为世界能源新格局的特点。

2011 年 3 月 11 日发生的日本福岛核事故也深刻地影响了世界的能源局势。正在复苏的核电事业受到沉重打击，至今仍徘徊不前。德国已决定弃核，日本 54 个反应堆已停止运行 52 个。即便是中国，在福岛核事故后也没有批准新建新的核电站。受此影响，国际天然铀价格下挫，特别是对近年发展迅速的哈萨克斯坦铀业是一个重大打击。预计几年内核电的复苏将是一个缓慢的过程，天然铀价格仍将低迷，今后的增长主要在中国。

中国现在运行 15 个反应堆，在建 26 个反应堆。到 2015 年中国将运行 41 个核电反应堆，成为仅次于美国和法国的世界第三大核电国家。预计中国核电发展计划将比福岛事故前有所放慢，但至今中国"十二五"规划表述的"在确保安全的前提下高效发展核电"的提法没有改变，今后中国还将批准建设新的核电站。

日本在福岛核事故后由于民众的恐核压力，曾一度全部停止了 54 个核电机组，后来迫于严重缺电恢复了两个机组，但仍有 52 个处于停止状态，政府迫于民众压力宣布将最终弃核的方针。日本处于严重缺电的状态，风电、太阳能发电微乎其微，不得不加大天然气和煤炭发电，特别是以天然气发电为主，因此推高了亚洲 LNG 的价格。当美国因页岩气开采成功，国内 LNG 价格只有 2.2 美元 /MMBTU，日本 LNG 价格却高达 16 美元 /MMBTU，也就是说日本天然气价格是美国的 7 倍多。

影响国际能源格局的还有美国页岩气的成功开采，页岩气的年产量已超过 1000 亿立方米，据说到 2030 年还有可能达到年产量 3000 亿立方米。这一结果减少了美国对国外油气的依赖，将对美国的外交政策产生微妙的影响。受美国页岩气成功开采的影响，中国和其他一些国家也在仿效，但中国能否重现美国的成功并不是一件简单的事情。中国也有丰富的页岩气资源，但地质生成年代比美国久远，埋藏条件比美国复杂，加上水资源条件不如美国，中国形成一定规模的页岩气产量至少要 10 年的努力。近年内中国天然气的开采不会对中国国内的能源结构和世界能源事务产生重要影响。

美国页岩气产量增加，巴西发现海上盐下大油田，加拿大的油砂，委内瑞拉丰富的重油正在使世界油气的生产重心西移，并且供应充足。今后油气价格增长乏力，下行压力增大。以中国需求驱动的世界能源卖方市场将转为买方市场。总体看，世界能源需求增长将放缓。

中国新能源成就令世界瞩目[*]

世界能源形势变化值得关注。近几年世界能源事务中舆论最多、最令人瞩目的是美国页岩气革命。在美国 10 多年的努力下，页岩气开采取得了很大成就。2012 年页岩气产量超过了 1800 亿立方米，也就是说，仅页岩气产量就已超过中国当年全部天然气消费量。这一变化对美国国内能源供应产生了重要影响，美国国内天然气已供大于求，而在此之前该国在沿海建立了 16 个天然气接收站，准备进口主要来自于卡塔尔的天然气，但是这 16 个接收站建成以后，还没有来得及进口，自己的天然气供应量已经超过了需求，现在美国正在讨论如何将接收站改成出口码头。由于美国国内市场的供需关系发生了巨大的变化，所以美国国内的天然气价格极为低廉。到现在为止，每 MMBTU 只有 4 美元，而欧洲的价格达 9 美元，日本、中国等亚洲市场如果进口则约为 16 至 18 美元。也就是说，中国天然气的价格是美国的 4 倍。美国国内能源状况的变化，也影响世界能源事务。首先是对阿拉伯国家的影响。卡塔尔原本准备出口美国的 LNG 由于美国不需要了，所以只好出口到欧洲。但因为欧洲此前主要从俄罗斯进口天然气，现在有了大量来自卡塔尔、中东的 LNG，使得俄罗斯向欧洲出口的天然气下降了 10%。因此，俄罗斯不能仅仅依靠欧洲市场，

---

　　* 本文根据 2013 年 9 月 17 日张国宝在 2013 中阿能源论坛上的讲话整理而成。

也在积极地寻求向亚洲，特别是向中国出口。

同时，由于美国国内天然气价格低廉，煤炭价格也失去了竞争力，美国煤炭大量出口。2012年美国出口欧洲的煤炭达4000万吨，使得一向标榜使用清洁能源的欧洲也增加了煤炭用量，美国甚至向远隔大洋的中国出口了500万吨煤炭。所以2013年中国煤炭价格下跌很厉害，从2012年5月环渤海煤炭价格从每吨830元下降到每吨530元左右，对中国煤炭业造成很大冲击。

截至2012年，中国能源消费总量达到36.2亿吨标准煤，已经成为世界最大的能源生产国和消费国。但由于人口众多，中国人均年能源消费量为2.7吨标准煤，超过世界平均水平一点。与发达国家，如美国人均9吨至10吨标准煤相比，中国还有很大的差距。由于经济持续快速稳定发展，中国对能源的需求也增长迅速。从1993年起，中国成为石油净进口国，石油进口量逐年增加，到2012年，中国纯进口原油达到2.7亿吨。在自产原油2亿吨没有增长的前提下，2013年预计进口原油将突破3亿吨，使中国石油对外依存度达到60%。

在中国的能源结构当中，煤炭仍然是最主要的能源，占一次能源的67%。这几年作为清洁能源的天然气，在中国增长也十分迅速。2012年，全国消费天然气1400亿立方米，其中自产1000亿立方米左右，进口400亿立方米左右。这400亿立方米当中，200亿立方米是通过管道从中亚进口，另外200亿立方米是来自于澳大利亚、印度尼西亚、马来西亚、卡塔尔等国进口到中国的沿海地区，折算成普通的天然气是200亿立方米。中国的天然气对外依存度已经达到28%，并且以非常强劲的势头在迅速增长。

随着中国经济的发展，中国的企业也积极地"走出去"，到世界各地投资能源产业。现在中石油、中石化、中海油和中化四大石油化工企业在海外的资产已经达到 1.97 万亿元人民币,在海外的产值达到 2.8 万亿元人民币,在海外有生产工人 10 万人。国际能源形势也在发生很大变化,10 年当中,原油的价格增长了 306%,这对于作为原油消费大国的中国来讲,压力很大。在中国进口原油的国家当中,阿拉伯国家是中国主要的石油进口地。到目前为止,大多数年份沙特是中国的第一大的原油进口来源国,安哥拉已经成为中国第二大原油进口国。

过去我个人的印象认为,阿拉伯国家,特别是沙特、卡塔尔、科威特都是世界著名的产油国,能源丰富并且很便宜,尽管光照非常丰富,也不会对新能源有兴趣。但是,近些年,中东国家开始对包括风能、太阳能,甚至核能表现出浓厚兴趣,也布置了一些重要项目。为什么油气丰富的国家,还要使用更高成本的新能源?报道称,这些国家在考虑可持续发展,利用可再生能源,把宝贵的油气资源省下来出口换取财富。事实上,阿拉伯国家自身的能源消耗也在增长,所产油气的 40% 在本国消耗,而这个消耗量还在不断增加。在开发了新能源后,就可以把宝贵的油气资源节省下来,用于国家财富积累。另一方面,可使油气资源更长期地有序开采。这为中国同阿拉伯国家在能源、新能源领域之间的合作,创造了很好的商机。

中国的新能源近几年在国家支持和政策扶持下迅速崛起,为世界瞩目。在美国总统奥巴马的两次国情咨文中都提到了中国新能源的崛起。到 2012 年底,中国的风电并网装机已经达到 6300 万千瓦,超过美国,成为世界上风电装机容量最多的国家。中国光伏产业设备生产量也居世界第一,是世界市场最重要的光伏电池供应商。当然,光伏产品出口贸易近期也受到了来自美国和欧盟国家的挑战,这个问题正在逐步解决当中。中国政府也已经出台了鼓励光伏产业发展的政策,2012 年光伏在整个电力发展当中所占比重还很小,只有 300 万千瓦,但是从 2013 年开始，增长势头迅猛。2012 年全国核电发电量是 980 亿千瓦时，中国风电总发电量达 1004 亿千瓦时，虽然只占全国发电量 4.8 万亿千瓦时电的 2%，但已经超过核电的发电量。新能源在中国得到了迅速发展。

美国页岩气革命的蝴蝶效应

能源问题始终是经济领域中一个活跃的话题。在我的工作生涯当中，深刻地体会到，能源、水、粮食是人类生存和发展所必需的几个要素，特别是能源问题深刻地影响到世界事务的发展。

据美国能源信息署报道，2013 年 9 月份中国进口原油已经超过了美国成为世界第一。这只是美国公布的数据，我还没有看见中国国家统计局的准确数据。报道称，9 月份中国平均日进口原油 630 万桶，而美国同期是日进口 624 万桶，中国超过了美国。尽管这个差距不是非常大，但是在能源领域可以算是一个新闻，因此引起了世界各国媒体的种种解读。其中，有一些评论担心，这一变化会不会激化美中在能源领域的利益冲突。10 月 14 日，美国《侨报》刊登了一篇文章就以此为标题。

过去中国和美国都是世界上两个最重要的能源消费国，在气候谈判问题上，存在一些共同需要解决的问题。但是，现在美国的能源结构发生了很大的变化。2008 年以来美国的石油产量增加了 50%，国内天然气的价格降幅超过 80%。美国的能源自给率 2008 年是 50%，现在美国石油的自给率已经达到 72%。我觉得能源事务有一点像蝴蝶效应。我说的这个蝴蝶就是美国的页岩气革命。美国的页岩气革命到底是不是革命？美国的天然气价格仍然非常低，从进口价格来讲，中国进口的天然气价格是美国的 4 倍，日本和韩国同中国一样，基本上东亚进口天然气的价格普遍偏高，而美国只有 4 美元，欧洲只有 9 美元。在能源进口价格上，天然气如此，电价也如此。电价方面，我国原材料、人力成本都比较低，但在能源价格上我们不仅没有优势反而处于劣势。还有一个跟美国完全不一样的现象，我们是工业用电最贵，其次递减才是居民用电。居民用电因为涉及到人民生活，国家为了防通货膨胀波及到老百姓的生活，居民电价制定得比较低；美国是倒过来，居民用电价格高，工业用电价格低。美国现在的工业用电价格要比我们低得多。在这样的因素刺激下，对实业回归有一定作用。谁不想往低成本的地方转移呢？所以这些问题就带来了蝴蝶效应。

首先，对加拿大的影响。加拿大是美国重要的邻国，也是美洲重要的能源生产地。加拿大的人口很少，经济活动主要集中在加美的边境一带。加拿大生产的石油、天然气过去不愁市场，主要是销往美国，他们也不会去想漂洋过海卖到亚洲来，但是现在他们必须考虑这个问题了。第一是美国天然气已经供大于求了，而且天然气价格那么低，为什么不以高一点的价格卖给亚洲？加拿大对东亚市场，对中国市场的兴趣在提高。

其次，中国的天然气是从广东大亚湾开始，后来福建、上海都开始建设 LNG 站。那么美国方面干了什么事呢？在沿海修了 16 个 LNG 接收站。现在，用中国话来讲"都在晒太阳"，也就是搁那没用了。由于美国的天然气供大于求，价格便宜，所以他们不会进口卡塔尔的天然气，他们在研究能不能把它改成出口码头，再向美国政府提出申请，能不能允许出口。欧洲主要的天然气来自俄罗斯。他们经常为价格吵架：一会儿俄乌斗气，一会儿是俄罗斯和欧洲为天然气走哪条管线争论，实际上都和地缘政治有关系。但现在欧洲一看中东大量的 LNG 要出口，选择性增强了，因此在对俄谈判中更强势了。虽然俄罗斯向欧洲出口天然气今年下降了 10%，但欧洲依然需要俄罗斯的天然气。俄罗斯谈判的地位在削弱，可能会更加重视东亚市场。过去我们也谈，一直没谈拢。现在俄罗斯的出口实质性在下降，这又是一个变化。还有一个变化是，美国国内的天然气比煤炭都便宜，美国的煤炭市场是一塌糊涂。美国去年出口欧洲 4000 万吨煤炭，欧洲自己是最标榜绿色经济、最关心气候变化，但是架不住价格的诱惑。更没想到的是，中国从美国进口了 500 万吨煤炭。谁把这个低价产品漂洋过海运到中国来？这些不都是蝴蝶效应吗？就是因为美国能源事务的变化引起了世界能源事务的变化。

中国和俄罗斯的天然气管道还在谈。我们和俄罗斯的原油管道谈得非常好，这次习近平主席又和俄罗斯签订了一个增签 1500 万吨原油的协议，但是天然气还没谈下来。之所以谈不下来，不是没有气，关键是价格谈不拢。虽然讲了好几年，俄罗斯来我们这边投资，中国也到俄罗斯那边投资，但实质性进展几乎没有。双方能不能政府出面各自降低一点关税（俄罗斯出口天然气有 30% 的关税，中国进口天然气名义上还有 13% 的关税），这样的话价格上就和中亚接近了。实际上双方各自在税收方面让点步，或者做一些特殊处理，中俄天然气贸易合作会非常好。

能源事务与外交事务和国际政治经济有千丝万缕的联系。中国能源问题回回都成为高层访问的一个重要内容。能源对于各国都重要，但为什么在中国就显得特别突出？

按国家统计局的口径，我国去年生产能源 33.3 亿吨标准煤。这个数量超过美国。我们去年消耗的是多少能源？如果按能源结构来考虑，最重要的还是石油。去年石油进口了 2.7 亿吨，自己生产了 2 亿吨，总共消费是 4.7 亿吨，对外依存度 58%。从今年上半年进口情况来看，今年年底我们全年的石油进口肯定要超过 3 亿吨。但是我们的产量几乎没什么增长，我们维持 2 亿吨的产量就已经很费劲了，所以中国今年需要 5 亿吨油，2 亿吨自己生产，3 亿吨进口，60% 是进口，40% 是自己生产。2 亿吨油的产量在全世界排第四，按位置看不算低，但是架不住中国大。5 亿吨油的需求使得我们对外依存度变成 60%，这个趋势一直在往上涨，而且今后若干年也是这种趋势。为什么？中国目前已经是第一大汽车生产国，去年我们生产了 1928 万辆汽车，今年上半年经济下行压力特别大，唯独汽车一枝独秀，上半年有人说是 26% 的增长速度，全年突破 2000 万辆毫无悬念。现在全国的汽车保有量 1.1 亿辆，这还不算摩托车、农用车，一共消耗 1.6 亿吨成品油，大体上汽柴油各一半，平均每辆车一年消耗 1.45 吨油。

我们对油品的依赖非常大。我们农业对油品的依赖特别强，甚至有人用石油农业这样的词。现在收割、耕地、排灌都是用机械，这都需要油。捕鱼也得靠油，石油价格一涨，国家就要给渔民补贴。所以，在这样的情况下我们的能源事务能不重要吗？

能源改革不能言必称国际惯例[*]

十八届三中全会即将召开，国内外都在期盼三中全会将释放的改革与发展的信息，期盼改革释放的红利引领中国持续健康发展。35年前的十一届三中全会拨乱反正，引领中国走向了改革开放的新时代，改革开放的政策和以经济建设为中心的方向转变极大地解放了生产力。

经济发展了，首先面临着能源、交通两大基础设施的瓶颈。改革开放初期电力供应只能是"开三停四"。这35年的大部分时间都处于电力、煤炭供应紧张的状态，电荒、煤荒、油荒时有发生。但这35年也是我国发展历史上能源领域改革步伐最大，能源发展最快的时期。

经过35年的努力，中国成为世界最大的能源生产国和消费国，基本解决了长期困扰经济发展的煤炭、电力供应短缺问题。仅在2005年到2010年的"十一五"期间新增电力装机超过4.3亿千瓦。形象地讲，一年新增一个英国的装机容量，5年完成了前50年的装机量总和，2012年电力装机达到11.8亿千瓦，今年将突破12.3亿千瓦，装机容量将超过美国。

"十一五"是我国水电建设规模和建成投产机组最多的5年，龙

---

    * 本文是 2013 年 11 月 13 日张国宝发表在《经济参考报》上的文章。

滩、小湾、拉西瓦、瀑布沟、构皮滩等大型水电站相继投产，三峡 26 台机组全部并网，累计发电 4500 亿千瓦时，全国水电装机达到 2.3 亿千瓦，居世界第一。

"十一五"期间，5 年新投产机组是我国 1910 年有水电以来前 95 年的总和。最近两年溪洛渡、向家坝、糯扎渡、锦屏等大型水电站又相继投产，这是世界电力建设史上前所未有的速度。

但是，成长也有烦恼。巨大的能源消耗和以煤为主的能源结构使我们正饱受雾霾频发的煎熬，面临温室气体减排的巨大国际压力。36.2 亿吨标准煤和 39 亿吨实物煤炭的能源消耗，逐年增加的石油、天然气需求使对外依存度分别达到 58% 和 28%，这使我们不得不高度重视能源的可持续发展和能源安全问题。

这是巨大的挑战，但也是发展的机遇。当许多行业面临产能过剩、经济效益下滑之时，能源行业仍面临结构调整、大力发展新能源和增加供给的机遇。

我国能源领域的改革也稳步推进。如果认真回顾一下我国能源领域的管理体制，石油部、电力部、煤炭部撤销，高度计划经济的管理办法发生了深刻变化，政企不分、行业垄断的状况已有了很大改变。煤炭价格已基本实现了市场化。

以议论较多的电力体制为例，上一轮的改革实现了政企分开、厂网分开。过去政企不分、厂网不分的一家电力总公司已经改革，发电行业国有、民营，中央、地方百舸争流，竞争局面已经促进了生产力的发展。

前面提到电力行业取得的成绩和体制改革有很大的关系，这是很大的进步。其实纵观能源行业、电力行业，世界各国的管理体制没有哪两家是完全相同的，即使是资本主义国家也没有统一的模式。

法国至今还是国有的法国电力一家垄断经营的状态。美国历史形成的管理模式他们自己都认为效率不高，美东大停电这样的事故发生就是例证，但已经很难改变。技术、设备并不先进，但改造举步维艰。

今年国庆期间我随美国 AES 电力公司董事会参观了印第安纳波利斯电厂。该电厂建于 1950 年，已服役 60 年，6 台燃煤机组，总装机 40 万千瓦，在中国早属于淘汰之列。在印第安纳州的 AES 电力公司的分公司 IPL 又发电又经营输配电。

正当我们自己为电力体制争论不休时，国际同行却在羡慕或仿效我们，真是"墙里开花墙外红"。各国都是按照本国的自然禀赋、发展阶段、政治体制等因素来决定自己的能源管理体制。

例如，日本各州都无一次能源资源，没有能源跨州输送的必要，都是各州自求平衡，每个电力公司负责各所在州的输配发业务。例如东京电力、九州电力、北海道电力等各自负责自己供电区内的所有电力事务。按我们的观点，在自己区域内都是垄断经营的。同为发展中国家的印度有 5 个部在管能源，仅电力就有两个部在管。连缅甸都有两个电力部。比起他们来，我们的政府管理已经改革了许多。

社会上对电力乃至整个能源体制的改革十分关注，有很大的期许，但毋庸讳言，关于改革的方向和改革的内容有很多争议。例如：电力体制改革中是否应将电网进一步拆分？是否应该进一步将输配分开？对电价、油价、气价形成机制应进一步进行市场化改革，对原油、天然气进口权要求放开等都是热议的话题。

总结和回顾电力体制改革的过程，有一些启示性的经验。衡量一个体制，一项改革正确与否的标准是什么？其他国家采用什么体制，不是我们衡量体制和改革正确与否的标准。但是我们某些人潜意识里仍习惯拿资本主义国家，特别是美国的体制为参照物，他们提出的改革方向也往往是向西方体制靠拢。

的确，西方国家体制中有值得我们学习的东西，但也必须认识到资本主义制度并不是十全十美的，绝不能一切都照搬照抄。衡量一个体制、一项改革正确与否的标准是看该体制和改革是否有利于生产力的发展，是否与该国的发展阶段相适应，就像"检验真理的标准是实践"一样。

美债、欧债危机的发生，美国政府关门的两党恶斗，美东大停电等等事实告诉我们，资本主义制度有很多缺陷。有时我们要回到最基本的问题，我们为什么要改革？改革的目的是什么？那就是要解放和发展生产力。

另一个需要注意的问题是改革必须配套进行。电力和能源体制的改革必须和价格、政府审批制度改革、政府管理机构改革、投融资体制改革相适应，要和法制建设的进程相适应。能源体制改革没有终点，是与时俱进、不断完善的过程，是与社会发展相适应的过程。

今后 5 至 10 年能源结构调整的任务十分繁重。我国能源结构以煤为主非常突出，煤电占了发电量的 78%，核电只占 1.97%，风电、太阳能虽然发展迅速，但只占发电量的 2%，近年来愈演愈烈的雾霾引起了社会的关注，警示我们应加快产业结构和发展模式的调整，加快能源结构的调整。

经过这几年的快速发展，2012 年我国水电、风电、太阳能为代表的可再生能源发电量超过了 1 万亿千瓦时，占整个发电量的比重已超过 20%，今后的发展潜力依然很大。应该进一步增加核电的比重，世界上核发电约占全部发电的 10%，而我国目前不到 2%，这是造成煤在能源中比例一直居高不下的一个原因。同时应该加快完善电网结构，使新能源能在更大范围内消纳，改变弃风、弃水的状况。

能源结构还和经济整体结构有关。我国一、二、三产业的比重突显了制造业在整个经济结构中的重要性。因此我国电力消费二产占了

70%以上，服务业用电只占 13%，居民生活用电占 11%。而二产用电在发达国家通常只有 40%左右。这或许是由我国发展阶段决定的，但深刻影响了我国的电力消费结构。今后随着经济转型，发展趋势是服务业用电和居民生活用电的增长会快于制造业用电的增长速度，而作为二次能源的电力在能源结构中的比例会上升。

虽然我国能源生产和消费总量都已是世界第一位，但人均年能源消费量才只有 2.7 吨标准煤，刚刚略高于世界人均年消费 2.6 吨标准煤的水平，人均年用电 3500 度，而人均生活用电才 490 度，处于较低水平。今后随着人民生活水平的进一步提高，人均用能、用电还会进一步提高，能源行业要靠改革、发展、调整、创新来应对这一挑战。

正确发挥政府在新能源市场中的作用[*]

　　近年来，围绕气候变暖问题，各国对新能源的发展给予了更多的关注。无论是美国、欧盟、日本，还是新兴发展中国家，都积极制定了新能源发展计划。有的目标是 2020 年，有的是 2030 年，有的是 2050 年。总之，在今后的某一个时间点要使新能源成为能源供应和消费的主力。

　　特别是在 2011 年福岛核事故以后，更多国家把目光投向新能源的发展。我国近年来新能源发展也十分迅速，取得了令人瞩目的成绩。2004 年，中国的风力发电仅占世界风电的 1.66%，现在这一比重已经增长到 27%。去年风力发电占全国发电总量的 2.02%，已经超过了核电的发电量。也就是说，不到 10 年的时间，原来名不见经传的小产业已经发展成为发电量高于发展了 40 年的核电产业。

　　中国新能源的快速发展引起了世界的瞩目。奥巴马在第二任期的国情咨文中，就提到中国的新能源发展太快，美国不能落后。特别是今年 1 月份以来我国的雾霾天气引起了国人乃至世界的关注。雾霾问题在全国大部分城市频繁发生成为不争的事实。围绕雾霾多发问题，国务院已经作出重要决定，采取一系列措施进行治理，包括在整个区域增加清洁能源，减少煤炭使用量。所有这些都和大力推广新能源的

　　* 本文是 2013 年 11 月 17 日张国宝在第 15 届中国高新技术论坛——中国新能源发展峰会上的演讲。

使用，调整能源结构有着密切关系。

十八届三中全会通过的改革决议中有一个提法令国人大为关注——"使市场在资源配置中起决定性作用"。2004 年，风电产业在我国刚刚起步，只占全世界风电的 1.66%，当时的风电装备也几乎全部从国外进口，而风力发电的最低价格是 0.8 元 / 度，最高达到 2.5 元 / 度。这个价格并不能为市场接受，很难使风电成为有竞争力的能源。

当时主要是希望通过引入市场竞争机制，通过竞争引导价格来促进风电行业的发展。在引入市场竞争机制初期，这一政策受到各方的阻力。首先，政府部门内部意见就不一致。一直以来，已经习惯接受由政府部门来审批价格，引入竞争机制后，和原来的定价机制产生了矛盾。其次，一些媒体和业内人士也对这一政策提出质疑，认为这一政策必将把民营企业挤出风电市场，因为国有企业可以不计成本降低价格来参与竞争。另外，还有一些业内人士担心市场竞争过于激烈，企业会无利可图。因为，企业必然会通过降价进行竞争，从而降低风力发电投资者的投资意向，最终导致无人投资的局面。我认为，非理性竞争会在一定程度上发生，但这样的局面不可能持久。

近期，国家能源局正在讨论新能源是否可能做到与煤电有同样的竞争力。我认为，至少风电领域已经做到。当前，风电价格是 0.6 元 / 度，广东省的火力发电上网电价大约是 0.5 元 / 度，还是要比煤电高一些。但是，我们发现由于诸多原因，存在弃风现象。去年弃风总量大概 200 亿度，今年情况好转，但是弃风量也要达 100 亿至 150 亿度电。如果风电运营商的电价再降 10%，我们多收购 15% 的电量，做到少弃风、不弃风，运营商再降一部分电价，那么风电和煤电就能具有同样的竞争力。

但是，降价会不会使风力发电商无利可赚？实践证明，降价不仅不会使风电企业无利可赚，还会提高企业的竞争力。统计数据显示，华能新能源今年上半年的销售收入达到 28.66 亿元，比去年同期增长了 58.4%，其中利润是 6.68 亿元，比去年同期增长了 141.3%；中广核风力发电部分今年也赢利 9 亿元。这些成绩的取得显然是市场机制在发挥作用。

另外，我们也看到，民营企业不仅没有退出风电市场，反而扮演了很重要的角色。在风电领域，国企、民营企业在同一起跑线上进行竞争。尤其是风力发电设备制造企业，随着我国制造能力的增强，同类企业的竞争非常激烈，导致了风力发电设备制造商的利润下降。但是，从另一方面来讲，激烈的竞争降低了风电投资成本，也促使了风电制造企业走向国际市场。

正是因为在风电行业引入了竞争，由市场来引导价格，逐渐向"市场在资源配置中起决定性作用"迈进。无论采用什么样的定价机制，都已经形成了比过去更有竞争力的价格。而在太阳能领域，由于太阳能发电情况和风力发电略有不同，总量上也没有风电大，价格比风电要高。因此，太阳能发电在没有补贴的情况下要做到有竞争力难度可能更大。当前，在太阳能行业仍然采取的是全国统一定价机制。我认为，也不妨引入竞争机制，辅以政府扶持政策，尝试使太阳能的成本降低，由市场来发现价格，让价格反映市场的情况。

除了让市场在资源配置中起决定性作用外，还要转变政府职能。像风电、太阳能这种本身容量不大，且非常分散的项目不需要都拿到中央层面来批。如果说像核电或者装机容量更大的发电站，在选址和安全性方面需要政府审批的话，风电和太阳能则应该放开给市场去决定。

市场经济概念比较强的地区，像广东对这一决定欣欣鼓舞，但是有个别地方，发改委对此还有顾虑，像黑龙江等地发改委就跑到北京，要国家能源局下文件说这些项目不批了才踏实。所以说，转变观念不是一件容易的事情。

在新能源发展中放松政府的控制和审批，已经迈出了新的一步。关于新能源的补贴，我认为在一个行业弱小的情况下，政府给一点补贴，是行业发展阶段必不可少的。给补贴就好像吃西药，能治病，但是也有副作用。副作用就是不求进取，躺在政府补贴的怀里，不想进一步花大力气降低生产成本。另外，新能源发电越多，补贴也要越多，当财政承受不了时就制约了新能源的发展规模。所以给每度电补贴，不如拿出一部分钱用来支持新能源技术发展，或者给新能源发展创造降低成本的条件，这样更为公平。

另一个阻碍新能源发展的因素是送出通道不畅。这几年尽管新能源发展很快，但与其他行业相比，比例仍然是很小，以风电为例，风力发电只占总发电量的 2.02%。弃风问题被炒得这么厉害，就是因为在局部地区风电比例较高。前一段时间有观点认为，风电等新能源发电不能超过本地区发电量的 10%，超过了就会影响电网的稳定。对于这个数字是不是科学计算出来的，不得而知。但是在欧洲的西班牙、丹麦等国家，风电比重早就超过 20%，电网不也是运行得很好吗？实际上，内蒙古局部地区风力发电已经超过了 20% 至 30%。这说明风电等新能源发电并不是一定不能高于本地区发电量的 10%。

其实，阻碍新能源发展的更大的问题是没有形成新能源消纳的机制。长期以来大家抱怨的就是不能把内蒙古和河西走廊这些新能源丰富地区的清洁电送出来。随着新技术和智能电网的发展，在全国范围内消纳这点新能源不是问题。四川省的发电量有 1700 多亿度，其中水电有 1200 亿度，而火电的上网电价是每度 0.49 元，水电只有 0.228 元。今年 1 至 8 月四川省电量外送 395 亿度，相当于减少受电地区煤炭消耗 1343 万吨。减排二氧化碳 3760 万吨、烟尘 13.23 万吨、灰渣

376 万吨。从上述这些数据可以看出，水力发电创造了巨大的价值。由于今年溪洛渡、向家坝、锦屏及金沙江中游水电站有机组相继投产，而输电线路规划和建设滞后，导致今年四川、云南有近 100 亿度水电弃水。根据输电线路建设进度和水电机组投产情况，预计明年弃水还将更严重。究其原因，是因为特高压输电长期争论、无人拍板，致使"十二五"已经过去 3 年了，而重要的输电规划还没有制定出来。输电线路怎么建定不下来，清洁能源的输出就会受影响。如果能够解决输电线路怎么建问题，中国新能源还能得到长足的发展。

有人把可再生能源的集中式和分布式发展对立起来，其实这两种方式从来都是相辅相成、因地制宜的。能分布式就地消纳当然要提倡分布式，特别是对于可再生能源分散、小型的特点可能更适合分布式发展。但对于甘肃河西走廊、内蒙古这些风力、太阳能资源丰富而电力市场又不大，适合搞大规模可再生能源基地的地方，都要就地消纳不现实，完全可以为其他地区输出可再生能源，这些地方就应该建一些集中式外送的基地。

我国现在一共有 17 个核电反应堆在运行，核电去年只发了 980 亿度电，占全国发电量的 1.97%。这一比重不仅远远低于核电发电比重最高的法国，也低于世界平均水平。近年中国的核电发展很大程度上受到了福岛核事故的影响，但是事故的教训让我们更加重视核电的安全问题。大亚湾核电站在深圳运行投产 20 多年来，一直保持着良好的安全纪录。可以说，只要重视核电安全，制度完备，设备先进，是可以做到核电安全运行的。现在雾霾如此严重，中国的能源结构中 67% 是煤，在下一步调整能源结构的过程中应该适当增加核电的比重。核电的发展又会给其他产业带来一系列进步，也给企业提供很多的商机。

能源问题始终是我们经济生活中的一个重要话题，无论是家庭生活还是社会运转都离不开能源。在经济运行中，如果我们处置得当，能源是更好的发展机遇。在很多行业产能过剩的情况下，能源发展仍然是个新兴项目，给众多企业带来了新的商机。而且我们现在能源结构的调整任务十分繁重。我们每度电的能耗过去是 400 多克煤炭，现在可达到 270 克。如果全国现存的机组能够进行技术革新，脱硫脱硝，会使空气更加清洁，也会给更多的企业带来更大的商机。

能源改革不能照搬西方国家做法[*]

5月，李克强总理主持召开国务院能源领导小组会议，6月13日，习近平总书记主持召开中央财经领导小组第六次会议，研究能源安全战略，发表了重要讲话。在短时间内，中央召开了两次最高级别的能源专题会议，表明了中央对能源工作的高度重视。习近平总书记在讲话中对推动能源生产和消费革命提出了五点要求，可以归纳为四个革命、一个国际合作。媒体十分关注为什么要把能源消费、供给、技术和体制提高到革命的高度，包含了怎样的重要信息？媒体关注的还有还原能源上层属性。我的理解，推动能源体制革命的要义，就是要还原上层属性。

一、能源领域存在不少影响生产力发展的计划经济做法

长期以来，特别是在计划经济时期，能源是作为关系国计民生的特殊产品，无论是生产、运输、价格、项目的审批，都赋予了浓厚的计划经济色彩。煤炭会分配运输指标，我们这些过来人耳熟能详。因此，能源的商品属性往往被弱化。改革开放以来，能源领域的改革不断深化，无论是管理体制，还是定价方式，都发生了很大的变化，以前管理能源产品的各个专业部门，比如石油部、煤炭部、电力部统统

---

* 本文是 2014 年 7 月 28 日张国宝在 2014 中国（北京）国际能源峰会上的讲话。

取消了。电价异场异价的定价模式变为地区的标杆电价，煤炭价格已经完全市场化，取消了煤炭订货会的形式。那时候全国要开煤炭订货会，我第一次参加的时候，人家告诉我有一万人参加，要开一个月。我听了吓一跳，我说哪有这么大的会？发电领域已经打破了垄断，实现了多家竞争办电的局面。

但是，改革无止境。尽管与二三十年前的计划经济甚至与十年前比较，能源市场化改革有了很大进展，但是能源领域存在不少影响生产力发展的计划经济做法，改革需要继续深化。例如，能源领域项目审批，社会呼吁进一步简政放权，能源价格的定价模式仍然偏重于政府的价格部门决定。所以，煤价放开而电价管住的不完全市场机制是煤电矛盾的重要成因。前几年，是煤价涨了，国家怕通货膨胀，不让电涨价，电对煤的意见很大。现在煤价掉得很厉害，电又有很好的盈利，煤又对电很有意见。煤电矛盾始终存在，因为我们的改革还没有完全市场化，煤炭价格现在基本市场化了，国家还要给电定价，这些矛盾没有完全解决。

二、风电、光伏发电补贴模式不利于可再生能源加快发展

对于风电、光伏发电的定价补贴模式也一直存在着争议，这种模式缺乏鼓励技术进步的市场竞争，将蛋糕大小固化，蛋糕就这么大。为什么说固化呢？补贴就这么多。可再生能源基金现在是每度电1分5，收上来的就这么多，就按这么多补，蛋糕就这么大，做大了没法补。不利于可再生能源加快发展，也使得国家的补贴难以为继，原来的补贴一度电8厘钱，后来不够了，去年又加了7厘钱，再这样下去可能还不够，国家的补贴难以为继。风电和太阳能发电燃料成本为零，为什么发电成本比燃煤发电还要高？原因在财务费用和设备折旧上。因此，应该有针对性地对症下药，有必要探索新能源的价格和补

贴模式。

在最近李克强总理召开的经济形势座谈会上，董明珠和刘永行的发言都谈到了他们不需要政府补贴，要的是公平竞争，他们的发言值得深思。我不是不赞成政府补贴，我还是赞成的。但是，应该研究在哪些环节上如何进行扶持。新一届政府组成以后，强调简政放权，社会呼声也很高，国家能源局已经取消了 5 万千瓦以上风电、光伏发电需要拿到国家能源局审批或者备案的做法，但是，保留了给各省分配年度建设规模的权力，理由是受可再生能源补贴规模的限制，所以不能放开。最近，我到新疆哈密考察，那里的风电、太阳能发电势头很好，但地方政府抱怨国家分配给他们的建设规模指标只剩下 2 万千瓦，而投资上的积极性很高，指标不够分。哈密有个太阳能工业园，一共装机 60 万千瓦的太阳能，但是 21 个业主，其中也有香港人，民营和国有都有，每个业主的建设规模也就 2 万多千瓦，现在指标分完了，还剩 2 万千瓦，大家都争着要，还想多干点，但是没有指标了。为什么没有指标呢？如果问国家能源局，能源局说没有补贴了。这些因素制约了新能源的发展。

三、能源改革不能照搬西方国家做法

改革是为了解放生产力。衡量一个改革方案正确与否的标准应该是看它是否有利于生产力的发展。实践是检验真理的唯一标准，别的国家怎么做不是我们衡量改革正确与否的标准。事实上，世界上没有一个标准的能源管理或者电力体制模式，各国都是根据各自的发展阶段和国情以及不同的自然禀赋有着不同的能源、电力管理模式。没有现成的模式可借鉴。有的人习惯把西方的模式作为模板进行比对。中国已经成为世界上能源生产和消费的第一大国，总量大、国土面积辽阔，但中国又是一个发展中国家，实行的是具有中国特色的社会主义市场经济体制。因此，中国必须摸索适合中国国情、适合中国发展阶段的能源电力体制，不能照搬照抄其他国家的做法。

四、全盘否定过去能源和电力体制改革的言论有失偏颇

另外，改革应该允许摸着石头过河，看准的就改，一时看不准的，允许再看看。改革是随着发展阶段与时俱进的过程，是一个不断革命的过程。习近平总书记在党的十八大闭幕讲话中肯定了摸着石头过河是富有中国智慧的改革办法。他还说我们改革不是为了迎合西方某些人的观点，改革停滞不前是没有出路的。全盘否定过去能源和电力体制改革的言论也有失偏颇，不符合实际。我为什么这么说呢？因为这无法解释我们过去三十年特别是近十年能源领域的快速发展，基本支持了快速发展的经济的事实。无法解释能源生产力获得巨大发展取得的成就。中国走出了符合中国国情的改革发展之路。实践是检验真理的唯一标准，能源改革也要重在实践，杜绝脱离实际的空谈，更不要人云亦云。所以，要特别听取第一线企业的意见，不仅要听取各种专家的意见，也要注意倾听企业和处于实际工作一线的工作人员的意见。

五、煤电短缺、供不应求的局面已经过去

中国的能源事业面临巨大的挑战，同时，也应该看到这是巨大的机遇。去年以来我国面临经济下行的压力，能源需求增速放缓；另一方面，近年来煤炭、电力产能迅速增加，煤炭价格持续低迷，已经跌入了4时代。什么叫4时代呢？最高的时候秦皇岛下水煤一吨850元，这几年连续下跌，最近495元，有些媒体叫作跌入4时代，这两三年当中价格降得非常快。发电小时数也在下降，连年电力需求旺盛的浙

江省火电发电小时数也可能跌到年 5000 小时以下。煤电短缺、供不应求的局面已经过去，今后面临的任务更多是调整结构、技术进步、绿色发展，需要进一步压缩落后产能。当然，对能源形势的判断也不尽相同，较为宽松的供需环境有利于推行改革的措施。我国油气自然禀赋难以满足快速增长的需求，扩大国际合作、保障能源安全是必然的选项。几个能源品种当中，石油对外依存度达到 58% 了，而且还在增加，现在天然气对外依存度增长非常快，已经到了 31.6%，再往上增，很快要接近 50% 也完全是可能的。这两样东西完全靠国内自给是有困难的，在这些品种上离不开国际合作。

六、中国已经是国际能源市场重要参与者和 举足轻重的国家

习近平总书记讲到的第五点要求就是国际合作。世界上许多重大事件都直接或者间接影响到能源问题。例如，最近的乌克兰问题、伊拉克内战都影响到能源供应和价格。每桶油价格在 100 美元左右或者以下已经持续了两年多时间，但是伊拉克内战一恶化，一下到了差不多 115 美元，但是最近又掉下来了。石油价格受地缘政治的影响非常明显，并且像蝴蝶效应波及到世界其他地区。今年我国领导人出访，能源合作都是一项重要内容，都是亮点。中国能源国际合作前景广阔，我们不仅是买进来，也给我国产品和"走出去"提供了广阔的市场。

最近，习近平总书记访问拉丁美洲，给委内瑞拉增加 40 亿美元贷款换石油，这些都是能源合作中的亮点。中国已经是国际能源市场重要参与者和举足轻重的国家。世界能源局势发生了很大的变化，美国最近出台了包括上述各项能源战略。国内很多专家对这样的翻译大惑不解，很多人不知道这句话什么意思，翻译过来这么说的：包括上

述各项能源战略。我理解，就是能源多元化战略，对于美国这样的能源生产和消费大国，尽管有了页岩气革命，可再生能源快速发展，但是仍然需要包括煤、油、气、可再生能源、核能多种能源的多元结构。中国也是这样，在增加低碳能源比重的同时，仍然需要能源的多元结构，在相当长时间内都是如此。

中美能源没有根本利益冲突[*]

　　中国自实行改革开放政策 35 年来，经济持续高速增长，能源生产和需求也持续高速增长。1993 年，中国变成石油净进口国。2009年，又从煤炭的出口大国变成了煤炭净进口国家。特别是从 2002 年起，克服了亚洲金融危机以后，连续 10 年能源生产和需求高速增长。2013 年，能源消费达到 37.6 亿吨标准煤。这个数字超过了美国，使得中国成为世界上最大的能源生产国和消费国。

　　中国能源消费占全世界能源消费的 22.4%，美国占世界能源消费的 22%，所以中美两国是世界上最大的两个能源生产国和消费国。但是由于中国的人口是美国的 4 倍多，所以人均年能源消费为 2.7 吨标准煤。这个数字略微超过世界人均年能源消费 2.6 吨标准煤的水平。中国人均消费还不到美国年人均消费量的三分之一。

　　中国的电力也快速增长，2013 年电力总装机容量已经达到 12.48亿千瓦，略微超过美国 12 亿千瓦的总装机量。但人均用电水平，美国人一年用电 13227 千瓦时，在全世界排名第七位，第一位是冰岛。而中国人均年用电是 2912 千瓦时，在世界上排名 32 位。美国人均用电是中国的 4.5 倍。之前讲的数据包括工业用电，而人均生活用电，美国比中国就更高了。

---

　　* 本文是 2014 年 9 月 12 日张国宝在纽约举行的"2020 年中国能源前景"国际研讨会上的发言。

中国从 1993 年变成石油的净进口国，但是那年只进口了原油 6 万吨。但是到了 2013 年，中国净进口原油 2.8 亿吨。原油的对外依存度达到了 58%。天然气 2013 年进口了 530 亿立方米。其中，进口液化天然气 1700 万吨。天然气的对外依存度达到了 31.6%。天然气在中国的能源结构中只占 5.8%，美国的天然气在能源结构中占 24%。

但是中国已经成为世界上第三大的天然气消费国。2013 年，中国进口了 2.7 亿吨煤炭，其中还从美国进口了 500 万吨。我当了 13 年部长都不敢相信，像煤这样的低质品怎么跨过太平洋进口到中国来。但是中国的一次能源自给率，大家从大卫·桑德罗和我的介绍中，可能看到的是一片紧张的局面，但实际上，中国一次能源的自给率仍然高达 90%，只有 10% 是进口的。

中国的进口能源主要是油和气。中国的能源结构和美国有很大不同。中国的煤炭占一次能源消费的 67.5%，正如刚才大卫先生所说的。中国在这一点上和印度的能源结构差不多，印度的煤炭大概也占这么大比例。

而美国的煤炭在能源结构中只占不到 30%。美国的核电占总发电量的 20%，有 100 个核电反应堆在运行。而中国核电只占发电量的 2%，现在中国只有 28 个核电反应堆在运转。但是刚才大卫·桑德罗先生说，中国在建的核电站占世界的将近一半，这是真的。因为中国现在在建的核电反应堆有 30 个，全世界只有 64 个核电反应堆在建。所以美国的能源结构与中国相比，清洁化的程度远远比中国好。近年，中国的可再生能源发展迅速，风能和太阳能发电异军突起。

2003 年，我当中国能源局局长的时候，那年中国的风力发电只有 48 万千瓦。但是到了 2013 年，中国的风力发电已经超过了 8000 万千瓦，和美国的风力装机容量大体上差不多。中国是世界上最大的太阳能电池板生产国，正如刚才大卫·桑德罗先生所说的，出口占世界太阳能板贸易量的 50%。但是中国生产太阳能电池的原材料——多晶硅，需要进口，而且主要是从美国的道康宁和德国的瓦克公司进口。

但是由于欧盟和美国对中国的太阳能电池进行"双反调查"，提高关税，引发了贸易争端，中国也对进口的多晶硅提高了关税。这种贸易摩擦虽然有冠冕堂皇的理由，但是本质上我认为还是贸易保护主义在作怪。

我认为其结果只是保护了少数公司的利益，而损害了世界上清洁能源的事业。事实上也并没有能够阻止中国太阳能电池的出口，今年上半年，中国太阳能电池出口还是增加了 18%。中国现在在水电、核电、风力发电、太阳能发电这四种清洁能源的发电量已经占了全部发电量的 30%，但是这主要是水电作出的贡献。中国和美国在能源生产和消费总量上大体上差不多，但是结构有很大的不同，在能源价格上也有很大的不同。

美国由于页岩气大量的生产，天然气价格现在每个 MMBTU 只有 5 到 6 美元，而中国的价格高达每个 MMBTU16 到 18 美元。所以中国的天然气价格是美国天然气价格的 3 倍。另外，美国的工业电价是最便宜的，其次是商业用电，居民用电是最贵的。

而中国刚好倒过来，工业用电是最贵的，大概一个千瓦时要 13 美分，其次是商业用电，居民用电是最便宜的，大约一个千瓦时 7.25 美分。电力消费结构也很不同，中国工业用电占 70%，商业用电占 13%，居民生活用电占 12%，农业用电占 5%。而美国的商业和居民生活用电比例高达 60% 到 70%，工业用电不到 30%。

我认为中美能源合作是基调，虽然有杂音，但是没有根本的利害冲突。中美两国是世界上最大的能源生产国和消费国，在世界能源事务当中举足轻重。由于长期受冷战思维的影响，中国和美国国内都有一些人把对方作为竞争对手，甚至是假想的敌国。在能源领域也渲染相互争夺和竞争。其实从历史和现状仔细分析，中美两国能源合作是基调，并没有相互争夺能源和资源，也没有因为能源争夺引发争端，甚至于战争。

中国在 19 世纪点燃的第一盏电灯，是为了迎接美国卸任总统格兰特访问上海，在上海外滩点燃的。在 20 世纪 40 年代，当时的中国国民党政府与美国签订了协议，派了 98 名工程技术人员到美国的西屋公司参加培训和学习。这些人最后大多数都留在了中国大陆，没有去台湾，成为新中国发电设备制造企业的骨干。

在 20 世纪 50 年代和 60 年代，因为朝鲜战争和越南战争，中美两国交恶，两国中断了交往。到了 70 年代，两国恢复了外交关系，中国对外开放，首先就引进了美国西屋公司的 30 万和 60 万千瓦的发电设备机组，至今仍然是中国发电设备的主力机型。

近年来，中国又引进了西屋公司的 AP1000 第三代的核电技术，是中国核电的重要机型。在中国改革开放初期，美国的哈默就投资建设了山西的平朔煤矿。美国的埃克森、雪佛龙、康菲等石油公司都进入中国进行油气风险勘探，美国的安然、AES 都曾在中国进行电力投资。中国企业在美国能源领域的投资虽然没有美国企业在中国那么多，但是近年来也呈迅速增长的态势。例如，中海油、神华公司都投资了美国的页岩气开采产业。中国的中投公司入股 15.8 亿美元成为美国 AES 公司最大的股东。还有一批民营企业投资美国的风能和太阳能产业。

中国和美国彼此都没有从对方国家进口大量的能源，除了我刚才讲的 500 万吨煤以外，我们没有从美国进口油气，美国也没有从中国进口油气。所以在国际能源市场当中，中美之间并没有因为争夺能源而发生争斗。伊拉克战争结束以后，中国在伊拉克的油田招标当中也是和美国的企业进行合作。

中国从中东进口的原油占进口量的 50%，相反美国从中东进口原油所占的比重已经下降到进口量的 28%。中国并没有因为美国的存在，从中东进口石油遇到什么困难。在对伊朗核问题进行制裁的时候，尽管影响了中国和伊朗的油气合作，但中国顾全大局，十分克制，严格遵守联合国的协议，减少了从伊朗进口石油，并且中断了在伊朗的油气投资。

纵观世界其他地方，中美没有因为能源事务引发争端，往往都是部分媒体和一部分人在渲染和炒作。有些人喜欢想象阴谋论，相反中美两国在新能源领域开展了广泛的合作，成立了中美清洁能源中心，也签订了和平利用原子能协议。

据我观察，中美两国的政治领导人都保持了清醒的政治头脑，维护中美两大国家的合作关系，这才是两国在能源领域合作的主流。

制约中国能源的几个关键问题 [*]

一、中国的能源消耗未来会是怎样的一个增长速度？

用 GDP 增长比能源消耗增长，我们将结果称作弹性系数。如果单看每一年的情况，你会发现变动很大。有时 GDP 增长 1%，能源消耗增加 1.4%，但有时 GDP 增长 1%，能源消耗仅增加 0.5%。但如果你看每 10 年的数据，能源消耗与 GDP 增长的比大致有规律可循，GDP 增长 1%，能源消耗增加 0.8%。未来，比如说 10 年、20 年，能源消耗的弹性系数是不是还是 0.8？这可能就是问题。

中国的电力消耗和美国非常不同，中国的电力消耗，第二产业也就是制造业占了接近 70%，居民用电只占 12%，商业用电只占 13%，农业用电占 5%。由此可见，中国三分之二的电是用在制造业上。中国是制造业大国，从这个数据上就可以看出来。

但是在美国，工业用电大概是占 30%，商业和居民用电占到 60%—70%，和中国完全不一样。

那么中国会不会一直是这样一个结构？以后我们肯定不能维持这种结构，一定要增加商业、服务业、高科技比重等等。服务业比重上去了，或者高科技的比重上去了，GDP 和能源消耗的弹性系数可能

---

　　* 本文是 2014 年 9 月 12 日张国宝在纽约举行的"2020 年中国能源前景"国际研讨会上的发言。

就变成 0.6—0.7 了，也就是说能源消耗的增长速度会降低下来。我们为什么总是强调要发展服务业、增加服务业的比重就是这个道理。中国现在正处于工业化的发展阶段，所以能耗高，可以肯定的是，今后能耗的增速会慢下来。

现在，美国服务业占到 60% 到 70% 多都是正常的。但是在中国的城市里，如果服务业能到 40% 就是不简单了。北京和上海这些大城市的服务业会比较高一些。其他城市能到 40% 就是不错的了。这里说的服务业的概念是比较广的，包括我们的物流、金融等等。我们的服务业跟美国比，毫无疑问中国是落后的。从现在社会发展趋势看，未来金融业、咨询服务业、信息物流、创意产业等等类似这样的服务业肯定会上去。

从前年开始，中国的电力需求已经在下降。今年上半年更明显，上半年中国电力增长 5.3%，对于习惯了中国增长的人来讲，一下就下降到了 5.3%，感觉增速下降已经很多了。

今年电力状况不同于以前，今年 7 月只增长了 3%。我们看另外一组数据会简单点，就是我们每台发电机一年发多少小时，过去是平均 5500 小时，但现在连 5000 个小时都不到。

其实从煤炭的问题也可以看得很清楚，煤炭最高的时候是 2012 年的 5 月份。环渤海湾煤价最高时达到 850 元一吨，但是现在只有 480 元一吨，降低了一小半。

中国的装机容量到去年底就到了 12.48 亿千瓦，今年还要再增加 9000 万千瓦，今年底装机容量肯定会超过 13.4 亿千瓦。电量增长了 5.3%，但装机容量增长了 9%。装机容量越来越高。

为什么呢？因为前几年我们每年新开工建设一大批电力项目，建设周期需要几年时间，不会因为需求下来了我们就不投产了，还要不断地有新的机组投产。所以，我判断这几年中国的电绝对不会再紧张了，而且会越来越疲软。因此估计未来几年发电小时数不会涨上去。

二、中国需要天然气，但天然气从哪儿来？

用煤来制天然气，也有些人不赞成，重要的一个理由就是有一半的碳要变成二氧化碳，另一半的碳变成了甲烷。这是很多人反对用煤来做天然气的一个重要原因。

在中国天然气的价格和美国是完全不一样的。美国每 MMBTU5 至 6 美元，中国要 16 到 18 美元。所以中国天然气价格是美国的 3 到 4 倍。

如果用这样的天然气来发电的话，1 个千瓦时成本大概就要 1 元，所以在中国天然气是没法用作基荷发电的，绝对行不通。现在中国的天然气用来发电的比率很小，只占总发电量的 5.8%。但美国就不一样了，美国 29.6% 的天然气用在发电上。

但是大家还是很喜欢用它，因为它很干净，增长还是很快的。那么中国需要的天然气从哪里来？因为我长期管这件事，我并不太担心它从哪里来，现在有钱就行了，世界天然气资源还是很多的。去年我们进口是 530 亿立方米，占 31.6%。

目前我们进口天然气，一般还是从周边国家进口，主要是来自中亚地区，占一半。另外一半就是从澳大利亚、马来西亚、印度尼西亚这些国家进口。去年进口了 1700 万吨 LNG，也是占了一半。

土库曼斯坦还想更多地提供给中国，我们签订的合同将会比现在还要再翻一番。依照我们现在的合同是每年 380 亿立方米，后来改签到了 680 亿立方米。

如果将来俄罗斯天然气不改他的出口政策，周边国家的天然气会供应上来，还有我们国家自己的天然气的勘探。发现新的天然气的机会要比发现油田的机会还要多。所以我们不担心天然气会买不回来，天然气现在国际市场上购买的条件还是有的。

另一方面，现在世界上很多的产气国政治纷争比较多。你比如说伊朗，实际上它的天然气非常丰富。我们中国原来也想从它那边进口，但是因为美国和伊朗的关系，我们还得遵守联合国对伊朗的制裁，所以我们就没办法从伊朗买了，有些协议本来我们都签了，例如他们本来批准我们投资北帕斯气田，因对伊朗的制裁我们停止了。

三、进口天然气价格是如何制定的？将来如何市场化定价？美国页岩气对国际天然气市场有多大影响？

天然气价格进口和国内产的成本是不一样的。但一旦进来了以后，你卖给消费者是一样的价钱。中国政府为了要防止通货膨胀，所以政府一直在控制天然气的销售价格。实际上中石油天然气板块是亏损的，但是老百姓认为它是中央企业，是垄断的，所以对他们仍有意见。实际上，天然气进口价高于销售给居民的价格。拿北京来讲，居民价格2.50元1立方米，40美分吧。40美分1立方。但是我们买进来，到边境价，交货价，1000立方米就是382美元，折成每立方米2.368元人民币，还要加上长输管道费和市内管网费，然后再卖给居民，这个亏就得央企自己担负。中石油、中石化总的营业收入不亏，是用油赚的钱来补气亏的钱。

现在价格部门准备分三步走，让它的价格和供气市场的真实价格并轨。今年年底已经涨了4毛钱了。可能以后还会再涨一点。

我们从俄罗斯买的天然气价格不会比国际市场的价格贵。这点可以肯定。俄罗斯卖给欧洲的价格是1000立方米500美元左右。为什么我们长时间跟俄罗斯谈判不下来，就是因为价格问题。俄罗斯当然不希望卖给中国价格低于欧洲价格，否则他也没法交代。我们也不能用比欧洲贵的价钱来买俄罗斯的天然气。所以就是这样一直谈不下来。现在双方达成了协议，价格肯定是比卖给欧洲价格要便宜一点。

当时我们通过竞标购买澳大利亚 LNG 的时候是天然气国际价格最便宜的时候。每 MMBTU3 美元，我们赶到了好时候，全世界天然气价格最疲软的时候。我们买完以后，接着就开始涨。只能说我们赶的时机比较好。因为那时全世界天然气都很便宜。印度尼西亚也想卖给我们，澳大利亚也想，卡塔尔也想卖给我们。他们报的价格都超低，都低于 3 美元。实际上我们买完后国际天然气价格就上涨了，大概买了个最便宜的。另外两家报的价比澳大利亚还便宜。

卡塔尔在 2001 年是三个谈判国家之一，那个时候它的产量才1000 多万吨，它现在的产能是一年9000 万吨。它增加的这部分产能，最初的时候是针对美国市场。最初他想以美国为主要出口市场，然后才是中国。由于中国在招标中选择了澳大利亚和印尼，卡塔尔没有中标，所以他对中国有意见，后来中国想买它一点 LNG，跟他说好话，他说资源没有了，不肯卖给我们。

我们现在与卡塔尔之间的协议不是长期协议，是散货贸易。我们买澳大利亚和印度尼西亚的天然气都是长期协议，20 年。现在由于美国的页岩气多了，不需要从卡塔尔进口天然气了，卡塔尔就卖给欧洲了，还有卖给日本。因为日本发生了福岛核事故，一下子关了 54个核电反应堆，所以一年有 7000 万吨液化天然气的需求。

当时美国为进口 LNG，在沿海建了大概 20 个天然气接收站，这些接收站我也去参观过几个。但是等美国建好了进口接收站，美国页岩气产量爆发，又不要卡塔尔的天然气了。20 多个接收站都摆在那个地方。所以现在就有人提议，美国把这些接收终端改为出口液化气码头。

虽然连总统奥巴马都说美国可以出口天然气，但是我觉得现在还做不到。为什么呢？美国现在只有一个接收站在开始建液化装置，改为出口码头，其他的都还没有动。这一个液化站可能明年年底能建成。那也就是这一个站而已，其他的都还没动呢。如果现在开始建一个液化站，起码要两年以后才能形成出口能力。那要是乌克兰真打起来，欧洲这两年所需要的天然气咋办呢？

奥巴马讲完话以后，我算了一下，俄罗斯现在每年给欧洲出口的天然气折合成 LNG 接近 1 亿吨，差不多是 9000 万吨。美国有能力向欧洲出口，能出口 9000 万吨到 1 亿吨 LNG 吗？所以，如果没有俄罗斯的天然气供应，靠美国出口页岩气是不能满足欧洲需求的，欧洲还必须寻求多元化的供应渠道。

政府最重要的作用是营造自由发展的社会氛围*

　　自从人类出现在地球上以来，开始学会了钻木取火。在漫长岁月当中，人类都是以生物质为燃料，柴火、木头、秸秆等作为能源。在这个漫长的岁月里，人类社会进展的节奏是缓慢的，活动范围也是有限的，因为你没有飞机、轮船，对面有个新大陆，也不会有人去，也不知道。所以那个时候总体来讲人类社会的进展节奏缓慢，活动范围也有限。

　　到1881年，煤炭开始在一次能源中的比重达到了50%，1913年煤炭在一次能源当中的比重高达了70%，达到了使用的峰值，可以说煤炭成为人类最主要的能源。如果这段时间认为是进入了化石能源时代，也就是说我们跨入化石能源时代也就130多年历史，和前面长达3000多年的历史相比，还是一个很短暂的时期。

　　自从人类步入了化石能源时代以来，科学技术日新月异，发展迅猛，这130年的发展创造远远超过了过去几千年的历史，以瓦特改进蒸汽机为里程碑，当然瓦特改进蒸汽机和化石能源使用是连在一起的。至于说先有化石能源，还是先有蒸汽机，还是先有蒸汽机又大量使用化石能源，和先有鸡先有蛋的关系是一样的，蒸汽机的改进标志着人类大量地使用机器，化石能源也就被大量地使用。总之，如果划

---

* 本文是 2014 年 10 月 18 日张国宝在 2014 新浪财经能源论坛上的演讲。

分历史的话，有人把这个作为人类历史的一个阶段性的里程碑的事件，从此人类社会也进入到了近代社会。

瓦特改进蒸汽机，化石能源被大量使用，机器生产就被广泛地采用，所以通常我们把这个叫作第一次工业革命，这个可能在科技发展史上都没有太大的争议。但是伴随着化石能源的大量使用，现在温室气体排放、气候变暖问题已经从一个技术性的问题演变成了一个政治外交的话题，现在不完全是一个技术性的问题了。

增加新能源、规划新能源的呼声也日益高涨，同时人们担心高强度地使用化石能源会使化石能源很快枯竭，因为过去使用的柴火也好、木头也好，都是可再生的。化石能源使用了这么多年，不能说没有，起码也越来越紧张了，所以人们对化石能源会不会很快枯竭有了担心。为了人类的可持续发展和生存，必须寻找可替代化石能源的下一代能源。

找到一个新的如果能够替代化石能源的能源，进入到一个新的能源时代，这一天能够发生的话或者这个时代能够到来的话，应该说这是一场革命，现在我们还只能算是在一个酝酿期当中，处于两种能源形态的过渡期。这几年新能源发展非常快，有的国家也都明确进行了政策宣布，像德国宣布未来几年可再生能源成为主要的能源，因此也有人很乐观地认为现在新能源进入了大发展的时期或者成长期。但是就我个人来看，我认为现在只能说对未来能源的一个探索期，处在一个酝酿期，最多算是刚刚开始的过渡期，究竟什么是未来能源，现在下结论还太早。

当然学术界对此也是有争议的，甚至于包括石油和天然气到底是怎么产生的都有不同的流派。地质学家说，化石能源就是古生物经过漫长的地质年代的变迁，变成了我们现代人能够用的石油、天然气和煤炭，本质上这些东西都是古代的生物，或者是植物或者是动物的遗体，经过多少年演变过来的。所以可以说由古生物形成的化石能源这种理论是一种传统的理论，但是也还有一部分科学家支持无机石油的理论。他们认为，石油和天然气有可能是从地球的深部的地幔里边吸出来的，而且也有很多证据，他用碳-14方法，证明石油不是古代地球表面的生物产生的，也有过这样的很多的探索和证明，所以这一派人叫作无机石油理论者。

因此，持这种观点的人认为，咱们不必担心哪一天石油、天然气会枯竭，老油井经过若干年放置又有了。就有人要求立项，在某个地方打一口井，放几年，证明石油不是古生物演变的，这是根据石油是地球里面固有的这种说法出来的。但是我个人认为，即使无机石油理论存在，也禁不起这样高强度的开采，它吸出的速度有人类使用那么快吗？这是一个问题。页岩气的开发成功，延长了人类对原油、天然气枯竭时间的预测。现在就有人很乐观，你们说要枯竭，不仅没枯竭，页岩气又来了，还可以用，这是事实。

甚至于包括我在内，我刚开始听到页岩气的时候就想，页岩里边有气，是不是无机石油理论有道理，是不是过去传说当中的古生物演变来的。有些地质学家跟我探讨，说这恰恰证明了有机石油理论是对的，因为页岩本身就是古代的可能是沼泽地一些淤泥跟有机物在一起，经过地质演变形成了页岩。

现在化石能源仍然主宰着主要的能源结构，仍然是人类最主要的能源，但是结构已经在悄然地发生变化。1915年石油在一次能源当中的比重达到了45％，我前面讲到1881年煤炭到了50％，1913年到了顶峰，1915年石油开始登场，作为另外一个重要的化石能源，比重达到了45％。到了2013年，石油在一次能源当中的比重已经下降到了32.9％。这是因为随着各种能源的出现，石油在整个能源结构当中比重下降，煤炭也在下降，煤炭的比重下降到了30.1％，而天然气的比重上升到了 24%，成为了一个重要的能源。

其他的一些能源，包括核能、水能、风能、太阳能等可再生能源加在一起，占的比重也不到 13%。所以现在看，无论你把它叫作可再生能源也好，还是叫新能源也好，仍然在整个能源当中占较小的一个比重，但是增速却引人注目。可以预期，今后可再生能源和新能源的比重会以较快的速度增加，这是一个趋势。

我曾经在有些场合说过，曾经影响到人类社会进步的像瓦特改进蒸汽机，像美国莱特兄弟发明了飞机，像比尔·盖茨发明了 Windows，乔布斯搞了智能手机……像这些取得成功的技术进步，对社会产生了巨大影响。这些技术创新都不是事先由政府规划到、预见到的，都是来自于民间自发的创造和智慧。

政府的作用最重要的就是营造允许各种智慧的竞相迸发、自由发展的社会氛围。不要说这个就不对，应该允许社会有创造的氛围，允许各种奇思妙想自由发挥。包括学术领域的权威专家，也不要做九斤老太，说年轻人这不行、那不行。前面所说的历史创造，都是出自于名不见经传的小人物。

最近我也看到不少文章这样说，在过去的两年当中全球产生的信息占到了人类整体掌握信息总量的 90%，现在全球媒体产生的数据相当于国家图书馆整个馆藏总量的 1500 倍。据联合国科教文组织的统计，人类近 30 年来所积累的科学方面的学问或者专利也好、学问也好，占有史以来积累的科学学问总量的 90%，有人说 90% 的新东西是这 30 年出来的，前面可能 3000 年只出来了 10%。

人类的学问，19 世纪是每 50 年翻一番，到了 20 世纪初就变成了 10 年翻一番，到了 20 世纪 70 年代是每 5 年翻一番，而近 10 年大体上 3 年就翻一番，这个东西没法验证对不对？又有人说了，说从现在起到 2050 年出来的新知识、新的学问可能要占 90%。当然，这个数字都是拍脑瓜出来的，说得对不对谁也无法衡量他。总的说明一点，人的新的科学知识和科学创造正在以非常高的速度迸发出来。

互联网也正从最初的消费型互联网向生产型互联网转变，我认为这个描述现在用得不是很准确，我看很多文章都这么说，应该说向着消费型互联网和生产型互联网并重的方向转变，不能说有了生产型消费型就不要了。最初互联网出来可能以通信为目的，语音、邮件这些东西，所以他们说这些东西叫消费型，现在可能用在包括像波音飞机的零部件的采购，像手机生产的全球性的采购。所以今后我觉得更多的分量可能会往生产型互联网转，但是变成了一个生产型互联网和发展型互联网并重的时代。

今后能源能不能也像信息一样，每个生产能源的单位都能够把生产的能源放到能源互联网上去，而需要能源的人和单位也能够通过能源网络来获得能源，我想他的要点在这个地方。但是这样一个全球的物联网到底能不能实现？我想如果要实现，必须要像互联网一样有一个互联互通的物理网络。

大家可能在座的不是人人都知道，现在全球的无线网络，刚才讲的互联网到底怎么连起来的，我估计大家不一定都知道，不少人认为我拿起手机一打，美国那个人也拿手机一打，我们俩就能通信了，是不是电波从空中就过去了。10年前，雅各布，原来是在麻省理工学院当教授，他后来成立一个公司叫高通，就不当教授了。他奇思妙想，蜂窝状的移动通信网络就能够实现这个。他跟我讲，他说在美国高速公路上一个开汽车的人，打一个电话可以打到中国在路上开车的人，两个人通话。当时我一听，我认为是不可能的，也就10来年工夫变成现实了，发展速度太快。

但是大家可能不知道，实际上还是通过光缆连在一起的固网在起主要作用。也就是说全世界，包括从我们中国所在的亚洲到美洲，在太平洋底下有一条光缆，从舟山群岛入海的。实际上还是固体的物理网络在发挥作用。我拿手机打电话，我的语音信号到了基站，基站就到了固网，固网通过各种各样的光缆系统就通到了全世界各大洲，所以现在全世界各大洲是由光缆系统连接起来的，不是大家想象的在空中电波传过去的，或者通过好多基站过去的。所以无线通信离不开五大洲相连的光缆系统。

当然，这个有强电和弱电之分，无线信号过去叫弱电，我们现在用的电叫强电，被称为强电的电力目前还没有通过无线传输的技术，必须通过电网的物理网络才能够传输。全球各大洲能否通过物理网络互联互通，肯定是要假以时日的，也需要智能电网技术的支撑。但是网络一定会逐步扩大供应的范围，在更大的范围内供应和消纳能源，而不是分割缩小物理网络，这个和分布式能源系统并不矛盾，现在有人一说分布式系统，就意味着是独立的一些小区域，自供自发。其实不是，很多分布式能源除了自己供应以外，也必须和外面的大网来进行交流。而且有条件的都要进行互联互通。新能源，例如像太阳能、风能、生物质能，往往是容量较小的单元，而且随着自然条件而变化，因此智能电网的构建离不开储能装置发挥作用。现在有各种储能装置的技术，像大的叫抽水蓄能，另外用在电动车上面的电池也用于储能，还有其他的电池也好，还有机械式的储能，等等，像这些技术作为未来技术随着新能源的发展会得到很大的发展。

在新能源领域当中，中国是异军突起后来居上，和国际先进国家大体上处在一个平台上。大家可以看到，新能源领域当中，我们的民营企业非常活跃，就是因为民营企业和央企在这个领域当中大体上都在同一个起跑线上，所以公平竞争的机会就比较多。我觉得在中国发展太阳能、风能潜力非常巨大，重要的还需要有思想观念的转变和体制的改革。

生物质能源到底有没有前景 [*]

现在世界变化很快，新技术、新产品层出不穷，像我这个年龄，可能比在座的多数人年龄要大一些，再不学习就要落在时代后面了，所以这次我来主要是学习。看看这次会议的名称，我觉得就很吸引人，能源是种出来的，而不是采掘几亿年前埋藏地下的化石能源。

人类的确走进了新的能源时代，人类社会有很多的划分办法，如果以能源使用来划分，在 18 世纪以前的几千年的漫长岁月中，人类都是使用薪材作为能源。

以煤炭为代表的化石能源成为人类的主要能源后，人类的生产力也得到了极大的发展，可以说进入到了工业化时代。化石能源使用是工业化时代的一个重要的标志。但是仅仅只过了 200 多年，化石能源就变得十分的昂贵，人们开始担心化石能源会不会枯竭，并且也伴随着温室气体的排放。这次我从广州到武汉特意坐了一下高铁，这条铁路还是我在位时批的，高铁是不错，但是天气很糟糕，从广州到武汉是千里雾霾。看来雾霾的问题不是只有北京有，在全国的很多地方都非常的严重。

现在全球气候变暖已经变成了一个严肃的政治话题，可持续发展问题提上了重要的议事日程，各个主要国家都向国际社会庄严承诺温

---

* 本文是 2015 年 2 月 12 日张国宝在"走进种植能源新时代"论坛上的演讲。

室气体排放的峰值时间，就是什么时候到顶了就要往下降了；另外就非化石能源的比例，也向国际社会作出了承诺。胡锦涛同志担任国家主席时，向国际社会承诺，到 2020 年我国非化石能源在一次能源中的比重达到 15%。制定"十二五"规划时，这个目标定为 11.4%，也就是说 2015 年非化石能源在一次能源中占的比重要达到 11.4%。

在最近举办的 APEC 会议期间，习近平主席和奥巴马总统会谈以后，中国也承诺到 2030 年温室气体的排放要达到峰值。这是我们第一次对国际社会作出了一个时间性的承诺，非化石能源到 2030 年要进一步在 2020 年 15% 的基础上提高到 20%。我统计了一下，实际上主要还是靠水力发电。

2014 年我国的水力发电量大概占全部发电量的 18%，如果是一次能源的话，水力发电在一次能源的比重超过 9%，也就是说我们 11.4% 的目标，大部分是由水电作出了贡献。

近几年发展比较快的风电、核能占的比重是微乎其微。国际上对我们的风力发电评价非常高，但是实际上在发电当中，风力发电只占 2%，如果是一次能源那就更加的微乎其微。太阳能在发电中占 6‰，生物质能源也是微乎其微，即使是核电，发电量还不如风电，所以这几样加在一起也占不到太大的比重，主要是靠水电。

但是中国的能源安全问题，我认为核心实际上是石油的安全，其他能源包括电力、煤炭都好办，最核心的问题还是石油安全。去年我国进口了 3 亿吨的原油，依存度接近 60%。现在如果能够用生物质生产油，当然对国家能源安全有很大的贡献。大家注意到最近习近平总书记主持召开的中央财经领导小组第九次会议，这次会议当中我看媒体发的大标题都特别强调了石油安全，还有石油储备。

习近平总书记在两次财经领导小组会议上都谈到了能源的问题，说明国家领导人对能源安全的高度重视。

关于生物质能源的利用问题，我在任时也做了一些尝试，到目前为止各种尝试都不成气候，这里包括用玉米做酒精，在5个省做了封闭运行，东北三省加上河南、安徽，费了很大的力气。后来有人提出中国是缺粮的国家，不能拿粮食作为能源原料，于是改成用苜蓿做原料，但经济效益也不好。

还有用秸秆来制油，在东北的吉林秸秆很多，我们在那里搞了一个100万吨的厂，但是目前为止也是困难重重，并没有形成真正的产业化的气候。另外我们还种了麻风果，用它来榨油作为航空煤油。

最近我去了一次台湾，台湾有一个工业研究院，他们在用生物质生产丁醇，丁醇可以代替航空煤油用在航空的发动机上，此外还有用小球藻制油，但是我觉得目前也是烧钱的，并没有真正形成一个很好的产业。再就是制沼气，都是小规模做了一些，沼气里主要的成分是氢、一氧化碳、二氧化碳，只要在合适的气温下，是可以生成甲烷气的。

生物质是由碳氢化合物组成的，实际上也是氢、一氧化碳、二氧化碳的合成气，不过是碳氢比有所不同而已。所以用合适的催化剂，采用传统的办法把它合成油，在理论上都是走得通的。

任何创新技术，由于还没有大规模的生产，都会有人持怀疑态度，你的经济性怎么样？是否能够进行工业化生产？但总体上，我觉得目前生产的这个生物质制油，产量还很小，别说全中国，武汉也不够用。

我再给大家讲一个故事，就是美国的诺贝尔奖获得者朱棣文，他第一次到华来访问，我们俩争论CCS，就是碳捕捉到底有没有用，他当然是支持CCS，我表示怀疑。我说中国一年排二氧化碳都要98亿吨，全世界要排出几百亿吨的二氧化碳，就算你捕捉到一亿吨能对气候有多大的影响，你拿的钱不如去种树，通过光合作用把二氧化碳转化了。

　　沙漠可以种植比如红柳、沙柳等植物。有一个民营企业家在北京的北部绿化沙漠，他种沙柳也种得很好，其实中国能种树种草的地方很多。现在很多人搞碳捕捉，那只是中间的过程，最后还是排到大气中去了。

　　所以用生物质，自然界的光合作用，实际上可以做到事半功倍的效果。刚才我讲到了秸秆代替玉米生产酒精，到目前还不是很成功，但原料很丰富。比如说新疆的棉花秆，每年的棉花收获季节有很多棉花秆，还有在沙漠里种的沙柳、红柳，这些东西如果能够得到有效的利用，确实能够对人类的能源作出贡献。

联合国百万美元能源大奖给了谁 [*]

2015 年 9 月 14 日至 15 日，联合国经济和社会事务部在纽约联合国总部召开能源可持续发展资助大奖揭晓和颁奖典礼，同时召开可持续发展重要成果的经验交流会。

经过三轮评审顾问委员会筛选，从全世界约 200 个参与团体或个人中评出 20 强、10 强、4 强候选名单，并最终评出一名获奖者，奖金 100 万美元。最终奖项由一个名叫"我们关心太阳能"（We Care Solar）的组织获得。该组织的主要成果是通过研发便携式太阳能发电手提箱，为非洲一些没有发电设备的产房和诊所提供电力来源。目前为止，太阳能发电手提箱已经为非洲地区超过 1000 个产房或诊所的医疗设备提供电力来源，帮助那里的产妇顺利生产，大大降低了非洲地区新生儿死亡率，维护了家庭的完整以及经济的持续发展。

评选出的 20 强名单基本都是为不发达地区提供以太阳能为主的可再生能源支持，也可以说是可再生能源扶贫。例如太阳能电灯基金会"太阳能市场庄园"，帮助非洲贝宁的妇女们在干旱的季节也能生产出足够的蔬菜和食物。"太阳能市场庄园"采用太阳能供电灌溉系统，可以常年提供生产所需，目前为止已经设立 11 个半公顷大小的庄园，每个庄园由 30—40 个非洲妇女管理。这些庄园每个月可以生产两吨

---

　　* 本文是张国宝发表在《中国经济周刊》2015 年第 37 期上的文章。

食物,并给每位妇女带来高于非洲人均收入 6 倍的收益。

由 10 名委员组成了评审顾问委员会,我是委员之一,除我是中国人外,其余 9 人都是外国人。我之前由于生病没参加实质性活动,只是书面推荐了候选项目。这次联合国颁奖和经验交流会又邀请我参加,并要我主持一个经验交流会。由于我现在正在波士顿治疗,离纽约不远,盛情难却便下决心抱病去出席了。

从评选出的 20 强名单看,确实他们做了很好的工作,特别是"可再生能源扶贫"概念很好。但是我梳理了一下,其实中国这几年在可再生能源推广和应用方面也有大量做得很好、很有意义的项目,有些并不比评选出的 20 强差,例如我们在西藏开展的光明工程。西藏地区农牧民居住分散,到 2001 年底有无电乡 460 个,无电村 5254 个,无电人口 180 万。从 2002 年起,为解决无电乡农牧民用电,开展了"送电到乡工程",主要采用太阳能光伏发电,也叫"光明工程"。到 2005 年,实际向西藏投入了 13.68 亿元,建设光伏电厂 322 座,解决了 318 个无电乡用电问题。最近由国务院扶贫办、国家能源局等推出的光伏发电扶贫项目等也是很好的题材。

由此我想到了北京国际能源专家俱乐部最近召开的一次讨论的议题——国际能源咨询:中国如何输出能源领域的软实力。这次讨论会的背景是:无论是在能源基础设施建设、电力普及,还是在节能减排、新能源发展、价格改革、碳排放交易等领域,中国都按照自己的国情,积累了许多值得其他发展中国家借鉴的经验。

可是在国际能源咨询领域,却鲜有中国专家的身影。来自于其他发展中国家毫无实战经验的学者,基于其语言优势,却得心应手,游刃于各大国际机构,被聘为专家顾问。国际咨询是一个国家软实力的体现。与印度相比,中国在能源领域的各项硬指标都远远超过印度,但在能源咨询方面却明显落后。随着国际社会对中国经验的重视和中国"一带一路"倡议的实施，中国能源领域正在经历着从引进外国专家做国内咨询，到中国专家走出国门输出中国经验的转变。国际能源咨询具有广阔的发展空间。中国专家应抓住机会，积极在国际机构和能源国际咨询中发挥作用，我们的体制也应适应这一变化。

习近平总书记9月15日上午主持召开中央全面深化改革领导小组第十六次会议并发表重要讲话。他强调，以开放促改革、促发展，是我国改革发展的成功实践。要坚定不移实施对外开放的基本国策、实行更加积极主动的开放战略，以扩大开放促进深化改革，以深化改革促进扩大开放。根据习近平总书记重要讲话精神，在开放政策的设计中、在人员"走出去"交往中，应为中国软实力"走出去"创造条件。

重塑中的世界与中国能源格局[*]

一、全球石油生产中心西移，消费中心东移

能源是经济生活中很重要的话题。粮食、水、空气、能源是人类赖以生存的基本要素，能源的进步和发展始终推动和伴随了人类社会的进步和发展。自古以来以薪柴为主的能源结构到19世纪转变为以化石能源为主的能源结构。特别是瓦特改进蒸汽机是与化石能源使用密切相关的，极大推进了生产力的发展，可以称得上是人类历史进程中的里程碑。

由于电的发明，更加清洁高效的二次能源越来越广泛替代一次能源。21世纪可再生能源受到了前所未有的重视，特别是以德国为代表的一些国家宣布弃核，目标是全部使用太阳能、风能等清洁能源。奥巴马执政期间大力发展清洁能源，签订了巴黎气候协定。页岩气、页岩油的成功开发提高了美国的能源自给率，美国喊出了"能源独立"的口号，减少对中东油气的依赖。福岛核事故促使日本停止运行大部分核电站，大幅增加了日本LNG的使用量，在一定程度上拉高了亚洲的LNG价格。福岛核事故还使得全球刚刚兴起的"核电热"受到了打击。同时，以中国和印度为代表的新兴国家能源需求增加。

---

[*] 本文是2017年4月26日张国宝在中石油经济技术研究院所作的报告。

从一季度的数据看，中国已经是世界上最大的原油进口国。由于大庆油田的发现，中国在1963年从原油进口国变成了原油可以自给，还可以有少量出口换汇。但这只维持了30年，1993年中国又成为原油进口国，且进口量逐年增加。2016年进口了3.8亿吨，对外依存度达到65.2%。

这些变化概括起来，就是石油生产的中心在西移，石油消费的中心在东移。美国页岩油气的开发，成为能源重塑世界格局最好的诠释。可再生能源受到前所未有的重视，这和两个因素密切相关：第一是气候变暖已逐渐成为共识，减少温室气体排放成为全球潮流；第二是2014年前油价、煤价、天然气价格的上涨，人类开始担心有朝一日化石能源面临枯竭，所以太阳能、风能、水能得到了重视。

二、中国煤炭消费已达峰值

不可否认存在利益集团，不同行业的看法和诉求不同，搞煤炭的不容易同意"去煤化"的提法，更多强调煤电是可以清洁利用的，指责可再生能源不可调节的缺点。不同行业在谁是雾霾元凶的看法上也有分歧。不可否认的是，"去煤化"已经成为政策主流，煤炭行业对此应该有清醒认识。

煤炭在中国经济发展过程中发挥过重要的作用，煤炭工人作出过巨大的贡献。但煤炭在我国能源结构中占比太高，至今以煤为原料的火电装机还超过70%，燃煤发电量占比高达65.2%。煤炭消费量占到全世界近一半，年消费从2000年的12亿吨增加到2016年的37亿吨。而核能发电只占3%，风电也是3%左右。

计划经济时代作规划时常常使用弹性系数来测算。能源消费的增长一般是GDP增速乘以0.8的弹性系数，剩下的0.2是考虑到技术进步、节能带来的消费减少。按照这样的增速，能源消费只会一年更比一年高，再过几年就到了 40 亿吨。如果到不了 40 亿吨，有人就会认为保证不了 GDP 的增长。但我不这么看，我认为 2013 年煤炭消费 37 亿吨已经达到了峰值，目前这个数字已经连续 3 年下降，今后会不会上去呢？可能性不大。煤炭一半用在发电，另外一半用在钢铁、水泥、化工、散煤等，钢铁都在去产能，所以不但没有增量，说不定还有减量。可以大胆预测，煤炭消费已经到了峰值。

三、特朗普能源观的一些认知误区

传统共和党代表大财团利益，政策倾向于支持传统的石油煤炭，特朗普竞选时就声称要退出巴黎气候变化公约，强调解决煤炭工人的就业问题，传统的煤炭生产州成为特朗普的主要票仓。他还在竞选中贬低新能源，取消了奥巴马的清洁能源法案。这说明，能源问题和政治问题密切相关。

但我要说特朗普的能源认识主要来自于其幕僚，他是一个成功的房地产商人，在能源领域的知识并不充分。他有关能源的一些观点与事实都有不符。例如他在竞选时曾说加州南岸的风机是一堆废铜烂铁，很多是中国生产的，但我多方查证后发现并没有中国制造的。我当即就和通用电气公司的高层交流，建议他告诉特朗普正确的信息。当选后到《纽约时报》座谈时，特朗普改口不再提是中国制造了，但说美国不制造风机，都是德国和日本制造的。事实上通用电气公司及关联公司生产的风机占到了美国市场的 40% 以上，我又建议通用电气公司高层应大胆告诉特朗普正确的信息。

当选总统后，特朗普开始认识到退出巴黎气候协议的复杂性和美国要付出的代价，据说是受其女婿影响。特朗普的能源政策是不断认识，不断修正的，但重视传统能源的取向毋庸置疑，已大幅削减了新能源的预算。特朗普应该注意到，新能源也是吸纳就业的重要产业，美国太阳能每百万千瓦吸纳的就业人数要多于传统能源。中美贸易不平衡，特朗普要求减少中美贸易赤字的前提下，中国是否会从美国进口煤炭、石油、天然气？我们拭目以待。

四、今年油价超 60 美元 / 桶概率不大

自国际金融危机以来，世界经济低迷，能源需求增量减缓，能源供应由紧张转变为宽松，价格随之下降，石油最低价曾经跌到过每桶 30 美元的低谷。虽然在缓慢回升，但仍在每桶 50 到 55 美元之间徘徊。最近 WTI 油价又跌到 50 美元 / 桶以下，上涨乏力，主要还是供应宽松。如果没有大的国际突发事件，今年上半年油价会徘徊在 50 美元这个区间，全年超过 60 美元 / 桶的概率不大。

美国的页岩油气、中东的石油和天然气，更多要考虑欧洲和亚洲市场，更加重视中国的需求。石油输出国组织（OPEC）国家间因为诉求不同，达成并遵守减产协议非常不易，沙特为了保持市场份额，不惜打价格战。刚刚恢复油气生产的伊拉克、利比亚急着拿油换钱，伊朗也要保持市场份额。OPEC 通过减产操纵油价的能力在减弱，保住市场份额是沙特等主要产油国的主要政策取向。油价下降的时候阴谋论很盛行——到底是沙特为了打压美国页岩油气故意压低价格，还是美国为了分化 OPEC 打压沙特油价？我看更多还是市场的供需变化在起决定性作用，但金融炒作、地缘政治对油价的影响确实在增强。石油的金融属性在增加，短期油价波动受到汇率和股市等金融市场的影响较大。美元升值，肯定油价下跌，美元贬值，肯定油价上升。

五、建议以电代油，以煤代油

说到能源安全，我认为最重要的还是石油供应安全。电力、煤炭都不是问题。今年一季度，中国已成为世界上最大的石油进口国，石

油对外依存度 65.2%，大约 1/6 的石油用作化工原料生产乙烯等，5/6 还是作为燃料主要用于交通运输。尽管新能源汽车也在发展，但和传统燃油车比还是少数。石油用于发电的比重越来越少。

2016 年中国的原油产量 2 亿吨，世界排名第五。同年进口量已经达到 3.8 亿吨。美国一些预测机构甚至认为我国石油对外依存度能达到 80%。我曾经提议搞石油替代产品，以电代油，以煤代油。过去生产乙烯都是石油做原料，现在已经成功实现煤制乙烯。全国大概建成有 18 套煤制烯烃装置，年生产能力 1000 万吨乙烯。

发展电动汽车方兴未艾，除了减少排放，电动汽车是最典型的以电代油。电动汽车最关键的还是动力电池技术，目前以三元锂电池为主流。

也有企业仍然关注超级电容和燃料电池的开发，日本丰田、本田都推出了氢燃料电池，丰田希望 2018 年进入中国市场。锂电池受到续航距离、充电时间和电量衰减的制约，容重比比较小，电池重量重，还要防止自燃。燃料电池的催化剂较贵，基础设施和制氢大规模产业化不成熟。石墨烯同样没有真正进入实际应用。今后储能电池的发展方向究竟是锂电池、燃料电池，还是超级电容？还有待观察。

六、希望有企业站出来说不要补贴

这几年中国能源领域发生了里程碑式的变化。改革开放以来中国一直处于电力供应的紧张状态，拉闸限电成为那个年代的写照。2014 年以后，这一状态发生了历史性的转折，从缺电转为电力供应过剩，发电设备的发电小时数逐年下降。2016 年年发电小时数已经降到了 3785 小时，下降了 203 小时。而火电机组设计的年平均发电小时是 5500 小时，已经影响了发电企业的效益。

去年因为煤价较低，发电企业效益可观。但随着煤价回升，发电企业感到了压力，发电企业重蹈钢铁、煤炭产能过剩的担忧越来越大。出现这一转折的原因是我国多年持续不断的高强度的电力建设。1949年新中国成立时我国装机容量才173万千瓦，改革开放初期1978年为5712万千瓦，1987年1亿千瓦，1994年2亿千瓦，2016年16.5亿千瓦。2005年以后几乎每年新增1亿千瓦。

我国火电机组的先进性强于美国，每千瓦时煤耗也达到了世界先进水平。但发电装机容量的持续增长也带来了发展的烦恼，由于在建机组很多，今后几年装机容量还将增长，发电小时数还会下降。这两年弃风、弃光、弃水报道很多，甚至也发生了弃核。这么多的浪费实在可惜！每个人都能说出一大堆理由，但我认为根本原因是出现了电力的过剩。现在风电加光伏只占全国发电量的4%，如果输配电和储能装置跟得上，这点儿电不应该弃之不用。电网公司有个10%可再生能源电力配备90%火电的理论，简称"打捆外送"。地方政府也愿意这么做，拉动了地方建设。如果这个理论成立，风电、光电还不如不上，因为每增加10%风光电就要增加90%的煤电。

再一个问题就是储能跟不上，储能还未形成气候。有报道说2016年我国弃清洁能源1300亿千瓦时，按一度电0.5元计算，相当于650亿元白白扔掉了。另外，国家去年补贴可再生能源可能也在600多亿元。羊毛出在羊身上，补贴的钱也是从广大消费者来的。如果拿这笔钱建储能设施，那该多好！

而且一有补贴，骗补也来了；同时，补贴不到位，企业意见又很大。我认为可再生能源发电企业自身也有问题，他们总希望能躺在国家补贴身上。这不是好现象。我曾经设想过，如果谁能拍胸脯说："我不要补贴了！"这样的新能源企业应该允许满发，全额收购。国家能源局看到弃风、弃光情况愈演愈烈，出台了一个政策，规定弃风、弃光达到一定比例的地区，不允许再上新的建设项目。听起来很有道理，但我认为这种行政审批手段不是好办法，容易挨骂。不如让不要补贴的企业自己决定要不要建设。

七、油气领域"走出去"并没有吃亏

天然气目前在一次能源中占的比例不高，只有6%。天然气价格较贵，发电价格高于煤电，除了调峰和热电联产以外，推广比较难。储气能力不足、资源不足也是天然气发展制约因素。还有一些认识问题需要在实践中慢慢调整。现在提倡的分布式能源用天然气的很普遍，小燃机既可以供电又可以供热，夏天还可以制冷。

我国现在在建核电机组是世界上最多的，受福岛事件的影响，开工的少了，按规划2020年运行核电装机容量要达到5800万千瓦。引进消化机组坎坷不断，已经拖期了三年，自主研发的华龙一号刚开工，建成还要四五年的时间。要不要大力发展核电？社会上有不同意见，吵来吵去也没有结果。英国是老牌资本主义国家，也是岛国，难道就没有受到福岛事件的影响吗？为什么还要上新的核电站？还要交给中国人。因为这些年中国一直没有停过，我国核电的制造能力已经走在了世界前面。同时要注意核废料的处理问题。

"互联网+"现在很热门，互联网加能源当然没问题，但如果把电力互联网简单比照信息互联网，可能有点问题。电力和信息毕竟不同，信息可以通过无线传输，电力没有物理连接是不行的。即使能互联，也受地缘政治问题的影响。所以电力互联网比信息互联网难得多。如果政治上互信、能源上互补，当然可以互联，但很多地方不具备这个条件。中朝电网互联行不行？技术上没什么不行，但地缘政治行吗？中国的电网有必要和美国的电网像信息互联网一样联起来吗？我支持电网"走出去"，把中国的输电技术和设备带出去。

能源的对外合作中，石油、天然气占了很大比重。中亚天然气管道，中俄、中哈原油管道，等等，都是能源"走出去"可圈可点的案例。但也有"中石油亏了""委内瑞拉的投资打了水漂"等等各种各样的声音。就以委内瑞拉为代表，因为油价下跌，它希望延长还款年限，这并不是赖账，至今执行还是顺畅的。还有很多投资项目早期的投资已经回收了。另外有些媒体对油气的规律不了解。油气投资是否成功不是看当年产量，要看储量和未来开发前景。

总体来说，我们在油气领域的"走出去"不但从政治上有意义，从经济上也是合算的，并没有吃亏。

"能源外交"打通中亚，
沿线国通力共促古丝路重生[*]

一、"古丝路"蜕变"能源运输大通道"

丝绸之路是自古以来沿线各国、各族人民为沟通中西方货物贸易和文化交流、筚路蓝缕、共同开辟出的联系通道。它在漫长的历史长河中不断延伸，在不同历史时期被赋予不同内涵。汉唐时期，中国出口的商品中丝绸占有重要地位，这条通道故被命名为"丝绸之路"。

从欧洲、中亚、南亚以及海上丝绸之路传入中国的不止一两宗商品，还包括大量对中国农业影响深远的农作物。比如，不少以"胡"和"番"来打头的，都是从丝绸之路传入中国的物种。例如，胡椒、胡萝卜、胡麻、番茄。就像日本有不少物种以"唐"（とう）打头的都是从中国传入的一样。辣椒在日本就叫"唐辛子"。在文化交流方面，佛教、伊斯兰教通过丝绸之路传入中国，最著名的故事是唐僧（玄奘）取经。

有通道必然少不了关口。当时，中国向西域出口丝绸，西域向中国出口玉石，玉门关是通往西域的关口。西域商人用一些玉石作为实物关税，玉门关由此而得名。关文和照会相当于今天的签证、护照，

---

* 本文是 2017 年 5 月 16 日张国宝在凤凰"一带一路"企业高峰论坛上的主旨发言。

"关照"一词由此而来。阳关在玉门关南面，南为阳，所以称阳关，是通往波斯、南亚的关口。

现在古老的丝绸之路有了新的含义，已经成为能源运输的大通道。来自中亚的石油、天然气沿着陆上的丝绸之路，而来自海上的油气则正是沿着海上丝绸之路，从中东运输到中国，现在也称"能源丝绸之路"。

伴随着中国经济持续快速增长，能源需求也迅速增加。1963 年，由于中国发现了大庆油田，实现了石油自给并有少量出口，摘掉了"贫油"的帽子。但这只维持了 30 年，到了 1993 年中国又成了石油的净进口国，并且逐年增加。尽管中国年产石油两亿吨，是世界第五大石油生产国，但到了去年，石油进口达到了 3.8 亿吨，对外依存度达到 65.2%，今年一季度仍然较去年同期增长了 15%，日进口量已经高于美国，成为世界上第一大石油进口国，并且这一趋势还在持续，对外依存度还可能进一步提高。

一方面，我们正在调整产业结构，大力推进以电代油，以煤代油（主要指以煤为原料生产烯烃等）。另一方面，我们积极参与境外的油气资源勘探开发和运输通道的建设，主要是在"一带一路"沿线的国家和地区。由于中国技术和资金的投入，加快了中亚合作国家的能源资源勘探开发，拓展了这些国家的出口市场，对推动这些国家经济发展的作用明显。以中亚天然气管道为例，土库曼斯坦是中亚盛产天然气的国家，2005 年出口天然气达到 340 亿立方米，但只有单一管道出口到俄罗斯和欧洲，出口价每千立方米仅 44 美元。

我于 2006 年 1 月率团访问土库曼斯坦，土库曼斯坦总统尼亚佐夫接见我时，向我描绘了土库曼斯坦出口天然气向东可以到中国，愿以每千立方米 100 美元向中国出口。当时，土库曼斯坦首都阿什哈巴德周边农村房屋看上去比较破旧。在两国领导人亲自推动下，在沿线乌兹别克斯坦和哈萨克斯坦通力合作下，在乌、哈两国境内以合资方式建设天然气管道。2009 年 12 月，四国元首共同出席了在土库曼斯坦阿姆河右岸查尔朱天然气处理厂的竣工仪式，共同开启了天然气阀门，标志着中亚天然气管道工程全面建成投产。

中亚天然气管道横跨四国，与中国的西气东输天然气管道相接，惠及 2 亿多人口，还从深圳通过海底管道向香港供气 10 亿立方米 / 年，至今已经建成了 A、B、C 三条线路，正在建设 D 线，签订的合同已达年向中国输气 680 亿立方米。由于有了多元化的市场，土库曼斯坦的天然气价格也大幅度上涨，国家财政收入增加，如今处于沙漠腹地的阿什哈巴德已经成为一个美丽的现代化首都。

同时，中亚天然气管道经过乌兹别克斯坦时，应乌兹别克斯坦的要求，线路做了一些调整，将乌兹别克斯坦多余的 100 亿立方米天然气也通过中亚天然气管道出口到中国。经过哈萨克斯坦时，应哈萨克斯坦要求建设了中亚天然气管道南线管道。因为哈萨克斯坦的油气资源主要集中在西北部，南部缺少天然气供应，这条支线将阿克纠宾附近 60 多亿立方米的天然气输往南部的缺少能源地区，惠及了哈萨克斯坦南部 150 多万居民用气。今后多余的 50 亿立方米天然气还可进入中亚天然气管道输往中国，为哈萨克斯坦提供了 2000 人以上的就业岗位。

中亚天然气管道自 2009 年 12 月投产后已累计向中国输气 1645 亿立方米。伴随着中亚天然气管道建成，中亚国家与中国的互信合作得到加强，成为利益共同体，也推动了其他领域的经贸合作。据中国海关统计，中国与中亚国家的贸易额 1992 年建交时为 4.6 亿美元，2016 年达到 450 亿美元，几乎增加了 100 倍。中哈原油管道是中国第一条战略性跨国石油管道，2009 年 7 月全线建成，我陪同纳扎尔巴耶夫总统按下了按钮，到 2017 年 3 月底已累计输油 1 亿吨。

由于互信合作关系加强，中国与中亚各国的能源合作已经不局限于油气领域。中广核投资于哈萨克斯坦的谢米兹拜伊铀矿，以及在乌兹别克斯坦的铀资源合作开创了一个新的合作领域。作为古丝绸之路上的重镇，土库曼斯坦的汗血宝马十分有名，中国的蚕桑业也带到了土库曼斯坦。当地有种桑养蚕的产业，妇女爱穿丝绸的长袍，但丝绸纺织业落后，中国援建了缫丝厂、丝织厂，使古老的丝绸之路焕发了青春。

二、经贸合作促政治互信

丝绸之路上的经贸合作离不开沿线国家和各族人民的政治互信，政治互信保证了经贸合作，经贸合作推动了政治互信。中国应中亚国家的要求向土库曼斯坦、哈萨克斯坦提供了贷款，为塔吉克斯坦完善了电力设施。我随温家宝总理访问哈萨克斯坦时，参加了与纳扎尔巴耶夫总统的会谈，应纳扎尔巴耶夫总统的请求提供了贷款，帮助哈萨克斯坦度过金融危机的困难，支持新首都阿斯塔纳的建设。

近年中国还与哈萨克斯坦开展产能合作，目前已经涉及 52 个项目和 282 亿美元的投资。其中江淮汽车组装厂项目一期已经建成。中方联合体在阿斯塔纳建设轻轨交通，是哈萨克斯坦首条轻轨生产线。葛洲坝水泥厂在克孜勒奥尔达州建设了日产 2500 吨水泥熟料项目，填补了哈萨克斯坦的水泥生产空白。天津锐思钢管公司在哈萨克斯坦建设了大口径焊接钢管生产线。新疆三保实业集团在巴甫洛达尔州建设年产 3 万吨聚丙烯及 3.5 万吨 MTBE 项目，这些合作增加了哈萨克斯坦的就业。

经贸合作也促进了政治互信和人文交流。哈萨克斯坦将纳扎尔巴耶夫的国情咨文通过使馆交给我征求意见。我们中国的政府工作报告征求社会各阶层的意见，但外国的国情咨文来征求我一个中国人的意见还是第一次碰到，令我也十分感动。纳扎尔巴耶夫总统还授予我二级友谊勋章。

中亚各族人民质朴友好，应该成为我们国家的好邻居。"一带一路"的合作方兴未艾，潜力很大。伊朗曾经向我们提议过，从伊朗经阿富汗再到土库曼斯坦可以建油气管道输到中国，技术上并非不可行，但现在地缘政治状况还不可能。俄罗斯也提议可以从俄罗斯经中哈石油管道向中国出口原油。

在对外合作中，我的体会是要换位思考，互谅互敬，尊重对方的关切，遇到问题不要总觉得是对方的问题。这样的话，我们的"一带一路"工作还可以做得更好。

三、走出国门"纵横捭阖"，风险机制绝不能缺

从连云港到新疆霍尔果斯口岸，到阿拉山口再到欧洲的铁路大动脉被称为欧亚大陆桥。韩国在乌兹别克斯坦建有汽车厂，那里有 20 万韩国移民，是二战时苏联从远东迁过去的。韩国、日本的汽车零配件等货物开始有不少经这条欧亚大陆桥运往中亚和欧洲，比海运大大缩短运输时间，减少运输费用，但后来越来越少利用这条铁路运输，又走海运了，原因是认为运费并不便宜。对外国利用这条铁路运输的货物，能否有一些政策，鼓励他们多使用这条铁路？我们过去有人计较在阿拉山口和霍尔果斯口岸的铁路换装站放在哪边？这些问题都需要考虑。

最近，从浙江义乌到伦敦的班列作了往返运输，共开设了中欧班列运行线 51 条，国内开行城市 27 个，到达欧洲 11 个国家 28 个城市，累计开行班列 3200 多列，仅此一个数据，足见通过欧亚大陆桥，沿丝绸之路，东西方贸易之繁荣。随着"一带一路"倡议的实施和政策的便利化，可以预见，东亚国家与欧洲、中亚各国沿欧亚大陆桥的经

贸合作、人员往来会更加繁荣，造福于沿线各国各族人民。

随着"一带一路"倡议被沿线各国所接受和重视，贸易、投资、文化交流、人员往来增多，各类安全和风险防范问题也显现出来，急需建立相应的保险和救援机制。最近，中国产业海外发展协会和江泰保险在南京开了一个这方面的会议，它是一个民间自发的市场性质的会议，国内外的参会人员达到3300多人，可见保险和风险防范、救援被市场所重视。会上成立了江泰国际救援联盟，为中国公民"走出去"提供救援服务，设立了称为"大救星"的网站，可以就近利用当地的安保机构和旅行社提供救援服务。还有江泰国际精算联盟，利用国际资源，解决保险产品计算人才奇缺的问题。类似这样的金融、保险、救援服务机制的确十分必要，需要建立和完善。

最后我以一首庆中亚天然气管道竣工的《永遇乐》词结尾：

丝绸古道，驼铃漫漫，史诗浩瀚。张骞出使，唐僧取经，经西域大宛。西出阳关，雪满弓刀，几多惨烈征战。凭谁知，汗血宝马，故里星移斗转。

能源外交，纵横捭阖，中亚天然气管。穿越大漠，飞渡长江，蓝流达湘赣。不是梦幻，钢龙万里，腾起阿姆河畔。土乌哈，石油壮士，誉满天山！

发展风电，何乐而不为*

谈到风电，现在舆论关注的多是弃风问题。作为不消耗自然资源、不存在污染物排放的清洁可再生能源，不能充分有效利用的确可惜。造成弃风的原因很多，但电力出现供大于求可能是最根本的原因。

如果深入了解，岂止是弃风，弃水甚至是弃核的电量比弃风还多。

以四川水电为例，在电力供应紧张的 2006 年至 2011 年间基本没有弃水，而从 2012 年以后随着经济增速放缓和装机容量增加，电力供应出现供大于求，弃水逐年增加，到 2016 年仅四川省弃水就达 300 亿千瓦时，云南省 2016 年弃水也有 300 亿千瓦时，两省弃水远超全国弃风电量。

现在很少有人说弃煤，其实弃煤更加严重。因为煤电在设计时是以年发电 5500 小时作为基准值的，在电力短缺时年发电 6000 小时以上也是很平常的，但现在煤电年发电小时只有 4000 多小时，差不多有 20% 的能力放空，这不是严重的弃煤吗？所以观察电力行业，现在几乎没有不弃的电了，这不是风电独有的现象，所以我说弃风的最大原因是电力过剩，电力不是那么短缺了。

---

* 本文是 2017 年 6 月 28 日张国宝发表在《中国能源报》上的文章，标题为编者所加。

所以在调度分配时要照顾到各种发电方式，在调度看来"手心手背都是肉"，有限的电力市场蛋糕要分配给各种发电方式的电厂，弃风自然也不可避免了。

其实就全国而言，风力发电量仅占不到4%，消化这点电量应该不成问题，风电比例比我国高的欧洲国家不在少数，高到20%至30%的都有，只要电网高抬贵手就解决了。但电网企业会说局部地区风电比例高，又不可调，送出不畅。那就要找找为什么输配能力滞后，以及储能能力没有的问题了。

我们讲智能电网，全球能源互联网，如果连家里面的这点问题都解决不了，岂不成了讽刺。储能能力与可再生能源发电能力不协调、滞后，作为政府管理部门应尽快制定储能电力价格政策，做好在主要弃风地区的储能能力建设规划。

作为自然垄断行业的电网公司有责任解决清洁能源的消纳问题，应该从丰厚的利润中拿出一部分钱去建储能设施，不能认为电网公司只管输配电，储能不是我的事。由于没有储能设施导致弃电和没有输电线路道理是一样的。有钱建输电线就应该拿钱建储能设施，作为垄断行业应该有这个责任。

我之所以谈弃风问题，不仅是因为舆论在谈弃风时批评风电发展多了、发展快了，连政府主管部门都出了限批政策，好像发展风电犯了什么错。有人就质疑为什么不限批同样弃电的其他发电方式？其实，发展风电，功莫大焉。

我们可以和各种发电方式作个比较。辩证唯物主义观点是一分为二，世界上任何事物十全十美是不可能的。

就拿发电方式来看，有哪一种发电方式没有问题和缺点？煤电自不待言，不仅发电产生温室气体排放，煤炭开采也一直是最危险的生产行业。百万吨死亡率夺去了多少矿工生命，2004年煤矿事故死亡6027人,百万吨死亡率超过3人,相当于为供应电煤死了3000人。尽管经过治理有所下降,但仍保持一定比例,2014年死亡937人。煤炭生产过程中的低浓度瓦斯大部分直接排空,这是比二氧化碳厉害很多倍的温室气体。煤炭采掘造成的地面沉陷,笔者亲眼目睹并花大钱治理的抚顺采空区治理,就迫使抚顺挖掘机厂和抚顺电瓷厂以及居民区搬迁,国家为此买单。两淮煤矿造成的地面沉降使相当一部分耕地变成了水泡子。

如果将风电与煤电作一比较,风电不存在上述问题,没有温室气体排放。

再看水电,一直以来受到诟病的是移民搬迁。三峡建设争议不断,会不会造成生态变化和鱼类洄游?甚至会不会诱发地震?三峡移民100万人,三峡主体工程投资可能达1800亿元,相关移民等全投资可能超过4000亿元。2016年三峡发电量935亿千瓦时,而悄然崛起的风电,没有移民,去年发电2510亿千瓦时,相当建了两个半三峡。你说这功劳大不大?

再与核电比较:我国核电从1970年开始筹备,1981年开始建第一个核电站秦山核电站,历经40年的发展,去年发电量2132.9亿千瓦时,占全国发电量的3.5%,而风力发电才20年的历史,去年发电量占全国发电量的3.8%,超过核电。为发展核电,从上游铀矿勘查开采,浓缩,燃料棒制作和复杂庞大的核电设备制造,国家大量投入,但至今核废料的处理存放问题尚未完全解决。而风电主要靠民间社会力量,国家投入比核电少多了,又没有污染之虞。核电现在也有弃核,大连红沿河核电站至少有一台机组不能正常发电,弃电量比全国弃风大多了。

这样一比较,风力发电比起煤电、水电、核电环保得多,不消耗自然资源,不移民,不耗水,基本不占耕地(荒漠和水域),发展风电，何乐而不为？

20世纪90年代我国风电起步时，电价低的0.80元/千瓦时，高的2.50元/千瓦时，现在风电经过竞争，四类风区电价，低的0.50元/千瓦时，高的0.60元/千瓦时，和化石能源电价已经非常接近。最近风电价格又下调至0.40—0.50元/千瓦时。如果政策合理且不弃风，风电和化石能源同价已经有可能。

不仅如此，90年代初我国所使用风机几乎全部进口，而现在90%的风机都是国产制造，带动了就业，还大踏步走向了国际市场。最近金风科技就出口澳大利亚530MW风力发电机，而核电出口还举步维艰。

对局部地区出现的弃风采取行政手段限批，实际还是有浓厚的计划经济色彩。如果要控制规模也可以用市场经济手段。减少补贴，成本低技术好的还可以干，成本高承受不了的淘汰出局，还能起到防止产能过剩，避免重蹈某些行业的覆辙，规模不也可以用市场手段降下来吗？更重要的是政府要在如何把弃掉的风用起来上下功夫，到2020年争取风力发电占到全国发电量的6%。

推进全球能源互联网建设 *

当我听到全球能源互联网这个概念时，我最初的反应是：能源互联网不同于信息互联网，要靠电网的物理连接，这事很难。不仅难在技术，更难在国与国、地区与地区之间的政治互信。但是又一想，国与国之间、地区与地区之间、洲与洲之间，铁路、公路等不也实现了互联互通吗？现在覆盖全球的信息互联网很多人可能以为是通过空间的卫星实现的，其实大部分的信息是通过国与国、地区与地区之间、洲与洲之间物理连接的光缆系统来实现的。

对此我本来也不十分清楚，后来因为我曾经分管过通信工作，到国务院汇报太平洋海底电缆是我代表国家发改委去汇报的，所以我知道太平洋沿岸国家都通过海底光缆实现了互联。铁路交通、航空实现了物理连接，光纤光缆也实现了物理连接，那么为什么电网不可能呢？主要是我们对全球能源互联网的概念还不清晰，对全球能源互联网要达到的目标和有限的目标也不清晰。我对推进全球能源互联网谈以下四个建议。

一、先易后难，循序渐进

不企求马上建成联结全球每个角落的能源互联网。能联的先联起

---

* 本文是 2017 年 9 月 26 日张国宝在 2017 全球能源互联网会议上的发言。

来，能做的先做起来。即便过了50年还没有能够联成全球一张网，那也是很大的成绩。我1999年担任国家计委副主任分管能源时，虽然我国的电力事业已经经过了新中国50年的建设，有了巨大的进步，但是东北、华北、西北、华中、川渝、华东、南方七大地区电网仍然互不相联。

现在全国联成了一张电网，但是仍有像西藏阿里地区这样没有接入全国电网的地方。全球无线通信网可以说已经形成，但是也仍有没有无线信号的地方。不要一说全球能源互联网就想到世界上任何一个角落都联结在一起，这是理想化的概念。能逐步实现部分地区相联就是进步，就是成绩。

二、历史视角，科学规划

重大基础设施的布局与建设要有历史感、战略观。凡是重大的基础设施都将对全局、对未来产生重大影响。中国大运河的开凿，苏伊士运河和巴拿马运河的开凿都对后世和全球交通运输的格局产生了深远的影响。习近平同志在任国家副主席的时候我曾陪同他到海参崴参观过西伯利亚大铁路的起点，有感于建设这条长九千多公里大铁路的决心和它对后来远东局势走向的影响，我写了一篇《重大基础设施的布局和建设要有历史感、战略观》的文章登载在《求是》杂志上。

近年我们谋划建设了中亚天然气管道，把中亚的土库曼斯坦、乌兹别克斯坦、哈萨克斯坦、中国的天然气管道联结在了一起，又与此前建设的中国境内的西气东输管道相联结。土库曼斯坦的天然气送到了北京、上海乃至香港。谋划这样的基础设施建设就是有战略观。回首来看和展望未来，它又有着历史感。这样重大的基础设施需要有高瞻远瞩的战略眼光。谋划在世界上通过电网互联互通的输电工程，属于重大基础设施，由于现在国与国、地区与地区、洲与洲电网互联与交通、通信比差距很大，今后建设的机会还应该很多。

三、重大工程，示范先行

10 年前由欧洲 12 个大型产业集团发起提出沙漠行动计划。设想在北非的沙漠地区建设大规模的太阳能发电装置，再用输变电线路送往欧洲，以大规模提高欧洲的清洁能源比例。当然这个宏伟的设想涉及到复杂的国与国之间的协调，又没有中国能集中力量办大事的社会制度，现在也还没有实现，此计划还在推进中。

近十几年来，中国成功地建设了西气东输、西电东送、青藏铁路、南水北调等战略性的、历史性的工程，因为中国有集中力量办大事的能力和体制优势。在中国西北的甘肃、青海、新疆等地有广袤的沙漠、戈壁，寸草不生，但正是发展太阳能和风电的好地方，也不会与农争地。

如果在西北地区规划 1000 万—2000 万千瓦可再生能源基地，辅以水电和储能调节，再用特高压输电送往东部负荷中心，则是一个可以和当年西电东送媲美的重大工程，并且输送的是可再生的清洁能源。东部地区则减少煤电比重，其在国际上的影响和示范作用巨大，现在"十三五"正缺少这样的重大而有意义的工程。只要领导和相关部门下决心是完全可以办得到的。

在世界上这样的重大能源互联网工程一定还有很多。除前述的沙漠行动计划外，例如非洲刚果的大英加水电站，装机可达 6000 万千瓦，如果能建成非洲电网，输往非洲各国，则可解决非洲许多贫困地区的用电问题。

四、政经并举，集成创新

国与国、地区与地区之间，基础设施的互联互通不是一个简单的工程技术问题，与各国之间、该地区的政治外交关系密切相关。有些基础设施的互联互通并不复杂，但是由于政治外交关系而不能实施。中亚天然气管道、中俄原油管道、中缅原油天然气管道的建设都是在政经并举的情况下得以实施的。因此，能源国际互联网的工作必须与联合国、国际组织、相关国家的外交工作密切互动，有些工作可以在联合国的框架下、国际组织或协议的框架下来推进。

各不同学科间的融合集成创新非常重要，有些新的技术、新的产品是在跨学科的集成创新下发明出来的。过去被称之为弱电的通信技术发展迅速，移动通信即将从 4G 进入 5G 时代。我曾经和华为公司的高管说过，如果把你们通信技术能够用于电力的调度和控制，也许能为华为开拓一个更广阔的领域，也会为推动智能电网作出贡献。我们现在讲智能电网，如果能使通信技术与电网技术，或者说把称之为弱电的技术与强电的技术融合、集成，也许对推进能源互联网能起到积极的作用。

关于油气管网改革的另一种思考[*]

关于油气管道体制的改革经常被提到。一些看法认为现在的管道分属中石油、中石化、中海油，影响了互联互通，影响了为公众服务，所以要打破垄断。他们开出的方子是主张把管道从现有的三大油独立出来，成立专门的管网公司，就可以实现打破石油企业对管道的垄断，实现管道为全社会服务。

难道只有这种办法能打破企业对管道的垄断吗？俗话说隔行如隔山，不妨跳出油气管道来看看其他行业是怎么做的。其实在推出电力体制改革方案时是三大改革，还有一个就是通信体制的改革，但是不为社会所注意。

在电信领域也同样存在中国移动、中国电信、中国联通三大通信公司，还有电通、铁通几个小一点的通信公司。他们有自己的光纤光缆系统，假如有手机的人给在办公室的人打固话，固话是属于中国电信的，而手机可能是属于中国移动的，那能正常通话吗？那是必须的。再比如一个持有联通手机的人，他给另一个使用中国移动手机的人打电话，甚至于这两个通信公司所用的制式也不相同，如果说中国移动认为这个打来的是中国联通的，我就不给你接通，那能行吗？过去的确有过这样的事，这是绝对不允许的。因此就要求各通信公司间

---

　　* 本文是张国宝发表在《新能源经贸观察》2017 年第 12 期上的文章。

不许设置障碍，互相以邻为壑，而必须保证互联互通，如果违反就要受到处罚。这要通过立法（制定行业规则）和监管来保证。

可能很多人不知道，在南北光缆通信大动脉中，有些光纤是属于中国电信的，而另外一些属于中国移动和中国联通公司。那么现在这个通信系统尽管有三大家通信公司，甚至还有铁通公司，但是通话，并且包括话费结算，都是非常通畅的，没有出现像油气管网那样大家担心的问题。没有人提出要把光缆系统都从三大运营商独立出来，成立全国统一的通信光缆公司。

那么石油天然气管道的改革为什么不去学学通信系统的办法呢？要独立出来搞一个独立的管道公司呢？俄罗斯就是独立的管道公司，他的效率就一定高吗？相反俄罗斯统一管道公司暴露出的问题是更加垄断。

更令人深思的是：一些主张将油气管道从中石油、中石化、中海油独立出来成立统一管道公司的人在对待电网公司的态度上又截然相反，他们对国家电网"深恶痛绝"，认为国家电网是垄断企业，经常批评鞭挞之。所以有人评论，主张成立管网公司的人不是又在制造第二个"国家电网公司"吗？这真是一个令人深思的悖论。

中美能源的客观比较

最近一篇《中国全面超越美国了吗？从能源数据看中美真实差距》在网上流传。这篇文章的基本观点是，各方面中国的能源远落后于美国。

毫无疑问：一、单位 GDP 能耗美国低于中国，因为产业结构美国的高附加值高科技产业优于中国，中国还处于重化工为主的产业结构。中国的经营比美国粗放，能源浪费大。二、人均能源消费美国高于中国，因为人均能耗反映了平均生活水平。美国的生活水平高于中国，家庭中电器普及，不仅有电视、冰箱、洗衣机，还有洗碗机、烘干机等，家用汽车也比中国普及，人均能源消费高是必然的。三、美国的能源结构中油、气、核电等低碳能源比例高，煤只占 14%。而中国以煤为主，煤在一次能源中的比重还高于 60%，在发电量中煤发电量高达 72%。四、美国的能源自给率、自我保障率由于页岩油气革命成功而大大提高，并且可以出口。而中国是能源进口国，原油对外依存度超过了 60%。这是一个大问题。

以上四个方面其实不全是能源工作的问题。平均能耗高，人均消费低是整个经济结构的问题，发展阶段问题，有的是自然禀赋问题，但也说明了我们能源工作任重道远。今后能源工作的重点要从过去以增加供给为主转变为以调整结构和技术进步为主。

但是由以上四点得出结论，中国与美国能源差距之大，仅仅这样看也并不全面，也应该看到经过几十年的努力，中国能源的技术进步，有些方面优于了美国。我与美国的官方和民间有长期交往，与能源企业和研究教育机构经常交流，更重要的是我参观考察过许多美国的能源基础设施，包括核电、火电、风电、太阳能、油气管网、电网、煤矿、煤层气页岩气开采，有不带偏见的客观比较。

一是中国有后发优势，由于中国比美国发展要晚，现在中国总体能源装备和技术要新于美国。美国核电发展高峰期是 20 世纪七八十年代，采用的是当时的技术，和现在的安全性相比差得很多。以日本发生核事故的福岛核电站为例，正是美国通用电气公司当时的产品，甚至连厂房的氢回收装置都没有。美国有 104 个反应堆，许多是在那个年代建的类似技术装备，需要退役和改造。而中国的核电站大部分是 2000 年后开建的，AP1000 和 EPR 都是引进当代最先进的技术，并吸取日本福岛的教训，在安全措施上又做了很多加强，可以说现在中国的核电站先进性、安全性要优于美国。美国已经很多年没有建造新的核电站，所以中国设备制造能力、建造能力在许多方面也强于美国。

二是美国火力发电厂技术和装备也落后于中国。美国服役的火电站有的还是 20 世纪 50 年代的产品，每千瓦时煤耗高于 400 克的还不少。我参观过的印第安纳州的燃煤电厂，建于 20 世纪 50 年代，7 台机组 40 多万千瓦，平均每台机组容量 6 万千瓦，在中国这都属于该淘汰的机组。而中国这些年建成了一批百万千瓦超超临界机组，是这种高参数大容量的百万千瓦机组应用最多的国家。以上海外高桥三号机组为代表的先进机组每千瓦时煤耗达到创纪录的 275 克，这是世界最先进的水平，远优于美国。我国还建成了世界仅有的 60 万千瓦循环流化床机组，可以烧劣质煤。还有大容量风冷机组等。可以说中国的燃煤火电技术走在世界前列。

三是美国多年前水电开发就已经饱和，很多年已经没有新的水电站建设，水电设备制造和水电建设基本已经萎缩，人才和教育断档。中国以三峡水电站建设为契机，掌握了单机 70 万千瓦水电机组制造，在金沙江乌东德采用了世界上仅有的单机 85 万千瓦机组，白鹤滩则采用了更大的 100 万千瓦水轮机组。可以说中国现在拥有世界最强的水电技术能力，在世界水电市场建设中具有最强的竞争力。

四是风电、光伏发电设备生产能力中国发挥后发优势，处于世界先进水平，远超美国。光伏电池板产量占世界的 80%。

五是美国电网的建设和完善远早于中国，但是因此技术和设备陈旧，输电线路布局混乱，改造也很困难，甚至频率也有 60 赫兹和 50 赫兹两种，发生过美东大停电这样的大事故。而中国近年逐渐建成了覆盖全国的互联互通大电网，技术设备新，布局清晰，至今没有发生过像美东停电这样的大事故，并拥有世界电压等级最高的 ±1100 千伏直流输电和 1000 千伏交流特高压输电。输变电设备制造能力处于世界先进水平，而美国基本已经退出输变电设备制造。通用电气公司谋求与中国企业合作。

六是长输管道和钻采技术装备及 LNG 运输船生产中国近年有了长足进步，并且拥有相当的国际市场，等等。

列举这些并不是要贬低美国的能力和技术，美国在创新方面有许多值得我们学习，例如成功地进行了页岩气开采。但是我国有后发优势，可以采用世界最新的技术进步成果。所以对中美能源比较不能偏颇，既要看到我们的不足和差距，也要看到我们的优势。这才是客观的。

实事求是选择核电发展技术路线

2019年春节后，我参观了大亚湾、岭澳、台山核电站，与核电界朋友谈论核电形势，有很深的感触。

2018年可以说是我国核电的一个丰收年，有7台核电机组投入运营，但是核电发电量仅占全国发电量的4.3%，比风力发电量还少一个百分点。而且今后能新投产机组减少，今年就只有3台核电机组投产了，分别是台山2号机，阳江6号机和田湾的一台机组。到了明年（2020年）就只有两台机投产。往后连续几年将没有新机组投产。

这是因为受2011年日本福岛核事故的影响，已经有差不多8年没有开工新机组了。这几年投产的机组都是吃福岛核事故之前的老本开工建设的机组。现在老本快吃完了，核电新机组投产将有几年的断档。

2011年3月发生了不幸的日本福岛核事故，全球的核电发展进入低谷。

吴新雄同志任国家能源局局长后召开了一次核电座谈会，参加这次座谈会的有各核电企业的领导和能源局相关的司处级领导。钱智民、王炳华、贺禹、王寿君等核电企业领导悉数出席。国家能源局的李冶、曾亚川、秦志军等也都出席了。会议还邀请了几位核电专家参加，我作为能源局的老领导也被邀请参加了这次会议。

会议本来进行得很平和务实，但突然一位"专家"很严厉地指责我批了很多二代加核电机组建设。他是 6 位写信主张引进美国 AP1000 技术的人之一，被称为六君子。他对 AP1000 的引进和建设关心是可以理解的，我也是赞成引进 AP1000 技术的。他批评我的意思是，只应该批准 AP1000 引进型三代核电的建设。但是从高层到核电界对 AP1000 有疑虑也是客观事实，关键是 AP1000 在世界上是首台套，在建设和运行过程中会产生什么问题，还有待观察。在没有建成投产取得实际经验前不主张大面积开工建设 AP1000 机组。后来建设的实践证明这种担心是有道理的。

在这样的会议上我不愿意争论，只是简单地回应："这只是你自己的看法。"会后他说，在会上把我批得无言以对。我相信，如果当时我还在位，他也不至于会这样。我已经是一个退休之人，俗话说六十耳顺，只要实事求是，并不在意听到各种批评指责。

AP1000 在建设过程中图纸不断修改，混凝土打掉重来的事也发生过。主泵多次发生问题，不断试验改进，建设期一拖再拖，已经花了 10 年的时间。现在的造价已经远远超过开始的预算，包括台山的 EPR 三代核电机组也一样，每千瓦造价要超过 2 万元人民币（3000 美元）以上。由于是首台套，设计和装备制造一再拖期是重要原因。如果当时把宝都押在 AP1000 上，势必迟滞我国核电的发展。所以，包括听取李鹏同志的意见在内，在曾培炎副总理的领导下，AP1000 建成投产之前，我们批准建设了一些二代加技术的核电站，包括福建的宁德、福清、方家山、田湾二期，广东的阳江，大连的红沿河，广西的防城港等。这不是我个人的意见，而是综合权衡领导和核电界意见的结果。

后来发生福岛核电事故后，核电的建设和审批基本停滞，刚刚扶持起来的装备制造业也无米下锅了，处于十分困难的境地。如果没有这些二代加在建机组的支撑，我国核电将要原地踏步 8 年。核电装备制造企业也将垮掉。

现在时间已经过去快 10 年了，去年 AP1000 第 1 台机组刚投产，还又出了问题。假定当时把宁德、福清、阳江、防城港、红沿河、方家山都批成 AP1000，现在这些电厂都将拖延七八年，至今还处于在建之中。

现在核电界议论此事基本上都有共识，这 8 年间我国幸亏在持续不断地建设二代加核电机组，保留了建设和设备制造队伍。如果没有这些核电机组投产，中国核电占的比重就更可怜了。中国这样一个大国，这点核电不算多。

发展核电大家最关心的是安全问题，以中广核为例，目前共运行 22 台核电机组，装机容量 2400 万千瓦。尚有在建机组 6 台，全部建成后装机容量超过 3400 万千瓦。现在中广核在运的 22 台机组中，一台是 2018 年刚刚建成投产的采用法国 EPR 技术的三代核电机组，其余 21 台均为二代改进型机组，从投运以来一直保持着安全运行纪录，为香港和珠三角提供了清洁能源。在法国本土有 59 台二代核电站，加上在法国以外的，至今也都保持着安全运行纪录。

青史凭谁定是非？看到宁德、福清、岭澳、方家山、阳江今天的成绩，希望核电界可以实事求是地回顾一下这段历史。

这些年我国持续不断发展核电，人才年轻化，我看到台山核电站员工平均年龄只有 30 多岁，充满朝气，还派出了 50 多人到芬兰和法国去帮助调试他们滞后了的 EPR 机组。过去是学生向老师学习，现在已经是学生去帮老师了。

我们有门类齐全的装备制造业优势，这是我国可以乘势而上建成世界核技术大国的有利条件。

白手起家的这家企业资产
已经超过 7000 亿 *

中广核是改革开放后，在广东诞生的一家以核电为主业的能源企业。改革开放后，广东省严重缺电，李鹏、叶选平等领导同志主张在广东省建设核电站。最后，中央决定同意在广东建设大亚湾核电站，但是中央没有钱，要自己想办法解决资金问题。而且当时还有一个大的难点，外汇紧缺，要求合资企业都要自行外汇平衡。也就是说，企业需要的外汇和合资企业外方分红所需要的外汇都需要自己出口产品挣出来。

在当时一般人的概念中，电怎么能出口换汇呢？这时香港中华电力的老板、犹太人嘉道理表示愿意投资大亚湾核电站，并且把发的电卖到香港去。香港的电价比内地的电价高，这样既解决了所需资金问题，也解决了自身的外汇平衡。

即便在改革开放 40 年后的今天，我们有些干部和企业如果遇到这样的难题可能也想不出或没有魄力去投资这样的核电站。40 年后的今天来回顾此事，香港中华电力帮助投资了大亚湾核电站，同时自己也赚了个钵满盆满，也向香港提供了清洁能源，我们不得不佩服犹太商人的生意眼光。从这个意义上讲，中广核的成立国家没有拿钱，

---

　　*　本文是张国宝发表在《中国经济周刊》2019 年第 4 期上的文章，标题为编者所加。

就是一个白手起家的企业。

如今中广核集团已经运行了 22 个核电机组，2430 万千瓦，在建 6 台核电机组，装机 743 万千瓦，在全世界核电企业中排名老三。截至 2018 年 12 月，拥有风电控股装机达 1134 万千瓦，太阳能光伏发电项目控股装机容量 238 万千瓦，海外新能源控股装机 1160 万千瓦。去年海外盈利 10 亿元，国内新能源投资盈利 40 亿元，共计 50 亿元，接近公司盈利的 1/3。中广核企业的效益要好于 53 家享受副部级政治待遇的许多央企，但是由于历史原因，它不是 53 家副部级央企。我劝他们，这没有什么了不起的，想开点大可以释怀。

我在任时搞了一个核电发展中长期规划，准备要搞到 8300 万千瓦的核电。我挨个去向有关的领导汇报，包括虽然已经退休但仍十分关心核电发展的李鹏同志，分管副总理曾培炎同志，还有时任国务院副总理李克强、张德江等同志。归纳领导同志们的意见，有几个担心需要回答清楚的问题。一是这么大的核电规模，我们国家的铀资源够吗？二是核电人才队伍够吗？三是庞大的资金，特别是资本金从哪里来？四是装备制造业跟得上吗？五是核废料的后处理怎么考虑？

领导同志的关心点抓住了最重要最需要解决的问题。针对铀资源的问题，中广核"走出去"，在哈萨克斯坦合资开采谢米兹拜伊铀矿，在非洲纳米比亚开采铀矿。针对资金筹措问题，发起成立了中广核核电基金，从最初的 100 亿元，现在已经发展到了 300 亿元。针对装备国产化的问题，中广核与原来电子部六所改制的和利时公司组建成立了广利核公司，研发要求高、技术高、难度大的控制系统。现在广东阳江核电站已经用上了国产的控制系统。从岭澳二期起采用了半速汽轮机，使核电出力提高了 4%。中广核还投资成为国核技的股东，支持消化吸收 AP1000 核电技术。和中核总共同研发

119

出自主的华龙 1 号三代核电。中广核还成立了核技术公司，利用核技术处理废水、危废，前景广阔，成为第一家上市的核技术应用公司。中广核的发展历程是我国改革开放 40 年发展的一个缩影，值得我们认真总结。

二、装备制造篇

我国装备制造业自主创新和世界
装备制造业发展情况[*]

一、装备制造业在国民经济中的地位和作用

装备制造业是一个国家综合国力和国防实力的重要体现。装备是人类生产活动的工具，是大脑和四肢功能的延伸。先进的装备代表了先进的生产力，以至于人类的历史阶段是以新的装备发明和应用来划分的。经过几十年特别是改革开放以来的发展壮大，我国建立起了门类齐全、具有相当规模和一定技术水平的装备制造业体系，世界上只有美、日、德、俄等少数国家能做到这一点，这是我国继劳动力优势之后的又一国际比较优势，有力地保障了我国现代化建设。

（一）我国装备制造业发展概况

1. 支柱产业地位突出。一是装备制造业是我国规模最大的产业门类之一。二是装备制造业吸纳就业能力强。目前，全国规模以上装备制造企业从业人数 1658 万，装备制造业每亿元固定资产吸纳就业 774 人，高于全国工业平均水平 292 人。三是装备制造业关联带动作用大。装备制造业通过为冶金、石化、轻工、纺织、建材、电子信息、生物医药、航空航天、能源、基础设施等领域提供先进技

---

* 本文是 2007 年 12 月 29 日张国宝在东北老工业基地重大技术装备自主创新宣传工作座谈会上的讲话节选。

术装备，对这些产业的发展起到强有力的支撑作用，同时装备制造业自身的发展和技术进步也会不断产生新的需求，从而带动相关产业进一步升级。四是装备制造业能耗和污染物排放较低，同时也是其他产业节能减排的物质技术保障。五是装备制造业技术含量高。在信息、软件等新兴技术的带动下，先进装备制造业已步入高技术领域，是各项工业技术的集成。装备制造业也是高新技术的载体，为我国载人航天、绕月、纳米材料开发应用、核能研究等工程发挥了关键作用。

2. 体制改革取得进展。国有装备制造企业改革取得实质性进展，大部分改制成为股份制企业，实现了减负、减员、剥离办社会职能和主辅分离。企业管理水平普遍提高，经营效益好转。所有制结构得到优化，一批具有较强综合实力的民营企业正在成长壮大，一批由大学和科研院所创办、具有较强技术实力的高科技企业正在迅速崛起，如华中数控、浙大中控、新松机器人、东软等。

3. 产业结构加快调整。在市场竞争和政府引导下，产业资源配置进一步优化，兼并重组步伐加快，企业集团正在做大做强。齐重数控、齐二机床在有效整合铸造资源的基础上组建了齐齐哈尔腾翔重型铸锻造有限责任公司，集中优势资源提高了生产效率。包括沈阳机床集团、大连机床集团等在内的7家机床制造企业并购10家国外知名同行企业，引领了"走出去"兼并重组国外知名企业的潮流。

4. 国际竞争力不断提高。在保持价格优势的同时，更加注重提高产品技术水平和品牌知名度，部分产品具有较强国际竞争力，稳住国内市场，开拓国际市场，如常规火电、水电机组，经济型数控机床等。

5. 集聚效应初步显现。上海市积极调整产业布局，努力将临港和长兴岛打造成为以超、大、重为特色的重大技术装备基地。四川、陕西、河南、湖北、湖南、山东等省将振兴装备制造业作为强省战略的新支点，加快扶持发展。哈大齐工业走廊、大连"两区一带"临港临海装备制造业基地、沈阳铁西老工业基地等一批有竞争力的产业集聚地正在形成，要素聚集优势得到充分发挥，为东北老工业基地振兴注入了新的活力。

（二）国外装备制造业发展概况

当今世界，装备制造大国有美国、日本、德国、中国等。有关数据显示，2005 年美、日、德、中四国装备制造业增加值依次是 5032.2 亿美元、3750.4 亿美元、2735.9 亿美元和 1781.1 亿美元。另有一些国家在装备制造业的某些行业属于强国，代表世界领先水平，如俄罗斯的重型机械和武器制造、加拿大的轨道车辆和支线飞机制造、瑞士的精密机床和仪器仪表制造、瑞典的轴承制造、韩国的船舶和电子设备制造等。探究这些国家的发展历程，我们可以从中得到以下启示和借鉴：

1. 装备制造业是奠定工业强国地位的基石。

2. 大型跨国公司是这些国家装备制造业的支柱。

3. 政府扶持是这些国家装备制造业成长壮大的重要保证。

4. 占领高端产品研发制造技术正在成为这些国家装备制造业的发展重点。

（三）世界装备制造业格局正在调整，我国应积极承接国外产业转移

现阶段，经济全球化和以信息技术为先导的新兴产业的发展加快了世界经济的结构调整，装备制造业格局正在重新洗牌。装备制造业必然向劳动力丰富、成本低、市场需求大的发展中国家转移。工业发达国家自身的发展阶段决定其不得不退出劳动密集型或高劳动强度产业，致力于更高技术、更高附加值的产品制造和发展新兴产业。目

前，许多发展中国家尚没有解决温饱问题，工业基础薄弱和资金缺乏大大抵消了其劳动力资源的优势。另有一些国家政局不稳，没有足够的精力发展经济。相比之下，我国经济一直保持快速发展势头，工业基础和基础设施建设得到了加强，国内局势安定有序，国际地位不断提高，产业资本相对充足，有一支强大的产业工人队伍，国内市场需求旺盛。这些优势决定了我国成为接续装备制造业转移最适宜的国家。

二、近年来我国装备制造业自主创新情况

近几年，我们结合重大工程建设和重点行业需要，通过确立国产化依托工程，组织统一对外谈判，引进消化吸收国外先进技术，支持企业技术改造和技术攻关，实现了部分重大装备首台套的生产，扎实推进装备国产化工作，增强了产业自主创新能力，取得了一批新成果。

（一）工业自动化产品

国产火电分散式控制系统（DCS）国内市场占有率已超过 30%，其中 30 万千瓦机组用 DCS 市场占有率接近 50%。60 万千瓦火电机组的国产 DCS 成功投入运行。秦山核电站国产核电设备配用的 DCS 也由国内提供，百万千瓦核电 DCS 也将在用户支持下实现国产化。国产控制系统已开始用于钢铁、化工行业。

（二）数控机床

国产数控机床技术水平和市场占有率不断提高，中低端数控机床已得到用户广泛认可，基本满足国内需求。90%经济型数控系统和一些中高档数控系统由国内制造。部分我国急需，受制于国外的高档数控机床研发取得了新突破，部分军工行业使用的五轴高精尖数控加工设备开始立足国内供给。

（三）船舶装备

已建造 30 万吨级超大型油轮（VLCC）、30 万吨大型海上浮式生产储油轮（FPSO）、8000 标箱级集装箱运输船等高技术船舶，正在建造液化天然气（LNG）运输船。大型船用柴油机曲轴实现了国产化并开始出口，成为继日本、韩国和捷克后世界上第四个船用曲轴生产国。

（四）重型机械

中国一重自主设计制造的世界上吨位最大、具有当代控制技术的 1.5 万吨自由锻造水压机研制成功，大大提升了我国大型锻件制造水平和能力。上海电气重工集团正在建造 1.65 万吨锻压机。8 万吨级大型精密模锻压力机、3.6 万吨中厚壁无缝管挤压机等重大装备已完成前期论证并着手立项研制。

三、加快推进我国装备制造业自主创新的思考

应该客观认识我国装备制造业自主创新水平，既不可妄自菲薄，也不可妄自尊大。应该承认，我国与世界先进水平还有不小差距，国产装备的整体国内市场满足度不到 60%，在重大装备领域更低，特别是高新技术装备、微细加工设备（如半导体加工设备）几乎全部依靠进口。装备中技术含量高的产品配套还要依靠国外，如航空发动机，船舶、飞机的导航仪器仪表，信号系统，精密高档轴承，变频器，数控刀、量具，高速列车的刹车系统，等等。就装备的技术含量而言，我们只能算是第二方阵中的成员。在这方面要做的工作还很多。在装备制造业发展方面，还存在许多不足：一是政府对设备进口和技术引进尚没有形成有效的管理和协调机制，一些企业只重视设备进口而忽视技术引进，或重视技术引进而忽视消化吸收，重复引进现象严重。二是作为主力军的国有企业自主创新动力不足，宁愿低水平

复制制造，不愿通过自主创新提高效益；宁愿引进和跟踪模仿，不愿下苦功走消化吸收再创新和原始创新之路。三是研发资金投入不足。我国装备制造大中型企业研发经费投入占销售收入的比重仅 1.2%，比日本等发达国家低 4 个百分点；我国装备制造业引进技术费用与消化吸收费用之比为 1∶0.36，而工业发达国家通常是 1∶3。四是产业集中度低，缺乏像美国通用电气、日本三菱、德国西门子等具有较强研发实力的大企业集团。五是国内市场资源仍未能充分利用，用户对装备国产化支持不够，自主创新产品推广使用困难较大。

党的十七大提出，要"促进工业由大变强，振兴装备制造业""鼓励发展具有国际竞争力的大企业集团"，为我国装备制造业的发展指明了方向，提出了新的更高要求。我们要在党中央、国务院的统一领导下，会同有关部门、地方政府和骨干企业，采取针对性的政策措施，着力加强自主创新能力建设，把振兴装备制造业工作继续引向深入。

（一）继续组织实施重大技术装备国产化

要以 16 项重点装备领域为主攻方向，以国家重大工程和大宗设备订单为依托，将研发制造与使用运行相结合、引进消化吸收再创新与自主研发相结合、国内分工协作与统一对外谈判招标相结合，继续深入开展重大技术装备国产化工作。

在交通运输装备领域，要抓紧建设青岛海西湾、上海长兴岛、广州龙穴岛等现代化造船基地，增强产品开发和建造能力。依托国内四大航运企业和三大油气企业的批量订单，组织开展万箱级超大型集装箱船、超大型矿砂船、大型汽车运输船、深海半潜式钻井平台、超大型浮式生产储油装置等产品的设计制造自主化。依托京沪、京津、武广高速铁路等重点工程，扎实做好大功率交流传动电力机车、内燃机车和时速 200 公里等级以上动车组的引进技术消化吸收再创新工作。

继续深化城市轨道交通设备国产化工作，以交流变频传动（VVVF）系统、制动系统、信号系统等产品的研发制造和推广使用为工作的重点，使城市轨道交通设备的国产化水平再上新台阶。

在基础装备产品领域，要依托国家高档数控机床与基础制造装备重大专项平台，以保障军工行业重大需求、替代大批量进口为目标，掌握一批关键技术，研制一批高档产品，填补国内空白。依托战略产业发展和国防建设的特定需求，充分论证，集中力量开展大型精密模锻技术装备、预拉伸铝厚板生产成套装备、大型难变形合金挤压机、铝合金大型径轴向数控轧环机等特大装备的研制攻关。依托电力、冶金、石化和交通运输等重点领域的市场需求，重点开展光纤传感器、可编程控制器等硬件产品，以及石化、电站控制系统用软件产品的国产化，增强自动化控制系统的研发制造和系统集成能力。组织开展高档轴承、模具、液压气动密封件等基础产品的自主化设计制造。

（二）积极支持高效节能减排装备产品的研制和推广应用

"工欲善其事，必先利其器。"推广应用高效率、低能耗、低排放设备和生产工艺，是实现节能减排目标的重要物质保障。装备制造业要抓住机遇，抓紧研制适合市场需要的设备，促进产品结构调整，增强自主创新能力。一要积极开发制造各类环保设备和环保监测设备，满足各行业环保改造需要。二要大力发展各类清洁能源、新能源设备。三是研制高效节能减排设备，加快产品更新换代，革新高能耗高排放行业的生产工艺。

（三）进一步提升企业实力，优化行业发展环境

1.努力构建以企业为主体的自主创新体系。要结合国家中长期科技规划纲要的实施，建立以企业为主体、市场为导向、产学研相结合的技术创新体系，全面增强我国装备制造业的自主创新能力。要推动企业尽快成长为"三个主体"，即研究开发投入的主体、技术创新活

动的主体和创新成果应用的主体。在充实和完善现有国家工程研究中心、国家级技术中心的基础上，新建一批国家工程研究中心、国家工程实验室、国家级企业技术中心。对国家重点建设工程所急需、对结构调整和产业升级有重大作用的技术装备的研制，继续给予资金支持。选择装备制造业的若干重点领域的共性关键技术，组织高校和科研院所联合攻关。

2. 加快结构调整，扶持企业做大做强。支持装备制造企业跨行业、跨区域、跨所有制兼并重组，促进制造企业与科研院所、使用企业的联合。培育一批集系统设计、系统集成、工程总承包和全程服务为一体的工程公司，参与国家重点工程项目的建设和管理。鼓励支持国内有条件的装备制造企业"走出去"，并购参股国外先进企业，学习对方的核心技术，利用其品牌优势，开拓国际市场。鼓励装备制造企业通过上市融资、发行企业债券等市场化方式筹集资金。

3. 积极为推广使用国产装备创造条件。借鉴国外通行做法，着手研究制定有关法律法规，为"国货国用"提供必要的法律保障。加强政府采购的监管，配合财政部抓紧研究出台有关规定。联合保监会等部门，研究建立由项目业主、装备制造企业和保险公司风险共担、利益共享的重大技术装备保险机制。引导用户单位和项目业主合理选择技术路线和产品规格，支持重大技术装备国产化。加强政府监管和舆论监督，防止设备招投标中歧视国产设备。

4. 努力营造振兴装备制造业的社会舆论氛围。要主动联合宣传部门，充分发挥社会主流媒体的作用，大力宣传报道装备制造业研制和应用的成功事例、集体和个人的先进事迹，对装备制造企业产品质量不过关、违反供货合同、用户歧视国产设备等反面案例也要勇于曝光。组织人大代表、政协委员、两院院士以及港澳台工商界知名人士，考察重大技术装备制造基地和应用工程，增强社会各界对我国装备制造业的认知和信心。办好"国家重大技术装备网"和《重大技术装备》简报，做好振兴装备制造业的日常宣传工作。

四、对近期重大技术装备自主创新宣传工作的几点建议

一是要在大力宣传装备制造企业的同时更加注意调动用户企业的积极性。用户的支持，是自主创新的动力和取得成功的重要保证。重大技术装备的自主化要以服务用户为宗旨，以用户的需求为导向。媒体在宣传装备制造企业努力增强自主创新能力、提高产品质量的同时，要大力弘扬用户企业以民族振兴为己任，努力为国产装备的应用提供机会、创造条件的先进事例，调动用户企业的积极性和能动性，增强他们的爱国热情和民族自豪感，与装备制造企业共同把振兴装备制造业工作推向深入。

二是要着重宣传装备制造企业和用户企业联合研制的重大成果。我国关键技术装备国产化工作取得的许多突破都是在用户单位的密切配合下实现的。

三是要切实做好重点装备制造企业重组并购和组织结构优化的宣传工作。

四是要加强对装备制造企业完善自身服务支撑体系、提高服务质量的宣传。完善售后服务网络，提高服务质量和水平，是重大技术装备产品取得用户信任，巩固并扩大市场占有率的重要保证。

五是要突出宣传各级政府部门及社会各界支持重大技术装备自主创新工作的典型事例。重大技术装备的自主化工作是一项系统工程，从产品技术引进消化吸收，到试制批量生产，再到试运行推广，都需要各方面的参与和支持。党中央、国务院高度重视装备制造业自主化，专门下发了8号文件，从完善法律法规和标准、制定重点领域装备技术政策、调整进口税收优惠政策、鼓励订购和使用国产首台(套)

重大技术装备等方面对装备制造业自主创新提出了若干扶持政策，媒体要切实做好对支持装备制造业自主创新的重大方针政策的宣传解读工作；各级地方政府也充分发挥自身职能，积极为装备制造企业的发展创造良好环境。

依靠自己力量突破大型铸锻件制约 [*]

2006 年 12 月 30 日，一重 15000 吨水压机竣工投产时，我曾来到这里，与大家交流看法。当时，一重提出 2007 年产值目标达到 80 亿元。经过一年多努力，一重超额完成任务，总产值达到 85 亿元，效益也大大提高，缴税 8 亿元，利润超过 12 亿元。一重取得了很大成绩，进入了企业发展史上最辉煌的时期，希望你们抓住机遇，乘势而上，推动企业实现跨越式发展，为国家建设和装备国产化作出更大贡献。近年来，在重大装备国产化工作中，大型关键铸锻件依靠进口供货，且受到国外供货能力和一些外交问题上的制约，国产件能力、质量难以满足需求，已成为重大装备制造业发展的瓶颈。

一、重大装备极端化趋势对大型铸锻件行业提出了更高要求

当前，装备制造业的一个突出技术发展趋势是极端制造：一方面是朝超微超精方向发展，另一方面是朝超大方向发展。以发电设备为例：火电机组今后发展将以 60 万千瓦和 100 万千瓦级的超临界、超超临界机组为主；核电将以百万千瓦级以上机组为主；水电将以混流式 70 万千瓦及 70 万千瓦以上机组和用于抽水蓄能的轴流式机组为主。

---

　　* 2008 年 2 月 24 日张国宝赴齐齐哈尔第一重型机械集团公司调研，实地考察企业生产经营和铸锻钢基地及大型铸锻件自主化改造项目进展情况。这是张国宝听取一重集团工作汇报并与集团中层以上干部交流座谈时的讲话。

电力、石化、冶金等领域装备大型化、复杂化对大型铸锻件行业提出了更高要求。我这里举几个例子。

一是核电核岛铸锻件。核岛部分的压力壳、蒸汽发生器、稳压器的壳体和管板普遍采用低合金钢锻件。在百万千瓦级核电机组中，无论是二代加，还是三代 AP1000、EPR，都含有大量技术要求高、规格大、形状复杂的铸锻件。其中，压力容器整体顶盖、下封头、锥形筒体等形状复杂的锻件都需要整体锻造。此外，特厚饼形件的蒸发器管板锻造以及主泵泵壳、主管道等不锈钢铸锻件的制造难度也都很大。

二是百万千瓦级核电机组常规岛低压整体转子锻件。这是目前世界上所需钢锭最大、锻件毛坯重量最大、截面尺寸最大、技术要求最高的实心锻件，是代表热加工最高综合技术水平的产品。转子重量为170 吨，需 600 吨级钢锭。

三是超纯净汽轮机低压转子锻件。为满足超超临界汽轮机组高参数设计要求，其回火脆性是技术关键，目前国内尚属空白。国外已用超纯净 35NiCrMoV 钢取代传统用钢，钢锭必须采用真空精炼和真空浇铸，以保证化学成分的纯净和均匀性。

四是高中压复合转子锻件。超临界机组高中压复合转子要求制造兼具高中压功能，难点是要求整体转子两端有不同的性能。该技术的关键是选择合适的化学成分，采用特殊的热处理方法。国外更多采用超纯净冶炼技术和新材料，转子重量在 100 吨左右，所需钢锭超过了200 吨。

五是大型混流式水轮机铸锻件。三峡工程采用的 70 万千瓦机组是目前世界上最大功率等级的水轮机组，其不锈钢水轮机转轮直径达到了 9.8 米，重量达 500 吨，上冠、下环和叶片不仅需要大容量的不锈钢冶炼设备和精炼钢水设备，而且对冶炼工艺要求也很高。三峡工程中主要依靠进口，国内只有鞍重、大重华锐等少数企业攻关成功。目前，三峡工程开发总公司正在论证乌东德、白鹤滩电站采用100万千瓦水轮机组的可行性。一旦实施，对水电大型铸锻件要求又将是新突破。

六是大型抽水蓄能水轮机铸件。大型轴流式水轮机叶片铸件的制造是关键。这种叶片通常采用不锈钢制造，尺寸大，各处截面尺寸相差很大，型线要求严格，重达几十吨，对炼钢、浇铸、热处理设备和工艺都有特殊要求。

在石化、冶金装备和造船领域，也是如此，如大型锻焊结构加氢反应器，一重生产的世界最大的单台重量已超过2000吨。5.5米中厚板轧机的支撑辊净重230吨，也需要600吨级钢锭，国内不具备生产能力；其机架作为整体铸件，净重410吨。组合式船用曲轴长度可达18米，重量达到300吨。这些例子都是一些典型产品，今后重大技术装备的发展还会催生出规格更大、工艺更复杂、技术含量更高的大型铸锻件。

二、国内大型铸锻件能力水平与国际先进水平仍有一定差距

世界上大型铸锻件的生产能力主要集中在日本、韩国、中国和欧洲。日本每年锻件生产量在75万吨左右，韩国产量在90万吨左右。国际上在大型铸锻件生产制造方面处于先进水平的企业主要有日本制钢所、法国克鲁索、韩国斗山重工等。其中，日本制钢所整体技术水平世界领先，2007年产锻件8.7万吨，它拥有600吨级钢锭制造能力，装备有两台300吨炼钢天车、100吨电渣重熔炉。法国克鲁索公司拥有空心钢锭制造技术，在筒形锻件制造上独占鳌头。斗山重工生产能力世界最大，2007年生产锻件12万吨。

我国能够提供大型铸锻件的主要企业是一重、二重和上重。2007年一重锻件产量11万吨，二重7万吨，上重5万吨。在劳动生产率方面，国内企业与国外先进企业仍有较大差距。拿一重与韩国斗山相比，2007年一重产值约12亿美元，斗山48亿美元，一重职工超出10000人，斗山只有5000人左右。相比而言，一重的劳动生产率仅相当于斗山的1/8。在技术水平方面，中国企业也有一定差距，部分大型、复杂铸锻件尚未攻关成功，只能依靠进口。在生产能力上，也无法满足国内旺盛的市场需求。像火电设备汽轮机、发电机每年需要的转子几百根，前几年80%以上都依靠进口。这么大的市场拱手让人，其中既有技术水平不行，也有生产能力不足。

三、大型锻件市场需求巨大，国内外供不应求

未来10—15年将是我国推进工业化的关键时期，电力、石化、冶金、船舶等行业都将继续快速发展，孕育着对大型铸锻件的空前需求。

在核电装备领域，根据我国核电中长期发展规划，到2020年核电装机容量将达到4000万千瓦，实际可能还会有所突破。近两年已经或即将开工建设的二代改进型和三代百万千瓦级核电机组在20台以上。法国在其核电建设高峰期最多年份开工建设10台左右，我国每年开工建设量将会创造世界核电发展史上的新纪录。一套百万千瓦压水堆核电机组核岛部分的反应堆压力容器、蒸汽发生器和稳压器的壳体及管板、主管道锻件按3亿元计算，平均每开工建设10台核电机组，大型铸锻件市场就在30亿元以上。此外，核电常规岛部分也需要大量的铸锻件。

在火电装备领域，到2007年底，全国7.13亿千瓦装机容量中火电占到了77%以上，特别是近年新增装机中，80%以上是火电。按

照现在发展态势，今后我国火电建设速度将会适当放缓。即便如此，未来若干年每年火电装机也都会维持在大约 5000 万千瓦。按每台大型燃煤机组需要大型锻件 200 吨计算，预计每年火电锻件年均需求量在 2 万吨左右。

在水电装备领域，按水电发展规划，国内 15 年内将新增单机容量 50 万千瓦及 50 万千瓦以上大型水电机组近 400 台，每年平均新装 30 台 50 万千瓦及 50 万千瓦以上大型水电机组，每台大型水电机组需要大型锻件 200—240 吨，年锻件市场需求在 6000—7200 吨。

在石化装备领域，预计我国原油加工能力 2010 年达到 4 亿吨，2020 年达到 5 亿吨左右。为此，将新建和改造 20 多个千万吨级大型炼油厂，预计每年需锻焊结构的厚壁重型容器 30 台左右，其中千吨级以上加氢反应器占 1/3。

在煤化工装备领域，神华集团已在内蒙古开工建设我国第一座年产油品 500 万吨的煤液化工程，一期工程第一条线为 100 万吨／年。每套 100 万吨／年的装置需要加氢反应器 12 台，其中 2000 吨级超大型加氢反应器就有 4 台。此外，煤制烯烃、甲醇、二甲醚、合成气等煤化工项目也都需要大量的反应容器。

在冶金设备领域，随着钢铁工业的技术升级和结构调整步伐进一步加快，预计"十一五"期间，每年冷热连轧机新建和配件所需锻钢支承辊 700 支左右，毛坯锻件约 5 万吨（每支毛坯锻件重 70 吨）；每年中厚板轧机锻钢支承辊新建和配件约 150 支（每支毛坯锻件重 100 吨），毛坯锻件约 1.5 万吨。热轧工作辊每年需要毛坯锻件约 3 万吨。合计起来，每年需在万吨级水压机上生产的大型轧辊毛坯锻件接近 10 万吨。

在船舶装备领域，2007 年中国承接新船订单已占世界市场份额的 42.5%，成为世界造船史上第一个订单量超亿吨的造船大国，未来几年，我国造船能力也会成长为全球第一。预计到 2010 年，国内每年将需要大型船用曲轴 300 根以上，平均每年需要在万吨级水压机上生产的毛坯锻件需求量超过 2 万吨。

国际上大型铸锻件近期明显供不应求，很多主机厂的生产进度受到大型铸锻件的影响和制约。日本制钢所、斗山重工等大型铸锻件生产企业都是满负荷生产，订单排到几年后。

四、不能靠买国外大型铸锻件支撑我国核电事业发展

我国作为一个发展中大国，今后一段时期，依然面临繁重的能源建设任务。核电是一种技术成熟的清洁能源。与火电相比，核电不排放二氧化硫、烟尘、氮氧化物和二氧化碳。以核电替代部分煤电，不但可以减少煤炭的开采、运输和燃烧总量，而且是电力工业减排污染物的有效途径，也是减缓地球温室效应的重要措施。随着全球对气候变暖问题的日益重视，核电在能源结构调整中将发挥积极而且重要的作用。

目前，世界上 33 个国家和地区共有 440 多台核电机组在运行，核电装机总量已达到 3.6 亿千瓦，核电发电量占总发电量的 17%。全球有 16 个国家和地区的核电发电量占总发电量的比重超过 25%，其中法国高达 77%、比利时达 50%、欧盟为 35%、日本为 34%、美国为 20%、俄罗斯为 15%，我国还不足 2%。

最近，我国南方发生的低温雨雪冰冻灾害提示我们要进一步调整优化电力结构，发展核电等清洁能源，减少温室气体排放。同时，也要求我们合理提高中心负荷地区的供电能力，降低煤炭运输压力，把加快推进核电建设落实到具体行动中。

根据规划和当前形势，未来 10—15 年，我国核电将会迎来世界核电建设史上前所未有的大发展。这样一块容量大、技术含量高的市

场对国内装备制造业提出了新的挑战。其中，大型铸锻件的研制又是重中之重，是最有可能制约核电建设进度的卡脖子问题。我们不能指望依靠买国外大型铸锻件支撑我国核电发展。一是因为买国外的大型铸锻件，价格至少高出 30%—50%；二是国外铸锻件生产企业任务也很满，交货周期长；三是关键时候想买也买不来。这里，我举两个例子。

一个是关于红沿河一期工程核岛锻件。东方电气集团和上海锅炉厂于 2006 年 7 月和 11 月分别向日本制钢所订购了红沿河一期工程的核岛锻件。按合同要求，反应堆压力容器的一体化顶盖和接管段筒体的第一批锻件应于 2007 年 9 月到港；但日本政府以目前"中日原子能协定的少量补充条款尚未达成一致"为由，拒绝了日本制钢所出口许可证的申请。中日两国政府于 1985 年签订和平利用核能协定，2005 年 8 月，在第三代核电招标期间，日方提出了"关于中日核电项目保障监督问题"，提出了"全面跟踪、全面保障和违约返还"等要求，未能与中方达成一致。2006 年，日方放弃了"全面保障和违约返还"的要求，但仍坚持对所谓"作为副产品回收或产生的特殊裂变材料"的全程跟踪，双方磋商陷入僵局。在此情况下，日本停止执行两国间核能协定，拒绝受理核电大锻件的出口许可申请，延误了红沿河一期工程的设备制造进度，目前尚未得到解决。

另一个是海阳项目的常规岛低压转子锻件问题。三门、海阳两个AP1000 项目常规岛招标范围不同，三门常规岛是整岛招标，海阳项目常规岛招标范围仅限汽轮发电机组及其配套系统，其他设备由业主采购。这两个项目都由三菱牵头的三菱—哈电联队中标，三菱提出鉴于日本制钢所低压转子锻件供货进度问题，只能保证三门项目两台低压转子锻件的供货进度，而海阳项目的两台低压转子锻件均比进度要求晚 8—9 个月，并向中方提出了提高价格和扩大供货范围要求，最终海阳项目低压转子锻件供货期推迟，价格上涨了3000万元。

另外，国际上主要核电设备供应商都认识到了大型铸锻件供货难问题，法国的法玛通已并购了克鲁索，克鲁索的锻件今后将优先保证法玛通的需要。这些事例让我们更加清醒地认识到，中国核电发展不能指望别人，必须要依靠自己的力量突破大型铸锻件制约。

五、齐心协力推动我国成为全球大型铸锻件的主要供货地

国家发展改革委全力支持一重、二重、上重等大型铸锻件制造企业加快发展。我认为，国内骨干企业现在搞技术改造，建成后从技术水平到生产规模都要引领全球。2007年，国家发展改革委批准一重实施的铸锻钢基地及大型铸锻件自主化改造项目，在能力水平上都瞄准了世界一流。项目建成后，一重将形成年产钢水50万吨、锻件24万吨、铸钢件6万吨的生产能力。届时，可一次提供钢水700吨，浇注最大双真空钢锭600吨，最大铸件500吨，提供最大锻件400吨。2007年11月底，我们还在北京召集有关方面开会，协调一重技术改造项目进度，要求各有关方面要保证按计划完成各自承担的任务，确保一重改造项目顺利推进。今后，我们还将对一重、二重、上重等企业一如既往地给予支持。

这次调研一同前来的还有中广核集团和哈电集团的负责同志。中广核在红沿河等项目上大力支持使用国产设备，有的项目总体国产化率将达到80%，实现了新突破。希望你们进一步支持核电锻件国产化，与一重等国内企业建立更加紧密的合作关系，突破锻件制约，这将有利于核电建设降低投资，保证工期。

哈电集团作为主机企业，要把大型铸锻件作为技术战略的重要组成部分，放在突出位置考虑，尽快与国内企业签订供货合同，结成战略联盟。

　　大型铸锻件的生产需要硬件与软件的结合，技术与经验的结合，特别是核电锻件技术上有很大难度，一重等企业在研制中遇到的问题充分说明这绝非易事。能不能建成世界一流的铸锻钢生产基地，内因是关键，最重要的还是重机企业自己要争气。突破大型铸锻件的核心技术问题，在战略上要藐视，要有必胜信心，在战术上要重视，全力应对。希望一重和国内其他重机企业以全球眼光、世界胸怀，抓住国内外市场机遇，开拓进取，胆子再大一点，步子再快一点，改革再深入一些，尽快提高国内大型铸锻件技术水平和生产能力。不仅服务于国内经济建设，同时积极开拓国际市场，努力使中国成为全球大型铸锻件的主要供货地，为实现我国装备制造业由大到强转变作出更大贡献。

走新型可持续发展电力之路 [*]

  随着国电江苏泰州电厂 1 号机组的顺利投产，我国发电装机总容量跨越了 7 亿千瓦，这是我国电力发展史上的又一个重要里程碑，它标志着我国电力建设跃上了一个新台阶，标志着我国百万千瓦发电机组设计、制造、建设的能力跻身于国际先进行列，更标志着我国电力工业结构调整迈出了坚实步伐，国家电力工业综合实力进一步增强。这是全国电力工作者的骄傲，是中国工业的骄傲，是全中国人民的骄傲。

一、创造世界电力发展史上的奇迹

  在党中央、国务院的正确领导下，在各级政府和社会各界的大力支持下，经过了几代电力工作者的不懈努力和艰苦奋斗，我国发电装机容量从建国初仅有的 185 万千瓦和几万千瓦小机组，发展到目前 7 亿多千瓦和百万千瓦大型机组，实现了电力工业由小到大、由弱变强的跨越式发展，取得了举世瞩目的成就，为满足国民经济的快速发展和人民生活水平的不断提高，提供了源源不断的动力和强有力的支撑。与此同时，我国电力体制改革不断深入，取得显著成效，并在国际上产生了深远影响。最近，俄罗斯撤销了俄罗斯统一电力公司，实

---

  * 本文是 2008 年 7 月 31 日张国宝在我国电力装机 7 亿千瓦标志性机组授牌仪式上的讲话摘要。

142

行厂网分开，组建俄罗斯电网公司，成立了若干发电公司，与中国电力体制改革模式如出一辙，不能不说受到我国电力体制改革的影响。

近年来，随着国民经济的快速发展，特别是 2002 年新一轮电力体制改革之后，我国电力工业获得了空前发展，在 2004 年初实现发电装机容量 4 亿千瓦的基础上，自 2005 年起，我国发电装机容量每年跨越 1 亿千瓦的平台，陆续实现了 5 亿千瓦、6 亿千瓦到 7 亿千瓦的历史性跨越，迈上了一个又一个新台阶。5 年新增发电装机规模，相当于新中国成立至 2002 年 50 多年的总和，也相当于英国、法国、意大利 3 个发达国家电力装机容量的总和，创造了世界电力发展史上的奇迹。

二、结构调整成效显著

在加快电力发展的同时，近年来，国家更加注重电力工业结构调整工作，我国电源结构得到进一步优化。记得 2005 年底，在庆祝发电装机容量突破 5 亿千瓦的大会上，也是在人民大会堂，我曾向大家承诺："下一步，电力工业发展的重点要转向加快结构调整，加速淘汰落后小机组，大力发展水电、核电、可再生能源和清洁煤发电，加快发展风力发电。同时，积极发展空冷、超临界、等离子点火和特高压交直流输电技术。"经过全体电力工作者近三年的共同努力，上述目标正在成为现实。到 2007 年底，全国水电装机容量达 1.45 亿千瓦，跃居世界第一；核电装机容量达 908 万千瓦，目前在建规模增加到 1210 万千瓦，规划容量超过 4000 万千瓦；风电装机容量从 1985 年到 2005 年底的 20 年间才只有 105 万千瓦，2007 年底超过 600 万千瓦，增长了 5 倍，今年年底风电总规模预计将达到 1000 万千瓦，再有 5 年，中国的风力发电将成为世界第一；太阳能、生物质能等可再生能源也取得了可喜的进展。

特别值得提出的是，占总装机容量 77% 的燃煤火电，取得了令人可喜的成绩。单机容量 30 万千瓦及以上高参数、高效率、低排放大型发电机组的比重，已从 2002 年占火电装机容量的 43% 提高到目前的 61%，成为电力建设的主力机型；10 万千瓦及以下的小火电机组由 2005 年的 31% 降低到目前的 18%；2007 年全国火电厂平均供电标准煤耗 356 克／千瓦时，比 2002 年下降 27 克，发电厂用电率从 6.15% 下降到 5.83%，线损率从 7.52% 下降到 6.97%。

目前，包括泰州电厂 1 号机组在内，全国已投产 10 台百万千瓦燃煤发电机组，在建 8 台，总量居世界首位。在淘汰落后小机组方面，按照国务院关于电力工业上大压小、节能减排的要求，在各方的共同努力下，2007 年提前、超额、圆满地完成了关停任务，共关停小火电机组 1438 万千瓦。今年 1 至 6 月份，全国又新关停小火电机组 836 万千瓦，占全年关停任务的 64.3%。这样，"十一五"初至今，全国累计关停小机组 2587 万千瓦，占"十一五"承诺关停 5000 万千瓦目标的 51.74%，率先创造了"时间过半、任务完成过半"的佳绩。据测算，这些小火电机组关停后，如采用节能高效的大机组发同样的电量，每年可节约煤炭约 3260 万吨，减排二氧化硫 55 万吨，节能减排效果显著。

与此同时，我国电网规模迅速扩大，电网结构进一步加强。2002 年至 2007 年的 5 年间，新增 220 千伏及以上输电线路 13.83 万公里、变电容量 6.17 亿千伏安，电网总规模已居世界首位；城乡配网建设也取得可喜成绩，改善了 8 亿农民的用电状况，基本满足了城乡居民的用电需求。

三、自主创新成绩喜人

伴随着电源、电网建设的快速发展，我国电力装备制造业的自主设计、自主创新、国产化工作取得长足进步，电力工业技术进步成绩喜人。在发电设备制造方面，三峡右岸 70 万千瓦水电机组实现了自行成套；30 万千瓦、60 万千瓦火电机组参数性能和可靠性已达到国际先进水平；百万千瓦超超临界火电机组、自主设计的 30 万千瓦循环流化床电站和空冷机组已广泛使用；第三代百万千瓦核电机组自主化工作顺利推进；输变电方面，已掌握 500 千伏及以下交直流输变电工程成套设备的设计制造技术；750 千伏交流输变电工程成套设备已基本实现国内制造；特高压交直流输变电试验示范工程正在有序建设，并带动了一批世界首台套设备的研究开发。

我国电力工业在为中国经济发展提供电力保障的同时，也为全球电力工业、装备制造业的发展提供了巨大商机，为世界电力技术进步、开发和利用，创造了难得的市场机遇。国际上许多知名的大型电力设备开发与制造企业，共享中国电力工业的发展成果，业务不断扩大。同时中国制造的 30 万千瓦、60 万千瓦机组在国际招标中屡屡中标，成为国际上电力装备的一支劲旅。

四、科学发展任重道远

成绩的取得，是一代代电力工作者不懈努力的结果，是全体电力工作者贯彻落实科学发展观、实施结构调整、推动技术进步、淘汰落后产能、转变发展方式、深化体制改革的结果。这些成绩充分证明，我国电力工业正在走上一条科技含量高、经济效益好、资源消耗低、环境污染少的又好又快的发展道路，中国的电力工业和装备制造业已跻身于国际先进水平。

但我们必须清醒地认识到，当前我国正处于工业化、城镇化发展的重要阶段，必须正确处理好经济、能源和环境的关系，必须保障经济社会可持续发展的能源供应。电力是现代社会最主要、最便捷的能源利用方式，电力工业是关系国计民生的重要基础产业。今年以来，我国遭受了低温雨雪冰冻和汶川特大地震等自然灾害，电力系统暴露出抵抗自然灾害能力薄弱的问题，近期又面临着电煤供应紧张、价格矛盾凸显、供需矛盾突出等严峻形势。电力企业目前面临的经营困境已经引起国务院的高度重视，相信国家一定会采取措施，确保电力工业的健康发展。同时，我国电力工业结构不合理的矛盾依然突出。由于认识上的失误，核电发展滞后，比重过低；煤电比重过高；主要技术经济指标与国外先进水平仍有差距；实现持续健康发展的体制机制尚不健全。

毛主席说："世上无难事，只要肯登攀。"我国电力工业取得的成绩已经证明了中国人民有能力、有志气攀登世界高峰，确保电力安全稳定供应。

能源要发展，装备须先行[*]

　　科技是第一生产力。装备是科技的载体。推动能源科技进步，发展先进能源装备，是构建清洁、高效、安全、稳定能源体系的需要，是能源技术进步的体现，是促进能源行业生产力发展的举措。党中央、国务院历来高度重视装备制造业的发展，2008年新一轮政府机构改革，我们强调推动重大装备国产化必须紧密依托重大工程，以需求拉动研发，以需求提供市场，这是我们二三十年来致力装备国产化的一条成功经验。"皮之不存，毛将焉附"可以用来比喻重大工程与重大装备两者的关系。重大工程和重大装备如分开管理，只能是事倍功半。中编办的三定方案赋予国家能源局能源科技装备管理职能，是此次能源行业管理机构改革的成功点之一。从实践中大家可以清晰地看到，国家能源重大工程为重大能源技术装备提供了应用的平台，两者紧密结合，空冷发电设备、超超临界机组、核电装备、循环流化床锅炉、特高压输变电设备等迅速得到推广应用。

一、近年来我国装备制造业的发展成就

　　近年来，我国能源行业迅速发展，以电力为例：2005年装机容量为5.17亿千瓦，今年7月已突破9亿千瓦，年均增加1亿多千瓦。

---

　　* 本文是2010年10月1日张国宝发表在《装备制造》上的文章。

同时，产业结构调整步伐明显加快，核电、风电等清洁能源和可再生能源进入规模化发展阶段。

在市场机遇和国家产业政策的推动下，装备制造业持续快速发展，行业规模和技术水平都跃上了一个新台阶，行业面貌发生了翻天覆地的变化，支柱产业地位基本奠定。

（一）规模快速增长，成为世界装备制造大国

近几年装备制造业增加值年均增速高达 28%，远远高于 GDP 的增速，也高于整个制造业的增速，装备制造业的支柱产业地位越来越突出，对经济增长的拉动作用越来越强。据统计，装备制造业对全国工业总产值、就业的贡献率均超过 25%，对外贸出口的贡献率更是超过 50%。发电设备等电气产品的生产能力已位列世界第一。2001 年我国发电设备产量为 1300 万千瓦，2008 年已超过了 13000 万千瓦，7 年时间增长了 10 倍。据机械科学研究总院统计，与美国、日本、德国等主要装备制造大国相比，我国装备制造业产值在世界的排名一年一个台阶，2006 年约 11200 亿美元，位列世界第三，远低于美国，仅比位列世界第四的德国高 1000 多亿美元；2007 年约 15186 亿美元，超过日本，追赶到了世界第二；2008 年达到 20167 亿美元，进一步超过美国，以产值计成为世界第一装备制造大国。

（二）技术水平明显提高，一些重大技术装备达到世界先进水平

近年来，能源装备行业成套能力得到提升，一批核心设备研发成功并拥有自主知识产权，有力地保障了重点能源工程建设和新能源产业快速发展的需要。我国已经成为世界上继欧洲、日本之外为数不多的能够成套提供百万千瓦核电设备的国家；世界单机容量最大的 70 万千瓦大型水轮成套机组、世界电压等级最高的国产 1000 千伏交流和 ±800 千伏直流输变电成套设备已顺利投入运行；成功建造了 14.7 万立方米薄膜型液化天然气（LNG）运输船，摘取了世界造船业"皇

冠上的明珠"。

（三）国际竞争力不断提高，一批重大装备进入国际市场

我们初步实现了"中国装备装备中国"的目标，目前在建的百万千瓦核电机组的综合国产化率可达80%；特高压示范工程的设备国产化率超过了90%；全国发电总装机容量中，国产机组的比例已超过80%，千万吨级大型炼油设备国产化率达到90%。

与此同时，一批重大装备开始走出国门，进入国际市场，装备制造业实现了由逆差到顺差的历史性转折。据机械科学研究总院统计，2006年之前，我国装备制造业的进口高于出口，形成了巨大逆差，不少重大技术装备依赖国外；2006年进口和出口基本相当；从2007年起，出口开始大幅度高于进口，2008年装备制造业出口额比进口额高出60%以上。以发电设备为例，近年来出口数量高速增长，2009年出口机组容量达1648万千瓦。

（四）产品结构得到改善，高技术产品、高附加值产品的比重不断提高

中国第一重型机械集团公司（简称一重集团）、中国东方电气集团有限公司（简称东方电气）、大连重工·起重集团有限公司（简称大连重工·起重）等企业不断适应市场需求，加强自主创新，大力开发新产品，加快调整产品结构，核电、风电等产品成为新的增长引擎，在复杂的经济形势下实现了又好又快的增长。一重集团以前的产品以冶金和矿山装备为主，受国际金融危机影响，冶金和矿山装备的需求严重萎缩，但企业受到的影响并不大，保持了快速的增长，原因就在于通过前几年的努力，实现了结构调整，核电设备的旺盛需求弥补了传统产品的下降。几年前，风电市场开始启动，东方电气和大连重工·起重抓住机会进入风电装备制造业，如今已经成为国内风电整机制造业的龙头，在国际上也进入前十名，实现了产品升级和结构

调整。

（五）产业组织和产业布局得到优化

一批技术水平较高、生产规模较大的企业集团的行业龙头地位更加突出。上海电气集团股份有限公司、哈尔滨电气集团公司（简称哈电集团）、东方电气的年生产能力均超过 3000 万千瓦，是带动我国电力设备提高技术水平、改善产品结构、出口海外的领军企业。在全球 12 家著名发电设备制造企业中，我国三大电气集团的技术经济指标综合排名已由过去的下游跃居中上游。

近年来，企业重组步伐加快。特变电工股份有限公司通过重组实现了跨越式发展。从 1998 年开始，在全国范围内先后与 10 多家企业进行重组，形成了输变电、新能源和新材料三大产业。通过重组，特变电工沈阳变压器集团有限公司（简称特变电工沈变）6 年来发生了翻天覆地的变化，产能从不足 2000 万千伏安，到去年超过了 8500 万千伏安，成为世界单厂生产能力最大的工厂；产品结构有效优化，500 千伏产品成为主导产品并批量出口美国等国家。近 4 年来，我 4 次到特变电工沈阳变压器公司，每次都看到有新的变化，新建成的特变电工东北输变电科技产业园已经达到了世界一流水平。

在国家的支持下，能源装备企业加大技术改造力度，形成了一批能源装备制造基地，产业布局得到优化。一重集团、中国第二重型机械集团公司（简称二重集团）、东方电气、哈电集团等都建设了世界一流的出海口基地，沈阳、上海、德阳、西安等能源装备制造集聚区的优势日渐突出。

二、能源技术装备自主化的成功经验

近年来，国家发展和改革委员会、国家能源局结合国家重点能源工程建设，加强组织协调，通过支持重点企业实施技术改造、组织重大技术装备攻关、支持组建工程研发中心等措施，扎实推进装备自主化工作，在各个主要能源装备领域，通过确立一批自主化依托工程，国产化工作取得了显著的成绩，有力地保障了能源建设的需要。

核电领域。我国已经具备百万千瓦级压水堆自主设计、制造和工程建设能力，关键设备的设计制造基本可以立足国内。近几年，陆续完成了大型铸锻件、压力容器、蒸汽发生器、堆内构件和主管道等核岛关键设备，汽轮机、发电机等常规岛关键设备以及核级泵阀、控制系统等设备的研制工作。同时，国家、地方政府和企业累计投入200亿—300亿元资金，进行了较大规模的技术改造，形成了世界一流的核电装备研发和制造基地。可以说，我国已经具有相当规模和一定技术水平的核电装备制造业体系，完全可以依靠自己的力量支撑我国未来20年核电发展的需要。

清洁高效火电和大型水电领域。清洁高效发电技术和大容量高参数机组得到普遍应用，国产百万千瓦超超临界火电机组已批量生产、投入运行，自主开发的60万千瓦循环流化床锅炉，一些性能指标超过了国外水平。针对北方缺水地区研制的30万、60万千瓦空冷火电机组已实现国产化，较常规水冷机组节水75%以上，100万千瓦空冷火电机组也已经完成研发，华电灵武二期两台机组将于明年投入运行。通过"打捆招标"引进技术，重型燃机国产化率逐步提高，结束了我国不能制造大型燃机的历史。水电站设计、工程技术和设备制造等技术达到世界先进水平，全部国产化的三峡右岸70万千瓦水电机组正常运转，我国大型水电机组设计制造能力达到世界先进水平。

输配电领域。自主研发、设计和建设的特高压1000千伏交流、±800千伏直流示范工程已经投运。这是迄今为止世界上运行电压最高、输送能力最大、技术水平最先进的特高压输电工程，标志着我国特高压核心技术和设备国产化上取得重大突破。输配电技术装备的发展支撑我国电网进入大规模跨省区送电和全国互联的新阶段。

煤炭综采领域。已经建成一批具有国际先进水平的大型矿井，重点煤矿采煤综合机械化程度显著提高。曾经长期依赖进口的 2000 千瓦以上大功率厚煤层电牵引采煤机、世界最高的 6.3 米采高液压支架、世界最大等级的 55 立方米矿用挖掘机等大型装备研制成功，投入使用。中煤集团生产的煤矿综采设备已批量出口俄罗斯。神华集团有限责任公司（简称神华集团）依靠科技进步和先进装备，百万吨煤炭死亡率由 2002 年的 0.24 降低到近年来的 0.02 左右，安全生产指标国际领先。

石油天然气领域。标志着石油装备制造行业技术水平的 1.2 万米的陆地石油钻机、122 米自升式海上石油钻井平台、30 万吨的浮式储油轮（FPSO）、大型液化天然气（LNG）运输船等重大装备实现自主制造；相继研制成功了世界最大的 2000 吨级加氢反应器、石化行业"三大压缩机"、6 万立方米 / 小时大型空分装置、大型乙烯球罐等重大产品。近年来，我国天然气需求增长很快，国内装备制造业通过引进技术、自主开发、与国外合作等形式已经具备了天然气长输管线和大型天然气液化装备国产化的能力，40—48 吋、600—900 磅大型球阀已经研发成功，大型电机驱动压缩机组将于明年 2 月份鉴定，燃机驱动压缩机组正在研发中。

可再生能源领域。通过大型风电场特许权招标和引进消化吸收技术，充分发挥市场机制的作用，初步形成了较为完善的风电设备产业链。国产 1.5 兆瓦机组批量投入运行，国产化率超过 80%，大幅度降低了风电场建设和运营成本。今年上半年，东方电气和华锐风电科技（集团）股份有限公司（简称华锐风电）1.5 兆瓦机组产量都达到了1500 多台；3 兆瓦机组已经在亚洲第一个海上风电场投入运行，5 兆瓦、10 兆瓦机组正在研制。华锐风电、新疆金风科技股份有限公司

（简称金风科技）和东方电气三家企业 2009 年的风电产量分别居全球风机十强的第 3、5、7 位。太阳能开发利用技术迅速提高，光伏电池产量世界第一，10MW、20MW 光伏电站已经投运，太阳能发电开始进入规模化发展阶段。开展了生物质能成型技术和生物质燃烧技术研究，逐步推进生物质能市场走向成熟。我国已经成为世界公认的新能源大国，在全球进入新能源时代中正发挥着重要作用。

重大技术装备自主化助推了我国能源行业大发展。近几年，我国电力工业高速发展，在世界电力发展史上前所未有，这在很大程度上得益于坚实的发电设备制造业基础。同时，重大技术装备自主化大幅度降低了能源项目建设成本，国产装备价格一般较同类进口设备低 1/3 至 1/2，给项目业主带来了实实在在的利益，增强了能源产业的竞争力和市场活力。

我国重大技术装备自主化取得了很大的成绩，在此过程中积累了一些好的做法和有益的经验，值得认真总结。

（一）依托工程实施技术装备自主化，加强协调和组织，争取用户的积极参与和支持

市场经济就是充分发挥市场配置资源的基础性作用，但市场经济也不是万能的，我们还有社会主义集中力量办大事的优越性。在重大装备研发和推广初期，必须加强政府的协调和组织。重大装备研制技术难度高，前期投入大，制造周期长，首台套的应用推广难度大，是"市场失灵"的典型领域，需要政府从国家整体利益出发，协调制造单位和用户单位的意见，组织国内一流制造企业合作研制，特别是要落实自主化依托工程，解决首台套自主化设备进入市场等问题。

依托项目推进重大装备国产化，这是我多年来的切身经历和体会。没有示范项目依托，即使研制成功了，也难以推广应用。我 20世纪 80 年代就在国家计委机电司工作，当时重大装备国产化的难度

很大,机械制造部门把产品研制出来了,用户部门也不相信,首台套进入市场经历了很多困难。

1986年11月《人民日报》专门为此发表了一篇批评文章《崇"洋"观作祟 国产货遭冷遇:一套国产大型设备流浪两年半耗资二百五十万》。当时太原重型机械集团有限公司、一重集团引进美国大电铲技术,研制成功后,目标是给霍林河露天煤矿用,但霍林河不用;不得已找到江西德兴铜矿,从太重把设备运到江西德兴,但德兴铜矿也不用,又找到首钢的河北迁安铁矿。就这样从北到南,从南到北,费了很多周折,千万吨级露天矿设备才找到了用户,但还是免费试用。后来在政府的坚持下才在德兴铜矿批量推广应用。而同期的鞍钢齐大山铁矿仍花高价进口,成为齐大山铁矿一度债台高筑的重要原因。

还有大家熟悉的电力领域,改革开放后我们引进了30万和60万千瓦发电机组。60万千瓦发电技术在消化吸收过程中出现了很多问题,特别是哈尔滨三号机组,前后改了200多次,国产60万千瓦机组差点夭折。后来经过协调,在天津蓟县电厂让哈电集团示范60万千瓦机组,才扭转局势,这才有国产60万千瓦机组大面积应用的机会。

这些例子都是我的亲身经历。重大装备国产化必须依托重大工程项目。党的十七大分组会议上,我在发言中提出重大装备和重大项目不要分,要是分开,就事倍功半。这个意见得到了中央领导同志的认可和重视。因此,国家能源局的三定方案中特别确定能源装备由国家能源局负责,设立了能源节约和科技装备司。近几年,三峡水电机组、LNG船、循环流化床锅炉、大型空冷机组、风力发电机组、长输管道、核电、特高压输电设备等装备自主化工作在政府的协调组织下取得了长足进步。

　　另一个方面，重大技术装备自主化需要用户单位的积极参与和支持。我国许多关键技术装备自主化取得突破，都是在用户单位的密切配合下实现的。鞍钢股份有限公司（简称鞍钢）和中国石油化工集团公司（简称中石化）大力支持一重集团研制中宽带钢冷热连轧机和加氢反应器，使这两类产品的制造技术达到了国际先进水平；中石化和中国石油天然气集团公司积极采用沈阳鼓风机集团有限公司制造的压缩机作为乙烯装置的核心设备，结束了"乙烯三机"长期依赖进口、价格居高不下的历史；神华集团立足自身需要，鼓励使用国产大型煤炭综采设备，促进了国产设备性能、水平的提高；南方电网公司支持直流输电设备自主化，国家电网公司支持使用超高压交流设备，使得这两项技术得到快速发展。

　　（二）重大技术装备自主化必须借助国内市场需求的拉动，以需求为导向，突出重点

　　市场需求是企业发展的生命线，国家经济建设的需要是重大技术装备自主化的指挥棒。我国是一个大国，巨大的市场需求给装备制造业提供了广阔的发展空间。要在经济发展和产业调整的不同阶段，瞄准重要领域和关键环节，有前瞻性地选择一批重点产品和技术，组织推进科技攻关和重大装备自主化；要优先支持那些具有重要战略意义、国家重大工程急需、产业关联效应强、能够大量替代进口的产品。如20世纪我们组织研制的"九大设备""十二项重大成套装备"和近年组织的特高压输变电设备、核电设备、大型空冷发电设备等，都是根据国家经济建设的需要进行的，取得了很好的效果。

　　巨大的国内市场需求也是我们对外合作的基础。对当前经济建设急需、国内短期研制又不能满足需要的产品和领域，要通过引进技术，推动国产化来提升国内水平。项目业主单位，不仅要考虑自身的局部利益，还要从相关产业和国家的角度考虑整体利益；不仅要考虑

当前的短期利益，还要考虑装备国产化带来的长期效益。实际上，装备国产化最大和最终的受益者恰恰是项目用户单位。以西气东输一线工程为例，40吋600磅全锻焊球阀，当初国内不能制造，国外报价竟然高达50多万美元，国内研发成功后，国产的价格至多60万元人民币左右，国外报价也大幅度下降；长输管道X70和X80钢材全部国产化，改写了国外大型钢铁企业垄断国内油气管线的状况，使西气东输工程的采购成本比原计划下降了30%，大幅度提高了项目的经济效益。

（三）重大技术装备自主化要立足于开放式的自主创新

引进技术和自主创新并不矛盾，应该辩证看待，有机统一起来。关于这个问题，不时会有争论。有主张引进的，也有批评的，认为引进技术扼杀了自主创新，还有的认为自主创新是否定改革开放。两种说法都有失偏颇。我认为，正是改革开放迅速缩小了我们与先进国家的技术差距，引进关键技术，开展多种形式的合作，是实现高起点、跨越式发展的有效途径。这也是改革开放的真谛，过去我们也讲自力更生，关起门来搞创新，是迫不得已，结果产品几十年一贯制，和发达国家的差距明显。现在改革开放了，打破了封闭，要充分利用这个有利条件。自主创新是企业永恒的主题，是企业灵魂之所在，不要把两个事情对立起来。

以汽车工业为例，批评的声音也不少，说对自主创新重视不够，合资汽车太多了。我认为，这个事情还得历史地客观地看待。很多自主品牌汽车厂的厂长都有在合资企业工作的背景，比如奇瑞汽车的董事长尹同耀，他告诉我，在合资企业工作期间，受益匪浅，再加上坚持搞自主创新，才有今天的局面。引进技术和自主创新并不矛盾。我们在改革开放之前，并没有不搞自主开发，而是很强调自力更生。在那个时期，开发了红旗、上海、北京212等自主车，结果国门一打开，因为安全性、油耗都不如国外，这些自主品牌车就销声匿迹了。当时的条件下，我们被封锁，不能借鉴别人的技术，所以走了很多弯路。改革开放后，开了眼界，学到了先进技术，汽车工业发展起来了。如果什么事情都要自己摸索的话，那不是又回到闭关锁国的状态了？我认为，改革开放的过程，大大缩短了汽车工业和外国的差距，加快了自主创新的步伐；没有开放的过程，汽车工业不会发展这么快，要客观认识这个问题。

重大技术装备自主化也是如此，不能在强调自主创新时否定从国外引进技术和合资合作所发挥的作用。当然，也不能完全依靠引进技术，忽视消化吸收再创新。大量事实证明，关键核心技术是买不进来的，也是市场换不来的。特别是最近几年，一些国家强化对中国转让技术的控制，禁止关键技术关键产品向中国转让和出口。因此我们必须坚持自力更生、自主创新的战略导向，获得自主知识产权的产品和品牌。

重大装备研发成绩来之不易，经验尤为可贵。对我国重大技术装备自主化中取得的成绩，应当充分肯定；对制造企业、用户单位和政府部门在推进重大技术装备自主化方面积累的经验，应当认真总结，并在今后的工作中继续发扬光大。

三、进一步促进能源装备产业健康发展的思路

我国虽然在产值规模上成为世界第一装备制造大国，但远称不上制造强国。就如何进一步促进能源装备产业健康发展，我讲几点意见。

（一）要抓住能源科技革命带来的重大历史机遇

历史经验表明，经济危机往往孕育着新的科技革命，孕育着新兴产业的崛起和经济结构的重大调整。2008年9月爆发的国际金融危机，

使世界经济遭遇 20 世纪经济大萧条以来最为严峻的挑战。面对危机，世界各大经济体都希望通过绿色能源革命，抢占全球科技和经济竞争的制高点，带动经济复苏。美国提出将研发投入提高到 GDP 的 3% 这一历史最高水平，力图在新能源等领域取得突破；欧盟宣布到 2013 年以前，将投资 1050 亿欧元发展绿色经济，保持在绿色技术领域的世界领先地位；日本宣布重点开发能源和环境技术。低碳经济和绿色发展正在成为全球发展的主导模式，也是新一轮国际竞争的战略制高点，有可能继工业革命、信息革命之后，再次重塑全球产业分工体系和经济政治格局。

面对前所未有的重大机遇和挑战，党中央、国务院果断决策，出台了一揽子应对危机的重大措施，并把科技创新和培育战略性新兴产业作为重中之重。胡锦涛同志在两院院士大会上指出，要"大力发展能源资源开发利用科学技术。……要积极发展大陆架和地球深部能源资源勘查和开发，积极发展可再生能源和新型、安全、清洁替代能源，形成可持续的能源资源体系，切实保障我国能源资源有效供给和高效利用，使我国能源资源产业具有国际竞争力"。去年 11 月 3 日，温家宝同志向首都科技界发表了题为《让科技引领中国可持续发展》的讲话，指出世界各国正在进行抢占经济科技制高点的竞赛，要科学选择新兴战略性产业，高度重视新能源产业发展，创新发展可再生能源技术、节能减排技术、清洁煤技术及核能技术。在今年 4 月 22 日召开的第一次国家能源委员会会议上，温家宝同志指出，要加强能源发展战略研究，编制好"十二五"能源总体发展规划和专项规划，在一些关键技术和产业领域占领制高点，要"着眼未来发展，提升能源科技创新能力。进一步统筹谋划，加强能源科技和装备研发力量，尽快形成'基础研究、应用研发、装备制造、工程示范'四位一体的能源科技创新体系"。

加强科技创新，大力发展新能源产业，促进传统化石能源的清洁高效利用，加快调整能源结构，在"十二五"期间和今后相当长一段时期内，都是能源工作的主线和能源行业的首要任务。国家能源局将积极组织开展特低渗透油气田开采、中低层稠油油藏开采、大型页岩气勘探开采、深海油气勘探开发、大型煤矿井快速施工与工作面自动化、煤制清洁燃料、百万吨级劣质油加氢转化、国产化三代先进压水堆、先进商业化快堆和高温气冷堆、行波堆等新型反应堆、400—500MW级IGCC发电和多联产、700℃超超临界发电、中/低热值燃气蒸汽联合循环发电、大规模海上风电、风/光/储互补并网发电、区域智能电网等重大能源科技攻关、装备自主化和示范工程建设的工作。

先进的能源装备是推动能源科技革命的重要保障，装备制造业要抓住能源科技革命带来的重大历史机遇，有前瞻性地开发支撑低碳经济和绿色经济发展的关键技术装备，抢占发展制高点。

（二）要有全球化视野和主动参与国际竞争的意识

我们正处在一个全球化的时代。人才、技术、资金等生产要素的配置在全球范围内展开，产品竞争和市场争夺同样在全球范围内进行。能源装备制造业更是如此。无论是对技术发展趋势的把握，生产经营中的重大决策，还是对市场和竞争格局的分析，我们都要有全球化的视野。否则，思想就会落伍，信息就会扭曲，决策就会失误，竞争就会失败。

在应对世界金融危机中，美国等纷纷把绿色经济作为新的增长点；美国微软公司总裁比尔·盖茨投资成立了一个"泰拉能源"公司，研究行波堆技术，开始涉足核电；全球市值最高的科技公司、互联网之王谷歌（Google）公司，利用网络技术优势，开始做智能电网；美国通用电气公司的金融板块遭受重创，打出了"回归制造业"的旗号；

做风电轴承的铁姆肯公司面对危机，逆流而上，在全球范围内加大了投资和技术改造力度。这些信息和动态对我们启发很大。能源装备制造业，尤其是企业的高层管理人员，一定要放眼全球，具备全球化时代的思维方式。

装备制造业还要有主动参与国际竞争的思维意识。一方面，我们已经形成了巨大的产能，必须"走出去"，到国际市场中去求生存、谋发展；另一方面，经过改革开放以来三十多年的发展，我们已经具备了相当的实力，有"走出去"的条件。例如，电力设备"走出去"的势头就很好，2009 年出口了 1600 多万千瓦。印度、印尼等国电站招标中，基本上是我国企业中标，充分证明了我们的实力。不仅仅是产品出口，"走出去"的途径有多种，中国西电集团公司在埃及投资建设了输变电设备制造园，金风科技成功收购了德国 VENSYS 公司，提高了研发设计能力。

（三）要依托重大工程，加强组织协调

这是多年来推进重大装备自主化的宝贵经验。国家能源局既负责重大能源工程，又负责能源装备，这为依托重大工程推进能源装备自主化提供了得天独厚的条件。今后，我们要进一步加强协调，为国产首台套重大装备落实好依托工程；要完善机制，提高用户单位采用国产装备积极性；要发挥行业协会的作用，组织产学研用单位组成联合团队，开展重大技术装备研制攻关。

（四）要加大投入，完善能源科技创新体系

能源科技进步是决定能源行业科学发展的第一要素。提高能源科技自主创新能力，一方面，要发挥我们集中力量办大事、决策快、行动快的体制优势；另一方面，必须加大投入。要争取加大中央投资对能源科技的支持力度，争取在国家科技资金中设立能源科技专项，重点支持能源创新平台建设，能源行业先进、适用技术研发及重大共性关键技术研究，重大装备研制，示范工程建设等市场机制不能有效解决的科技活动。同时，要创新科技投入机制，引导企业、社会主体积极参与能源科技创新投入。

（五）要进一步调整完善有利于自主创新的体制和机制

一要认真总结国内外能源科技创新和装备行业发展的经验，加强协调，进一步完善法律、法规和政策，及时制订和修订有关标准，为能源装备自主创新提供保障。二要发挥政府的引导作用，制订国家能源科技发展战略和能源科技创新计划。三要充分发挥能源企业科技创新的主体地位，建立以企业为主体、科研院所和用户单位参加的多种形式的技术联盟，形成产学研用相协调的机制。四要完善相关招投标及监管机制，支持国内企业开发具有自主知识产权的产品。五要积极探索政府资金为引导，政策性金融、商业性金融资金投入为主的方式，采取措施拓宽能源装备企业融资渠道，优先支持创新能力强、发展前景好的企业上市。六要健全能源科技行业人才发展体系，加强国际交流与合作。

当前仍处于全球经济复苏的关键阶段。中央领导同志多次强调要高度重视战略性新兴产业的发展，培育新的经济增长点。新技术和新装备的开发，以及由此促成的能源利用方式的变革和新能源产业的发展，有可能成为新一轮产业革命的引擎，并重塑全球产业分工和利益分配的格局。近年来，在国家振兴装备制造业战略和旺盛市场需求的推动下，能源装备制造业实现了跨越式发展，已经站在了新的历史起点上，到了由"大"变"强"的关键阶段。当前，能源结构调整和能源行业的建设高潮为能源装备制造业提供了难得的历史机遇，只要我们抓住机遇，加强自主创新，发挥好比较优势，就一定能在新一轮国际竞争中占有一席之地。

30年：中国能源装备从追赶变领跑 *

20世纪80年代初我到国家计委工作的时候，中国刚刚开始改革开放，开始支持技术引进，我当时负责电子行业的技术引进。当时很多工厂利用改革开放的形势，从国外引进了一些装备技术，包括30万、60万千瓦的发电机组，还有50万伏输变电设备，现在回顾，那个时候和今天确实不可同日而语。如今，我们的输变电设备已经发展到交流1000千伏，直流 ±800千伏，是世界最高电压等级的输变电设备。包括发电设备、输变电设备在内的很多能源装备都实现了从追赶到领跑的跨越式发展。

1978年，我们国家全部的装机容量是5700万千瓦，现在装机容量突破12亿千瓦，已成为世界最高装机容量。起初，我们消化进口30万、60万机组碰到很多困难和问题。我记得很清楚，当时哈尔滨第三发电厂60万千瓦的机组，在调试过程中碰到200多个问题。但经过这些年的发展，现在我们可以自主研制100万千瓦的超超临界机组。

目前，就发电设备而言，国外设备在性价比上已经没有办法和中国的发电设备竞争，也不用设置特别的保护政策了，正是依靠技术进步装备了我国电力行业。

---

*　本文根据2013年8月29日张国宝在中国能源装备自主创新报告会上的发言整理而成。

其他领域也是如此。比如石油领域，20 世纪 80 年代，我国引进美国公司的钻机，一般是 3000 米、8000 米石油钻机，但是现在，不要说 8000 米、10000 多米的钻机，就连 12000 米的钻机我们都可以自主生产。

2001 年时，我们国家没有生产过 X70 钢，因为有了西气东输工程，才开始研发 X70 钢，现在 X80 钢甚至 X100 钢都能生产了。即使在四五年前，像燃气机组、压缩机组、大阀门等关键长输设备都需要向美国通用电气、德国西门子等国外公司购买，现在我们都全部实现了国产化。前后对比 30 多年的进步，真是历历在目，也非常自豪。

再如核电。1985 年我们开始建中国第一个核电站——秦山核电站。当时我们没有做过核电设备，所以就要武装一批设备制造厂进行技术改造，做压力容器、蒸发器等。当时，我们从研制 30 万千瓦的设备开始，而如今，我们已经可以制造 100 万千瓦的核电设备。

煤炭机械也是这样。以前，千万吨级露天矿设备很多都是从美国引进的，基本上全套都是买人家的。如今，很多以前碰都不敢碰的设备都实现了国产化。

再如 LNG 船，技术难度很高，被称为造船工业皇冠上的明珠，国内以前造不了。现在，我们不仅能够自主生产，而且还出口到日本、美国。30 万吨的油轮我们也实现了出口的零突破。现在，中国是世界上生产超大型油轮（VLCC）最多的国家。

中国装备制造业取得了非常了不起的成就和进步。如果没有这些，中国不可能成为世界能源大国。

当然，我们在快速进步的同时也要看到自己的不足，有一些领域与发达国家相比仍有差距，还有一些关键设备需要进口。总体来讲，我们创新能力不如发达国家。

当前，很多产业出现了产能过剩，包括装备制造业。能源装备要靠技术进步和创新不断推出新的产品，企业才有活力和生命力。同时，能源装备企业需要从生产型向生产服务型转型。

在中国能源装备取得重大成就的历程中，也摸索积累了很多有益经验。如能源装备研发和国产化，要紧密地跟国家发展需要结合在一起，不是为研发而研发，而是依托国家重大工程；装备制造业的发展离不开用户的积极支持；搞重大装备的国产化离不开政府的协调和推动；等等。这些经验非常宝贵。

值得关注的一次国际大并购 [*]

美国通用电气公司以 123.5 亿欧元报价收购法国阿尔斯通，法方 4 月 30 日上午证实收到通用电气的收购报价，5 月底阿尔斯通将确认是否接受收购。但同时另一强劲对手德国西门子提出与阿尔斯通进行业务交换的方案，即将西门子的轨道交通装备业务交给阿尔斯通，而收购阿尔斯通发电和输变电业务，并入西门子。

法国政府更倾向于西门子与阿尔斯通的业务交换方案，法国总统奥朗德希望成立一个德法能源领域的"空中客车"，并明确表示"政府将参与决定"。法经济部长蒙特堡也对通用电气收购方案不满，此前曾抱怨对通用电气收购阿尔斯通一无所知，并表示阿尔斯通总裁柏珂龙（Patrick Kron）没有向他通报谈判的实情。但尽管面临来自政府、工会的压力，阿尔斯通总裁柏珂龙依然倾向与通用电气达成交易，认为被通用电气收购对阿尔斯通来说是最好的方案。他同时强调，他并不反对与西门子合作，但两家公司的业务范围相似，合并可能会导致工作岗位减少。显然，阿尔斯通倾向被美国通用电气收购。

西门子对目前的结果并不满意，对柏珂龙的缺乏合作愿望感到尤其失望，只能寄希望于法国政府的干预。据媒体分析，由于奥朗德总统承诺降低失业率，因此工作岗位的去留将在此次收购中起到决定性

---

* 本文是 2014 年 5 月 12 日张国宝发表在《中国能源报》上的文章。

作用。

美国通用电气、法国阿尔斯通、德国西门子都是世界装备制造业的巨头。法国阿尔斯通是法国高铁 GTV 的制造商，与我国江苏浦镇车辆厂合作生产地铁车辆，上海明珠线等轨道交通车辆就是由阿尔斯通合作生产。后来在引进高铁动车组技术时，在铁道部干预下阿尔斯通向长春客车厂转让技术，成为我国高铁技术三大来源之一（日本川崎、德国西门子、法国阿尔斯通）。而西门子的轨道交通设备技术更是世界公认，上海、广州一号线都是进口西门子车辆，并与唐山、长客技术转让生产高铁车辆。我国直流输电的关键设备晶闸管也是从西门子引进。这次西门子提出要以轨道交通换阿尔斯通的发电输电设备是下了很大决心的。美国通用电气是装备制造业的大哥大，但遗憾的是没有输变电业务，所以多年前他们就来与我国洽谈，要入股西电公司，最终以 15% 的股份入股西电，但对这一小股东地位他们一直不满意，这次有了收购阿尔斯通机会是志在必得，可以看出通用电气对输电业务的重视。

值得我们注意的是，为什么世界制造业巨头都十分重视输变电业务？这次引人注目的并购将对我国产生怎样的影响？我国原有西电和东北输变电两大集团。但在振兴东北老工业基地前的困难时期，东北输变电集团已经解体了。沈阳变压器厂被特变电工收购，沈阳高压开关厂被港商（原沈阳人）收购，其他抚顺电瓷厂、大连电瓷厂、沈阳电缆厂、阜新高压母线厂等都七零八落了。其他分散在全国各地的输变电设备厂，如平顶山高压开关厂、许昌继电器厂、长城电器厂、长征电器厂、上海高压开关厂也归属不同，兼并的兼并，破产的破产，总体看厂多分散。这几年靠我国大规模的电力建设和特高压输电的市场拉升，我国输变电技术有了很大进步，开始跻身世界先进行列。这次国际并购整合势必加大输变电设备业务的竞争，值得我们研究重视。

未来汽车动力路在何方 [*]

一、国内汽车产业发展势头强劲

去年我们国家已经成为世界上汽车产量最多的国家，生产了2300万辆。大家都说美国是"装"在四个轮子上的国家，没有想到我们国家的汽车产量能够超过美国，这是我原来没有预想到的。今年仍然保持着一个非常旺盛的发展势头，全年下来产量预计要超过2300万辆，增速虽不如去年，但与其他的工业门类相比，仍然可谓一枝独秀，属于增速最快的行业之一。现在经济下行压力比较大，各个工业门类都不可避免，但比较起来，汽车工业却依旧保有旺盛的社会需求，尤其对于年轻人来说，对汽车的需求非常大，所以仍然保持着增速。汽车工业无疑在国家经济下行压力比较大的状况下，对国家经济作出了贡献。

过去我们算过一笔账，六个人当中有一个人的就业就跟汽车相关。仔细算来，比如一辆车生产出来后，每个车按照配备一个司机来算，另外还要加上收费站的工作人员，还有搞汽车修理的人员，还有负责收汽车税费的员工，如果再加上高速公路的管理人员，那就更庞大了，所以说六个人当中有一个人的就业就跟汽车息息相关，这个不

    * 本文是2014年10月17日张国宝在中国节能与新能源汽车产业发展高峰论坛上的演讲。标题为编者所加。

167

是夸大其词。

二、强劲发展背后存在隐忧

汽车业迅速发展的背后却对我们的环境造成了很大压力。像北京的雾霾，生活在北京的人们总是被雾霾困扰，在国际上也产生了很不好的影响。北京雾霾的压力很大，但关于为什么会产生雾霾却是各说各理，有的人把责任归咎于煤炭，有的人把责任归咎于汽油。从事汽车行业的人说是煤炭造成的，从事煤炭行业的人又说是汽油造成的。但不管怎么说，我想谁都脱不了干系。

另外，汽车业的迅速发展背后还给能源供应带来很大压力。我们现在用的能源是化石能源，满打满算有260年的历史。这么高强度使用下去，还能不能再用260年？我经历过每桶油80美元的时候，也经历过每桶油147美元的时候。随着时间推移，试想某一天假如没有原油了怎么办？所以我们要未雨绸缪，要考虑未来。过去说哥伦布发现新大陆，现在通过飞机可能十几个小时就到达，通过轮船也不过十来天就到达。但是如果没有能源，轮船开不了，飞机也开不动，建起来的好几万公里的高速公路没有汽车跑，那怎么办？所以人类要事先考虑一种新能源时代的到来。或者说哪个国家在这个问题上占领先机，那么它就可能在未来占领先机。如果哪一个国家没有抓住这个机会，没有未雨绸缪，它可能就会被这个时代淘汰，谁都不敢掉以轻心。

三、未来汽车动力路在何方

目前电动汽车，传统的电池技术大体上相近，尽管有些要先进一些，所以我们能不能抓住这个机会，这是很重要的。当然还有一些人说纯电动一时半会电池技术支持不了，要搞核动力。还有像日本，认为电动汽车因为存在电池重量什么的问题，所以又转过去研究燃料电池汽车。

所以今后究竟是混合动力、纯电动还是燃料电池汽车，谁会左右未来汽车动力的方向？我觉得现在还不好下结论，究竟鹿死谁手还未知晓。但是，肯定会有一个技术方向。

电动汽车的发展并不很晚。据我了解，早在1839年的时候，就出现了电动汽车。1839年，苏格兰人罗伯特把四轮马车装上了电池和电动机便开了起来。到了1881年，真正意义上的第一辆电动汽车由法国人特鲁夫发明出来，而且他把汽车拿到了当年的巴黎国际电器展览会上去展览。1899年，第一辆能够跑一小时一百公里的电动车被比利时人热纳滋发明出来。所以第一阶段电动车的黄金时段就从19世纪初开始了。第二个黄金时段是从1885年到1915年，那个时候车用内燃机还不像现在这么先进，所以还不如电动车方便易行，因此在这一段时间内电动车被普遍认可，也曾经得到过一个发展的时期。到了1967年，美国通用、福特分别研发了电动汽车，并且通用汽车公司在底特律建立了一个汽车工厂。

20世纪90年代的时候我到德国，德国的奔驰展示了两辆氢动力汽车。已经过去20多年，没有听说氢动力汽车的发展。用燃料电池来发展汽车，这么多年过去了也没有听说燃料电池汽车在整个汽车领域占了多大的份额，占了多大的市场，这个技术的突破还是非常难。

四、电池发展至关重要

前面提到了能源的压力、环保的压力，现在世界各国对能源的可持续发展和环境的治理，对气体的排放比以往任何时候都要重视。新能源汽车发展进入到了一个新的阶段，电池技术也得到了迅猛的发展。

现在我觉得对于电动汽车，电池还是很大的问题。前一段时间有一个报道称以色列人发明了一种铝电池，可以续航 400 公里。咱们现在汽车加满一箱油，恐怕也只能跑到这个距离，甚至还不一定跑到这个距离。后来我听到消息，现在他的概念是烧铝，所谓的充电是要把铝箔都换掉，今后能不能真正成为产业，不敢断言，因为技术发展太快了。随着电动车电池的使用，电池回收怎么办？这个今后肯定也要提上日程。

美国政府也跟我们一样，现在对电动汽车进行积极推广。我看到很多国家科技发展的汇报都把电池技术作为未来科技发展的一个重要方面。看来，电池技术发展任重而道远。

中国电力"走出去"，机遇与挑战并存[*]

改革开放初期，中国面临最大的发展瓶颈可能就是基础设施了，能源和交通，我们在这个领域工作 40 多年的人有切身的体会。在相当长的时间中，中国面临着拉闸限电、缺电的困扰。所以在改革开放初期，我们在引进外资当中也有相当一部分是用于能源基础设施，特别是电力基础设施的建设。

经过 30 多年的建设和发展，到去年底，中国的装机容量已经达到了 12.4 亿千瓦，超过了美国的装机容量，居世界第一位。中国电网的规模也超过了其他国家，居世界第一位。改革开放初期，我们只能生产一些小容量的发电机组，高电压等级直流输变电技术都相对落后，需要从国外进行技术引进和合作。今天，电力领域已经成为中国"走出去"有比较优势、相当规模和技术竞争力的一个领域。

比如说国家电网公司获得了菲律宾、葡萄牙、巴西等国家输电网的特许经营权。我担任国家能源局局长的时候，也和他们共同参与过这些项目的对外谈判，我也很关心这些项目的进展状况。这个过程当中也有很多摩擦和需要解决的问题，但总体来讲，经济效益也还是好的，所以他们在海外电网的投资规模也在逐渐扩大。

再比如说南方电网公司与老挝、越南等国签订了电力合作方面的

　＊　本文是 2014 年 10 月 24 日张国宝在中国电力国际合作论坛上的演讲。

协议，像华能也收购了新加坡淡马锡公司拥有的新加坡大士能源公司100%的股份，获得了新加坡电力市场超过 25% 的份额。南方电网公司也以 BOT 的形式投资越南永新电厂两台 60 万千瓦的机组。比如说印度尼西亚，在 10 年前，苏西诺当总统的时候，印尼有 2.5 亿人口。它和我们改革开放初期面临的问题一样，很多地方面临缺电局面，他们也找到我们，希望中国企业去印尼电力领域投资，提出要在印尼建1000 万千瓦的电站。当时他们的能源部长，我们跟他进行了非常友好的协商，这 1000 万千瓦现在基本上都建成了。中国国内很多投资商，包括通用技术公司，甚至包括四川成都的成达化工设计院，也包括国内的国华公司，等等，都在印尼直接投资电厂，或者有的提供设备、施工、管理等，印尼合作方对此也感到非常满意。

再比如说我们的发电设备，像印度，也是人口众多的国家，也是金砖五国当中被世界看好的一个市场。印度也面临电力短缺的问题。印度曾经每年也有一千多万千瓦的电力设备进口，在这个过程当中，中国的电力设备制造商是印度最重要的供货商。

总之，在这个领域当中，我们从改革开放初期相对来讲技术还不够先进，发展到今天，中国的发电设备技术、输变电设备技术已经跻身于世界的先进行列。过去在这个领域当中，欧洲的西门子、阿尔斯通、ABB 和美国通用电气等都是世界有名的技术公司、设备供应商。但是现在，中国很多发电设备企业已经可以和他们在国际市场上比肩竞争。

另外在技术方面，中国由于后来拥有世界上领先的技术，所以中国具有后发优势。比如说超超临界百万机组，我在任的时候就有 68台，是全世界拥有超超临界机组最多的国家。美国是大家心目当中最老牌的发达国家，由于工作的原因，我参与了美国很多的电力建设方面的讨论。通过对美国的了解，我发现美国的装备，在电力领域比中国老化不少，它的火力发电设备平均寿命是 46 年，平均煤耗每千瓦时 370 克。我们国家近八年来，每年新增装机容量是 1 亿千瓦，我前面讲的累计 12.4 亿千瓦当中，有绝大部分是这 8 到 10 年当中建成的，发电设备当中至少有 80% 的设备寿命还不到 10 年。因此，我们每千瓦时的煤耗平均降到了 320 克，比美国的平均煤耗少 50 克。不久前我去参观印第安纳州的电厂，这个电厂建于 1951 年，1952 年就投产了，只有 40 多万千瓦，7 台机组，现在看来这是小机组了，煤耗达到 400 多克。美国的电力设备现在也面临很多更新任务。

我到俄罗斯参加过两次贝加尔国际经济论坛。俄罗斯将近一百多个变电厂基本上都是老化的，非常希望中国政府能提供一些贷款，更新它的输变电设备。在这个领域，我们确实具备一些比较优势。再比如说，我前面提到的国网公司在巴西原来购买了 14 条 50 万千瓦的输变电线路，现在可能还要多一些了。原来是从西班牙手里买过来的。巴西的电力部长到中国访问的时候，我陪同他参观了上海奉贤 ±800 千伏的落地，他详细询问了机组参数，包括也看了我们的变压器。它的变压器一半是 ABB 的，一半是国内诸如特变电工提供的。他特别感兴趣，中国为什么采取 ±800 千伏的直流，而没有采取 ±500 千伏的直流。他回去以后又组织过几十人的电力专家考察团到中国来，最终他决定在一条一千多公里长的输变电线路当中采用 ±800 千伏的输变电方式，由国网公司前去投资。

我举这些例子说明，中国的电力装备产业已经具备了在国际市场上竞争的实力，而且已经跻身于世界先进行列。这个领域当中，新东西层出不穷，我们肯定在某些领域当中还有差距，至少可以说，我们与发达国家在这个领域当中的差距是在缩小的，我们具备"走出去"的可能性。

再讲一下电力形势。改革开放 30 多年来，我们很多时候都处于缺电困扰中，但是这个现象已经开始在扭转。2012 年以后，拉闸限电并不是电力供应当中的主要矛盾了，甚至电力设备的利用率有所下降。今年平均发电设备的利用小时数比去年至少降低 100 多个小时，今年新的装机容量至少还要增加 9000 万千瓦，新增电力容量在 8% 至 9%。可是我们用电量的增长，上半年只有 5.3%，7 月份更低一些，只有 3%，8 月份是 -2.2%，9 月份是 2.9%。相对比较低的增长速度，意味着明年的发电设备利用小时数还会进一步降低，因为装机容量的增幅远远大于用电需求的增长速度。

但是世界范围内，能源贫困问题、电力贫困问题仍然非常突出。现在世界上根据大家公认的，联合国也好，国际电联也好，主要国家的分析也好，全世界还有 13 亿人口没有能够享受到用电的文明生活，很多国家都把解决能源贫困、解决电力供应作为本国政府的重要任务。这次外洽会，印度尼西亚也派来了两个比较大的代表团，其中有一个和电力很有关系。他们告诉我，印度尼西亚还有相当多的人口没有用上电，因为它是岛国，有它的特殊性。新一届印尼政府上来以后，把解决电力贫困问题，解决无电人口的用电问题作为新政府施政取得民心的一项重要任务。像这样的事情，不仅印尼有，至少在我看到过的地方，这种现象还是不少。

我到缅甸去，到过周总理曾经七八次下榻在缅甸的宾馆。这个宾馆当年条件肯定不错，靠近海边，每个别墅前面还有一个小游泳池，但是没有电。有客人来了，柴油机发一点电，没有柴油机就不发电。缅甸有 5000 多万人口，它的装机容量大概等于中国 1949 年的装机容量，200 万千瓦的样子，很多地方都用不上电。在发展中国家当中，普遍都存在电力短缺的问题，很类似我们改革开放初期的情况，包括南非也是这样。南非独立以后，电力供应短缺，也是南非国家经济生活当中非常重要的矛盾。

包括中国在内的很多国家逐渐解决了电力供应短缺的问题，甚至出现了过剩的问题，但是在广大的发展中国家，解决电力供应仍然是政府面临的一项重要任务。在电力领域，就世界范围而言，还是一个蒸蒸日上的态势。

另外，在我的工作当中有一个体会，电力在能源当中所占比重的大小也反映出一个国家现代化的程度和文明的程度。我们过去直接用一次能源作为能源来使用，这是非常普遍的。但是现在大家可以看到，在越来越多的领域，用电来代替直接燃烧的一次能源，至少在家里面，大家有深刻的体会。我估计在座的家庭当中，烧开水你们不会再用天然气去烧了，可能都是用热水壶，做米饭也很普遍了，都是用电饭煲，越来越多地用更加清洁安全的电。

在工业领域当中、交通能源领域当中也在发生着悄然的革命性变化。像在汽车领域当中，大家感觉到了石油涨价，担心今后石油枯竭的危险，或者是尾气排放的困扰，更加提倡电动车。如果电动车逐渐普及的话，用电来代替传统的燃油，对电力需求也会更大。再比如说我们现在谈论比较多的高铁。20世纪五六十年代的火车都是烧煤的，到了80年代燃煤机车逐渐淘汰，用的是燃油，到了现在的动车组，用电来代替燃油，以后这会更加普遍。

2002年，中国的电力在能源消耗当中只占14.8%，2013年的时候已经上升到了22.6%，这个比重在未来几年当中还会进一步提高。电力行业虽然在一些发达国家显得疲软，但是就全世界而言，仍然是一个最重要的能源门类，我相信在座搞电的人，应该对此有信心。

另外一方面来讲，随着中国电力逐渐解决了短缺的问题，可能再像以前那样高的发展速度比较难了。今后电力建设的重点会从以增加容量满足供应转向结构调整，转向技术的进步，增加国际市场份额。这会是电力行业面临的新课题。

在其他的新的电力领域当中，比如说核电，大家认为是技术要求比较高、安全性要求比较高的一个领域。特别是在日本的福岛核事故出来以后，全世界的核电事业也受到重创。在这样的情况下，中国核电"走出去"还有无可能，能不能和先进的发达国家进行竞争？再比如说近几年迅速发展的太阳能、风力发电等等新能源领域，我们国家在国际竞争当中到底处于什么样的地位？我们的核电发展，相对于发达国家起步比较晚。美国核电建设高峰期是在 20 世纪 70 年代和 80 年代，一共建设了一百多个核反应堆。还有法国，法国稍稍晚于美国，20 世纪 80 年代是它电力发展的高峰期，80%还要多一点的电力全部是由核电来供应的，核电机组有 58 台，现在也被认为是戴高乐时代作出的一个正确战略选择。我们国家的核电建设起步于最近这 10 年，我们在建的核电机组居于全世界首位，这锻炼了我们的队伍，也培养了我们的制造能力。现在中国核电界也都摩拳擦掌，想在国际市场上一试身手，也在寻找很多"走出去"的机会。很多情况下，开始都很乐观，但是难度是比较大的。但是我们还在不懈努力，并有所斩获，比如说在罗马尼亚，在阿根廷，在英国都很看好，都在积极努力。我也和英国、法国的电力公司都谈过，他们也非常愿意中国的企业进入到英国的市场。但是你想想人家是一个发达国家，是一个老牌的工业国，对于核电的安全性、技术的可靠性要求很高，所以我们在"走出去"的过程当中绝对不能盲目乐观，我们还要付出巨大的努力。但是我已经看到了希望，至少阿根廷、罗马尼亚这样的项目，应该说中国可以参与相当一部分。我也问过，重水堆不是我们的专项，可能是加拿大人的领域，但是我们起码可以提供重水堆里面很多附加的设备。

至于在新能源领域，中国确实是异军突起。谁也没想到，中国的太阳能电池出口率占到全世界 60%，世界太阳能电池贸易量的 50%

是由中国的太阳能电池厂来提供的，但是这也引起了国家间的贸易摩擦。美国也好，欧盟也好，都是以反倾销、"双反"调查来打压中国的设备出口。尽管如此，在全世界新能源热的情况下，今年中国的太阳能出现一个复苏的态势，出口仍然以两位数在高速增长。说明在国际贸易摩擦的打压下，我们的太阳能仍然具有很强的竞争力。

风力发电设备可以说也是异军突起。我记得非常清楚，20世纪90年代，中国几乎不会做风力发电机，百分之百的风力发电机是由外国厂商提供的。到了2004年我管这件事的时候，全国的风力装机容量已经有48万千瓦，现在我们的风力发电装机已经突破了8000万千瓦，超过了美国，成为世界上第一大的风力发电制造国。从最早我们只会造几百千瓦，到后来会造单机1.5兆瓦，3兆瓦，甚至7兆瓦陆上和海上的风力发电设备。现在中国的风力发电企业由国内市场为主开始"走出去"，向不少的国家提供了我们的风力发电设备。在这个领域当中，中国也有很强的比较优势。

但是我们"走出去"绝对不是一帆风顺，我们也碰到这样那样的阻碍，包括偏见，政治上的阻碍，贸易的摩擦，等等。三一重工在美国投资风电，发展新能源，为人类减少温室气体排放，这是好事，美国也公开表示，欢迎中国投资新能源，可是真正去了以后，就有问题了。美国说跟军事基地离得太近，或者其他的原因，引起了诉讼。三一重工在美国的法院胜诉，奥巴马不让他们这样做是不对的。这个诉讼表明了中国企业利用法律的武器在进行抗争。三一重工是一个民营企业，一定要争这口气。当然，忍气吞声的人也有的是，三峡和美国的杜克公司谈成了一个和三一重工差不多大的风电项目，在德克萨斯州，后来看到美国政府这个态度，就自动忍气吞声知难而退了。

但是总的态势是在艰难中前行。我们任何一个"走出去"都不是一帆风顺的，但是也都不能阻止中国"走出去"的步伐。我们要抱团

"走出去"，因为电力"走出去"不仅涉及到提供设备，还包括提供我们的施工技术，也包括建成以后的管理。有些不发达国家，他们的管理有时候都不大内行，也希望中国有经验的电力公司参与管理，不仅是发电设备，也包括需要配套的输变电设备，等等。因此，大家有这个愿望，能够拧成一股绳，形成一个整体，一起"走出去"。

非洲刚果英加水电站，是比三峡装机容量还要大的一个电站。中国经过三峡建设是最具有竞争力的。这样一个电站，不仅涉及到设计、施工、设备提供，还有金融服务，不是三峡总公司想干就能干得动的，可能离不开开发银行的金融支持，也离不开葛洲坝或者水电的设计部门对这个项目的支持。大家自动就成立了关于英加项目的项目联盟来协调，共同走到国际市场上去。

中国的水电经过三峡的建设，现在又经过了金沙江流域建设，已经能够生产世界上最大的 70 万千瓦、80 万千瓦的水轮机组。现在，世界上所有的水电工地都能看到中国人的身影，或者是 EPC 总承包，或者是设备供应。这方面中国也有比较强的优势，也是中国"走出去"非常重要的领域。

对中国制造业不能自我唱衰 [*]

最近看了某媒体刊发的《浮夸十年，悲情十年，未被尊重的十年中国制造业》一文。文章认为，"无论是高精度制造，还是流程工艺水平，抑或是基础零件加工，中国都谈不上领先世界，就更不要说匹配于'制造强国'的水平了"。

我把这篇文章认真地看了两遍。这篇文章中某些抱怨有一定道理，例如与房地产、金融业等虚拟经济比较，制造业的利润率较低，导致贷款、资金、人才等资源配置向房地产业、金融业等虚拟经济领域更多地倾斜。制造业的财务成本、劳动力成本不断上升，制造业在国民经济中的重要地位没有被充分认识。但这篇文章有些以偏概全。

一个把钉子叫作"洋钉"的国家，经过几十年的努力，变成了制造业生产总量世界第一的、产业门类齐全的制造业第一大国，对这一事实我们不能视而不见。

我到国家计委工作的 20 世纪 80 年代，中国所需要的发电设备至少有一半是要从国外进口。而现在中国的各类发电设备不仅技术档次上了巨大的台阶，达到了国际先进水平，有的还领先于国际先进水平，而且成为全球最重要的发电设备出口国，仅印度每年就要从中国进口 1000 万千瓦以上的发电设备。前段时间我之所以给一家叫作天

---

* 本文是 2015 年 7 月 13 日张国宝发表在《中国能源报》上的文章。

狼星的民营公司将 66 万千瓦发电设备出口到俄罗斯点赞，就是感慨于我们国家发电设备制造能力的巨大进步。20 世纪八九十年代中国营口、绥中、神头等发电厂的发电设备是从苏联和捷克进口的。而现在，中国是生产和应用百万千瓦超超临界发电设备机组最多的国家。

中国的水力发电设备走过引进、消化吸收、再创新之路，已经能够生产世界上最大的 80 万千瓦水轮机组。中国的太阳能、风力发电设备目前在世界上最具出口竞争力。20 年前中国只能生产 22 万伏以下的设备，第一条葛洲坝到上海的 50 万伏直流输变电设备全套引进国外产品，而现在中国能够生产 ±800 千伏直流、1000 千伏交流输变电设备，而且出口到巴西等国。

再以造船工业为例，1972 年我国生产的船舶只占世界份额的 2%，而现在我国生产的船舶已占世界份额的 43% 以上，成为世界第一造船大国。即使按技术含量折算成标准吨，我国产量也居世界第一位。过去不敢问津的 LNG 运输船、万箱级集装箱船、海上浮式生产储油轮等高端船舶和 981 深海钻井平台也陆续生产出来了。正因为有了造船工业的基础，我们现在才有能力生产包括航母和导弹驱逐舰在内的海军装备。

再以通信设备为例，20 世纪八九十年代，中国不会生产数字式程控交换机，我曾经陪时任国家计委副主任的赵东宛到日本去买他们的二手设备。而现在我国的华为等通信设备制造企业生产的设备已经令西方同行刮目相看。我们的轨道交通设备大家都知道了，不用赘述。

还有冶金装备，宝钢一期全套进口，现在我们 8 亿吨生产能力的装备大部分是自己生产的。还有核电装备，从必须全套引进设备到有能力出口核电站。在此不一一列举。

所以我们看问题要辩证地、历史地、全面地看，不能搞民族虚无主义，唱衰自己。我们承认自己还有差距，特别是原始创新能力不足，但是也应该看到这种差距在缩小，更不能人云亦云，帮腔学舌。

现在德国搞了"工业4.0"，我们很多人大概内容都没看过就奉若神明。德国制造的严谨、工艺技术的确值得我们学习敬佩，但德国不是什么都强，信息产业就是个薄弱领域。20世纪80年代我到日本去，德国西门子就在向东芝引进8K的集成电路，但是到现在，德国的电子信息化产业还是不能居领先地位。在自主创新上我们已然看到了中国可喜的苗头，深圳的产业就是很好的缩影。

抽蓄设备自主化是装备工业
国产化的成功案例*

  2016 年 4 月 12 日，浙江仙居抽水蓄能电站首台机组成功并网发电，其发电机组是我国完全自主设计开发、制造的单机容量最大的抽水蓄能发电电动机。可以说，这是我国真正意义上第一台完全自主设计、自主生产、自主安装运营的抽水蓄能发电设备。

  抽水蓄能电站是现代大电网中必不可少的削峰填谷设施。众所周知，一天中电力负荷有高峰和低谷时段。白天上下午工作时间和晚上八九点照明时间是用电高峰，而深夜到凌晨是用电低谷。但发电设备不能频繁地调峰关停，特别像核电调峰能力差，昼夜出力基本是一条直线，就要靠抽水蓄能电站在夜间用电低谷时变成抽水机，通常要把水从下水库扬上 200 多米，甚至 400 多米、600 多米高的上水库，消耗大量电能，把电能变成水的势能储存起来。而在用电高峰时又变成水力发电机，把上水库的水放下来，推动水轮机发电，又把水的势能转变成电能。

  当然，在上述过程中有一定的消耗，过去是四度电换三度电，即消耗四度电，发出三度电，损失一度电。现在技术改进后，可以做到五度换四度，这种损耗是不可避免的。在建设秦山核电站时，配套建

---

  * 本文是 2016 年 4 月 25 日张国宝发表在《中国能源报》上的文章。

设了浙江天荒坪抽水蓄能电站，而大亚湾核电站配套建设了从化抽水蓄能电站，之后又建了惠州抽水蓄能电站。

对于这样浅显的道理，当年有一位负责电力项目审批的官员却想不通。他认为，抽水蓄能电站四度换三度是浪费，就是不愿意批抽水蓄能电站，要求项目单位和地方发改委改上燃气轮机电站调峰。燃气轮机电站有很好的顶峰功能，但它只能做加法，却不能做减法，即不能在用电低谷时吸收储存电能，这是燃气轮机不能完全替代抽水蓄能的原因。由于他的固执坚持，抽水蓄能电站的审批一度停顿，各地意见很大，我和他多次交换意见，但还是转不过来。对于处于手握审批权的关键岗位上的干部，当然知识面宽点好，但我们不可能要求他们什么都懂，关键是一定要有尊重人民群众创造精神，尊重实践，虚心学习的精神。

抽水蓄能电站的另一难点是装备国产化。由于抽水蓄能电站的特殊功能要求，兼有水泵和水轮发电机功能，所以设计制造上有相当的难度，以前我们国家建设的若干个抽水蓄能电站都是全套购买国外的技术和装备。20世纪80年代末90年代初，我们国家想实现抽水蓄能电站的国产化，当时稍有基础的是天津发电设备制造厂，选择了与国外企业合资的方式。但是外国企业看中的是中国的市场，有订货才干，没订单不干，核心技术也不会拿过来，所以天津发电设备制造厂合资后没什么起色，更谈不上达到国产化的目的。这种现象在合资企业里不在少数，像武汉锅炉厂与阿尔斯通的合资，长春客车厂与德国阿德川斯合资地铁车辆结局都差不多。这也是改革开放以来的一个经验教训，没有自主的创新研发，想让别人给你核心技术是不可能的。到了本世纪初，我们利用市场的诱惑力，采用了市场换技术的办法，并利用国外企业间的竞争，把几个抽水蓄能电站打捆在一起招标，由于筹码足够大，吸引了国外企业间的激烈竞争。最后选定与法国阿尔斯通合作，逐台提高国产化率，同时加大引进消化吸收再创新的力度，不放松自主研发，把国外技术作为自主研发的借鉴，到浙江仙居这台实现了完全的自主设计、自主制造。

我国高铁动车组的国产化是最成功的案例，而抽水蓄能设备的国产化也是一个较成功的案例，值得庆贺。这些成功的案例也是我国改革开放后的一条好经验：我们应该利用改革开放的有利条件，在有条件站在巨人肩膀上时要尽量用好这个条件，而不是闭关自守。但是无论合资或引进，都不能放松和放弃自主研发和创新，如此才能真正实现自主化。

中国人自己的血汗钱每块铜板都要掂量再三[*]

　　春节假期，闭门读书，读到一个细节：2000年2月14日，朱镕基总理召开国务院会议，听取西气东输工程汇报。当中石油马富才同志汇报到拟规划年输气量120亿立方米，钢材等级X70时，朱镕基总理说，如果考虑200亿立方米，那么管径需要多大？马富才回答：1219毫米大的管径最好，1118的也可以。关于管材，我们的螺旋焊管可以国产化，直缝管则需要进口。朱总理听到这里，脸上显出不悦："新中国钢铁工业发展50年了，这些还要进口么？"他接着强调说："西气东输工程要最大程度地实现钢材和钢管国产化，凡是能国产化的就不引进，以此把我国钢铁工业带动起来。"

　　在第一批钢管国际招标中，国内当时仅有宝钢一家通过小批量X70针状铁素体管线钢生产，武钢、鞍钢还处于试验阶段。招标批量越大，大数量订单落入国外厂家口袋的可能性越大，中国厂家就只能在旁边眼巴巴地看人家饱餐鱼肉了。因此，我们只根据工程急需进行小批量招标，留出一定时间，等待国内厂家有机会参与进来。

　　在后来的钢管采购中，我们强调：中国人自己的血汗钱每块铜板都要掂量再三，需要留出一点时间等武钢、鞍钢批量试验成功，有机

---

　　*　本文是张国宝发表在《能源》2018年第3期上的文章。

会参与进来也分得一杯羹。在后来西气东输工程全部 170 万吨管线钢采购中奠定了宝钢是西气东输工程最大管线钢供应商的地位，同时武钢、鞍钢也承担了任务。除早期的几万吨韩国浦项钢厂中标外，绝大部分钢材由中国的钢铁企业供应。

以此为契机，现在我国不仅能生产 X70 钢，还能生产 X80、X100 管线钢了，为中亚天然气管道等国际项目提供了钢材。

从 1G 到 5G[*]

——中国移动通信技术和设备的发展历程

最近，任正非的长女孟晚舟在加拿大被拘留，再次引起了人们对 5G 移动通信技术的关注，一些专业人士和熟知内情的人已经有若干文章就移动通信技术从 1G 到 5G 在中国的发展做了详细解读和介绍。我这里仅从政府管理的角度对中国移动通信从零起步到 4G 技术 TD-LET 占有全世界 40%的市场，到 5G 中国企业的标准专利在世界上居于极具竞争力地位的历程作一补充介绍。

1G、2G，中国移动通信从零起步

20 世纪 90 年代后期正是我国移动通信事业起步发展的时候，我在国家发展计划委员会分管高技术司，移动通信业务归口在高技术司，所以经历了我国移动通信技术的发展过程。其实在 20 世纪 80 年代和 90 年代初，我们就安排过隶属电子部的武汉 710 厂和南京 714厂生产车载用移动通信设备，但是一直未成气候。相比较还是归属邮电部的西安、杭州的企业和研究机构在移动通信技术装备方面取得了一些成就。我们所说的 1G 就是第一代移动通信，通常是指由摩托罗拉公司生产的"大哥大"和 BB 机。1G 时代主要用于语音通信，各

---

* 本文是 2018 年 12 月 27 日张国宝发表在经济网上的文章。

国标准也不统一。在 1G 时代，中国基本上是从零起步，只有少数人买得起的"大哥大"全部要从国外进口。

到了 20 世纪 90 年代中期移动通信进入 2G 时代，中国也组建了中国移动公司专门从事移动通信业务，使用的是在国际上处于主流地位由欧洲主导的 GSM 标准，技术是基于 TDMA 技术（时分多址）。这时的世界上移动通信主要设备生产厂家有十几家，都是知名的电子企业，像美国的摩托罗拉、朗讯，欧洲的诺基亚、爱立信、阿尔卡特，加拿大的北方电讯，日本的富士通、NEC，韩国的三星等都在其列，中国的中兴、华为刚刚起步。

引进美国高通 CDMA 技术

这时，美国的高通公司开发出了 CDMA 技术（码分多址）。高通的创始人是麻省理工学院的教授犹太人雅各布，现在他的公司交给了他的儿子管理。在引进 CDMA 技术时我见过此人。他告诉我，有一次开车从波士顿去纽约，在路上突然灵感乍现，想出了 CDMA 技术，他马上把车停下来做了记录。当时他对我讲，在美国高速公路上开车的人可以和在中国田野里开拖拉机的人通话，我听了像听《封神演义》的神话故事一样。后来他成立的高通公司主要就是卖专利。客户每用一线就要收取四到五个美元专利费，收多少由高通的律师和销售团队与客户谈判。

中国后来在引进 CDMA 技术时关于专利使用费和高通公司进行了艰苦的谈判。CDMA 技术的通信速度比 GSM 快了将近 10 倍，有很大的技术优势。其实，美国的企业和政府是完全联合在一起的，政府就是帮企业推销，所以美国政府利用政府的力量帮助高通公司力推 CDMA 技术。他们当时极力向中国推销，要求中国引进美国高通公司的 CDMA 技术，也可以说向中国施加了不小的压力。他们当时的理由也是贸易逆差，所以他们要求中国买美国的技术。

后来经朱镕基总理同意，由联通公司负责承接从高通公司引进的CDMA 技术，这样联通公司成了我国第二家移动通信公司。

当时部队的通信兵有一个支通办（支援地方通信办公室），他们也有少量 CDMA 通信业务，但是经营得比较混乱，所以决定由联通公司引进美国高通的 CDMA 技术后，就要求部队把这少量的 CDMA业务都交出来，交给联通经营。我具体去和部队的通信兵交涉，通信兵的负责人是徐小岩，他是一个非常顾全大局的同志。但是下面的一些同志思想还不通，徐小岩贯彻国家的决定，最后还是把支通办的小部分 CDMA 业务通通都交给了联通公司，国家也支付了费用。

联通公司引进了 CDMA 技术，开始时实际上基础一切为零，从手机到基站全部要从美国进口，因为当时中国没有适用于 CDMA 技术的手机，由国家计委给各个设备制造商分配进口指标。我是一个高度重视国产化的人，我觉得中国这样大的市场不可能全部靠进口来解决需求，总靠进口也不可能把中国的移动通信业务迅速扩大起来。所以我一开始就要求逐步做到国产化，进口的手机哪怕是大散件，一定要在中国总装一下。联通公司的 CDMA 业务由于开始时没有基础，国内市场对 CDMA 也不熟悉，所以业务开展十分缓慢。当时联通公司董事长是邮电部原副部长杨贤足，他向朱镕基总理反映说，CDMA业务开展慢，是因为张国宝要求国产化。我把我的意见向朱镕基总理作了报告，我还是坚持要逐步推广国产化。朱镕基总理没有批评我，我就这样一直干下来。当时中兴、华为也都是分配给进口指标，生产CDMA 基站和手机的企业。

移动通信设备的国产化工作非常艰难，因为手机是那么小的一个东西，而里面不仅有大家知道的芯片，还要有印刷电路板，还要有体积非常小的电容、耳机、天线等零件。例如我记得手机里的电容，电容量不能小，而体积却要非常小。宁夏有一个研究生产钽铌铍的有色金属研究所和工厂，他们开始生产钽电容，体积很小。这些致力于国产化生产的企业有的坚持下来了，有的退出了，但是这些国产化工作为以后移动通信设备或手机的生产培养了人才，也奠定了一定的基础。尽管 CDMA 标准有速率比 GSM 快的优点，但是由于它起步晚，基础差，所以就全国而言，手机仍然还是以 GSM 为主。

中国研发出 TD-SCDMA 标准，跻身三大 3G 国际标准之一

也就是在这个时候，国际上移动通信技术开始从 2G 到 3G 的技术升级，主要形成了两个标准，一个是欧洲的 WCDMA，另一个是美国的 CDMA2000。由于中国是最大的市场，这两种标准都拼命向中国推销，都有各自的游说者向中国政府建议，支持欧洲的说应该用 WCDMA，另一些人说应该用美国的 CDMA2000。我作为主管部门的负责人，有许许多多人不断地来给我灌输，甚至于施压，要我支持 WCDMA 或 CDMA2000，还要求我尽快发放三代移动通信技术牌照（发放三代技术牌照需由国家计委和信息产业部两家批准）。

在这个过程中，中国的通信技术工程研发人员，主要以原属邮电部的大唐电信科技产业集团、通信研究院为主，于 1998 年 6 月提出了中国自己的 TD-SCDMA 标准。在信息产业部的全力支持下，经过不懈的努力，2000 年 5 月终于得到国际电信联盟（ITU）的批准，挤进了三代移动通信的标准，和 WCDMA、CDMA 2000 一起成为第三个三代移动通信标准。

虽然 TD-SCDMA 成为了国际三代移动通信标准之一，但实际上基础十分薄弱，没有芯片，没有手机，没有基站，也没有仪器仪表，一切都要从基础做起。和已经有深厚基础的 WCDMA、CDMA 2000 相比，还是十分弱小，包括电信运营商对 TD-SCDMA 也缺乏信心。

为了使最弱小的 TD-SCDMA 标准成长起来，由大唐集团发起成立了 TD-SCDMA 联盟，争取到华为、中兴、联想等 10 家运营商、研发部门和设备制造部门参加进来，合力完善 TD-SCDMA 标准的推广应用。2002 年 10 月 30 日，在人民大会堂召开了 TD-SCDMA 联盟的成立大会，我和时任科技部副部长邓楠同志、信息产业部副部长娄勤俭同志都到会上讲话表示支持。以后从 3G 到 4G，直到现在 5G 中国的标准勇立世界潮流，可以说大唐集团、通信研究院研发出 TD-SCDMA 是迈出的最关键一步。那时虽然十分弱小，但是星星之火终成燎原之势。2002 年 10 月，信息产业部颁布中国的 3G 频率规划，为 TD-SCDMA 分配了 155MHz 频率。

政产研用合力促使我国移动通信技术发展

说起频率资源，行业以外的人可能不都了解，这是十分宝贵的资源，因为卫星通信、广播电视、电报电话、军用通信等都需要有一定的频率资源，而频率资源是有限的，就像海岸线的资源一样分配给谁了，别人就不能再用了。分配给移动通信用的频率资源有多少，决定了移动通信应用的空间。

分配频率资源是政府职能，由信息产业部负责，并不是市场行为。发放移动通信牌照和选用什么样的标准也是政府行为，TD-SCDMA 和选择后来的 4G 标准 TD-LTE 都是政府行为，如果由市场选择，TD 不可能被选择。正是中国采用了 TDD（时分多址），而不是那时国际普遍采用的 FDD（频分多址），后来在 4G、5G 标准中具有了不对称传输的优点才脱颖而出。曾经通信技术强大的日本就是在技术标准的选择上走了弯路而一蹶不振。

现在舆论场上还在经常争论政府规划和产业政策与市场的作用，不可否认政府规划、政策在移动通信发展中所发挥的作用。中国移动通信技术和产业从基础十分薄弱起步到今天勇立世界潮流有四个重要的因素：一是以大唐电信技术集团、通信研究院为代表的科研队伍开发出了 TD-SCDMA 标准，这是关键性的一步，为以后 4G 的 TD-LTE 和 5G 奠定了很好的技术路线。二是政府正确的选择、支持我国自主研发的技术标准并把握好了 3G 、4G 移动通信牌照的发放时机。三是中国有庞大的客户群、有巨大的市场。四是涌现出华为、中兴等为代表的优秀企业。包括华为领头人任正非作为一个优秀企业家作出的杰出贡献。但不是一个华为成就了中国的移动通信事业的发展。

中国移动通信公司为推广 TD 标准应用发挥了重要作用

后来，我国的电信体制进行了一定的调整和改革，把原来存在的 6 个公司归并成 3 个公司，即：铁通并入中国移动，卫通并入中国电信，网通并入中国联通，并且决定由在移动通信领域经济效益较好的中国移动来发展 TD-SCDMA 标准，并任命原信息产业部副部长奚国华担任中国移动的董事长。奚国华同志后来为 TD-SCDMA 的推广应用发挥了重要的作用。

开始时由于 TD-SCDMA 基础薄弱，中国移动公司经营上遇到很多困难，内部一些人也对应用 TD-SCDMA 技术产生动摇。后来奚国华同志在任上大力建设了 TD 标准的基站。2014 年发放了 4G 牌照。到了 4G TD-LTE 阶段需要大量的资金投入，在奚国华同志的领导下，中国移动以 3G 养 4G，建设了 50 万个基站，逐渐形成了覆盖全国的 TD-LTE 网络。由于 TD-LTE 的优点，占有了 40% 的市场，被评为科技进步特等奖。

中国的 TD-LTE 4G 标准显示出技术优势

欧洲在他们原有的技术基础上发展了基于 FDD（频分多址）技

术的 4G 标准。而中国的 TD-LTE 标准是基于 TDD（时分多址）技术，但是 TDD 技术在信号上行和下行可以不对称，而 FDD 则上下行对称。TDD 的不对称信号传输在 4G 阶段要传输视频等时显示出优势，适合用于互联网。

美国英特尔也发展了基于 TDD 技术的 4G 标准 WIMAX，中国希望能与同为 TDD 技术的美国标准联合，但是英特尔视中国是小学生，不愿意与中国合作，只想要中国全盘采用 WIMAX 标准。而此时欧洲的爱立信公司了解了 TDD 技术的优势和中国巨大的市场，主动要与中国联合，共同采用 TD-LTE 4G 标准，这使得 TD-LTE 标准力量强大，而美国的 WIMAX 标准逐渐被边缘化，最终销声匿迹。

由于 4G 较之 3G 有着明显的优势，一旦 4G 应用后，原来使用 WCDMA 3G 标准的联通就显得被动了。4G 形成了 TD-LTE 和 FD-LTE 两个标准。我们通常说 3G 三个标准，4G 变成了两个标准，而 5G 全球就一个标准。在移动通信设备制造领域最初的十几个玩家现在仅剩下华为、中兴、三星、爱立信、高通等不多的玩家了。这段历史很值得美国思考，搞单边主义是不行的，还应走联合发展的正确道路。

华为作出正确战略选择

华为是成立于 20 世纪 80 年代末的一个民营小企业，能在不到 30 年的时间里发展成为一个在全球称雄的通信设备巨头，华为的领头人任正非以非凡的勇气几次都作出了正确的企业发展战略选择，每次都踩在了点上。

华为在成立之初任正非就雄心勃勃把目标定在当时也属十分高科技的数字程控交换机上。要知道那个时候，我们国家刚刚要从模拟式的纵横交换机发展数字程控交换机。那个时候数控交换机的著名企业是美国的朗讯、贝尔，加拿大的北方电讯，日本的 NEC。由于当时中国还不会生产数字程控交换机，这三家在中国成立了合资独资企业，而华为是个刚刚成立不久的民营小企业。那时候作出这样的选择也是要有很大的勇气和胆略的。

到了 20 世纪 90 年代，移动通信开始有了发展，任正非又将华为的目标定在难度更高、差距更大的移动通信设备上。那时候 3G 已经有了 WCDMA、CDMA2000 两个国际标准，中国也研发了 TD-SCDMA 标准，每个标准都在游说中国政府采用他们标准发放 3G 牌照。华为采取了三头下注的策略，对以上三个标准都进行了技术研发投入，但是巨额的技术研发投入也给企业造成了很大的资金压力。作为企业经营者，他们当然希望政府能够尽快发放 3G 通信牌照，无论是哪个标准都行，这样才可以使他们投入的研发资金尽快产生回报。但是中国政府迟迟没有发放 3G 通信牌照，任正非带领孙亚芳等人到北京来找我，向我要求尽快发放 3G 通信牌照。他向我陈述的理由是现有的 2G 频率资源已经使用殆尽，移动通信的客户还在迅速增加，因此必须尽快发放 3G 牌照以满足移动通信用户迅速增加的需要。我问任正非，现在给的 2G 通信频率资源最多能容纳多少门移动通信手机？他当时没有能够回答出来。

后来马凯同志和我到信息产业部与王旭东部长和负责此项工作的郑敏政司长商议发放 3G 牌照的事宜。同样，我谈了我的看法，现在 2G 的频率资源还没有到完全山穷水尽的地步。三个 3G 通信标准中，中国的 TD-SCDMA 是最薄弱的一个，几乎还是停留在图上作业，没有芯片，没有手机，没有基站，没有仪器仪表，一切都要从基础做起。如果现在就发放 3G 通信牌照，无疑将是 WCDMA 和 CDMA2000 的天下，应该有一定的时间让中国的 TD-SCDMA 羽毛能够丰满起来。国家发改委和信息产业部在这点上达成了一致，暂缓发放 3G 通信牌照，而加大对 TD-SCDMA 标准实际应用的力度。组织上于是派奚国华副部长到中国移动公司去主抓这项工作。奚国华和中国移动不负众望，把 TD-SCDMA 发展起来了，为中国标准赢得了时间。

去年我和奚国华同志回顾这段历史，我问他，当时我主张暂缓发放 3G 牌照到底对不对？奚国华也认为，如果在奥运会前我们顶不住压力，迅速扩大 3G，那一定是 WCDMA 的天下了。

而华为作为制造商作出了正确的战略选择，舍得加大对技术研发的投入，终于成长为一个令同行敬畏的高科技企业。现在美国等一些西方国家以国家安全为由，采取非贸易保护手段，把华为的设备排斥在市场竞争之外，其实不管辞藻多么华丽，司马昭之心路人皆知，无非是怕华为竞争而已。如果以国家安全为由，中国也有理由拒绝美国的产品进入中国。所谓华为产品有安全问题完全是美国政府的臆想说辞，至今拿不出任何证据。

联合发展 5G 才是正道，建立 5G 网络尚有大量工作要做

回顾移动通信从 1G 到 5G 的发展历程，可以看出，只有走联合发展的道路才是正道，靠贸易保护主义想一国独霸天下、排斥中国，现在已经是行不通的了。在形成 4G 的过程中美国应该有了教训，更何况中国是一个市场最大的国家，占了近一半的市场，没有中国参加形不成真正的 5G 市场。

在 5G 标准中，华为获得的专利占比达 22.93%，中国移动、中兴也获得了一些 5G 专利，中国 5G 专利数超过了美国高通。在美国权威协会发布的 5G 报告中称，排名第一的是中国。对中国已经取得的专利，美国也是绕不过去的。同时美国高通、英特尔及其他一些国家也取得了不少 5G 专利，中国也不可能独占 5G 市场，建立利益共

同体才能使 5G 尽快进入实际应用。

中国要建立起 5G 网络，完善产业基础也有大量的研发工作要做，要像建成 4G 网络一样，政产研用四位一体协同形成合力。在国内也可以考虑组织像 TD-SCDMA 那样的产业联盟，形成合力。在国际上也应该联合命运共同体的伙伴，组成 5G 的产业联盟，形成利益共享的机制。

东风建厂的那些隐秘往事 *

    东风汽车公司又称第二汽车制造厂，是在 20 世纪 60 年代末 70 年代初，在湖北以十堰为中心的山区建设的一个大型三线汽车企业。为避免混淆，以下我都简称二汽。当时的背景是中国原子弹爆炸成功，中苏关系破裂，随时有可能发生针对中国的战争。在毛主席提出"备战、备荒、为人民"，开展"三线建设，准备打仗"的指示下，开展了大规模的三线建设。

    所谓"三线"，是指长城以南、广东韶关以北、甘肃乌鞘岭以东、京广铁路以西，主要包括四川（含重庆）、贵州、云南、陕西、甘肃、宁夏、青海等中西部省区和山西、河北、河南、湖南、湖北、广西、广东等省区的后方腹地部分，其中西南的川、贵、云和西北的陕、甘、宁、青俗称为"大三线"，一、二线地区的腹地又俗称为"小三线"。

    一线是指沿海、沿边与外国接壤的地区。二线则是在一线后方、三线之间的缓冲地区。例如，河南、安徽、江西，湖南、湖北的东部都属于二线地区。

    这一概念是为了准备打仗，在纵深腹地建设好一批工业企业、科研机构，特别是军工生产企业，以及相应的铁路、公路、机场等基础

---

   * 本文是 2018 年 1 月 19 日张国宝发表在《中国汽车报》上的文章。

设施，以便在战争爆发，一线地区受到攻击的情况下，能够提供战争保障，抗击侵略。世事有许多机缘巧合，后来我在国家计委工作后，原来设在成都的国务院三线办公室撤销，改为国家计委隶属的国家计委三线办，我恰巧协助甘子玉同志（曾任聂荣臻元帅秘书）分管这块工作，经办了三线调整搬迁工作。

我这里所讲的并非是第二汽车制造厂的建厂正史，都是些我自己知道的或是我经历过的与二汽有关的一些趣闻逸事，但内容绝对真实，可从这些逸事、小事中一窥当年第二汽车制造厂建设的一些情况，也可以说是建厂史的一些小花絮。

我并不是二汽的职工，但我对二汽的情况非常熟悉，主要是两个原因。我是 1967 年大学毕业，当时"文化大革命"正处于高潮，1968 年我被分配到广州军区 42 军惠州潼湖农场。当时和我同期在广州军区军垦农场的大学生中，后来有几位知名人物。其中一个就是后来成为外交部长的李肇星，他在汕头牛田洋农场。

1970 年初我们离开了军垦农场，我被分配到位于陕西秦岭山区的三线建厂，生产军用汽车的变速箱，当时叫 94 号信箱，就是现在的陕西法士特传动设备厂，已经成为世界上单厂生产重型变速箱最多的企业，是陕西省的明星企业了。这个厂的建设比二汽建设要晚，技术力量也没有二汽雄厚，所以厂里生产必需的许多工艺装备，包括非标准设备，刀具、夹具、锻造用的模具都拿到一汽、二汽去委托加工。当时二汽边建设，边生产，生产刀具的量刃具厂，当时叫 23 厂。生产非标准设备和夹具等的是 21 厂，生产锻造模具的是位于白浪片的 52 厂。

我那时年轻，工作干劲也大，用一根扁担挑着两摞图纸到二汽去，还受到了"扁担精神"的表扬。我们那时候去二汽都是火车硬座，有时甚至是站着，根本没有卧铺票。有一次为了节省货物的运输时间，我直接扛了一根拉刀乘火车硬座去二汽。很多人可能不知道什么叫拉刀，那是一根长1.4米左右，直径在80毫米左右，用高速钢制成的刀具，重约三四十公斤。全国最大的拉床就是由济南机床厂为二汽加工发动机壳体平面专门设计制造的，一排拉刀一次性拉过去，一个发动机壳体的平面就全部加工完了。这台拉床就放在李岚清同志曾经工作过的发动机厂。

我扛着这根几十公斤重的拉刀好不容易挤上了火车，浑身是汗。为了贪凉，把车窗打开，坐着就睡着了，下巴松垂下来，嘴张开，那时火车还是燃煤的蒸汽机车，煤烟和冷空气就直接吹到嘴里，到了二汽，嗓子全部红肿，话都说不出来，赶紧送到张湾的二汽厂医院打吊针。这个医院也是为了二汽建设，从武汉迁过来的。当时的医德还是很好的，因为年轻，打了吊针没几天就好了，但是没想到就落下了支气管炎的毛病。直到现在，一受风受寒，支气管炎就会犯。

到了70年代中期，开始"抓革命、促生产"，李先念副总理负责经济工作。当时一大批三线工厂未能投入生产，于是从一些工厂抽调了少数工程技术人员到机械工业部来抓三线工厂的配套工作，以促使三线工厂尽快形成生产能力。我和在陕西汽车制造厂的詹天佑的孙子两人被调到机械工业部汽车轴承局技术处工作，随即我被派到二汽工作。

我住在二汽总部所在的张湾招待所，与当时任二汽总工程师的陈祖涛住在一个楼里。陈祖涛是红四方面军政委陈昌浩的儿子，后来陈昌浩去了苏联，陈祖涛在苏联长大，接受苏联教育，所以俄文说得很好，但中文已经很不流利了。他在苏联学的是汽车专业，所以后来回国后就在汽车厂工作。我们常在张湾招待所门前的地摊上买当地农民生产的柑橘，那种柑橘是大小不匀，皮很厚，未经改良的当地土产桔子。后来在张湾建了个体育场，成为了全厂集会的地方。

由于以上两个原因，我多次去二汽，也在那里住了相当长的时间，也到各分厂和周边去转，因此对那里的分厂分布烂熟于心，代号都记得清清楚楚，至今仍记忆犹新，甚至可以画出地图来。例如当时二汽的厂区分布，在东边是白浪区，锻造类的工厂都在白浪区。再就是张湾区，二汽总部和总装厂都在张湾附近。再往西叫花果区，李岚清同志工作的发动机厂就位于花果区。

二汽厂址位处湖北、重庆、河南、陕西四省市交界，群山环抱的中国腹地，行政隶属湖北省郧县，北靠武当山，南邻神农架，交通十分不便。所谓的堰就是被山环抱的山坳。二汽的几十个分厂就分布在一个个山坳里，在这个大山坳里有三堰、五堰、十堰等一个个村镇。我记得后来铁路修建进了十堰，十堰火车站其实是在三堰。建丹江口水库，老郧县县城淹没了，郧县就迁到了五堰。

由于二汽的建设，过去只有铁匠铺的十堰成了十堰市。开始时十堰市是政企合一的架构，二汽的领导也是十堰市的领导，后来实行了政企分开。深圳市委书记厉有为曾任过十堰市市长。同时，为了为二汽配套，还建设了东风轮胎厂和襄樊轴承厂等企业。

我 70 年代初去二汽时，铁路已经从襄樊延伸到了丹江口，但还没有建到十堰。去二汽，火车只能乘到丹江口，然后等汽车去十堰，路上需四五个小时。那时大多数是搭拉货的卡车，坐在装货的车斗里。那时丹江口水库已经建设。最初建设二汽的队伍和设备、物资是从水路乘船到邓湾，再用人力拉上岸。现在丹江口水库成了南水北调中线的起点，水质非常好。为了南水北调工程，原来的丹江口水库大坝加高了 10 米，使水沿伏牛山麓流向北京方向，但是因多淹没，增加了 20 万移民。为给北京供水，湖北、河南是作出了牺牲的。

因为我总在丹江口等汽车，等待的时间我跑到丹江口水库大坝下的尾水区去看钓鱼。由于鱼有逆水而上洄游的习性，尾水区鱼密集成群，所以钓鱼根本不用鱼饵，而是铅坠上拴上铁钩甩出去，往回一拽，总能钓上几条鱼来。我对这里的情况很熟悉，所以后来我在国家计委工作讨论南水北调中线工程时，对当地的情况和地形地貌历历在目。

丹江口附近是老河口，在抗战时期是李宗仁任司令的第五战区所在地。当年的散兵游勇、伤员流落在当地的当然不少。在建二汽的"文革"时期，处处都讲阶级斗争，清理阶级队伍，总讲这里敌情复杂，挖出不少曾在国民党队伍中干过的"阶级敌人"。

由于地处偏僻的山区腹地，我看当地非常落后，癞痢头的很多，都是头上生疮留下的疤痕。现在医疗条件好了，很少会看到癞痢头的人。由于交通不便，大家只能搭卡车走几个小时山路，强奸、抢劫、杀人的刑事案件的确时有发生。那时分配在二汽工作的大学生逢年过节回家探亲，带些土特产，山区有天麻，有一次一个学生买的天麻发现是用土豆制的假天麻，回去找就再也没有回来，失踪了。我在二汽那段时间还盛传神农架发现野人，郧阳政府还真在二汽厂区贴出过关于野人的公告。其中一个传闻是，一个农妇在溪里洗衣服时看到对面有个红毛野人在树上擦痒痒，报告后的确在树皮上找到了一根毛发，但化验结果只能证明是灵长类动物。但最有说服力的一个故事是五位乡镇干部夜里乘车去开会，汽车大灯照射时发现前面公路上有一个野人过公路，迅速穿过公路消失在树林中。由于是五人共同目睹，所以容易被大家相信。

那时候通往十堰的铁路和公路还在修建中，沿途看到来自周边大悟、枣阳、竹山各县的民兵队伍在筑路，沿线都贴着标语口号，落款是各县的民兵营。后来任北京市副市长、分管基建的张百发当时就在修建焦枝线的铁路建设队伍中。

通往十堰只有一条铁路和一条公路，当时我们从北京或西安、宝鸡去二汽都是在郑州或洛阳换乘焦枝线的火车，一路站着到襄樊。那时我对郑州不熟悉，只知道郑州有个二七广场，是市中心。所以在郑州等火车时就到二七广场附近去找个面馆吃早餐。那时在二七广场周边只有一个面馆，顾客坐在长板凳上吃面，后面站着几排人在等，现在简直是不可想象。

二汽的厂址选在深山中的腹地，交通十分不便，是和当时的主导思想有关的。当时强调要准备打仗，建厂要尽可能靠山隐蔽，所以有"进山一尺和出山一尺"是路线斗争之说。

二汽厂址的选择最初也有选择在地势较平坦地方的方案。当时因为正值"文化大革命"期间，工厂里面也有两派群众组织。其中一派的头头是主张建在东部石花街谷城一线（另一说是六里坪）的，但是受到了批判。另一派则主张建在西部鲍峡镇直到陕西安康的方案，争论很激烈。后来是李先念副总理一锤定音，既不在东，也不在西，定在了中间的十堰。当然后来这些群众组织的头头都下台了。但是后来在二汽某个建厂纪念日的时候，还把这位主张建在东部石花街谷城一线场址的当时的头头请回来参加了纪念活动。

二汽最初确定的产品是军用2.5吨、3.5吨越野汽车和民用5吨卡车。为了建设第二汽车制造厂，从东北长春抽调了约三分之一的干部职工来到湖北十堰的深山老林建设工厂。同时将第一汽车制造厂的老领导正下放在南京汽车制造厂的饶斌同志重新起用，调往十堰，领导二汽的建设。

饶斌同志资历不浅，东北解放战争时期当过哈尔滨特别市市长，后来还当了国家经委副主任，在党的八大上发言，是当时年轻有为的干部，后来下放到南京汽车厂当副厂长。

不过当时还是在"文革"中，一切都在军代表领导下，二汽实际上的一把手是武汉军区副司令员孔庆德，二把手是湖北郧阳军分区司令刘景修，饶斌同志开始也只能排到三把手，四把手是湖北机械厅厅长白洛。

直到后来"文革"结束，邓小平复出抓生产，军代表都离开了企业，饶斌才成为二汽实际上的领导人。饶斌同志后来任机械工业部部长，是汽车业界公认的受尊敬的领导人。后来任中央政治局常委、国务院副总理的李岚清同志复旦大学毕业后分配到第一汽车制造厂，曾是饶斌同志的秘书，他也同时调往十堰，参加二汽的建设，担任发动机厂（时称49厂）的党委书记。

李岚清同志任49厂党委书记期间，起用了一些年轻人，例如后来成为东风汽车公司总经理的马跃。他毕业于清华大学汽车专业，和我是老乡，浙江杭州人，不过我过去听他说过是浙江绍兴人，后来在贸促会副会长任上退休。像马跃这样，来自于全国各大高等院校，"文革"中毕业的老五届大学毕业生分配到二汽工作的，我没有准确的数字，估计至少在千人以上。其中像马跃这样毕业于清华大学汽车等专业的大学毕业生不在少数，包括陈清泰和他的夫人，我们称她楼楼，是楼继伟的姐姐。

后来东风汽车公司与法国雪铁龙在武汉成立合资厂，生产东风雪铁龙轿车，宋延光、楼楼和宋祖尉是当时与法国谈合资的主要人物。因为二汽是一个三线企业，所以还挂上了一个密级，能够到这里来工作的大学生还得是经过政审，家庭、个人历史清白，符合密级条件的人，现在想来那也是在那个"以阶级斗争为纲"时代的条件，是否也过于苛刻了。在这批大学生中后来也出了一些名人，例如毕业于哈尔滨工业大学的王兆国。他是1968年到二汽参加建设的，任过二汽的团委书记，我印象中，他最初当过青年突击队队长，后来被提拔为分管生产的副厂长。

后来"文化大革命"结束，邓小平复出主持工作，带领曾经在二野负责后勤工作的他的老部下、机械工业部部长段君毅，乘面包车到二汽视察。在面包车上听了时任二汽负责人黄正夏的汇报。黄正夏同志曾是国家科委计划局局长，后来也在二汽工作，当了二汽第一书记。黄正夏同志是位老干部，政治嗅觉灵敏。邓小平同志复出主持工作，拨乱反正，提出要提拔一批革命化、知识化、年轻化、专业化的"四化"干部。特别是不能提拔"文化大革命"当中的造反派，也不能提拔在"反击右倾翻案风"中不抓生产、只搞大批判的风派大物，而王兆国同志正符合"四化"的条件。

黄正夏率领王兆国同志在汽车上向邓小平、段君毅汇报二汽的工作。黄正夏特别向邓小平介绍了王兆国，说他在"反击右倾翻案风"中没有去搞大批判，而是一门心思抓生产。他的这一介绍给邓小平留下了深刻印象。邓小平同志回到北京后，在政治局会议上说，下面的人才很多，像二汽的王兆国就是一个革命化、知识化、年轻化、专业化的"四化"干部，不要说"四化"人才不好找嘛！负责组织干部工作的胡耀邦很快到二汽考察，把王兆国提拔到中央来工作了。

根据毛主席关于三线建设的一系列指示："现在再不建设三线，就如同大革命时期不下乡一样是革命不革命的问题"，"没有钱，把我的稿费拿出来"，"好人好马上三线"等。当时建设三线确实调集了一批精兵强将。例如，我国汽车业界学术头衔最高的是唯——个汽车专业的科学院学部委员、一级工程师孟少农，"文化大革命"当中从干校分配到了陕西汽车制造厂当总工程师，他的月工资是400元，而当时大学毕业生的月工资只有40多元，那时候400元的工资就是高得不得了了。

三线工厂都在偏僻的山区，那里的农民没有什么商品意识，吃西瓜都不是给现钱，把账记在香烟纸的背面，到发工资的时候再到厂里来收账，很多小年轻吃西瓜的账都记在了孟少农头上，"孟少农吃西瓜一个"。孟少农在汽车业界有很高的声望，在形势转向"抓革命、促生产"后，二汽请孟少农去作了一个报告，大受欢迎，后来他就从陕西汽车制造厂调到了二汽。

由于二汽建设时正值"文化大革命"期间，所以一边要在艰苦的环境中建设，一边还要与各种思潮斗争。那时候很多做法受到"左"的思潮影响，不仅在厂址选择上尽量往山里走，而且各分厂之间距离都很远，都建在一个个山坳里，摊子铺得很大，因此后来形势逐渐稳定后，有一种批判的声音说二汽厂址的布置是羊拉屎，厂房和宿舍分散在各个山沟里。

这时候有一位工人出身的副总理孙健负责抓三线建设工作。现在大家都知道农民出身的副总理陈永贵，对工人出身的副总理孙健知道的人很少了。孙健是从天津提拔上来的工厂工人。开始李先念在介绍孙健的时候还讲了他很多优点，说他是从工厂成长起来的，懂技术、懂经济。孙健副总理到二汽视察，针对二汽厂址是羊拉屎的说法，更正说，这不能说是羊拉屎，是牛拉屎，一摊一摊的。因为二汽的各分厂都是分布在一个个山坳里，周围都被山环抱，为了防洪，山上都建有水库，因此后来说二汽头上顶着一盆盆水，如果一旦溃坝，情况不堪设想。

因此国家又拨了钱，把二汽周边山上的水库加固了一遍。在建水库时，我有闲暇也爬上去看，有时候肚子饿了就在大坝上和工人们一起吃箩筐里送上来的饭，他们对我都非常热情。那时被大坝截断的河床下游水很浅，很多人在河里抓鱼、炸鱼。当时我看到河床里有手指长大小的，像鲨鱼一样的小鱼，很奇怪这是什么鱼？

后来我在国家计委工作了，参与审查金沙江的水电站项目，其中争议很大的就是保护长江中上游特有鱼种的问题。在现在向家坝水电站所处的金沙江河段有中华鲟、白鲟、胭脂鱼等特有的珍稀鱼种，后来我一看这个中华鲟不就是我当年在二汽建水库时的河床上见到过的鱼的形状吗？所以可见长江、金沙江中的鱼类洄流到上游河段产子，不仅仅是在金沙江的向家坝河段，当时也有沿汉水而上，在二汽附近的河流里也有。

二汽建厂时工业战线都在学大庆，其中有一条就是先生产后生活，厂房都是按干打垒建的，这是学大庆的经验，所以二汽早期的厂房也都是按干打垒建设。那时军代表领导二汽建设，也流传一些故事。比如武汉军区副司令员孔庆德抓二汽的建设，他首先是抓总装厂，也是用干打垒首先把总装厂建起来。他给全厂动员说，我老孔已经把龙舞起来了（指装配线），看你们往哪里站？意思是要求各个分厂赶快把产品拿来装配。后来二汽干打垒的厂房和地面铺得太薄，都不符合厂房的要求，全部推倒重建了。

邓小平复出开始"抓革命、促生产"，饶斌同志开始真正当上了二汽的一把手领导，当时二汽人员的构成，技术骨干、技术工人是从一汽和其他工厂调来的，还有相当一部分高等院校毕业的大学生，同时也分配了上万的复员军人。这些复员军人中有些技能不能适应汽车厂工作的需要，而且受当时"左"的思想影响，闹事儿的不少。饶斌主持工作后，提出要把这上万的复员军人重新分流，不适合在汽车厂工作的安排到湖北、河南省的其他领域。这就引起了这部分复员军人的不满，有一部分人扎了一个饶斌的纸人，拿到办公室门口去烧。但是后来在上级领导部门的支持下，饶斌还是坚决地把一些不适合在工厂工作的复员军人分流到了其他的一些地方，例如长江航运等岗位。

回首二汽建设的过程，这些都不过是一些不见正传的小花絮而已。由于在正传你不会看到这些琐碎的小内容，所以我把这些花边写出来，让大家对当时的情况有所了解。

别人限制我们未必都是坏事

2019 年 1 月 3 日 10 时 26 分，嫦娥四号探测器成功着陆在月球背面的预选着陆区，引起了国际社会的关注，美国的同行也表示了祝贺。这使我想起十几年前与美国国务院一位官员的对话。

在一次国际会议上，美国国务院的这位官员坐在我旁边，他主动和我搭讪。他说中国只有和美国友好，美国才可能把技术转让给中国，才能帮中国发展。从当时的气氛来看，他还是从友好出发讲这番话的。我表示了中美应该友好相处的意思后，对他说中国有一句古话叫"塞翁失马，焉知非福"。

有人把中国的航天和航空事业做了个对比。中国的航天科技，美国是绝对不会转让技术的。我们曾经想以高价从休斯公司买一颗卫星，但还是被美国政府否决了。美国搞了国际空间站允许一些国家的宇航员一起参加空间站的工作，但就是不让中国人参加。所以中国人明白，在航天领域别指望别人能转让技术给我们，只能靠我们自己不断地科研攻关。结果美国的空间站不让我们上，我们自己搞了空间站，自己制造的各类卫星上了天，包括北斗导航系统卫星、量子通信卫星等，而且由于实践的锻炼，中国在航天领域一些研发科室的领头人平均年龄只有 30 多岁。在那个时候航空工业和航天比确有差距。民用大飞机一直依赖别的国家，一会儿跟麦道飞机合作，一会儿和法国空客、新加坡搞亚洲空中客车，半途失败了。我们所需要的大型民用客机，美国的波音和法国空客都不断地向我们推销，所以总指望能和别人合作。在那些年航空工业相对于航天工业的发展成就反倒不那么大。原因就是你不转让给我们，我们自己也死了心，只能一门心思自己研发，反倒闯出了一条路子。

在计算机领域也是如此。我们曾经想买 IBM 的计算机，可是美国人不卖，后来气象局买了一台，放在一个专门的房间，美国人每年要来检查一次，看看是否用于其他目的。后来我们自己下决心研发高运算速度的计算机，天河、神威计算机先后研制成功，运算速度达到国际先进水平。

所以别人限制我们的领域，我们自己沉下心来干，反倒出了成果。现在美国又在核科技上对中国加以限制。在这个领域，由于中国持续不断的实践，和美国相比差距已经不像当年那么大了。而美国由于实践机会少，没有建设任务，民用核工业的制造能力在衰退，人员老化，大部分科技人员都五六十岁了。也许这次美国限制对中国转让核技术反倒给了中国一个尽快发展核科技的一个契机。

移动通信领域也是如此。美国搞出了一个 WIMAX 4G 标准，我们想和他合作，他不干，最后中国自己的标准 TD-LET 占了全世界 4G 的 40%市场。所以，别人限制我们未必都是坏事，迫使我们死了心，下决心自己去做，中国人勤奋、聪明，反倒发展起来了。

未能完全实现的广州市工业
布局调整的构想[*]

由于工作关系，我曾参与广州很多工业项目的工作，例如广州汽车工业公司、广州石化、龙穴造船厂、珠江钢厂、文冲船厂等。在珠江两岸，一边是繁华的商业区，另一边则是工业区。散布在珠江岸边的工业区主要有广州钢铁厂、广州造船厂、广州造纸厂等。

改革开放前，广州市的工业并不发达，这些工业企业在广州市可是赫赫有名的经济支柱，但是放到全国，充其量不过是一些中小企业。例如，广州钢铁厂是广州市的一个骨干企业，但它的高炉也就是300立方米左右，放在别的地方属于应淘汰的中小高炉。广州造船厂也算是一个大企业了，但它在珠江岸边，水深条件不够，没办法建大型化的船坞，只有一个7万吨的船台造船。广州造纸厂也曾经是我国轻工行业造纸的一个大企业了，但是在改革开放的形势下，印度尼西亚金光集团在江苏镇江、海南洋浦都建了百万吨级的造纸企业，其他一些地方的造纸厂也有几十万吨的规模，比较起来广州造纸厂只能算是一个小规模的造纸企业了。而且广州没有生产纸的原料，没有条件搞金光集团在洋浦那样的百万吨纸浆厂。

我向当时的广州市市长张广宁、常务副市长邬毅敏等同志提出，

---

* 本文是张国宝发表在《中国经济周刊》2019年第8期上的文章。

趁着工业结构和布局的调整机会，不如把珠江岸边的工业企业都实施搬迁，或者没有条件的适时关闭。把珠江岸边的工业区改造为综合商业区、金融服务区，这样土地的价值会升值，也符合广州市这样的大城市未来发展的方向。

广州市领导对我的想法原则上是支持的。我在北京的广州大厦约请时任中国船舶工业总公司董事长陈小津同志和广州市市长张广宁同志一起协商广州市造船工业的调整。

当时我们已经在船舶工业发展规划中规划了环渤海湾、长江口和珠江口3个造船基地。环渤海湾和长江口已经有相当的规模，而珠江口造船基地发展相对滞后。陈小津和张广宁同志协商，在广州市待发展的南沙新区一个叫龙穴的地方，建设一个拥有30万吨级船坞的大型造船厂，然后将珠江边的广州造船厂实施搬迁。

这个意见大家一拍即合。因为广州设立南沙区之后也需要有一些大型项目支撑。我还清楚地记得，陈小津同志是乘出租车来的，谈完后自己打出租车回家。后来广州龙穴造船厂在国家和省市合作下顺利建成，成为华南地区最大的造船厂，可以生产30万吨级的油轮。

但是，位于珠江边的广州造船厂至今没有按原设想的那样实行整体搬迁。原因可能是，广州造船厂位于珠江边，靠近市区，企业还是愿意离市区近一点，搬到龙穴有诸多不便。另外，广州造船厂占地的权属或处置可能也没有协调好。因为广州造船厂属于船舶工业总公司，今后土地如何使用，广州造船厂肯定是希望由自己来安排，而市里可能会提出由广州市来统一规划安排。

这和当年江南造船厂搬迁到外高桥情况很相似。江南造船厂在黄浦江边，由于土地使用没有协调一致。一直拖到世博会，江南造船厂的老厂址成为世博园的一部分，留下了一些有纪念意义的建筑和一个大的车间厂房作为船舶博物馆，才算最终解决了问题。

广州钢铁厂的整体关停也历经了波折。钢铁厂需要煤炭、铁矿石、废渣的堆放，和城市整体风貌也不协调。广州钢铁厂关停，大家取得了共识。但是广东省和广州市的一些领导都出身于广州钢铁厂，他们对广州钢铁厂是有感情的，希望最好是不要关停而迁址重建。所以设想过迁往南沙、珠海。

最终在张德江、汪洋两任省委书记的决策和整体推动下，广东省的钢铁企业，包括广州钢铁厂、珠江钢厂和韶关钢铁厂全部交给宝钢集团重组，成立宝钢广东分公司。宝钢在湛江建设新的钢铁基地，并且支付了关停费用，广州钢铁厂彻底关停，改为钢贸企业。广州钢铁厂原所占土地进行了商业开发。如果广州钢铁厂不关停而拖到现在，结果也会像珠江钢厂一样，不得不走破产重组的道路。这和杭州钢铁厂关闭了半山厂区道理是一样的。

广州造纸厂的调整重组，我原设想广州造纸厂在珠江边的厂区一样关停，再异地建设一个百万吨级规模的现代化造纸企业，不生产纸浆，只造纸，纸浆外购解决。但是广州造纸厂自己找了合作对象，在南沙建了一个规模相对较小的造纸厂。亚洲金融危机时，为挽救广州市的窗口企业越秀集团，把广州造纸厂划给了越秀，而越秀的经营主业又不在实体经济上，没有对广州造纸厂做进一步的规划投入，做到我原来设想的建一个百万吨级、在全国规模也算大的造纸企业，我认为是一个遗憾。现在，广州造纸厂也关闭了珠江岸边的厂区，土地进行了商业开发。

时间过去很多年了，珠江南岸的广州工业区已经发生了很大的变化，但是遗憾的是，我还没有看到最初设想的实现彻底关停搬迁，成为一个新的珠江南岸商业区。

在20世纪八九十年代各地争上石化项目时，广州市争取建了一个11万吨的小型乙烯厂。当时对广州来讲可是一个大项目，由市领导亲自挂帅。由于不是经济规模，这个项目建成后就亏损，后来广州市赔钱让中石化收购了它，扩建到 22 万吨，但和现在乙烯规模越来越大型化相比，仍然缺少竞争力。

随着广州市区的扩大和环保要求的提高，广州石化现在所在的地方已经影响了城市的整体规划和布局，广州市也多次想把广州石化厂关停迁到南沙区去。当时找了一个合作对象，准备在南沙区建设和科威特合资的大型石油化工企业，包括 100 万吨的大乙烯。时任广州市市长张广宁、常务副市长邬毅敏多次向曾培炎副总理和我反映，我们也同意这个想法。如果在南沙区能建成一个大型石化项目，就可以把在市区的广州石化关闭，整体迁往南沙。但是在南沙区建设石化企业的设想，香港方面担心环境问题，香港和广州部分两会代表在会上反映。广州市碍于香港方面的意见，南沙科威特合资项目也就停了下来，现在几经波折挪到了湛江。

广州石化已经是纸上画好的图画，停与不停、关与不关，进退两难，在环保日益受到重视的今天，如果石化形势发生变化，最终可能还得走关停搬迁之路。

三个机床企业的不同命运[*]

  辽宁省曾是我国机床工业的重镇。沈阳机床厂、大连机床厂当时都是机械工业系统机床行业的排头兵。那个年代在机械制造工厂工作过的人谁没有开过他们生产的机床？或者谁不知道沈阳机床厂和大连机床厂？全国许多机床厂都有他们输出的技术人员。

  但是到了 2003 年国家实施振兴东北老工业基地政策时，这两家企业已经是奄奄一息。借沈阳铁西区改造的东风，沈阳机床厂整体迁入新区，厂容厂貌为之一新，许多机械工业系统的老领导参观后都赞不绝口，企业的财务状况也出现改善。大连机床厂特别是在组合机床领域独有特色，全国大多数工业企业的组合机床都生产于该企业。但在 20 世纪 90 年代末，企业经营也越来越困难。在 2000 年后企业不得不进行了改革，事实上已经成为有企业骨干持股的国有企业，企业一时也焕发出了活力。

  而大连光洋机床厂是一个纯民营企业，在振兴东北老工业基地时这个民营企业创立才不到 10 年，规模很小，名不见经传，也被其他老的机床厂所不屑。当时数控机床在我国是一个薄弱环节，我曾经撮合这几个机床厂联合研发生产机床数控系统，但是各自为政联合不起来。当时大连光洋机床厂提出了总线控制的概念，我觉得这个概念很

---

* 本文是 2019 年 4 月 29 日张国宝发表在《中国工业报》上的文章。

值得研究，在北京召开了机床系统企业和院校的座谈会，让大连光洋参加数控系统联合研究，并且撮合华中理工大学的华中数控和大连机床厂进行合作。但是，包括机床协会在内的某些人都看不上大连光洋，还在私下讽刺我不懂。

现在十几年过去了，前一段就传出大连机床厂濒临破产，领导人出逃。沈阳机床厂挺了一阵，还回光返照似地宣传了一把。当时就有人说不信，现在也不得不走重组之路。前两天正式消息来了，由央企通用技术集团重组这两个国有企业，资产至少缩水 80%。而那时名不见经传的大连光洋机床现在却搞得风生水起，工信部部长苗圩和副部长辛国斌都去参加他们的现场会，因为大连光洋为我国飞航导弹发动机生产了五轴数控机床的生产线。数控系统全部由企业自己生产，同时为了避免像中兴一样核心芯片被别人控制，数控系统的 CPU 采用了国产芯片。

在沈阳机床厂和大连机床厂江河日下之际，过去小小的大连光洋机床却异军突起，建造了全国规模最大的恒温恒湿地下厂房，面积有 30 个足球场大。企业订单充足，而且主要是五轴数控机床类的高档机床，数控系统和传感器等关键部件由企业自己生产。现在大连光洋成为辽宁省和大连市有代表性的高科技明星企业。十几年的时间也谈不上沧桑巨变，但称为"三十年河东，三十年河西"却恰如其分。

一位辽宁省和大连市的领导说："这几家企业，我是眼睁睁地看着走在不同道路上。"原机床工业协会会长点评："沈、大两机的历史兴衰确实值得深刻反思，如果机床工业和辽宁省不能据此认真总结经验教训的话，中国机床可能还要徘徊 20 年！"业内一位老厂长点评："大连光洋以后会更好，发展更快，因为日本的五轴数控机床对中国涉及军工的企业都不再提供了，包括生产民用产品的潍柴、法士特、汉德车桥等。只要光洋机床质量过关、价格合理，那么将来光洋的发展空间很大，做到世界第一是完全有可能的。"

是否会世界第一我不敢说，但仅国内市场这一块就前景广阔。这一案例究竟说明了什么问题？我也说不清楚。但至少是大连光洋在高端数控机床的研发上走在了前面，其他的原因只能是知情人仁者见仁，智者见智了。

中国的芯片产业为什么不尽人意[*]

中国每年进口 3000 亿美元的芯片，是第一大宗进口物资。从美国制裁中兴到"围剿"华为，已经使国民认识到了芯片的重要性，同时也引起广泛质疑：为什么中国芯片产业不仅落后于美国，也落在了韩国和中国台湾地区后面？多数批评都指向我们的科研体制机制。

过去，集成电路产业在高度计划经济体制下完全由政府主导，缺少民间资本参与，缺少吸引人才的分配制度和用人政策，没有高强度的资金投入。媒体对集成电路产业的各种分析文章，我认为最近一篇《中国芯酸往事》是最知情、最符合实际的文章。从我自己的经历和感悟，我完全同意文章的看法。我 20 世纪 80 年代在国家计委机械电子局机械处工作过，集成电路归电子处管，因为在同一个局，我也了解一些。后来分管我们的国家计委副主任赵东宛调任国务院电子振兴领导小组办公室主任，他去日本等国访问考察东芝、NEC、夏普等电子企业都是我做的翻译。

1991 年我调到国家计委投资司分管工业领域投资，正是在这段时间参与了无锡华晶（908 工程）、上海华虹（909 工程）的投资工作。当时这两个工程是电子工业部的一号工程，也是财政预算内资金迄今为止对电子工业的最大政府投资。所以我对集成电路产业在这一阶段

---

* 本文是 2019 年 6 月 10 日张国宝发表在经济网上的文章。

216

的发展情况有所了解。

我认为影响集成电路发展的主要有四大因素：人才、资金、体制和产业链配套能力。

我把人才放在了第一位，而没有把体制放在第一位。当然这四者是有互相关联和影响的，例如人才就和用人机制、分配机制有关。但是在集成电路发展中有一个领军人物太重要了，而我国的集成电路产业始终没有产生一个像台积电张忠谋、韩国三星梁孟松这样的领军人物。908工程和909工程都是在政府主导下搞的，当时的投入和我们国家的财力相比也算是重视了，但和台积电、三星比，我们的投入就太少了。

那时我们不懂得利用资本市场筹措资金，政府投入是集成电路投资的主渠道，而政府财力有限，投入强度不够。在产业链配套能力方面我们比韩国和中国台湾地区碰到更多的掣肘，这包括从上游的单晶硅片制造到下游的封装。更重要的是生产集成电路的装备——光刻机、刻蚀机。其实，对于光刻机、刻蚀机的制造，国家早就作了安排。在三线建设时，特意在甘肃临夏建设了一个专门生产光刻机的工厂。我在分管这项工作后利用陕西蔡家坡709厂原有的技术基础生产一部分集成电路装备。

该厂是抗日战争时期国民党就留下来的老厂，但技术档次和当时国际上应达到的水平相比差得太远，而引进又受到诸多封锁或限制，能拿到的都是低两代、三代的技术装备。而韩国和中国台湾地区没有像大陆这样受到限制。

在后封装方面，在开展908、909工程时，也在上海和天津地区建设了后封装厂，开始还不错，后来又和国际先进水平拉开了距离。由于缺少领军人物和原创技术，908工程和909工程虽然对提升我国集成电路产业有了一些作用，但还是跟在别人屁股后面模仿，待到建成之日已经是落后了。

我们费了很大的劲搞到了 64K，但人家按摩尔定律已经搞到了 256K 了。德国工业技术很先进，但在集成电路产业和我们有同样的毛病——缺乏领军人才，他们当时也派人到日本东芝去学习，然而德国的集成电路产业始终未成气候。正如《中国芯酸往事》一文所说，到了 2000 年以后这一状况有了转机，一些海归人物回国创业，设立了民间资本的集成电路产业，虽然规模不大，但有了起色。

大多数优秀的中国芯片公司，都成立于 2000 年之后的几年，包括成立于 2004 年、现属于华为的海思，而且几乎都是民营企业。经过十几年的坎坷，现在都成了中国芯片业的骨干。其中最关键的是从中国台湾地区回来的张汝京。

张汝京有着在美国和中国台湾地区建设一系列集成电路工厂的丰富经验，所以轻车熟路，很快在上海，后来又在北京建设了 12 英寸的芯片生产企业。这些厂的水平都远高于我们自己建设的 908 工程和 909 工程。如果让我们自己建，也许多一倍的时间也建不成。很快中芯国际已跃居全球第四大的芯片代工企业。这些厂就是现在中芯国际的前身，中芯国际现在仍是大陆规模最大、水平最高的集成电路生产企业。这就是领军人物的重要性。当时张汝京完全有可能成为中国集成电路产业的领军人物。不敢说他可以与中国台湾地区的张忠谋比肩，但至少也不大逊于张忠谋。

我多次见过张汝京，其中有几次是在上海的工厂建设工地。张汝京是一个非常投入、非常勤奋、非常专业的人。我见他的时候正是午饭时间，他就在工地的简易办公室里吃一个饭盒。但是遗憾的是，陈水扁上台以后，对他拼命打压，取消了他的"台籍"，还罚款 15.5 万美元。台积电告他技术侵权，在美国加州法院起诉——因为张汝京在中国台湾地区创办的世大半导体在他不知情的情况下被其他股东卖给了台积电，而张汝京带到大陆来的团队大都是世大的技术骨干。结果张汝京败诉，被罚巨额罚款。过了不久又被第二次起诉说他违反和解协议，在 0.13 微米芯片上侵权。这次中芯国际在北京高院反诉台积电，律师也信心满满，但却被北京高院驳回不受理，没有进入审理程序。相关部门作壁上观，没有人了解和调解，完全把张汝京当成了一个局外人。现在想来有点不可思议。最后张汝京再次败诉，被罚巨额罚款，含泪辞职，以后不知去向，现在应该已经是 70 多岁的人了[编者注：张汝京现为芯恩（青岛）集成电路有限公司董事长，不久前打造了国内首个协同式集成电路制造（CIDM）项目]。

那时我们对领军人物的重要性没有充分的认识。失去了张汝京这样一位领军人物，错失良机。而韩国三星，不仅在巨额亏损的情况下逆向加大投入，还引进了一位华人梁孟松作为领军人物（其夫人是韩国人），对三星在集成电路上的发展作出了重要贡献。

《中国芯酸往事》一文中还说道，在 908、909 工程之后，中国的主管部门对集成电路的产业发展似乎放松了。除了搞了发展软件和集成电路产业的政策文件 18 号文件，再没有大的投入。可能对此会有人有不同看法，但是我的感受也是如此，我觉得后来信息产业部对集成电路发展的重视是不够的，当然国家计委等部门也有责任。

对集成电路产业的发展有许多可总结和反思的地方。

我归纳起来最重要的是人才、资金、体制和产业链配套能力。现在国家痛定思痛，决心要把集成电路产业搞上去，同样要面对以上 4 个问题，最为突出的还是人才和产业链的配套能力问题。当然我们也有成功的地方，在军用芯片方面，无论设计和制造，我们基本无求于人。这和当时正确的布局很有关系。在集成电路设计领域，在 18 号文件颁布后也有了长足的发展，华为海思和清华紫光展锐在集成电路设计方面，和国外先进水平的差距已经大大缩小甚至已经接近。

发展特高压扶持了装备制造业 [*]

电力，既是新中国经济发展的一个缩影，也是推动经济实现跨越式发展的基础性动力。70年间，我国装机容量和发电量都迅速增加，现在一个华东电网的电量就比当年全国的大好多倍。特高压，更是新中国电力基础设施最具代表性的一个鲜活案例。

一、"重发、轻供、不管用"

改革开放初期，我在国家计划委员会机械电子局工作，当时中国刚把国门打开，正是技术装备的引进热潮，几乎每行每业都需要引进技术。其中，输变电线路技术就是引进的重点之一，从变压器、开关到各种断路器、避雷器都引进，而且引进了不止一家的技术、装备，像变压器有ABB的、西门子的，开关也有好多家。当时，两大瓶颈制约经济发展，一个是交通，一个是能源，拉闸限电是普遍现象，因此我们急着把电搞上去。经济的快速发展对输变电线路提出了更高的要求，要把原来分散孤立的电网联成一个大的电网，这样可以相互补充调剂。但在当时，输变电线路的建设跟不上。当时流传一句话："重发、轻供、不管用。"大家很重视发电，建电厂积极性都很高，但对输变电重视不够，对用户侧管得更少。所以，当时发电增长很快，

---

　　* 本文是张国宝应邀为《中国经济周刊》撰写的最后一篇文章，发表在《中国经济周刊》2019年第18期上。本文于2019年9月25日经张国宝确认定版，9天后张国宝逝世。

但输变电没有能够及时跟上。

20世纪80年代，我国引进了电压等级为500千伏的输变电技术，在这之前，西北地区的最高电压等级是330千伏，多数地方是220千伏，再低就是110千伏。500千伏是改革开放后才开始引进建设的，第一条±500千伏直流输电线路是葛洲坝到上海的葛沪线，从葛洲坝往华东送电。那时我在国家计委也参与了这条线路的引进建设，这条线路是全套引进BBC公司（后与阿西亚公司合并成了ABB公司）的技术设备。到了后来，西北电网的电压等级要提高到750千伏，因为330千伏不够了。那时电力部还没有撤销，电力部科技司司长张晓鲁来找我说要上750千伏，我当时就说现在要上750千伏，将来又要上1000千伏了。

二、我为什么支持特高压

特高压最开始是存在争议甚至非议的。第一次把特高压技术写入国家文件的，不是国家发改委而是国务院文件《国家中长期科学和技术发展规划纲要（2006—2020年)》（以下简称《纲要》）。

为什么要搞这个规划？新中国成立后不久，我国曾搞过一次科技发展规划，是在周总理主持下搞的，大家认为那次规划对中国的科技发展起了很大作用，包括"两弹一星"等，都是在那时科技发展规划的指引下取得的成绩。到了新的历史阶段，需要搞一个新的科技发展规划。这个《纲要》据说是全国几万科技工作者经过数年努力形成的共识。这其中就把特高压写进去了。《纲要》中对特高压的定义是±800千伏直流和1000千伏交流，文件把特高压列为国家重点扶持的20项科技发展项目之一。可见，发展特高压是多数科技工作者的共识。同时从严格意义上讲，无论是国家发改委也好，还是电力部门也好，都是《纲要》的执行者。

国家电网公司主张发展更高电压等级，是因为随着经济发展，装机容量越来越大，输送距离越来越长。我国远距离输电一直在增加，特别是西电东送以后。因为在东部沿海，除核电站外，建设大型火电和水电的机会不多，所以需要大规模远距离输电等。

我之所以支持特高压，就我个人经历而言还有一件事情，就是当时的"二滩弃水"。二滩水电站当时是中国最大的水电站，建好后正好赶上中国经济低谷期，二滩水电站的电没人要。我负责主持分电，但也很勉强。因为当时连接川渝的输电线路还没建，只能在四川范围内消纳，那个时候经济低迷，大家都不要。当时把二滩的电分成几档，其中一种是计划内的电，好像连3毛钱都不到。在这个电量以外再发的电，叫计划外电量，只有3分钱一度，当时说这连磨损费都不够。

为分电的事，我到处求人，请他们帮着解决。其中就找到了当时电力部分管科技的副部长陆延昌。从二滩水电站送出来的电，一条500千伏交流线路只能送90多万千瓦。我问为什么送那么少？他说这都是算出来的，是根据导线发热情况计算的。我说要是这样的话，费了半天劲建一条500千伏的交流线路，说多了才送100万—120万千瓦，这样算的话，得需要多少条线路啊。建设线路也不容易啊，而且到处都是输变电线路既影响观瞻，更要占用沿线的森林和土地。这件事给我留下了很深的印象。原来的500千伏交流线路的输送容量并不大，大数说就是100万千瓦左右；±500千伏直流当时输送容量大约300万千瓦。因此，要想输送容量大，就只有在提高电压等级上做文章。

国家电网公司提出发展特高压之后，国家发改委等有关部门认真地做了多次论证，有的论证的参会专家有200多人，并特别邀请持反对意见的专家。大多数意见是支持的，反对的少，但论证会还是很重视反对意见。反对理由前后也有变化，例如当时科索沃战争中美国使用了石墨炸弹，有人认为石墨炸弹会让特高压在更大范围内断电；再如说特高压对人体有害。这两个理由都从技术角度给予分析否定了。后来又有反对意见提出美东大停电的案例，以及国家电网公司发展特高压是为了阻碍改革等理由。但这些争论，都抵不上经过严格的科学计算和模拟计算，特别是后来的实践也证明，特高压是安全的。

三、特高压扶持了装备制造业

特高压使整个输变电装备制造业的水平上了一个大的台阶。

很长一段时间，±500千伏直流的大部分设备都是国外的，那时我挺生气，老说今后再建就能实现国产化，但后来还是国产化不了，有好几个关键部件不会做，比如晶闸管，就是大功率整流器。到了交流1000千伏和直流±800千伏，欧洲、日本企业有做试验的，但没有工程化应用的。

发展特高压扶持了我国的装备制造业，我们不是简单地去买人家的设备，而是要在国内生产，特别是特高压的变压器、开关、绝缘等关键设备实现了国产。事实上，别的国家因为没有特高压项目，也就没有工业化生产这些东西。20世纪80年代，我国成立了国务院重大技术装备领导小组，我也是这个小组的成员。我一直坚持一条原则，就是重大装备的研发一定要与重大工程相结合，如果不和重大工程相结合，空对空地研发，制造出来以后没人需要，你花了很大精力，投入了很大成本，却得不到回报。特高压也是这个特点，我们不是像日本那样，为了将来找市场去研发，而是一开始就有目标，±800千伏的有目标，1000千伏的也有目标。通过招标，设备制造厂商对未来产品的市场看得见摸得着。如果没有工程项目，谁会下大功夫去投入、去研发，即使研发出来也没有人要。这种模式很好。

特高压还走出了国门，国家电网公司中标了巴西美丽山特高压直流项目。当时巴西能源部长来访问时，我陪同他们参观了向家坝到上海 ±800 千伏特高压直流输电示范工程的上海奉贤变电站。他们回国后，巴西国内经过激烈的争论，最后决定建设 ±800 千伏直流输电线路。国家电网公司竞标时，顺理成章中标。

特高压原来没有国际标准，±800 千伏直流、1000 千伏交流的标准都是我们国家制定的，国际上也采纳了，把我们的标准作为国际上这个电压等级的标准。特别是特高压之后，在输变电技术领域，我们已经达到国际先进水平。

通过发展特高压交直流电网，我国输变电技术水平和装备制造水平都提升了大的档次，达到了世界先进水平，有些方面甚至处于世界领先地位。

三、重大工程篇

重大工程的规划建设需要
胆略和战略眼光[*]

2014 年 12 月 30 日，西气东输一线迎来正式商运十周年纪念日。这条被称为"能源大动脉"的管道项目构思始于 20 世纪 90 年代中期甚至更早的时候，目标是要将"死亡之海"——塔克拉玛干沙漠中的天然气送到中国经济的心脏部位。管道全长约 4200 公里，年输气量 120 亿立方米，第一期投资规模达到 1400 多亿元，是中国西部大开发最重要的能源项目之一。

而十多年前的中国天然气市场，无异于刚出生的婴儿。2000 年，中国国内天然气产量仅为 272 亿立方米，天然气占一次能源消费的比例不过 3%，全国的高压管道不过 2 万公里，大部分为连接单一气田与单一用户而建。在这样稚嫩的上下游条件下，建设一条世界级的长输管线，其挑战空前，质疑之声自然不会少。

十多年后的今天，曾经的质疑都已烟消云散。

"西一线"之后，二线、三线、四线纷纷上马，中亚、缅甸天然气通过跨境管道进入中国，中俄天然气管道也在 2014 年 5 月一锤定音。在 2016 年 6 月国务院最新发布的《能源发展战略行动计划（2014—2020 年）》中，计划到 2020 年天然气在一次能源消费的比重将达到 10%以上。

---

　　* 本文根据《南方能源观察》对张国宝的独家专访整理而成。原载《南方能源观察》2015 年 1 月刊。

更重要的是，"西气东输工程的决策和实施给我们留下了许多值得深思的精神财富。重大工程的规划建设需要胆略和战略眼光，要有对历史负责的责任感，要有'世上无难事，只要肯登攀'的气概"。作为这一重大工程的直接参与者，我想如实呈现 15 年前浓墨重彩的西气东输工程决策建设始末。

在地图上画一条直线

西气东输最早可以追溯到国家"八五"和"九五"计划期间（1991—2000 年），最主要是在 1995 年前后。

我们都知道，我国在 1963 年建成大庆油田，摘掉了"贫油"的帽子。大庆石油会战后，不少地质学家又提出，最有可能发现大油田的地方是新疆的塔里木盆地。当时，人们对塔里木寄予了很大的希望，甚至有人乐观地认为，中国"又发现了一个沙特"。因此，当时在全国调了 2 万多名石油工人去搞塔里木石油大会战。多年的勘探开发，确实带来了一些发现，但比原来的期望值差得较远。

不过，在钻探过程中有不少伴生气冒了出来。由于当时的目标主要是开采石油，对于天然气既没有采集和回注装置，也没有管网建设，因此只能放空点火烧掉。不少去过塔里木参观的人，看到沙漠里"点天灯"的现象，都觉得颇为可惜。有人提出，可以把天然气作为化肥原料利用起来。20 世纪 90 年代，我国化肥还依赖进口，而农业发展又急需化肥，因此国家提出搞"大化肥"项目的设想。

当时，除了新疆塔里木的伴生气，海南的莺歌海也发现了气田。所以，国家提出，以莺歌海和塔里木的天然气为原料，在海南和塔里木各建三套"大化肥"项目的设想。不过，集中新建三套"大化肥"项目的计划，最后并没有彻底实现。在海南，之前有一套海南富岛化肥，之后中海油在海南东方市紧邻富岛化肥又新建了一套"大化肥"。

老的一套加上新的一套，后来合并成中海油的富岛化肥厂。在新疆，南部泽普新建了一套 20 万吨的化肥厂，乌鲁木齐石化则建有 30 万吨合成氨和 52 万吨尿素装置。两地都没有实现新建三套"大化肥"项目的计划。塔里木盆地伴生气没有利用的现象仍然存在。

正因如此，早在 20 世纪 80 年代末 90 年代初，中石油就有人提议将这些天然气收集起来，通过管道外送。中石油副总经理史兴全当时就曾提出设想说，可以在地图上画一条直线，将天然气从新疆送到上海，大体上就是现在西气东输一线的走向。

最后还是觉得西气东输是可行的

到了 1999 年末 2000 年初，国家经贸委主任盛华仁去了一趟塔里木。回来后，他给国务院总理朱镕基提交了一份报告。大意是，塔里木盆地有不少伴生气，放空烧掉很可惜，而上海是我国经济较发达地区，但亟缺能源。盛华仁提议，可以建设年输送能力在 200 亿立方米左右的管道项目，将气从塔里木外送到上海。

盛华仁的设想，显然最初是中石油在塔里木的工作人员向他汇报工作时提出的。当时塔里木油田的总经理是现任中石油集团总经理，比较有激情。具体是谁作了汇报我不清楚，但他们向盛华仁提出了塔里木盆地天然气外送的设想。

收到盛华仁的报告以后，朱镕基总理觉得颇为振奋。我在朱镕基同志领导下工作多年的观察是，他不仅在宏观经济上很有造诣，对重大工程的布局也很有激情，包括西气东输、西电东送和青藏铁路在内的几个大型工程，都是在他主政期间决定的。因此，听到这个提议后，朱镕基同志对西气东输设想产生了很大的兴趣，让主管这块工作的国家计委研究项目的可行性。

那时，我已经出任国家计委副主任，刚好分管这块工作。当时国家计委设有基础产业司分管能源交通工作，分管司长是徐锭明，负责具体工作的还有胡卫平。所以，主要负责西气东输论证工作的就是我、徐锭明和胡卫平等人。当时我们在内心里都很支持建设这项工程。如果不搞西气东输，继续新建"大化肥"项目的话，还需要解决运输问题，那还不如推动天然气管道建设，还能推动全国天然气的布局。

当时国内天然气行业还只是初生，上游勘探开发也不明确，也并不存在下游天然气市场。我要负责具体管道工作的论证，有很多的担忧。到底上游天然气的储量和可能的产量有多少，当时没有确切的数量概念。如果建设了管网却没有气供应，怎么交代？如果要外送天然气，这么长距离，经济上到底划不划算？新疆到上海4000多公里，这种距离的管线在世界上也算是长的，更别说我国此前从未建过这样长的管道。如果建成之后没有效益怎么办？如果工程建设到一半，忽然证实产量没有那么大，又该如何面对投资？……未知的问题有很多。所以，当时对要不要搞西气东输，我心里没有底。

还有一个问题是，我们究竟是应该优先开展西气东输，还是寄希望于东海的天然气资源，优先开发东海？此前，地质部的勘探队伍一直在研究东海的油气资源情况，他们已经发现了平湖油气田。后来地质部进行了改革，负责勘探的队伍成为后来的新星石油公司，而负责平湖油气田开采的就是新星石油公司。2000年开始提出西气东输工程的时候，平湖油气田已经有4亿立方米的天然气产量，就近供应上海。不过，上海能源缺口很大，东海的4亿立方米天然气并不算多。

在发现平湖油气田之前，城市管道都是用煤制成合成的煤气来供应，但这并不是我们现在的煤制气，这种煤气含有氢气、一氧化碳和二氧化碳的成分。当时在中国，多数家庭还在烧蜂窝煤，条件好的家庭能够买到液化气罐，烧的是液化石油气（LPG）；而凡是有管道气供应的城市，大多数是用合成气。上海市在当时已经有管道气了。吴泾是化工产业集中的区域，"煤气"就是在这里生产的。平湖油气田发现以后，东海产的 4 亿立方米天然气和煤气混在一起出售给老百姓，管道气的热值得到了提高。

但整体上来看，经济发达的长三角地区缺乏能源，依然需要更多的天然气供应。当时并没有液化天然气（LNG）的概念，东海天然气储量也并不确定，所以最后还是觉得西气东输是可行的。

张国宝这一次说对了，没有说错

这样巨大的管道工程要求巨额的投资。当时中石油对于摆在面前的这个大工程的态度如何，资金如何筹措，技术上有无保障，是非常重要的。

中石油的态度其实是非常积极的。在塔里木油田一线的干部职工一直都在积极力推西气东输；而在中石油集团公司层面，时任中石油董事长马富才和总经理黄炎、副总经理史兴全也都非常支持。可以想象，如果没有中石油的积极性，光有政府积极性肯定是干不成的。所以，当时政府和企业的态度是完全一致的。

当这个构想酝酿了一段时间以后，2000 年 2 月 14 日，朱镕基总理召开国务院总理办公会议讨论西气东输工程，由国家计委负责汇报，具体汇报人就是我。

我去汇报时带上了东海的地图。汇报时，开始先讲东海天然气的开发情况——这并不是当时要求汇报的内容。朱镕基总理打断我的话说："国宝同志，我让你汇报西气东输，你怎么讲东海？"我回答说："总理，东海和上海毗邻，新疆则距上海 4000 多公里远，如果我们不把东海目前的开发情况汇报清楚，恐怕后人会质疑我们为何舍近求远。所以，这是汇报西气东输时需要回答清楚的一个重要问题。"

朱镕基总理听完后表示赞同，让我继续先汇报东海的情况。当时，对东海的资源量还属于推测，只有平湖一小块地方在产气。我的汇报认为，要是把宝押在东海上，不确定性太大，也不知道何时能向上海供气。

讲到这里时，朱镕基总理又打断了我，问道："上海的气多少钱1 立方米？"

我马上就回答："1.56 元。"

其实，在这种情况下大部分人应该很难回答出来。说句玩笑话，恐怕连上海市长也不一定清楚这个气价，更别说我当时生活在北京。我连北京气价是多少也不十分清楚，因为家里都是夫人交气费。

能回答上来完全是一个偶然。在这之前，我偶然读到一张上海的小报，报纸名称我记不清了，大概是《新民晚报》。上面有一篇小豆腐块文章，讲到上海平湖天然气和焦炉气混到一起卖给居民的情况，提到了混合后的气价是 1.56 元，这个数字就进入了我的脑子里。

朱镕基总理当时一听，第一反应肯定是：这小子是不是顺杆爬，随嘴乱说的？你又不是上海人，怎么能说得这么准确？因为过去有过这样的情况。我陪他到地方视察时，就有干部汇报的数据不实，被朱镕基总理派人当场核实，一旦发现汇报数字不实就狠狠地批评一顿。这次他怀疑我说的不对，便使了一个眼色给他的秘书李伟，让李伟给上海市长徐匡迪打电话核实。

我只看到李伟几次进出，还和朱镕基总理耳语，但并不知道他们在谈什么，还以为是有其他军国大事。过了一会儿，李伟递上了一个条子。朱镕基总理看了一眼后，把纸条反扣在桌子上，拿杯子压起来，继续听汇报。

一直到汇报结束，朱镕基总理才把这个条子拿出来，说："我刚才听到汇报里上海的气价，不相信张国宝说的这个数字，就让李伟去给徐匡迪打电话。徐匡迪回复了，说上海的混合气价确实是 1.56 元。

所以，张国宝这一次说对了，没有说错。"

两天以后，国务院下发纪要，决定成立西气东输工程建设领导小组。纪要上还有一句话说，由国家计委一位负责此项工作的副主任担任领导小组组长——通常领导小组组长应该是正职担任，纪要虽然没有点我的名，但是根据这个定语的范围，实际上就是我。我就这样当上了西气东输工程建设领导小组的组长。

专家非常坚持，我拧不过他们

塔里木盆地是西气东输一线的气源地。在项目论证时，对于塔里木盆地天然气资源量掌握的情况对于决策至关重要。

当时上游最主要的发现是克拉 2 特大型气田，产量约在 1000 多万立方米 / 天，到现在为止仍然是主力气田。

没去看这个气田之前，我一直以为它在塔克拉玛干沙漠边上或是在里边。实际上它是在塔里木沙漠和天山山脉中间的过渡地带，是在一个雅丹地貌深部——就如所谓的魔鬼城一样，充满了红色的、起伏不定的地形，里面寸草不生。

地上地形复杂，地底下又是另外一回事。我们的地质学家很厉害，推算出来这里应该有气。所以用了包括人扛肩抬、直升机吊装等办法，在这雅丹地貌中间打下了克拉 2 井。这是一口一天能产 1000 多万立方米气的高产气井。也就是说，塔里木的勘探成果已经为开展西气东输打下了一定的基础。克拉 2 附近还有一些具有开发前景的气田，如克拉 3、大北、迪那 2 等，这些气井沿着塔克拉玛干沙漠的北侧陆续出现。虽然当时有的气井还没有完全掌握可采储量，但起码可以知道这里的资源量是很有前景的。

到论证的时候，地质学家的推算储量在 8000 亿—10000 亿立方米，预计可采储量 3000 多亿立方米。而我们觉得，远景储量能达到

10000 亿立方米以上。我在西气东输论证的会议上汇报时，心里多少还有些打鼓，担心掌握的探明储量不够实现 20 年每年 200 亿立方米的持续供应。

在信心不太足的时候，怎么评估出最后要达产 120 亿立方米 / 年的运输量？

其实，最初盛华仁同志提出的建议是年产 200 亿立方米，我们也希望按 200 亿立方米 / 年来进行设计。

但那时我国已有规定，凡是重大工程，一定要先进行专家评估，政府官员说了不算。所以，西气东输工程也交给了中国国际工程咨询公司（以下简称"中咨公司"）进行评估。当时评估西气东输的专家组组长是中海油集团公司原副总经理唐振华，他也是中咨公司聘请的专家委员会的顾问委员，后来还是西二线评估组的副组长。

唐振华当时认为，上游可能没有那么多气，而且中国还没有多少人用过天然气，天然气的价格相对较贵，担心下游市场每年消化不了 200 亿立方米。因此，专家评估提出西气东输的运输量应该砍到 120 亿立方米 / 年，管径应该从 1034mm 缩小到 1018mm。

我不认同这一观点。我认为，规划应该为以后的发展留有余地。其实，我们当时已经设想到，万一塔里木天然气储量不足，还可以从中亚相邻的哈萨克斯坦和土库曼斯坦引进天然气。所以，管道输气规模在设计中应留有余地，更何况建设期还有几年，发现的天然气储量只会越来越多。对这一问题争论了很久。我的意见是按 200 亿立方米 / 年来设计，工程规划需要留一点余地，就不用日后反复进行扩建。虽然当时看起来 120 亿立方米 / 年似乎更有把握，但是万一产量增加，运力就会不足。但这些专家非常坚持，谨慎的意见占上风，我拧不过他们。所以最后还是按照专家意见，西气东输可研报告定了 120 亿立方米 / 年，管径是 1018mm。

但后来气多了，管容和运力不够，中亚天然气也引了进来，又建设了西气东输二线。

那时候论证西气东输一线，都还害怕市场消化不良，所以开始时没有考虑过西二线和西三线建设。

对于中亚天然气合作的想法，虽然我们当时公开的文字未提此事，但是在讨论时实际已经设想到：万一今后塔里木的天然气资源不够怎么办？对此疑问当时确实有担心。如果确实如专家所言供气不足，我们就想办法从中亚引进来，每年 200 亿—300 亿立方米。

各省市当时都不愿意多要

除了上游资源量的不确定性，下游市场的消纳问题也是担忧之一。在我任工程建设领导小组组长时，对下游市场消纳进行了大量工作。

当时下游有很多担忧：其一，中国还没有多少人用过天然气，人们的第一反应是天然气很贵，用不起；其二，万一用上天然气以后，如果气源不稳定忽然断气了怎么办；其三，各地方政府对"照付不议"条款不理解。过去都没听过这一方式，理解成了不管用不用都得付钱，认为是霸王条款。其实，"照付不议"的英文是 Take-or-pay，是天然气供应的国际惯例和规则，指在市场变化情况下，付费不得变更，用户用气未达到此量仍须按此量付款；供气方供气未达到此量时，要对用户作相应补偿。而"照付不议"的表述则会给人一种错觉，似乎是个霸王条款，这其实是翻译的问题。所以针对这些担忧，我们就要到每个省市去做工作、去进行解释，也让各地的发改委给当地的用户企业做工作。

西气东输工程上游几省主要是过路，包括山西也没有落地什么气。从河南之后，进入到安徽，然后依次到江苏、上海以及浙江，下游市场就主要是安徽、江苏、上海、浙江这几个省市。当时各省市都有顾虑，不愿意多要。我们就要到各省市做工作，宣传天然气的好处，要各地同意和中石油签天然气购销协议。当时我在北京还专门搞了一个新闻发布会，请沿线各个省市都来人参加，我和中石油的马富才坐在台上进行宣讲。

徐锭明这个人性格和说话都比较急。当时为了宣传西气东输和天然气，他发明了一个著名的词，说这是"鸦片气"——你一旦用上天然气，就知道它的好处了，又干净又方便，一拧阀门气就来了，热值还特别高；"抽"上以后，"想戒都戒不掉"。

但这些都还不够，大家还不放心。后来我们又把沿线的省市领导、发改委主任请到塔里木的轮南进行现场观摩。轮南过去是边疆，很荒凉。中石油在沙漠中找了一块空地，等人都到齐后，当场在沙漠里点火，"砰"一声，火焰就高高地蹿起来，极为壮观，现场的人都赶紧拍照。我们就是用这种办法来让下游各省市接受的。

下游各省市的市场最后落实最积极的是江苏，上海也不错。比较麻烦的是浙江，一直到现在都还有后遗症。

浙江当时虽然很需要气，但有自己的考虑。因为如果东海有气，就可以在宁波登陆供应浙江。所以，我们最初设想以钱塘江为界，钱塘江以北用西气东输的气，钱塘江以南将来可以考虑用东海的气。差不多同时期，在广东和福建建了液化天然气的中海油到浙江省去游说，希望搞液化天然气项目。中海油的身段比较低，合作态度也比较好。

这些因素之下，浙江省希望"肥水不流外人田"。当时浙江省副省长王永明就提出成立一个浙江省管网公司，计划自己建设和管理省内管网，中石油只要把气送到浙江边界的湖州或嘉兴就可以了。浙江省和中海油一拍即合，成立了合资公司。所以现在浙江省内的天然气管网是浙江省和中海油合资的公司；中石油本希望通过自己的管线直接送到浙江省内，但浙江省不干，这让中石油挺生气，最后双方合同签了10亿立方米/年的供应量。

我后来曾经找过王永明副省长，说这种做法不妥——供气的不是中海油一家，单独和中海油合资不好，起码也要把中石油拉进来。他表示同意，但已经晚了，和中石油谈不拢。所以到现在为止，西气东输供到浙江的气还是10亿立方米/年。气也只是送到嘉兴或湖州，浙江省内管网跟中石油并无关系。

但就像我汇报西气东输工程时所说的那样，东海很长时间没有发现新的气田。如果当时把宝押在东海上，至少到现在这么长的时间还是没有足够的天然气供应。

江苏省差点也走了这个模式，后来被我否掉了。当时，江苏省，包括发改委主任在内的一些干部也想组建一个省管网和燃气公司，人都已经选好了。那时候李源潮同志是江苏省委书记，具体分管此事的则是副省长吴瑞林，他原来是南京金陵石化的总经理。那年两会期间，江苏省代表团住在亚运村附近的五洲大酒店，晚上我到酒店找李源潮书记，建议他让中石油负责把天然气直接送到江苏省内，不要单独再搞管网公司，具体到下面各市，就让市自己负责，最后李源潮书记接受了我的建议。后来，江苏省认购了60亿立方米/年，江苏省主干网也由中石油来负责建设。

这样一步一步，我们逐渐说服每个省市和中石油签下了"照付不议"协议。

各部门的协调非常复杂

当时确定管线路径和管输费用也很重要。

2000年七八月之际，我们在北戴河向国务院总理办公会汇报西气东输工程可行性研究工作。当时，我和徐锭明、胡卫平做了个幻灯片，里面有三四个可选的工程路线方案。

一条就是现在的路线，在陕北走靖边，在靖边可以和陕京管线相连接。出靖边后进入山西省，再从山西到河南，在郑州过黄河；而另一种则不经过山西省，从陕北南下到西安的临潼，从潼关出关进入河南的灵宝。还有一种方案是不走靖边，沿着陇海铁路直接走西安，然后再进入河南。最后选择了第一种方案。

我们当时更倾向于管道走靖边，与陕京管线连接起来。因为当时在长庆油田已经发现有天然气，可以和西气东输的气源相互调节。东可送上海，北可经陕京管线送到北京。

而管输费和输电费的问题一样，都由价格司决定。定价原则是成本覆盖加适当利润。当时全线的平均管输费是每立方米 0.84 元，而井口气价每立方米才 0.49 元，管输费比井口价还要贵，两者相加的价格全线平均是每立方米 1.33 元。先算出一个全线平均价，然后根据距离远近，各个省市的管输费距离远的多一点，距离近的就少一点。

那个时候各省市提的意见，管输费应该按照距离远近略有差异。到安徽便宜一点，到江苏稍微贵一点，到上海再贵一点。后来就按照这个原则给每个省定一个气价，离得近的价钱就便宜一点。

西气东输的下游市场目标定在了长三角几省市。但在设计管道工程走向时要评估沿线市场潜力和工程技术的特点来决定线路走向，需要做好途经省市的工作。

实际上主要并不是按照沿线的市场潜力，而是完全根据路线本身的工程特点进行设计的。西气东输经过甘肃的路程最长，要求甘肃省政府做很多工作，要征地需要和老百姓沟通。而管道对甘肃来讲主要是过路，但当地的人很讲政治，在西气东输这样的国家任务面前，甘肃省委省政府一直都积极给予支持。

那个时候要用汽车运送管子，一辆车最多运十几根，一直从东部运到新疆去。而沿途公路都有关卡，要交过路费，但这些车刷上一条标语：西气东输。关卡每每看到"西气东输"四字，就免费放行。再比如，西气东输经过河南省时，要穿越黄河，向当地农民征用林地赔偿的问题也产生过纠纷。这些问题，中石油和国家计委都没法摆平，我们就找了河南省委省政府帮忙。由地方政府出面与农民进行协商。各地方政府帮着做了很多这样的工作。

再举个例子，当时西气东输管道要在南京穿越长江，负责施工的是中国台湾的中鼎公司，因为他们有江底穿越的建设经验。江底隧道穿越的工程建设其实很危险，因为如果施工过程中一旦停电，江底下一片漆黑，水泵一旦排不了水，会发生灌入江水淹掉的可能。为了保证安全，就一定要有多条供电线路供电，其中就要从南京的栖霞山接一条线路，当时江苏省南京市都无偿地照办了。沿途有很多这种感人的事迹，尤其是像甘肃、河南等省份。故事太长，三天三夜也讲不完。

管道工程牵涉多个省份及诸多部门，协调工作量很大，是个非常复杂的问题。

比如，西气东输要经过的地方很多已有铁路了，管线要从铁路底下钻过去，需要铁道部同意；同样，穿越公路要征得交通部同意；穿越黄河、长江等河流要征得水利部同意；占用林地要林业部同意。西气东输工程要三次穿越黄河——两次要从河底下穿过去。黄河是游动的，在郑州的黄河河道有20多公里宽，要用五段顶压法穿越。要打五口沉井下去，在井下把管子顶推过去，再从下一个井冒上来，然后再从第二口井往下一个井顶推，这需要很多部门的互相配合。比如小浪底调沙调水了，如果没有通知施工人员，那这口井就被冲掉了。又比如，管道要经过罗布泊原子弹试验基地的一角，这里属于军事禁区，必须要有中央军委的同意才能穿过。

还有很多想象不到的问题。比如，文物局突然提出意见，说管道穿过古长城了，不能穿。甚至到了上海，还有问题。当时进上海的第一站要经过白鹤镇。这个地方有个棚户区，有很多仓库，所以上海希望管道经过此地，正好进行拆迁工作。但对中石油来说，这样要多花很多钱，他们就不愿意走。这些工作都需要我们出面进行大量的协调。

在上海的事情上，就是我出面去找当时的上海市长韩正同志，最后韩正同志协调才解决的。这里面各个部门的协调非常复杂。

不能为了合资而合资

2000 年 2 月 14 日开国务院会议时，朱镕基总理主张西气东输工程跟国际上的大油气公司进行合资。一是我们中国还没建设过这么大型的管道项目，没有经验，而通过和大型石油公司合资可以获得很多建长输管道的经验。他说，气源在我们手里头、市场在我们手里头，只是中游管道合资，怕什么？

大家都觉得这个想法很好，所以一开始，全部方案都是按照跟外资合资来设计的，并且公开宣传，表示这个管道工程愿意跟外商合资，欢迎外资企业来投标。中石油广发"英雄帖"，发了 80 多份招标书，初筛选了 19 家，再之后又评了 3 家，最后才变成 1 家，确定壳牌为合作方。

和壳牌谈判了两年多的时间，但最后以失败告终。双方存在争议的地方非常多，所以尽管我们做了很多让步，最后仍然谈不拢。我觉得，外商思维方式和文化上与中国的差异，是谈判失败的根本原因。

举一个小的差异细节，在中石油和壳牌谈判的最后阶段，一度准备谈妥，在人民大会堂要举行合作备忘录的草签仪式。壳牌当时派来了一个庞大的代表团，住在建国门桥的凯悦饭店。那天的原计划是由国务院副总理吴邦国主持签字仪式，由朱镕基总理在人民大会堂接见代表团。

仪式当天，壳牌的人却不见踪影。因为前几天，他们听到一个消息说中国的涉外税制要改变。老的外资法对于外商企业实行的是"两免三减半"，就是两年免税、三年减半征收企业的所得税。而壳牌听到消息说要统一改成国民待遇，就是国内和国外企业都按照23%征收所得税，而此前国内企业的所得税是33%。

壳牌因此很不放心，税率一变就会影响他们的收益。所以，他们就跑到财政部去问。事实上，当时财政部的方案可能正在酝酿当中，并没有形成正式文件，就给出了比较含糊的回答：我们的税制不会产生大的变化，而且即便有大的变化，也不会影响到这个工程的收益。财政部这个同志的回答，还是从促成这个项目合作的角度来考虑的。

但壳牌则表示，他们要跟董事会去汇报，需要有书面证明。财政部也破例出了个函，我们现在叫安慰函。函上就说：我们国家的涉外税制不会产生大的变化；即便产生变化，也不会使这个项目的收益受到大的影响。写这个函的人可能认为这样写已经很不错了，但是外国人拿了这个反倒更不放心。中国人都讲大概其，而外国人一定要有数量概念。不会有大的变化，变5%算大还是变15%算大？不会使我的收益受到大的影响，大的概念是什么？

当时的税制也还只是一种讨论，并没有定论，财政部因此不可能给壳牌出函解释"大"的概念。所以，财政部就拒绝进一步解释。因此，草签仪式的前一天晚上，中石油的马富才还在与壳牌直接进行谈判，一直谈到半夜，壳牌就是不签字。

而我则是夹在中间，这边领导人以为你们谈好了等着接见；另一边，壳牌不肯出宾馆，我很着急也很尴尬。就跑去跟曾培炎汇报，曾培炎表示，可以由发改委出个"安慰函"，向壳牌解释一下情况。

但"安慰函"要翻译成英文，当时找了发改委里面英文最好的人来翻，一个是现在在美国当经济参赞的李斌，一个是现在国家能源局国际合作司副司长顾骏。"安慰函"表示："财政部说，税制不会有大的变化，实际上是没什么变化。"但"大"字怎么翻译？no significant change? no big change? 想了很多词，越说越不对，越说越糊涂。最后，我开玩笑说，那就不用翻了，就用汉语拼音"DA"算了。

最后壳牌也接受了这个"安慰函"，他们也着急，因为这毕竟意味着国与国之间的合作，而且这还不是最后的合同签字，只是一个意向草签，所以这次壳牌签了。

类似这样的差异非常多，最后壳牌的董事会无法通过，壳牌和中石油对于投资回报率等问题也都难以谈拢。

当时的合资方案中，还有俄罗斯天然气公司 Gazprom 和中石化等。我们当时内部讨论，认为俄罗斯天然气公司 Gazprom 不行。俄罗斯一直是计划经济体系，此前还没有与外国企业合资的实例，把它弄进来，我们担心将来的董事会估计会吵得一塌糊涂。大家对俄罗斯天然气公司还是不大能接受。最后就想劝俄罗斯不要参加，朱镕基在接见 Gazprom 公司的时候，亲自和他们说，大意是我们这次的管道工程很庞大、很复杂，你们就先别参加了，将来在别的领域再合作。俄罗斯人接受了，也就退出了。

中间过程的确是有中石化。当时，李毅中是中石化的董事长，他非常想参与这个项目。李毅中是比较讲政治的。一是这么大的全国性工程中石化不参与觉得不好。二是中石化在新疆还有塔河油田，合并进来的新星石油公司在新疆原来也有一块油气田。所以在他的力争之下，就给了中石化 5%。但后来外资撤出后，中石化只有 5% 的股权，考虑到对项目没有什么话语权，就全部退出来了。

中石油开始时对与外资合作的态度是贯彻国家的决策，是积极的。但后来壳牌要价太高，中石油认为一旦合资，我方会吃较大的亏；而且管道项目外资合作的初衷是因为我国缺少经验，中石油认为自己可以努力进行攻关。他们因此多次来找我谈，表示不希望合资了。开始我还劝他们——这是朱镕基总理决定的方案，而且朱总理讲了，（上下游）两头在手里我们怕什么？中间管道我们还可以学到很多经验，比如储气库我们还从来没建过，怎么建都不知道……但马富才的观点则是，这些技术就是一层窗户纸，虽然现在不知道，但自己一旦建了可以慢慢掌握；既然两头都是我们的，中间我们自己也能干。

最后，经过反复研究和汇报，我们还是尊重了企业的意见。如果能达成合资协议，我们可能会觉得很振奋，这会是改革开放以来最大的合资企业。但如果确实谈不拢，那么我们仍然要以国家和企业利益为重，不能为了合资而合资，合资并不是政府强制的目标。

现在回头来看，我觉得中止合资的决定是对的，当时最大的担心是经验不足，想通过外商合资来弥补。后来证明，经过我们自己的努力，包括技术、材料设备、管理问题，我们还是能够胜任的。而壳牌一直到现在都非常后悔。

国产化需要开明用户的支持

西气东输管道的压力定的是 10MPA，埋在地底下的管材需要保证抗腐蚀、承受输气压力等因素，需要用 X70 钢。我们国家以前从来没有生产过。当时我们找了国内最著名的几家钢铁厂，包括宝钢、武钢和鞍钢进行攻关。这些国内顶尖钢铁企业研发出来了，他们第一次就参加了投标。

第一轮投标，马富才来找我谈话：投标的结果是韩国公司的报价最便宜。中石油作为投资业主是按照谁便宜买谁，还是要扶持国产化？我当时也很矛盾，如果按照价格和招标原则应该选韩国人，但国内企业已经投入攻关，生产出来了，怎么处理？后来国内有企业向我表示，韩国公司的报价有蹊跷，很可能是为了把国内企业打压下去，故意报了个比成本低的"跳楼价"。那时候还没有反垄断这种概念，他们也不会拿起这个武器，企业也只知道找政府反映。

我就回复马富才说那你就买点国内的吧。马富才说，"中石油是企业啊，我建造成本 1400 多亿元，能省就省，买国内高价的，那么工程的造价成本就上去了。"企业家的角度确实也很有道理，既然韩国钢材便宜，就买韩国的好了。所以第一轮招标中石油买了不少韩国的钢材，也买了一点国内的。但第一轮招标量很小，我想的是，如果韩国公司的价格确实是"跳楼价"，弄虚作假只能做一次，长期亏本不可能，他们不能永远作假。

后来这个判断果然被验证了，第二轮招标时，由于第一次招标价格亏本，韩国浦项钢厂总部把第一次投标的负责人撤职了。因此，在第二次招标以后，都是用的国产钢材。

后来 X70 也不够了，管子压力要求输送容量更大了，又出来 X80，现在已经到了 X90、X100，这样就填补了我们国家钢材的一个空白。

其他重要的设备主要是长输管道的压缩机、燃气轮机以及 40 英寸的球阀，这些装备我们当时都不会做。所以，西气东输一线的压缩机和燃气轮机几乎 100% 用国外产的，都是英国罗罗公司中标，这家公司的主业就是飞机发动机和燃气轮机。

一线工程 4000 公里，距离很长，每隔一段距离就需要有压气站加压，管线沿途要经过若干个加压站，而每个加压站里都有若干台压缩机。有电的地方，就用电来带动压缩机。但在荒山野岭、渺无人迹的地方，往往没有电，就只能用燃气机组加压缩机组带动，由它本身的气带动燃气轮机做功，再带动压缩机加压。这个设备国内做不出来，因为压缩机每分钟 4000 多转，要求的速度非常快。我当时也曾问负责工程的人，能不能改用国产装备。他们一句话就把我噎回去了，他们说：要是用了国产的，一旦出了故障，下游有一两亿人用不上气，谁来负责？所以第一轮全部买的国外的压缩机。

我对此事一直耿耿于怀，一定要把这些设备的国产化攻下来，所以布置了能源局科技装备司去负责此事。压缩机，让沈阳鼓风机厂做；燃气机，最早找的是中航工业沈阳黎明航空发动机厂，但他们要价太高，而且什么都要求以他们为主，所以就选了另外一家中船重工哈尔滨 703 所，他们的主营是船舶里的燃气机，态度比较好，愿意合作。电驱部分则由哈尔滨电机厂来做电机。为此，这些企业进行了大量的投入，而且还做了试验台。

但设备做好了，企业还是不敢用，你怎么能保证不出问题呢？这要求用户要开明。中石油一位副总经理分管这块，和我在西气东输工程中一直有很多配合，我觉得他很开明、很有激情，也很支持国产化。当时，下面的人一直不放心，想买国外的设备，他就一直做下面的说服工作。我们商量，选定陕西高陵压气站作为第一个试验站，压气站一般共 5 台压缩机，4 开 1 备。4 台用进口的，备用用国产的，甚至可以用备用的先开起来，如果有问题，还有进口的在备着。因此，压缩机和电驱研发出来以后，就慢慢用上了，这两种设备目前在西气东输已经全部国产化，只有燃压机组还没用上。

另外，40 吋的球阀开始也需要进口，攻关之后也做出来了。负责此事的是机械工业联合会原来的总工程师隋永滨和现在能源局科技司的黄鹂。他们一直很支持装备国产化。现在 40 吋的球阀，基本上是国内做的。

这三样最主要的东西，一个压气机一个燃气机一个球阀，统称

"两机一阀"，这样就基本上实现了国产化。西气东输三线中，目前基本都采用国产的设备。

当时，中石化在普光发现了新的气田，他们希望比照"西气东输"喊出一个响亮的口号，所以要搞"川气出川"。后来就在北京的怀柔开会进行详细的论证，中石油、中石化的专家组都去了，我是会议的主持。

我其实不主张搞"川气出川"。普光的现场我去过，发现普光气田是很让人兴奋的。但那时候四川年年为天然气告急，四川省天然气供给不够，普光在川东，而川西天然气不够，急需供应。比如德阳这些川西城市，有很多的工业配置，如东方电机厂、二重等等，而很多工业都需要用天然气。所以，那时候我的意见是，如果普光有较大的发现，也可以首先将川西和川东连接起来，让川西用上普光的气；如果以后证明产量确实很大，再去搞"川气出川"也来得及。

但是中石化一门心思要搞这个大工程，在会上拼命力争。四川省当时来了省人大常委会副主任甘道明，四川省发改委分管能源负责人李亚平，他们坚决不同意搞"川气出川"；重庆也反对，对他们来说，即使川东有气，还可以在川南和重庆搞天然气化工，重庆三峡移民还有很多就业问题。会上两种意见争论得非常厉害，而我基本上是倾向四川的意见。会上争论得很厉害，这个事就摞下了。

我卸任后，"川气出川"的项目才由后来的分管主任签出去了。

不能因为管道亏钱

西一线管道运营本身是赚钱的，中石油成立了西气东输公司，最开始我们希望公司总部放在新疆，但最后中石油定在了上海。西气东输公司单独核算，就是买进来多少气，再卖给下游用户，只收管输费。当时定的平均管输费是每立方米 0.84 元，现在我估计应该超过 1

元了。所以，西一线的管道收益还是可以的。

后来中石油把西气东输公司以宁夏中卫为界拆成了两部分，中卫以西归西部管道公司管，中卫以东归西气东输管道公司管了。

但是中石油的整个天然气板块还是亏损的。这不是因为管道亏，而是因为西气东输和进口的中亚天然气接起来以后，国家卖给老百姓的天然气价格一直控制在2—3元左右，但中石油买进中亚天然气在新疆霍尔果斯口岸的门站价已经是每千立方米382美元，换算成人民币每立方米超过2元了。

当时，中亚天然气进口是我和土库曼斯坦总统尼亚佐夫谈的。当时土库曼斯坦卖给俄罗斯的天然气价格是每千立方米90美元，等我们谈判成功时，土库曼斯坦出口天然气价格已经到了每千立方米200多美元了，现在已经到了每千立方米382美元。按照现在的汇率计算，边境价格约在每立方米2.28元，这还没算上到边境那么长管道的管输费——从西气东输管道接到边境还有1000多公里，如果再加上这段的费用，那管输费就在每立方米1.2元左右。两者相加就已经是3.48元的成本了，但却不能以这么高的价格卖给居民用气。所以，中石油整个公司尽管盈利很好，但天然气板块单独来说则是亏本的。2013年调了一次价应该好一些了。

重大基础设施和重大装备要有国家意志

我常常想起，朱镕基总理提出建设西气东输工程的设想之后，曾经亲自去了一趟新疆。我们在轮南吃的中饭，吃完中午饭以后朱镕基的一段话给西气东输定了调子。他说，西气东输管道是在中华人民共和国的版图上画了浓墨重彩的一笔。后来我的文章也常引用这句话。

中国是个使用天然气历史悠久的国家，《天工开物》这本书里面就有描述，四川自贡用天然气熬盐。用天然气的历史很长，但是真正作为能源来使用，还非常年轻。长庆油田开发有了陕京管线，另一个就是四川盆地。但当时量都不大，只是在区域内供气。因此，西气东输确实使中国天然气行业得到了飞跃性的提升。

从战略意义来讲，如果没有西气东输，后来的中亚天然气管道也就不可能建成。中亚天然气进口之所以能够下定决心，是因为国内西一线已经建成了。中亚进口的天然气，其管线只要跟新疆的西气东输管道接上就行。这无疑为后来的中亚天然气管道的决定和建设奠定了基础。

这给我们一个启示，搞基础设施建设的时候一定要有超前意识，不能可丁可卯就是这么多，因为基础设施往往会带动更大的发展空间。

可是过去到现在，我们的许多老专家在评估时普遍都有压规模、压投资的倾向，因为我们50多年来就有这类思维的传统——节约，超前就是浪费。这就导致了很多项目，包括铁路、公路、机场，建好了以后容量或运力马上就不够了。前段时间，我在珠海的横琴参加一个论坛，举了珠海机场的例子。这个机场的建设我们之前是受批判的，人们说这是重复建设、盲目建设的典型。珠三角地区原来就有香港机场、广州机场，后来又有了深圳机场，珠海为什么还要建一个机场啊？现实是，后来广州机场、深圳机场不够用，都进行了扩建。珠海机场每年有40%的客流量增长率，现在已经接近500万人次了，而且依托机场还搞了航展，建起了空港工业区，引入了发动机修理厂。如果没有这个机场，航空工业的这些发展不会落到这个地方。

此前，在我主持制定铁路中长期规划时，曾和铁道部及评估专家有过争议。我在规划会上陈词："有的情况下当前运力没有达到1000万吨，但一旦修了铁路，潜在运力就会诱发出来。运力超过1000万吨需要筑铁路和运力没有1000万吨但筑了铁路后运力超过1000万吨，有时是双向影响的。如果不是筑了铁路，石家庄至今可能还是一个庄而不是省会。"

2010年初我陪同时任国家副主席习近平访俄时来到海参崴火车站，矗立于火车站中的西伯利亚大铁路起点标志上醒目地写着西伯利亚大铁路——起于莫斯科，东抵符拉迪沃斯托克（海参崴），总长9332公里，跨越了8个时区，这是目前世界上最长、最壮观的铁路。我每次站在这一标志起点面前都不禁浮想联翩：这条铁路建于近100年前，在当时的技术水平和财力下，这么长的铁路经过怎样的论证和决策？而这样一个大型的项目，占当时沙俄政府财政收入的比重肯定非常大，设想西伯利亚大铁路放在今天中国的环境和程序下去决策，会有怎样的争论和结果？

百年前西伯利亚大铁路的建设，深刻地改变了近代远东的政经格局，对当时的中国也产生了巨大影响，为俄罗斯带来了巨大的地缘政治利益。

当然，很多事情应该交由市场来做，但仍有不少重大基础设施和重大装备要有国家意志，投入国家财力。对于重大基础设施往往不能只算经济账，而要考虑政治账和历史账。我认为，政治领导人和经济规划工作者都应以广阔的全球视野和深邃的战略眼光来谋划和决策这类重大基础设施项目。

中俄原油管道十五年谈判[*]

为什么要建设中俄原油管道

中国曾是个贫油国家，解放前使用的汽油、柴油几乎全要靠进口，所以叫"洋油"。20世纪50年代末60年代初中国发现和开发了大庆油田，1963年实现了石油自给，其后并有少量出口换汇。但随着中国经济发展和人民生活水平提高，石油需求迅速增加，原油自给只维持了30年。到了1993年，原油进出相抵又成了原油净进口国，并且逐年增加。2016年，中国进口原油3.8亿吨，自产两亿吨，原油的对外依存度已经超过了60%。

20世纪90年代，大庆油田开采逐渐从自喷、抽采到注水，并且注水开采比重越来越大，又发展出三次开采技术，注入有洗涤功能的化学剂，将石油从岩缝中洗出。石油部门意识到大庆油田逐渐从盛产期开始进入衰退期。而大庆油田已经成为我国主要炼油厂的原油来源，大庆原油通过铺设到吉林、辽宁等地的原油管道向这些地区的炼油厂供应原油。随着大庆油田的减产，这些炼油厂的原料供应将出现问题。所以，石油部门从20世纪90年代就开始与俄罗斯方面接触，探索从俄罗斯西伯利亚的油田建设到大庆的管道，以弥补大庆原油产

———————————
　　* 本文是张国宝发表在《中国经济周刊》2018年第2期上的文章。原标题为《中俄原油管道十五年谈判纪实》。

量下降造成的供应不足。

最初以私营的俄罗斯尤科斯石油公司为合作伙伴

最初的考虑是从俄罗斯的萨哈、恰扬金等油田建设管道到大庆，但是与俄罗斯的谈判十分艰难，始终没有实质性进展。

1994年，中石油与俄罗斯民营石油企业尤科斯公司接触。苏联解体后出现了许多私营企业，其中较大的是这个尤科斯石油公司，它的总裁霍多尔科夫斯基是莫斯科伏龙芝区共青团的副书记，苏联解体后他"下海"成立了公司和银行，其属下机构在私有化浪潮中收购了尤科斯石油公司的股份，并逐步持有了尤科斯90%的股份，该公司采用股份制，其中募集资金中也有美国公民的股份。

尤科斯公司对与中石油合作建设中俄原油管道比俄罗斯国家石油公司积极。

尤科斯公司提出了"安大线"方案——从俄罗斯的安加尔斯克油田铺设原油管道到大庆，简称"安大线"。"安大线"西起俄罗斯伊尔库茨克州的安加尔斯克油田，向南进入布里亚特共和国，绕过贝加尔湖后一路向东，经过赤塔州进入中国，直达大庆。这个方案很符合中石油的想法，所以一直以俄罗斯尤科斯公司为主要谈判对手。

1996年，中俄双方企业完成了"安大线"的项目预可行性研究，但是直到1999年我任国家发展和计划委员会副主任时仍未能谈出结果。2001年9月，中石油和尤科斯公司及俄罗斯管道运输公司签署了关于开展"安大线"项目可行性研究的总协议，但是俄罗斯联邦政府似乎与尤科斯公司想法并不一致，项目没有实质性进展。

中方同意用支付田湾核电站 14 亿美元现汇换取
俄方同意建设中俄原油管道

我任国家发展和计划委员会副主任后分管能源、原材料工业，开始直接介入进口俄罗斯原油和建设原油管道的谈判。有一次，中石油总经理马富才从俄罗斯谈判回来，向国务院总理朱镕基报告了一个信息说：俄方提出，如果能把俄罗斯向江苏连云港田湾核电站提供设备的 14 亿美元易货贸易资金改成以现汇付给俄罗斯，俄方将同意建设中俄原油管道。

田湾核电站采用俄罗斯技术和设备建设。当时苏联解体，俄罗斯经济困难，急于出口核电这样的重大装备，于是与中国谈成了一个易货贸易的买卖，即中方不付现汇买设备，俄方向中方提供 14 亿美元的设备贷款，中方以纺织品、轻工业品、家电等出口物资偿还，这对中方颇具吸引力。到朱镕基同志任总理的 20 世纪 90 年代末期，我国外汇储备状况已经大为改观，不再在意支付这 14 亿美元现汇了。

朱镕基总理听了马富才同志的这一信息后，决定答应俄方意见，将田湾核电站的 14 亿美元易货贸易以现汇形式支付给俄方，以换取俄方答应建设中俄原油管道，并派我率团赴俄罗斯谈判落实。我即赴俄，住进中国驻俄罗斯大使馆，以不公开的形式与俄罗斯的各有关部门商谈。俄方派一名财政部的女司长陪同我们。我先后走访了俄罗斯经济发展部、财政部等部门，但感觉俄方态度并不像马富才同志传递的信息那样。俄方对中方支付田湾核电站外汇以换取俄方答应建设中俄原油管道一事莫衷一是，推诿敷衍，这次出访没有取得什么进展，此事也就告吹了。我估计马富才同志的这一信息是从尤科斯公司那里听来的，或许是尤科斯公司给出的一个主意。

"安大线"与"安纳线"之争

之后，俄罗斯国内反对"安大线"方案的舆论越来越多，主要的反对理由是"安大线"经过贝加尔湖南端。贝加尔湖是世界上最大的淡水湖，号称占全球陆地淡水的1/5，是俄罗斯重要的自然保护区。俄罗斯担心石油管道一旦出现事故会污染贝加尔湖。另外，反对"安大线"的理由还有，俄罗斯应追求国家利益最大化，"安大线"只是将管道建到中国，向中国出口石油，应该考虑面向日本、韩国等亚洲国家的管道方案。

于是，"安纳线"的方案浮出水面。据说，"安纳线"的方案是由日本提出的。线路走向从伊尔库茨克州安加尔斯克油田出发，沿着贝加尔—阿穆尔大铁路和中俄边境地区，通往俄罗斯远东港口纳霍德卡。"安纳线"全程都在俄境内，而不是只通往中国。俄罗斯可以从太平洋岸边的纳霍德卡港将石油输往东亚其他国家。

日本也是一个需要进口石油的国家，也谋求进口来源的多元化，降低对中东石油的过度依赖，对俄罗斯只建通往中国大庆的原油管道心里是很不舒服的。2002年底，日本方面开始积极游说俄铺设"安纳线"。2003年上半年，日本首相小泉纯一郎两次与俄罗斯总统普京会晤，专门讨论能源合作问题。6月，时任日本外相川口顺子和前首相森喜朗访问俄远东地区，允诺为俄西伯利亚油田开发和管道建设提供75亿美元贷款，条件就是俄铺设"安纳线"。日本还想通过与俄能源合作，提高日本在远东地区的影响力，影响中俄全面战略协作伙伴关系，说白了就是要搅黄"安大线"。

由于日本的介入，俄内部开始重新讨论和确定中俄原油管道的线路走向。在按什么线路建设俄罗斯远东原油管道问题上，中日之间展开了暗中角力。

普京最终拍板"泰纳线",但悬念又出现

2003 年 5 月,正当中国国内非典疫情肆虐的时候,胡锦涛主席开始了他作为国家元首的首次出访,参加俄罗斯圣彼得堡建市 300 周年纪念活动和出席上合组织第三次元首会晤,我陪同出访。访俄期间,胡锦涛主席亲自做普京总统的工作,发表了上合组织莫斯科宣言,中俄全面战略协作伙伴关系更加巩固,有力地促进了俄罗斯下决心建设中俄原油管道工程。

经过两年多的论战和博弈,2004 年 12 月 31 日,由普京总统亲自拍板建设东西伯利亚—太平洋石油管道,即"泰纳线"方案,将"安大线"走向向北推了 400 多公里,远离了贝加尔湖,解决了俄罗斯国内长期争论的贝加尔湖环保问题。"泰纳线"东起伊尔库茨克州泰舍特,从贝加尔湖北面 400 多公里处经过,然后沿着贝加尔—阿穆尔大铁路,从斯科沃罗季诺开始沿着中俄边境地区延伸,最后到达太平洋港口纳霍德卡。

"泰纳线"分两期建设。一期工程首先铺设泰舍特—斯科沃罗季诺区段石油管道,设计年输油量为 3000 万吨,在纳霍德卡同时建设大型石油储存装置。斯科沃罗季诺位于中国黑龙江省漠河黑龙江对岸,管道由俄罗斯一侧黑龙江边的腾达穿越黑龙江,再由中方建设从漠河到大庆的管道。二期工程包括铺设斯科沃罗季诺—纳霍德卡石油管道,这一段的年输送能力为 5000 万吨,并将泰舍特—斯科沃罗季诺这段石油管道的年输油能力扩大为 8000 万吨。俄联邦政府颁布第 1731 号令,2005 年 4 月 26 日,俄罗斯工业和能源部颁布 91 号令,批准建设"泰纳线"。

最后决定管道线路走向的背景是中俄全面战略协作伙伴关系更加巩固,互信关系增强。俄罗斯方面意识到中国对建设中俄原油管道的

强烈愿望。事实上，中俄原油管道已经成了对中俄全面战略协作伙伴关系和两国互信的考验，同时也是俄国内政治、经济、社会因素和俄能源外交、维护俄国家利益最大化的考量，也体现了俄罗斯向东亚各国出口原油的能源外贸战略姿态。但是此时俄罗斯并未明确建设到中国大庆的管道，或者称之为"泰纳线"的支线。俄方甚至有人说，中国需要原油可以从纳霍德卡港进口嘛！中俄原油管道的建设还只是走完了万里长征的第一步，艰难的谈判和利益博弈还在后面。

现在回想起来，俄罗斯联邦政府对中俄原油管道迟迟不作决定与最初中石油选择尤科斯公司为合作方有关。尤科斯公司总裁霍多尔科夫斯基，在苏联解体私有化过程中"下海"办了尤科斯公司，政治上与当局不和，还有政治野心。2004 年俄罗斯联邦政府以偷税漏税为名开始调查尤科斯公司，霍多尔科夫斯基进了监狱。

胡锦涛主席访问俄罗斯时，曾让我和马富才到他下榻的总统饭店汇报与俄方谈判中俄原油管道的情况。我们过去时，胡锦涛主席和夫人刘永清正在吃晚饭，还给了我一块烤红薯，我拿在手里没有敢吃。马富才同志汇报强调中俄原油管道至今谈不成的原因主要是日本从中搅局。我记得胡锦涛主席听后说了一句，你们不要光从外面找原因，还应该从俄罗斯内部找找原因，但是当时我们没有领会。马富才和霍多尔科夫斯基第二天还举行了记者招待会，俄罗斯联邦政府只来了一个外交部副部长，可见政府态度不积极。

60 亿美元贷款换石油方案，赢得输油支线中国优先地位

俄联邦政府以偷税漏税罪逮捕霍多尔科夫斯基后，在 2004 年 12 月 19 日公开拍卖尤科斯公司的下属子公司尤甘斯克油气公司 76.79% 股份，用以解决尤科斯的税务问题。贝加尔金融集团以 93 亿美元左右等值卢布竞价胜出。此后，俄罗斯石油公司又通过收购贝加尔金融

集团全部股份，成为尤甘斯克公司 76.79% 股份的所有者。而尤科斯公司的美国股东在美国起诉俄罗斯联邦政府侵吞私有财产。俄罗斯石油公司为筹集资金向中国方面提出了贷款换石油的合作方案，希望从中国贷款 60 亿美元，俄方以销售石油款偿还。此前，中国的银行从未向外国企业一次性贷款如此大的金额。同时，苏联解体后俄罗斯经济下滑，中国国内舆论普遍对俄罗斯经济不看好，对俄罗斯的信用也持怀疑态度，向俄罗斯石油公司一次性贷款 60 亿美元在中国金融界很难得到支持。

时任国家发改委主任马凯召开会议协调各部门意见。只有马凯和我态度明确，主张给俄罗斯石油公司提供这笔贷款。我们认为中国需要购买俄罗斯的石油，而且从俄罗斯的进口量还在逐年增多，只要这笔贷款与中国购买俄罗斯石油挂钩，贷款的风险是可控的，应该抓住这个机会，扩大对俄能源合作，打破建设中俄原油管道的僵局。当时由陈元同志任行长的国家开发银行一向秉持按国家产业政策支持国家经济建设的贷款方针，陈元同志提出开发性金融的贷款思路。因此，国家开发银行表示只要国务院作出决策，国家开发银行愿意做这笔贷款的主贷银行。

国家发改委将协调情况和我们的意见上报国务院后得到国务院领导的支持，时任国务院副秘书长尤权同志发挥了积极的协调作用。他说服各部门作出了同意向俄罗斯石油公司发放 60 亿美元贷款，并与购买俄罗斯石油挂钩的贷款换石油方案，具体由中石油和国家开发银行与俄罗斯相应部门进行商务谈判。

2005 年 1 月 8 日，中石油与俄罗斯石油公司签署《关于进口 4840 万吨俄罗斯原油的长期贸易合同》。根据合同，俄罗斯方面将在 2005 年至 2010 年通过铁路向中国供油 4840 万吨，并从中方获得贷款 60 亿美元，以原油贸易获得的收益偿还贷款。国家开发银行也与俄方达成了贷款的商务条件，以国际 Libor 利率加 300 点的商业贷款利率。这个贷款利率是不低的，完全是按照商业原则进行，贷款期 6 年。设立一个专门的银行账户，中国向俄罗斯购油的购油款存入这个账户，从这个账户向国家开发银行按期偿还贷款利息和本金。中石油向俄罗斯石油购油的价格也完全按照国际油价，以布伦特、西得克萨斯、迪拜等国际油价按一定公式计算出来。在执行中，由于 Libor 利率提高，再加 300 点后已经超出了当时国际商业贷款的利率。应俄方要求，国家开发银行降低了一次加的点数，大概降为 Libor 加 200 多基本点，大致与国际商业贷款差不多的水平。后来有的媒体对中国购买俄罗斯石油的价格和贷款利率的妄加猜测都是不实之词。到 2011 年，俄方还清了全部 60 亿美元贷款和利息，中国也购买了 4840 万吨石油，真正实现了双赢。国家开发银行也以这笔贷款为发端，开始了国际金融业务，并且成为国家开发银行的一项重要业务。

后来俄罗斯石油公司谋求上市，要寻找战略合作伙伴。中石油、中石化当时上市时也是这么做的。BP、壳牌公司成了中石油、中石化的战略投资者，买了中石油、中石化 10% 的股份，但后来他们趁中石油、中石化股价好时抛售了，据说仅此赚的钱相当于他们此前在中国的投资。为此，两大石油公司非常恼火，认为他们"不够意思"，但是他们回应这是企业商业行为，无可指责。俄罗斯石油公司寻找战略投资者首先想到了中石油。马凯同志和我主张应趁此机会，争取在俄罗斯石油公司中多占些股份，这正是我们过去一直争取的。但是中石油更多地从当时的商业利益考虑，认为俄石油股价估高了。后来时任中石油副总经理周吉平向马凯和我报告，说买了俄罗斯石油公司 5 亿美元的战略投资者股票，俄罗斯石油公司很感谢我们。我当时听了就很不高兴，当着马凯同志面就说中石油，印度还买了 10 亿美元，我们的确应该是俄罗斯石油公司的战略合作伙伴，而且我们过去一直想拥有俄罗斯石油公司的上游资产，现在不正是机会吗？为什么我们买的还没有印度多？而中石油的解释是股价估高了。但俄罗斯石油公司上市后正值国际油价高涨，股价是上涨的。正是人算不如天算也。

这其中还有一个插曲——对俄油气合作一直是由中石油一家与俄罗斯洽谈，我们担心如果中石化等其他公司参与进来，中国国内企业间的恶性竞争会被俄方利用，对我们与俄罗斯的谈判不利，所以政府也认可只由中石油一家与俄方谈判，约束其他公司不要掺和。和中石油同为"三桶油"之一的中石化在对俄石油合作中不甘被边缘化，私下也买了俄石油的两亿美元股票。此外，中石化也与俄石油在私下进行接触，商议出由俄罗斯经由蒙古国，到北京燕山的又一条管道。但是这不符合最初我们想从俄罗斯进口原油弥补大庆油田产量下降的初衷，因此担心这一方案会搅黄已经在推进中的到大庆的管道方案。由国务院副总理曾培炎同志告知中石化董事长李毅中，希望中石化停止与俄罗斯谈判经蒙古国的管道，中石化于是退了出来。但是中石化还是通过铁路运输，经蒙古国到燕山石化进口了一部分俄罗斯石油。

贷款换石油的合作，促使俄方在建设通往中国的支线原油管道问题上态度趋于积极。2005 年 7 月 8 日，普京总统在苏格兰举行的记者招待会上首次表示，俄罗斯将在建设远东原油管道时优先铺设通往中国的输油支线。9 月 7 日，俄媒体报道，普京总统在克里姆林宫接见西方记者时说："东西伯利亚—太平洋管线一期工程将修至中国境内城市大庆，俄罗斯的石油首先输送到中国大庆，大庆支线的建成是第一位的，但最终会把管道修到纳霍德卡。"自此确定了中国优先的原则。

2006 年 3 月 21 日，普京总统访华，能源合作是中俄合作的一项重要内容，双方在能源领域签署了一系列重要文件，能源合作也进入了务实合作的新阶段。签署的文件包括中石油与俄罗斯管道运输公司的会谈纪要，纪要的核心内容是俄方将完成俄境内斯科沃罗季诺至中国边境段原油管道建设的项目建议书和投资论证，并提交俄联邦政府有关部门进行审查。在此之后，双方企业开始了紧锣密鼓的工作，包括完成从斯科沃罗季诺至中国边境段的踏勘、讨论黑龙江穿越方案等。

俄方对建设通往中国的原油管道态度趋于积极，但仍不明朗。尽管普京总统多次提出要建设到中国的支线管道，但俄联邦政府从未在两国政府正式签署的文件中明确中国支线管道的建设问题，中俄原油管道仍然扑朔迷离。

艰苦的马拉松式谈判——俄方不断提出附加条件

与俄方的谈判非常艰难，政府间协议由我和俄罗斯能源部副部长雅诺夫斯基主谈。雅诺夫斯基是位专家型领导，他认真细致而且有耐心，我对他的专业精神非常钦佩。但是"两国交兵，各为其主"，在谈判桌上他字斟句酌，锱铢必较，加上语言上的障碍，有时一个条款谈数个小时也是常有的事。

俄方对我们十分在意中俄原油管道建设非常清楚，他们在谈判中谋求本国利益最大化，常常将我方关切的中俄原油管道与俄罗斯关切的其他项目挂钩。例如：他们在协议文本中希望写进田湾核电站的三、四号机组仍采用俄罗斯原子能公司的技术设备；他们不能只是向中国出口原油，要求在天津投资炼油厂和加油站；要求写进中国每年从俄罗斯进口 1500 万吨煤炭；希望中方扩大进口俄罗斯电力；等等。此外，由于中俄之间长期存在的隔阂，双方都有戒心，对协议内容都非常小心，为哪句话在前、哪个条款在前也争论不休。文本除中俄两国文字以外，还必须在英、法语中选择一种文字作为副本。对争议时的仲裁法院和依据法律双方也有分歧。因此，我和雅诺夫斯基的谈判有时连续谈一天一夜，几十个小时。

2007 年 3 月，胡锦涛主席再次访俄，出席俄罗斯中国年活动，在与普京总统会晤中，中俄之间的能源合作是绕不开的话题。因此，我和中石油的有关人士提前去莫斯科打前站，希望在高访中能签下两国间政府协议。我和雅诺夫斯基又是一场一天一夜的马拉松式谈判。我吃下安眠药准备睡上一觉，这时候胡锦涛主席到达总统饭店，立即叫当时的秘书陈世炬听取我们打前站的谈判情况。第二天早上醒来，我发现我房间的沙发上睡了一个人。我都是一人一个房间，哪儿来的人？原来是我的秘书付超奇。他说昨晚在陈世炬那里开会汇报时，我就睡着了，是他和国家发改委外事司司长马欣把我架回房间的。当时谈判的艰辛可见一斑。

普京改任总理后，中俄原油管道合作未受影响

中俄原油管道的各项工作在各个层面继续往前推动。俄管道运输公司完成斯科沃罗季诺至中国边境段投资论证工作并提交审批后，2007 年 4 月 26 日，俄工程建设审查管理总局批准了该段管道建设的投资论证。在此基础上，2007 年 6 月中石油与俄管道运输公司又签署了《关于开展验收斯科沃罗季诺到中国边境段原油管道工程设计的纪要》。在 2007 年 7 月举行的第九次中俄能源合作委员会期间，我和时任俄罗斯能源部部长什马特科共同希望两国企业就签署中俄原油管道建设政府间协议进行协商，并尽快向两国政府提出建议。此后，中方向俄方提交了协议文本草案。2008 年 5 月，梅德韦杰夫就任俄罗斯总统，普京就任俄罗斯联邦政府总理。2008 年 7 月，俄管道运输公司完成斯科沃罗季诺至中国边境原油管道的工程设计并提交俄联邦政府审批，推动管道建设的各项准备工作在工作层面朝着目标有条不紊地进行着。

在另一条轨道上，签署 2010 年后新的中俄长期原油贸易合同的谈判也在进行中，供油方式由管道输送原油代替之前的铁路运输。谈判的难点问题是价格。俄方谈判人员表示，双方能否就未来长期合同价格达成一致是俄联邦政府下决心建设中俄原油管道的重要前提。经过艰苦谈判，双方逐渐就长期贸易合同的数量（1000 万—1500 万吨 / 年）、供油开始时间（2011 年 1 月 1 日）和期限（10—20 年）达成共识。

2008 年 8 月 18 日，我主持召开会议，讨论中俄油气合作进展情况。当时中俄双方企业仍未就定价原则和公式达成一致，但商定要尽快完成合同谈判，以争取在 10 月底前签署长期原油贸易合同。但 9 月 22 日，中石油与俄石油高层领导会见时仍未能达成一致。分歧的焦点是俄方坚持以太平洋港口纳霍德卡的石油价格为向中国的售价，俄方希望将来纳霍德卡油价能成为继布伦特、西得克萨斯、迪拜后的又一个国际油价标准。而中方要求向中国出口的油价应该是纳霍德卡油价减去斯科沃罗季诺到纳霍德卡的管道运输费用。

中俄副总理级能源谈判机制设立

在国家层面上，中俄两国领导人对能源合作高度关注和重视。2008 年 5 月，两国元首倡议成立副总理级能源谈判机制。7 月 26 日，国务院副总理王岐山和俄罗斯副总理谢钦在北京启动中俄能源谈判机制，并举行首次会晤。能源谈判代表机制采取非定期会晤方式，根据合作进展的需要由一方或双方代表提议召开。

2008 年 10 月底，国务院总理温家宝访问俄罗斯并与俄罗斯总理普京举行中俄总理第 13 次定期会晤。两国高层领导的会晤照例又是一次推动两国能源合作的好机会。为此，在温家宝总理到访之前，中俄能源合作分委会（分别由我和俄罗斯能源部部长什马特科牵头）和新设立的副总理级能源谈判机制相继在莫斯科召开，为温家宝总理访问俄罗斯做好准备。

2008 年 10 月 23 日上午，我与俄罗斯能源部部长什马特科共同主持召开中俄能源合作分委会第 10 次会议。分委会的焦点议题是中俄原油管道。在此前磋商分委会纪要文本时，中方希望在政府层面明确建设中俄原油管道，提出在此次两国总理会晤期间签署政府间文件，但俄方只同意由企业继续完成管道建设的工程设计和俄罗斯联邦政府审批等工作。

敲定原油定价公式

在会场外的另一个谈判场，中石油与俄石油就长期原油贸易的合同价格机制终于达成一致，解决了制约建设中俄原油管道的关键问题。俄方向中国出口原油价格为纳霍德卡油价减去斯科沃罗季诺到纳霍德卡的运费。给出的价格公式是 $P=N-T$，T 是多少仍未确定，中方要求减去 10 美元 / 桶，这个要价肯定是期望值太大，俄方是绝对不会答应的，中石油也知道不可能，只是作为最初讨价还价的要价。而俄罗斯能源部部长什马特科后来与我交涉要求 T 为零，我当然不能答应。我回应，T 如为零，为什么当初双方谈成的价格公式中有减去 T 的部分？这个悬案就一直留了下来。直到后来王岐山副总理与谢钦副总理磋商，T 的值逐渐靠拢，最终达成了一致。

文本草签仪式上，中俄谈判人员相拥而泣

但是两国政府间的协议仍然处于胶着状态，俄方态度仍不可捉摸，他们好像还在等待着什么。

2008 年 10 月 24 日，俄方未安排继续谈判。雅诺夫斯基副部长说今天没什么事，问我愿不愿意参观俄罗斯石油公司总部，我想今天

没什么事，就答应了。到了俄罗斯石油公司总部，他们告诉我今天来得正巧，俄罗斯副总理谢钦、能源部部长什马特科及俄罗斯石油公司、俄罗斯管道公司、俄罗斯天然气公司等五大能源巨头正巧也在俄罗斯石油公司研究工作，问我愿不愿意见见。我当然愿意。就以这种"巧遇"方式，我在俄石油总部会见了俄罗斯副总理谢钦。

谢钦副总理非常热情，他在会客室对我说，中国需要石油，俄罗斯有石油，也愿意向中国出口石油，但是自他担任俄罗斯分管能源的副总理后认真审视了俄罗斯向中国出口原油的方案，认为现有俄罗斯的石油生产能力不能保证连续 20 年每年向中国出口 1500 万吨原油，必须开发新的油田和建设输油管道。他立即叫人拿来了地图，铺在地板上指给我看俄罗斯现有油田分布和探明储量的情况。他指着泰舍特附近一处说，必须开发这个新的油田，同时管道经过沼泽地，建设难度很大，需要大量投资，而俄罗斯没有那么多资金投入。他提出，如果中方能提供 150 亿美元贷款，俄方才能建设中俄原油管道，管道输油量 1500 万吨 / 年。2007 年起美国次贷危机引发全球性金融危机，油价暴跌，卢布贬值，俄企业确实面临资金短缺的困难。我表示这一情况我必须向国内汇报。从俄罗斯石油公司回来后我立即通过使馆向国内报告。中方内部紧急组织研究，当天由国务院副秘书长尤权开会协调各方面意见。

我们一行被安排在莫斯科附近的外交公寓，自己生壁炉取暖，我表面欣赏伏尔加河的秋景，心中却非常焦急，因为我知道国内的办事程序，有些方面机构林立，意见往往莫衷一是而贻误战机，这就要看协调人的能力和领导的决心了。可喜的是，莫斯科时间凌晨 3 点多，中方代表团接到国内反馈，同意提供贷款，前提是敲定中俄原油管道的建设。我的心才落了地，感谢国内的重视，强有力而及时的协调。我再无睡意，索性起床独自一人到伏尔加河边散步，直看到朝霞映红了整个河面。天亮后，我立即请陪同我的驻俄使馆经济参赞裴建胜通知俄方，举行了文本的草签仪式。长期从事中俄原油管道谈判的工作人员也抑制不住心中的激动，俄罗斯能源部的一个老头抱起了中方的年轻翻译曹伟，相拥而泣。

俄方又将贷款额增加到 250 亿美元

2008 年 10 月 26 日，王岐山副总理在国务院副秘书长毕井泉陪同下到达莫斯科，与谢钦副总理进行中俄能源谈判代表会晤。

我去机场迎接王岐山副总理时还出了一个差错。大使馆裴建胜参赞安排车辆和确定出发时间，我担心莫斯科交通拥堵，要求提前出发，而裴建胜认为时间完全充裕，结果被堵在路上进不得退不得。王岐山副总理乘坐的飞机已经降落在机场，而我还在路上。我灵机一动，下车翻过附近一个过街天桥，截了一辆出租车，向回程方向赶回宾馆，赶在王岐山副总理到达宾馆前在宾馆门口迎接他。

第二天王岐山副总理与谢钦副总理的会晤中，俄方将贷款数额提高至 250 亿美元。中方研究后表示同意，要求两国能源主管部门具体落实。

昼夜鏖战，银行的意见让我恼火

2008 年 10 月 27 日下午，我即与俄罗斯能源部副部长雅诺夫斯基商谈中俄两国关于中俄原油管道、提供贷款等事项的政府间文件。会谈在俄总统饭店进行，气氛非常友好，但在具体的文本表述上双方严谨细致、据理力争。

在谈到 28 日凌晨 4 点时，文本才基本达成一致，双方主谈人一直紧绷的神经也才放松下来。雅诺夫斯基邀我到大厅喝点什么，让工作人员整理打印文件。凌晨 4 点，大厅酒吧无工作人员，雅诺夫斯基点起一根烟的时候，我从来不抽烟，也高兴地向他要了一支，这是一种细长的烟，像是女性抽的，我们还开起了美国能源部部长博德曼的玩笑。雅诺夫斯基一高兴，对我说，我们还可以在文本最后加上一句话，双方还可以探讨俄罗斯向中国每年出口 3000 万吨原油的可能性。我一听很高兴，同意加上，我认为这是一个额外收获，没想到这句话惹了麻烦。

一切就绪后，雅诺夫斯基回家睡觉了。6 点钟毕井泉副秘书长要了我和雅诺夫斯基敲定的协议草案，征求代表团中其他部门同志的意见。代表团中一位银行的领导认为加进去的最后一句话不妥，他认为俄罗斯承诺每年向中国出口 1500 万吨原油是和中方向俄方提供 250 亿美元贷款挂钩的，现在写上俄罗斯向中国出口 3000 万吨的可能性，是否俄方隐含将来要求中方再提供 250 亿美元贷款？所以银行要求删掉最后一句话。但此时我已经找不到雅诺夫斯基，他已经回家睡觉了，我只好拜托裴建胜参赞设法找到雅诺夫斯基去掉加上去的这句话。我也很生气，我们银行的人就是这样的思维?! 所以我也不客气地说，你们买美国那么多债券经过哪个部门讨论了？更何况协议文本中并未出现俄方要求中方再贷 250 亿美元的内容！

俄方临时变卦，会见被推迟 3 小时

2008 年 10 月 28 日，国务院总理温家宝到莫斯科与普京举行中俄总理第 13 次定期会晤。当日，我和什马特科代表两国政府签署《关于在石油领域合作的谅解备忘录》，中石油与俄管道运输公司签署了《关于建设和运营斯科沃罗季诺至中国边境原油管道的原则协议》。在这次温家宝总理访俄期间，中俄双方基本敲定要建设中俄原油管道，离签署最终具有法律约束力的协议只有一步之遥了。

接下来近 4 个月的时间，双方政府、企业、金融机构围绕合同细

节、利率等问题又进行了多轮艰苦谈判。2009 年 2 月 17 日举行中俄能源谈判代表第三次会晤，相关文件要在会晤时签署，因此在会晤前双方企业和金融机构进行了通宵的谈判谈定了文本。

2009 年 2 月 17 日上午在北京人民大会堂由王岐山副总理和谢钦副总理率领双方团队举行中俄能源谈判代表会晤。上午谈得很好，一切顺利，王岐山副总理宴请谢钦副总理，计划在宴请后举行签约仪式，签约后温家宝总理在中南海会见谢钦副总理一行。但就在宴会席间，俄管道运输公司总裁托卡列夫突然向俄罗斯能源部部长什马特科汇报合同文本中有几处无法与中方达成一致，关键是俄石油公司和俄管道公司要求贷款要分别贷、分别还，形成各自的协议文本，而不同意共同签在一个文件中，如果不改合同签不了。

俄方经常在最后关头生变，我已经不是第一次遇到了，不知这是不是俄方的谈判策略。后来在布拉戈维申斯克谈天津炼油厂项目时也是这样，一切都谈妥了，俄方安排在黑龙江上游船吃晚饭。只待上岸后就签，但就在游船上俄方突然提出他们不能保证向天津炼油厂提供原油，要求在协议文本中修改这一条款。我很奇怪俄方为什么要这样改，买俄罗斯原油不是俄方的愿望吗？否则天津炼油厂与俄罗斯合资有什么意思？就为这一条款双方人员一直耗到后半夜，双方无关的其他企业人员都困了、不耐烦了。俄方带头玩起了"赌博游戏"，押赌今晚能否签约，几点能签约，猜得最接近者赢。和俄罗斯俄铝谈远东瓦尼诺港合资时也是同样的情况，上午谈好了合资文本，下午签约仪式时俄方突然提出要减少中方股比，我气愤地离席而去。

在向王岐山副总理汇报这一突发情况后，他说："没达成一致意见继续谈，我们等着。"随后，中俄双方能源部部长、中石油和俄管道运输公司的领导相继离席去进行磋商。

俄罗斯谢钦副总理和俄罗斯大使把我拉到一边，拼命解释，要求中方接受俄方意见，把本来一份协议拆成两份。这倒也没有什么，但要说服中石油和国家开发银行。国家开发银行会不会担心俄罗斯管道公司如何保证还款能力，需要在条款中有新的约定。这些都需要时间。我向王岐山副总理报告后，他很沉着，决定耐心地等，让双方工作层抓紧修改文本。这样一等就是 3 小时，我怕领导着急，急得像热锅上的蚂蚁。由于之前没有预料到要举行谈判，因此出现了双方企业领导和人员站着谈判的有趣现象，俄罗斯副总理谢钦、俄罗斯大使和我，加上一个翻译就站在电梯旁边谈。在协商解决双方分歧后，等待企业准备文本时，谢钦一改以往严肃形象、面带笑容、心情放松，甚至还主动和中方工作人员合影留念。终于在 5 点多，比原定时间推迟了 3 个多小时后，才在人民大会堂举行了隆重的签约仪式，我和俄罗斯能源部部长什马特科代表两国政府签订了政府协定。同时，一揽子签署了 250 亿美元融资贷款合同、中俄原油管道建设和运营合同以及长期原油贸易合同（从 2011 年 1 月 1 日起，在未来 20 年内俄罗斯每年通过管道向中国供应 1500 万吨原油）。

王岐山副总理和谢钦副总理见证，15 年谈判终于一锤定音了。温家宝总理在中南海的会见也推迟了 3 个小时，领导人都表现出极大耐心，也让我十分敬佩。

当天，感慨之余我写了一首《菩萨蛮》词纪念这一天的艰苦谈判。

菩萨蛮·庆中俄原油管道签约

十五载跌宕博弈，一昼夜鏖战斗智。

安大多诡谲，泰纳藏玄机。

政经相交织，外交暗角力。

首脑亲运筹，远东布新局。

两国政府签署的关于石油领域的合作协议、贷款协议、管道建设及原油贸易合同，于 2009 年 4 月 21 日开始正式生效。

2009 年 6 月，国家主席胡锦涛再次对俄罗斯进行国事访问，6 月 17 日在与梅德韦杰夫总统会谈时再次强调："全面落实中俄石油领域合作政府间协议，为两国开展长期全面稳定的能源合作奠定坚实基础，积极推进可再生能源、新能源等领域合作，形成两国全方位、综合性能源合作格局"。中俄之间在原油管道取得突破后，互信关系加强，迅速向天然气、煤炭、电力、可再生能源等其他能源领域合作发展。会见后进行签字仪式，我和什马特科部长签署了中俄天然气合作和煤炭合作的谅解备忘录。

中俄双方签署能源合作与地区合作文件

2010 年 3 月，国家副主席习近平率团访问了俄罗斯远东地区和莫斯科、圣彼得堡，我和陈元同志等全程陪同。访问中，习近平副主席继续做俄罗斯领导人工作，发展和巩固中俄能源合作成果。在国家副主席习近平和国务委员刘延东见证下，由我和俄罗斯原子能工业公司总裁基里延科（俄罗斯原总理）、地区发展部部长签署了能源合作和地区合作的文件。

中俄原油管道建设问题虽然尘埃落定，但是国际政治经济博弈是复杂的。俄罗斯在决定建设通往大庆的石油管道之时，也没有忘了安抚日本，决定在萨哈林岛与日本合资建设一个年产 700 万吨的 LNG 工厂，向日本供应液化天然气。日本首相亲自到萨哈林岛出席开工仪式，日本方面也得到了心理平衡。

我开玩笑批评裴建胜参赞不要"一仆二主"

工程开工前，围绕双方义务和责任的施工协议谈判仍然龃龉不断。

中方的主谈人是中石油俄罗斯公司总经理蒋奇，他是中国驻俄罗斯大使馆前任经济参赞。而在莫斯科由中国驻俄罗斯大使馆时任经济参赞裴建胜与俄方交涉。

按商定，管道穿越黑龙江的施工由中方负责，中方施工队伍要经常到对岸俄罗斯一侧，如果每次施工队伍过去都算出国，要办理出入境手续那就太麻烦了。中方要求俄方在岸边划出一个施工区，中方施工人员到这个施工区作业视同在国内，无须办理出入境手续，相当于俄方边防、口岸后退到施工区之后。俄方答应了。说句实话，如果此事在中国，很可能办不成，这不是涉及领土主权问题吗？接下来是中方施工设备到对岸施工区不应算出口设备到俄罗斯，俄方不能征收进口关税。俄方同意除烟酒和私人汽车都可以不缴关税。中方又提出中方在对岸施工人员不缴纳俄方税收，俄方也同意。说实在的，这都是律师搞出来的名堂，其实第一个问题解决后，后面问题也都解决了，但律师提出的这些"严谨"问题把事情越搞越复杂。最后律师还提出中方雇用的外国人也不缴个人所得税，俄方不同意了。谈判陷于胶着，问题反映到我这里。

裴建胜参赞对谈判的进展和问题随时向我报告磋商，但因为他是国家发改委从中石油借聘的（裴建胜俄语好，本科清华大学毕业，莫斯科国立管理大学博士），他在国内的组织关系还在中石油，所以每次他先报告中石油，并主要按中石油意见与俄方交涉。中方要求雇的外国人免缴个人所得税问题出来后，我也火了。我说怎么又出来外国人？他说万一以后我们雇外国监理或技术人员呢？我说那应该根据该外国雇员国籍与俄罗斯是否有避免双重征税协定执行。中俄原油管道前后谈判15年，来之不易，不要因未来未必发生的假设耽误时间了。我以开玩笑的口吻批评裴建胜，你不要"一仆二主"，现在你是国家发改委派出的人，这个问题你要听我的，如果将来确要雇用外国人，应按该雇员国籍所在国与俄罗斯的税务协定执行。

这样最后问题才算解决了。

驱车回首萧瑟路，龙江潮涌起宏图

2009年4月27日，中俄原油管道俄罗斯境内段开工建设。5月18日，中俄原油管道中国境内段在漠河县兴安镇开工建设。国务院副秘书长毕井泉、我以及有关部委和中石油代表陪同王岐山副总理到漠河现场参加开工典礼。我们在机场下机后还乘了一段火车，再坐很长一段汽车，翻过一个山岭。这个季节就像《北国之春》歌曲唱的，白桦刚露出嫩芽，但翻越山岗时却飘起了很大的雪，翻过山岭后天空豁然开朗，艳阳高照，向黑龙江畔开工现场驶去时，茫茫林海上空风起云动，霞光从云层中露出，担心开工时下雨的心情终于放下。

苏轼《定风波》词中有"回首向来萧瑟处，归去，也无风雨也无晴"。想到中俄原油管道15年谈判的坎坷，犹如一路风雨的萧瑟之路，终于在黑龙江边迎来开工的艳阳天。中俄能源合作正在展现宏图，象征着中俄能源合作迎来了一个新的时期。我抑制不住兴奋，写了一首《蝶恋花》词：

蝶恋花·喜庆中俄原油管道开工

兴安松柏吐翠绿，北国春韵，层峦万木苏。

杜鹃争艳密林处，忽有骤雨雪花舞。

林海葱茏更娇妩，极目北陲，云海霞光露。

驱车回首萧瑟路，龙江潮涌起宏图。

普京自驾拉达车出席竣工仪式，亲自启动中俄原油管道阀门

2010 年 9 月底，管道建成投产试运行，俄罗斯在漠河对岸的斯科沃罗季诺举行隆重的竣工投产仪式。我应邀率中国代表团参加投产仪式，中石油副总经理汪东进出席。我们先到达黑河对岸的布拉戈维申斯克，我和俄罗斯能源部部长什马特科主持举行了中俄能源合作分委会会议，然后由俄方飞机接我们去斯科沃罗季诺。俄罗斯副总理谢钦已经先期到达，他约我到路口，说马上有一个人来。一会儿见有一辆拉达汽车开过来，原来是普京自己开着车来了。普京亲自启动了阀门，象征着俄罗斯原油已经注入中俄原油管道输往中国。在隆重的大会上我代表中国政府讲话祝贺。

中俄原油管道的重要意义

作为我国油气进口东北方向的一条战略要道，中俄原油管道起点为俄罗斯东西伯利亚—太平洋原油管道斯科沃罗季诺分输站，在腾达穿越黑龙江，到达漠河，途经黑龙江省和内蒙古自治区 13 个县市区，终点为中国漠河—大庆原油管道漠河首站。管道在俄境内段长约 63.4 公里，黑龙江穿越段长 1.5 公里，我国境内从漠河至大庆段长 965 公里，一期工程设计输油量为 1500 万吨 / 年。

遵照双方的约定，2011 年 1 月 1 日正式投产进油。管道建成后运营顺利，中俄原油贸易规模也不断扩大，截至 2017 年 5 月，中国自俄罗斯经中俄原油管道进口原油突破了 1 亿吨。据海关数据统计，2015 年俄罗斯成为中国第一大原油进口来源国，当年从俄进口原油 4243 万吨，2016 年中国从俄进口原油 5248 万吨，再创历史新高。

为了巩固中俄友谊，我们提议向在中俄原油管道决策和建设中发挥重要作用的谢钦副总理，能源部部长什马特科、副部长雅诺夫斯

基、俄罗斯石油公司和俄罗斯管道公司总裁等 10 人授予友谊勋章，在温家宝总理访问俄罗斯时隆重举行了颁发仪式。其后，俄方也对等授予了中方 10 人友谊勋章。

值得欣慰的是，双方在 2013 年 3 月又商定要增加供应原油至 3000 万吨 / 年。为此，中方启动建设漠河—大庆复线（从斯科沃罗季诺到漠河段设计规模即可达 3000 万吨 / 年），在 2017 年底前建成投产，届时通过中俄原油管道每年即可进口原油 3000 万吨，成为中国长期稳定的原油进口来源。

2016 年中国进口原油 3.8 亿吨，只有中俄、中哈、中缅三条陆上管道，而中缅管道仍是转运从海上来的中东原油，所以真正陆上来的只有中俄、中哈两条管道，管道进口量仅占全部原油进口量的 10% 左右，其余全部要从海上运输，中俄原油管道的战略意义可见一斑。

中俄原油管道前后谈判了 15 年，其间政经交错，最后能得以实现，起决定性作用的是两国领导人高瞻远瞩，他们亲自领导了中俄能源合作，确定了中俄全面战略协作伙伴关系。数万各部门、各级工作人员，石油战线的干部、技术人员、工人为此付出了辛勤的劳动，在回首这一过程时深深地向他们致敬。

西电东送工程的决策和实施[*]

我国煤炭、油气资源主要分布在西部和北部，地形西高东低，河流流向大都是自西向东。所以北煤南运和西电东送是我国资源的自然禀赋决定的。西电东送有三条通道：北通道是从陕晋蒙能源金三角输往京津地区，现在则包括从新疆和河西走廊、宁夏向华北、华中、华东的送电；中通道是从三峡输往华东地区，现在又加上了将金沙江和川渝水电输往华东电网；南通道是本文所述从云南、贵州将主要为水电的电力输往珠江三角洲。

改革开放后广东省电力严重短缺

改革开放为广东的经济发展注入了活力，广东省的经济总量从改革开放前只有辽宁省的80%，一跃变为东北三省的经济总量只有广东省的80%。伴随经济高速增长的是基础设施的明显不足，能源和交通运输是制约经济发展的两大瓶颈。1991年至1995年的第八个五年计划期间，广东省年均电力增长18.21%，1996年至1999年年均增长8.4%。同时广东省还承担向香港、澳门和湖南南部供应部分电力的任务，1999年向这三地输电就达99亿千瓦时，比1998年增长25.1%。因此，拉闸限电成了家常便饭。

---

　　* 本文是张国宝发表在《中国经济周刊》2019年第12期上的文章。原标题为《"西电东送"工程：中国电力史上的重要篇章》。

由于电力短缺的困扰，广东省的企业和地方上了一批容量 5 万千瓦以下的小机组。截至 1999 年，广东省发电装机总容量为 3033 万千瓦，其中含小燃油机组 980 万千瓦，5 万千瓦以下的小机组达 1216 万千瓦，占总装机容量的 40.1%。省内结转到"十五"计划的大中型电源建设项目只有岭澳核电站两台 90 万千瓦机组一个项目。2000 年至 2005 年的第十个五年计划期间，如果电力需求按年均增长 7.2% 来测算，年均需增长 200 万千瓦，五年需新增装机 1000 万千瓦左右，而广东省的预测还要更紧迫些，估计每年要新增 290 万千瓦，五年需新增 1400 万千瓦。

朱镕基总理要求搞西电东送

2000 年 8 月初在北戴河会议上，广东省委书记李长春带去的一个重大议题就是要求中央批准在"十五"期间广东省新建 1000 万千瓦发电机组。

1998 年 3 月，朱镕基就任国务院总理后就遇到了 1998 年夏季特大洪水。因此他上任后的第一个春节就到受水灾最严重的湖北省考察慰问，第二年春节选择到我国经济最落后的省份之一贵州省考察慰问。这两次春节考察慰问我都陪同前往。俗话用"地无三尺平，人无三分银"形容贵州省的经济困难。2000 年春节朱镕基总理对贵州的慰问考察进一步给他留下了深刻的印象。如何帮助贵州发展经济，摆脱贫困是朱镕基总理心中考虑的一件大事。因此在 2000 年 8 月初的北戴河会议上朱镕基总理建议在贵州、云南建设 1000 万千瓦发电机组，以水电为主，因为那里虽然是穷山恶水，但是对于发展水电却具备得天独厚的条件，然后将电送往广东省，这样可以一举两得，既满足广东省日益增长的电力需求，又为西南部的经济落后省份找到一个新的经济增长点。在会上，究竟是在广东省建设 1000 万千瓦发电机组好，还是从贵州、云南向广东输送1000万千瓦电力好，有了一个小的争论。有人担心能否完成由外省向广东送电1000万千瓦。朱镕基总理有点动感情了，他站起来说："如果不能完成向广东送电1000万千瓦的任务，我总理辞职。"然后对与会的国家计委主任曾培炎说："你这个国家计委主任也辞职。"最后还是江泽民总书记出来打圆场说："朱总理是清华大学学电机的，他懂电，我们就听他的吧。"

针对有些人还是担心云南、贵州能否增供1000万千瓦电力给广东省的疑虑，时任全国人大常委会委员长李鹏同志因为非常熟悉情况，他提出可以将三峡原准备全部送华东地区的电力转送300万千瓦到广东省，建设一条从三峡到广东省的±500千伏直流输变电工程，这样就能补足向广东送电容量的不足。当时正在就三常线（三峡至常州）的±500千伏直流输变电设备技术与ABB公司进行商务谈判，李鹏同志还建议可以将三峡至广东的三广线与三常线捆在一起与ABB公司谈判，增加谈判的筹码。这个建议大家认为很好。我当时陪同曾培炎同志到北戴河开会，住在国家计委的北戴河培训中心。当天下午会散以后曾培炎同志向我传达了会上的情况，要我连夜根据会议的精神起草拟就从贵州、云南向广东送电1000万千瓦的报告。当晚曾培炎同志和我都没有返回北京，在北戴河培训中心曾培炎同志亲自和我拟就了给国务院的西电东送报告。

好在来北戴河之前我们已经有所准备和考虑，所以很快根据会议精神修改了有关报告，并且当晚就送设在北戴河的印刷机构打印盖章。当时因为有夏季在北戴河办公的机制，所以印刷和公章都带到北戴河，可以就近拟文、印刷、盖章。我在当晚就送李长春同志一份，第二天就通过公文交换将文件送有关领导同志阅。国务院很快就批准了国家计委的西电东送报告，项目进入了实施阶段。

如何解决西电东送1000万千瓦的电源建设问题？广东省由于缺

电，之前已经在红水河天生桥一级、二级水电站投资，获得了一些份额电，总计169万千瓦。在云南曲靖投资火电站，有5万千瓦份额电，加上在天生桥地区汇集的云南、贵州等地季节性水电40万—50万千瓦，合计可向广东输送的最大电力资源也就只有220万千瓦。要保证长远向广东送电1000万千瓦，必须建设云南小湾和广西龙滩两个关键性的大水电站。小湾水电站装机容量420万千瓦，龙滩水电站装机容量也有420万千瓦，建成后可向广东送电230万千瓦，但是这两个大型水电站建设工期要长达8年，即使马上开工也无法在"十五"期间向广东送电，因此必须加快开工建设贵州和云南省内一些电价低、工期短、见效快的电源项目，包括能补偿水电运行的一些火电项目，例如纳雍两台30万千瓦、安顺二期两台30万千瓦，加上新增云南省季节性水电100万千瓦，可在2003年增加外送电源220万千瓦左右，使云南、贵州东送广东电源能力达到440万千瓦左右，同时必须尽快安排广西龙滩和云南小湾两个骨干水电项目开工，以便到2008年以后逐步替代贵州火电容量向广东送电。广西当时还是一个电力输入地区，是没有能力向广东送电的。

这样平衡下来，向广东送电1000万千瓦还是有相当的缺口，因此三峡向广东送电300万千瓦至关重要，应当尽快建设从三峡到广东的三广±500千伏直流输变电线路。同时，湖南省听到这个消息后积极性也很高，他们建议在湖广交界处的鲤鱼江建设两台30万千瓦火电机组，可以点对网全部送广东。在这个过程当中，很多同志出谋划策。原水利电力部副部长姚振炎同志曾提出将川渝电网与云贵联结起来，既可解决二滩电力消纳问题，也可增加对广东的送电。但是后来在论证的过程中，由于从四川联结云贵的输电线路建设也有诸多困难，所以最后还是放弃了从川渝电网向云贵，再向广东送电的方案。二滩的电仍通过建设万县到三峡的线路（三万线），再经过三常线向华东电网供电，把川渝电网和华中电网联结成一个新的华中同步电网。此外还设想过将福建电网和广东电网相联，将福建省内多余的电力送往广东。这个设想我是非常赞成的。广东、福建两个沿海省份经济发展迅速，居然电网是分割的。但是后来由于电力体制改革，福建电网归属国网公司，而广东电网归属南方电网，有了这两个不同的"婆婆"，广东与福建联网的设想就被搁置起来。对于广东、福建电网联网，福建省是很积极的，但广东省由于仍想着在自己省内建设发电厂，对两省联网不太积极，直至今天也未能实施，这是一个很大的遗憾。

拉开西电东送工程的大幕

西电东送工程横跨数省区，建设内容包括水电、火电等电源建设，也包括长距离的高压交直流输电工程，是一个系统工程，各地间的协调工作量也大，必须得到沿线地方各级政府和人民群众的支持和理解，发挥社会主义能够集中力量办大事的优越性，实施好这项世纪工程。

广东省虽然坚决执行中央关于西电东送的决定，但是在一部分干部中仍然对接受来自云南、贵州的电力持有疑虑，担心不能按计划完成向广东送电1000万千瓦，会影响广东省的电力供应，拖广东省经济社会发展的后腿。也有人担心西电东送的成本会比在本省建设电厂要高，本省得不到税收。还有人担心今后云贵发展了，无电可输或少输了。对此，我们要求做到云南、贵州输送到广东省的落地电价要比广东省本地燃煤发电的平均上网电价每度电低2—3分钱。这样广东省就没有理由不要西电了。

为了树立信心，营造一定的建设氛围是十分必要的。我决定要以大的声势拉开西电东送工程的序幕。经商南方电网公司和云南、贵州、广西、广东，把西电东送工程的第一个开工典礼选择在贵州乌江上的洪家渡水电站举行，同时东风水电站、引子渡水电站和乌江渡水电站扩机等六个项目也同时开工。主会场设在洪家渡水电站。2000年 11 月 8 日开工当天洪家渡水电站红旗飘扬，锣鼓喧天，开工命令一下，沿乌江峡谷两岸预埋的爆破炮眼万炮齐鸣，开工仪式举行得非常成功，极大地鼓舞了大家完成西电东送工程的信心。

不久我们又组织了更大规模的第二次西电东送工程开工项目，一共有六个电源项目和三项输电工程项目，共计九个项目同时开工。电源项目有贵州的黔北电厂、纳雍电厂二期、安顺电厂二期、贵阳电厂扩建，湖南的鲤鱼江电厂和云南曲靖电厂二期工程也同时开工。输电工程开工项目有：三峡至广东的 ±500 千伏直流输变电工程，贵州至广东的 ±500 千伏直流输变电工程和贵州至广东的 500 千伏交流输变电工程。开工主会场设在贵州省的黔北电厂工地，由贵州省委书记钱运录同志和我主持。这两次大规模的西电东送工程项目集中开工可以说是拉开了西电东送工程的大幕，鼓舞了士气，振奋了精神，增强了信心，西电东送工程已经成了大家的共同意志。

"五大战役"完成向广东送电 1000 万千瓦的任务

新的西电东送工程实施之前仅有天生桥向广东送电的输电线路还在建设中，要完成向广东送电 1000 万千瓦任务，输电工程的建设是一个重头戏，而且涉及跨省区的协调。南方电网公司承担了最重要的任务。南方电网董事长袁懋振同志是西电东送工程的积极支持者和实施者。他身体力行，进行谋划，率领南方电网公司广大职工积极投入西电东送工程建设。我和他之间工作配合得很好。我们共同商议实施"五大战役"，分期分批配合电源建设完成向广东送电的输电线路建设。

"五大战役"的具体建设情况如下：

第一战役是天生桥—广州 ±500 千伏直流输电工程。该工程起于贵州天生桥换流站，落于广东广州换流站，线路全长 960 公里，输送容量 180 万千瓦。该在建工程要确保于 2000 年底单极投产，2001 年 6 月双极投产。西电送广东的能力由原来的 120 万千瓦增加到 300 万千瓦，迈上了一个大台阶。

第二战役是天生桥—广东第三回 500 千伏交流输变电工程。该工程西起贵州天生桥换流站，东至广东茂名变电站，包括新建广西百色开关站、南宁变电站，扩建天生桥换流站和广西玉林变电站、广东茂名变电站等工程。线路全长 797 公里，变电容量 150 万千伏安。工程于 2002 年 6 月建成投产。由此，西电送广东形成"三交一直"新格局，整体送电能力由 300 万千瓦增加到 370 万千瓦以上。

第三战役是贵州—广东 500 千伏交流双回输变电工程。该工程西起贵州青岩变电站，东至广东罗洞变电站，包括新建广西河池变电站、贺州开关站，扩建广西柳州变电站、广东罗洞变电站等工程。线路全长 1800 公里，变电容量 150 万千伏安。工程于 2003 年 6 月底建成投产，增加向广东送电能力 150 万千瓦。同时建成投产广西平果、河池可控串补工程，增加输电能力 50 万千瓦。西电送广东总规模突破 500 万千瓦。

第四战役是三峡—广东 ±500 千伏直流输电工程（由国家电网公司投资建设）。该工程起于湖北荆州江陵换流站，落于广东惠州鹅城换流站，线路全长 962 公里，输送容量 300 万千瓦。该工程于 2004 年 1 月单极投产，2004 年 6 月双极投产，增加向广东送电能力 300 万千瓦。

第五战役是贵州—广东 ±500 千伏直流输电工程。该工程起于贵州安顺换流站，落于广东肇庆换流站，线路全长 882 公里，输送容量 300 万千瓦。该工程计划 2005 年 6 月、实际在 2004 年 9 月双极投产，增加向广东送电能力 300 万千瓦。

"五大战役"全部完成后，南方电网公司西电送广东总的通道输送能力达到 1088 万千瓦，至 2004 年 9 月，"五大战役"所有电网项目圆满完成，比原计划提前了 15 个月。

西电东送工程取得的巨大成绩

云南小湾水电站和广西龙滩水电站这两个各 420 万千瓦的大型水电工程在 2001 年之后也陆续开工建设，于 2009 年和 2010 年相继建成发电，按计划成为向广东送电的骨干电源。在完成西电东送向广东送电 1000 万千瓦任务之后，南方电网公司又持续开展西电东送工程的建设。"十二五"期间，南方电网已经形成"八回交流、八回直流"共 16 条 500 千伏及以上西电东送输电通道，最大送电能力达到 3500 万千瓦，累计送电量 7140 亿千瓦时，成为世界上最宏伟的交直流混合输电电网，也为广东省的减排作出了重要贡献。三广线和三常线两条 ±500 千伏直流输电线路捆绑在一起与 ABB 公司谈判也增加了谈判筹码，为引进消化吸收先进技术，实现 ±500 千伏直流输变电装备国产化发挥了重要作用，也为以后 ±800 千伏特高压直流研发奠定了基础。世界上首条 ±800 千伏云广直流输电容量 500 万千瓦，将金沙江向家坝、溪洛渡水电站左岸电力输往了广东。

西电东送工程的实施是西部大开发战略的一项重要内容，不仅满足了广东省日益增长的电力需求，同时也支援了西南部经济欠发达省份的经济发展，为云南、贵州找到了一个新的经济增长点，不仅保护了青山绿水，而且把资源优势转化为宝贵的能源资源，实现了绿色、协调发展。电力已经成为贵州省的支柱产业，上缴的财政税收占有较高比例。同时，来自云南、贵州的西电到达广东省的落地电价比广东省本地燃煤发电上网平均电价每度要低 2 分钱左右，对广东省而言，经济性也是好的。西电东送这一世纪工程发挥了多赢的效益，成为中国电力发展史中的一个重要篇章，也为全世界而瞩目。

世界规模最大的互联互通
大电网是怎样建成的[*]

一、从落后弱小破碎的"烂摊子"上起步

新中国的电力事业是从旧中国的落后、弱小、破碎的"烂摊子"上起步的。

1949年新中国成立时,全国的电力装机容量只有185万千瓦,仅相当于现在的两台机组。2015年全国装机容量达到15.06亿千瓦(未包含新疆生产建设兵团、陕西地方电力公司供电区域),是1949年的814倍。1949年全国发电量49亿千瓦时,2015年发电量达到5.55万亿千瓦时,约是1949年的1133倍。改革开放前,330千伏已是电网的最高电压等级。如今,中国已拥有世界上最高电压等级的±800千伏直流输电和1000千伏特高压交流输电线路。

1953年至1957年实施的第一个五年计划,电力发展目标是装机容量205万千瓦,发电量到期末的1957年达到159亿千瓦时。这个目标也只相当于今天两台机组的水平。1952年我国建设的第一台高温高压热电机组是黑龙江富拉尔基热电厂,单机容量只有2.5万千瓦,设备由苏联援助。到1978年改革开放前,我国电网的最高电压等级

---

[*] 本文是张国宝发表在《中国经济周刊》2016年第13期上的文章。原标题为《世界上规模最大的互联互通大电网是怎样建设的?》。

是 1972 年 6 月 6 日建成投产的西北电网龙羊峡—天水—关中的 330 千伏交流输电线路，其余都是 220（110）千伏以下的电网。我国自行设计施工的 220 千伏输电线路是丰满—虎石台—李石寨线路，1954 年 1 月 27 日建成投产，丰满水电站开始向鞍钢供电。

经过一个甲子，几代人坚持不懈奋斗、努力，我国已经建成世界上规模最大的全国互联互通的电网，拥有世界上最高电压等级的 ±800 千伏直流输电和 1000 千伏特高压交流输电线路，并且迄今没有发生过像美东、欧洲电网曾发生过的大面积停电事故。

2015 年，我国发电装机总容量达到 15.06 亿千瓦，居世界第一，拥有世界上最多的单机 100 万千瓦以上的超超临界发电机组。中国的电力事业起步比西方国家晚了 80 年，现在成为名副其实的世界电力大国，这是值得中国人民自豪的骄人业绩，也是中国电力战线上广大职工一代代努力的结果。还特别应该记住李鹏、黄毅诚、曾培炎、姚振炎、史大桢等能源电力的老一代领导及林宗棠、陆燕荪、孙昌基等电力设备领域的领导同志对我国电力发展作出的特殊贡献。

二、改革开放使中国电力技术上了新台阶

1978 年我国实施改革开放政策以来，接触到发达国家的电力技术和装备，也看到了我们自己的差距。从 20 世纪 80 年代初期开始，我国引进了大量先进的发电装备和技术，通过消化吸收再创新，我国的电力技术迈上了一个新的台阶。我正是在这个时候进入国家计委工作，在机械电子局负责机械领域的技术引进工作，经手了几乎所有的电力装备的技术引进。我的前任是方万柏同志，机械电子局局长是唐自元同志，他是朱镕基同志的湖南老乡，也是和朱镕基同志同时期在国家计委机械电子局工作的同事。我有机会见证了这一时期的技术引进和国产化工作。

　　那个时候国家外汇十分短缺，因此每一项引进技术的用汇指标都要经过审批。全部引进技术的外汇指标都集中到国家计委外资司管理。当时外资司负责技术引进外汇的是谢仰安。引进技术的申报和执行都是由电力工业部和机械工业部负责，国家计委负责最后审批。在这一时期，从变压器、高压开关、避雷器、充油电缆到绝缘器材、电缆接头与输变电有关的设备制造技术都引进过。

　　1981 年通过全套购买国外的设备和技术，我国建成了第一条 500 千伏交流输电线路，从河南平顶山到湖北武昌，以解决武汉钢铁厂一米七轧机的电力稳定问题。

　　1984 年建成了第一条自行设计、建造的元锦辽海 500 千伏交流输电线路，从元宝山电厂经锦州、辽阳到达海城。这条线路所使用的设备几乎都是我国用引进技术第一批自行生产的装备，因此充油电缆漏油、变压器漏油等质量问题不断。当时平顶山高压开关厂用引进技术生产的六氟化硫断路器还发生过爆炸。

　　1989 年，中国第一条 ±500 千伏特高压直流输电线路——葛洲坝—上海的葛沪直流建成投入使用。这条线路的装备和技术都是全套购买自 BBC 公司的产品。后来 BBC 公司与阿西亚公司合并，就是现在的 ABB 公司。我国 ±500 千伏和后来的 ±800 千伏特高压直流都是在这个基础上发展起来的。

　　在电力行业中还有一项重大的技术引进项目，是从美国西屋公司引进 30 万、60 万千瓦发电机组。此前我国自行生产的发电设备最大是 12.5 万千瓦的双水内冷发电机组和 20 万千瓦发电机组。"文革"期间，国家也安排了东方电力设备公司等攻关 30 万千瓦发电设备，但没有生产出来。从西屋公司引进的 30 万千瓦和 60 万千瓦发电机组为我国发电装备的升级换代发挥了重要作用。

　　说起美国的西屋公司，这是一家对中国电力装备提供过重要技的公司，当然这家公司现在自身已逐渐衰落。在全国解放前，国民党政府就派出了200多人到美国西屋公司实习，这些人中的大部分后来成为我国电力装备行业和电力行业的骨干。这在江泽民同志倡导编写的《中国电机工业发展史——百年回顾与展望》中有介绍。改革开放后，我国又从西屋公司引进了30万千瓦和60万千瓦发电装备技术。第一个依托工程是山东石横30万千瓦电厂和安徽平圩60万千瓦电厂。这项技术的引进使我国的发电设备制造技术上了一个新的台阶。现在AP1000三代核电技术也是从西屋公司引进的。

20世纪80年代初，为了实现一批重大工程项目装备的国产化，国务院设立国务院重大装备办公室，设在国家经委，由国家经委副主任林宗棠同志担任办公室主任。林宗棠同志当年在一机部沈鸿副部长领导下，是上海重机厂万吨水压机的设计师，他后来当了第一任航空航天工业部部长。据说最初国务院重大装备办公室是要设在国家计委的，由于时任国家计委主任宋平同志的推辞，建议设在了国家经委，国家计委作为组成成员单位参加工作。我就是以国家计委工作人员的身份参加国务院重大装备办的工作。江泽民、李鹏等同志当时都是国务院重大装备领导小组成员。在最初确定的12大成套装备中涉及电力装备的有葛洲坝—上海的±500千伏直流输电线路、500千伏交流输变电设备、秦山核电站设备、三峡工程设备和30万千瓦、60万千瓦发电设备。

三、分步走构建全国互联互通互供的统一大电网

1999年前，我国电网仍是各区域电网互不相联状态，各管各的。此后陆续完成了东北电网与华北电网、华中电网与西北电网等的互联互通，乃至完成了海南岛与内地的联网、内地向港澳的供电。

到了1999年，我担任国家发展计划委员会副主任，分管能源交

通基础设施和工业科技等方面的工作，那时我国已经形成东北、西北、华北、华东、南方联营公司电网，但是山东、福建、四川（含重庆）、海南和新疆维吾尔自治区、西藏自治区都是与周边省区互不相联的独立电网。东北、西北、华北、华东、南方联营公司电网以及川渝电网也都互不相联。200 万千瓦以上装机容量的电网系统有 11 个。在地广人稀的新疆维吾尔自治区和西藏自治区，区内又分为若干个小的地方电网。如西藏自治区最初只有拉萨和日喀则相联的藏中电网，林芝、昌都、阿里都是独立的小电网。在新疆维吾尔自治区，有以乌鲁木齐为中心的北疆电网和以库尔勒为中心的南疆电网，奎屯以西的伊犁地区的电网互不相联，一个区内存在若干个独立的小电网。那时候远未形成全国互联互通的统一大电网，各个电网自己管自己的事。

再进一步细看，全国还有那么多的小水电县归水利部门管。有一年黑龙江有一个军工企业发生群体性事件，朱镕基同志带队去黑龙江处理，我也作为中央代表团成员随团前往。在黑龙江省汇报中特别提到了林区的困难。我才知道林区的电网，电力部门不管，由林业部门管理，也是一个独立的电网，后来林业困难了，无钱对林业电网改造和发展。

汶川大地震发生后，我随回良玉副总理到前线指挥部工作，恢复电力基础设施，才知道阿坝州的电网叫牧业电网，由农业部门管，也不归电力公司管。

最近这两年在争论特高压问题时，反对特高压的人强调分层分级管理的问题。我有时候就纳闷，在我 1999 年分管能源交通基础设施时，电网尚且如此分散、多头，怎么个分层分级管理法？当时的状况是各自独立管。所以我上任后对电网建设的想法是要把这些分散、独立的大大小小的电网建设成在全国范围内能够互联互通互供的统一大电网。但是我不敢确定能否在我任内完成这项任务。我的这一想法和当时国家电力公司想法是一致的，在建立全国互联互通互供的国家大电网中大家互相配合、互相支持。

（一）东北电网与华北电网相联结

首先在 2001 年 5 月建成了辽宁绥中至河北姜家营一回 500 千伏交流线路，使东北电网与华北电网相联，东北电网和华北电网成为一个同步大电网。但两大电网靠一条 500 千伏交流线路相联实在太脆弱，所以后来又断开，在高岭建了 ±500 千伏直流背靠背的换流站，把东北电网和华北电网联结成一个异步电网。绥中电厂扼东北电网和华北电网，位置十分重要。所以后来陈德铭同志调任国家发改委副主任，让他分管能源时，我利用在北戴河开会的机会专门请他到绥中电厂参观了一下，并希望他能关注绥中电厂以及东北电网与华北电网的联网工作。

（二）华中电网与西北电网相联结

灵宝换流站于 2003 年 2 月开工建设，2005 年 4 月 11 日直流系统成功解锁，实现了华中电网与西北电网的联网。2005 年 8 月，灵宝换流站正式投入商业运行。

将华中电网与西北电网相联，是通过河南灵宝到陕西临潼的输电线路联结。西北与华中联网，河南灵宝背靠背换流站扩建工程 2009 年 12 月 14 日正式投入商业运行。

2013 年 11 月又建成了陕西宝鸡到四川德阳的 ±500 千伏直流输电线路，使西北电网与华中电网联结成异步电网，四川水电开始输往西北。

（三）华中电网与南方电网相联结

为了解决向广东送电 1000 万千瓦的问题，2000 年 8 月，根据李鹏委员长提议，建设从三峡到广东的 ±500 千伏直流输电工程（湖北荆州至惠州博罗响水镇）。2004 年 6 月，三峡到广东 ±500 千伏直流投产。华中电网与南方电网成为互联的异步电网。

（四）华中电网与川渝电网相联结

位于四川的二滩水电站在建成之时遇上了亚洲金融危机，受此影响，用电需求处于低潮，二滩的水电不能有效消纳。三峡电站原定的输电方案是由三峡向重庆供电，由于电力疲软，决定三峡电站的电不再输往重庆，而改由消纳二滩的电力。后来经济又恢复了高速增长，用电负荷急剧上升，重庆开始缺电，重庆市市长王鸿举因此找到我，责怪为什么三峡不向重庆供电。真乃此一时，彼一时也。为了有效消纳二滩电力和四川在丰水期的水电，决定建设三万线，从三峡到重庆的万县，建设一条 500 千伏交流输电线路，将川渝电网与华中电网联结成一个新的同步华中电网。

（五）三峡电力外送

三峡工程位于中国的中部，其一大功能是生产出大量的清洁电力，在当时中国缺电的情况下，这是十分宝贵的资源。三峡周边的省市都抢着要分三峡的电。

最初三峡分电的范围包括向西输往重庆地区，其余的基本上是沿江向华中、华东地区输送，包括湖北、湖南、河南、江西、安徽、江苏、上海、浙江。规划的第一条输往华东电网的是三常线（三峡龙泉至常州）±500 千伏直流线路。此外还有三沪线（湖北宜昌至上海青浦华新镇）等。后来根据形势变化，在 2000 年 8 月北戴河会议决定，建设三广线，从湖北荆门至广东惠州博罗县。

但是三峡工程建成的时候恰逢用电低谷时期，许多省市表示难以接受三峡的电力。重庆过去说，重庆为三峡移民作出了牺牲，应该分三峡的电。后来又说重庆为三峡移民作出了巨大的贡献，不能接受三峡的电。再后来重庆地区主要消纳四川二滩电站的水电。但是后来用电又紧张了，特别是在枯水期缺电，重庆就责怪三峡为什么不给重庆供电。

河南说自己是以火电为主，不需要三峡的电。江西说自己是一个农业小省，不需要多少电。安徽也说自己是农业省，而且有两淮煤矿，也不需要三峡的电。只有江苏、上海、浙江始终表示接受三峡的电。为此我让国家发改委基础产业司由王骏牵头，成立三峡分电小组，将三峡电力分年分配到各省市。三峡工程建成后国家组成三峡工程验收委员会，分成两部分验收：一部分是三峡枢纽工程，另一部分是三峡输电工程。国家三峡输电工程验收组由时任国家发改委主任马凯任组长，我当时是负责能源的副主任，任副组长。经过一年多专家们的辛勤工作，完成了三峡输电工程的国家验收。

在供电紧张的时期，湖北省代表团曾有人质疑为什么要把三峡的电力远送到华东地区，为什么不能留在湖北发展湖北经济，但是他们不知道，三峡发的电在丰水期和枯水期相差悬殊。在丰水期可以发到近 2000 万千瓦，而在枯水期仅有 550 万千瓦左右。要解决这一丰枯期的巨大缺口，必须在湖北建设 1000 万千瓦以上的火力发电来平衡，但在丰水期时这 1000 万千瓦的火电又将停发，这是非常不经济的，只有互联互通互供才是解决问题的正确之道。

（六）西电东送，南方电网的形成

南方电网形成之前叫南方联营公司。广东省的电力资产主要是广东省的地方资产，不属于国家电力公司。由于广东省经济的快速发展，缺电非常严重，成为常态。广东电力此前就在天生桥一级、二级电站投资，获得一定份额电力，并正在建设天生桥到广州的 ±500 千伏直流输电线路。2000 年 8 月北戴河会议中央决定实施西电东送工程，在"十五"期间由云南、贵州向广东送电 1000 万千瓦。大规模的南通道西电东送工程就此展开。经过"五大战役"，提前完成了向广东送电 1000 万千瓦的任务。"五大战役"全部完成后,南方电网公司西电送广东总的通道输送能力达到 1088 万千瓦。截至 2004 年 9 月,"五大战役"所有电网项目圆满完成,比原计划提前了 15 个月。在电力体制改革中南方电网就此形成。

(七)华北电网与华中电网相联结,形成两华同步电网

国家电网公司提出从山西的晋东南建设一条 1000 千伏特高压交流输电线路到湖北荆门,使华北电网和华中电网联结成一个同步大电网,进而再形成华北、华中、华东的"三华"同步电网。这样做的一个好处是可以在枯水期将华北的火电送往华中,而在丰水期可将在华中地区三峡、四川等水电站的水电送往华北。但是建设 1000 千伏特高压交流输电工程引起了争议。有一部分人反对建设晋东南至湖北荆门的 1000 千伏特高压交流输电工程,反对形成"三华"同步电网。但是经过反复论证,国家发改委还是报经国务院同意,批准建设了从晋东南至湖北荆门的 1000 千伏特高压交流输电线路。目前华北电网和华中电网已经形成一个同步大电网,但是仅靠一条 1000 千伏特高压将华北电网与华中电网相联仍显不够坚强。

(八)建设青藏联网工程

从青海格尔木建设一条 ±400 千伏的直流输电线路到西藏拉萨,从此西藏电网与西北电网相联,不再是孤网。

青藏联网工程是经过反复论证和思考的。因工作关系我多次到过西藏,第一次去是为了西藏满拉水电站,当时是由武警水电部队施工,出现了一些问题。刘源同志当时是武警水电部队政委。由于西藏的特殊地理环境,西藏始终保持了一个清洁能源电力市场,没有燃煤火电站,仅有少数应急的燃油机组。在建设青藏铁路时,我曾考虑过青藏铁路建成后有条件通过铁路将煤炭从西北运到西藏,是不是可以在那曲建一个燃煤火电站?但是考虑再三,还是宜保持西藏清洁能源

电力为妥。此外，西藏高原空气稀薄，火力发电厂出力受到影响，在那曲建燃煤火电厂的想法也就放弃了。

但是由于水力发电的丰枯季节差，西藏以水电为主，丰水期没有问题，枯水期严重缺电。我们曾动员华润电力将在广东建设的燃油燃气机组拆往西藏，支援西藏的电力建设。但是燃油电站发电成本极高，每年用于西藏的电力补贴数额很大，甚至当时西藏自治区发改委分管电力的副主任李本珍曾提议由西藏在安徽等地投资电厂，收益作为对西藏电力的补贴。

随着青藏铁路的建成，西藏的经济社会发展加速，电力短缺的问题比较严重，特别是在枯水期显得尤为突出。经过反复论证，为一劳永逸解决西藏的供电问题，还是应当建设青藏联网工程。在枯水期由西北电网向西藏供电；在丰水期，如果今后水电在西藏进一步发展，有富余电力可以向西北供电。但是青藏联网工程受到了一些未曾到过西藏的专家的质疑。他们认为青藏联网代价太高，主张在西藏建设燃油机组，没有必要建设青藏联网工程。他们上书给国务院领导，国务院领导又批转我们论证。我请国家能源局电力司邀请反对者到西藏实地考察，但是电力司反映该同志年事过高，不宜到西藏考察。最后我们与国家电网公司协商，还是下决心建设青藏联网工程。国家电网公司董事长刘振亚同志对建设青藏联网工程非常支持。从长远考虑，国网公司建议建设 ±500 千伏输变电线路。

可是一个新的问题发生了。国家能源局电力司司长听了一些人的意见，认为建设 ±500 千伏容量太大，没有必要，建议降低电压等级，用 ±400 千伏直流输电。当时我还纳闷，±500 千伏不是一个标准的电压等级吗？为什么要搞一个新的电压等级出来呢？那个司长对我说，直流输电没有什么标准电压等级，多少千伏都可以。估计他也是听一些专家讲的。这样国家能源局和国网公司在建设什么样的电压等级的问题上产生了意见分歧，又僵持了一段时间。最后我与刘振亚同志协商，他说为了尽快建设青藏联网工程，国网公司让步，就按能源局意见建设 ±400 千伏直流输电线路。青藏联网工程经过 5 年的论证才这样在争议声中落地了。

2010 年 7 月 29 日，我们在西藏和青海格尔木两地同时举行了隆重的青藏联网开工仪式。国家发改委主任张平同志和国家电网公司董事长刘振亚同志在格尔木参加了开工典礼。中共中央政治局常委、国务院副总理李克强发来贺电。西藏自治区党委书记张庆黎和我，以及国网公司舒印彪总经理在西藏出席了开工典礼。

（九）将新疆电网与西北电网相联结

早在电力体制改革前，国家电网公司尚未成立，国家电力公司科技司长张晓鲁是我研究生时的同学，向我汇报要将西北电网的 330 千伏高压升级为 750 千伏高压输电。我曾质疑电压等级是不是太高了？但是鉴于西北已有 330 千伏输电线路，建设 500 千伏或 1000 千伏输电线路都不太妥当，只好同意将西北电网升级改造为 750 千伏高压输电网。2010 年 7 月 22 日建成了乌吐哈 750 千伏输电工程，年底完成了哈密至甘肃永登 750 千伏输电线路，实现西北电网与新疆电网相联。

（十）西藏自治区内部电网相联结

西藏电网最初是从拉萨和日喀则这两个西藏最重要城市发展起来的。1950 年西藏和平解放以后，中央政府最初是从重庆电力部门抽调人员帮助西藏进行电力建设。拉萨、日喀则地区逐渐联结成藏中电网，山南地区也联结进藏中电网。我去西藏时，林芝地区、昌都地区和阿里地区由于距离太远，都是独立的小电网。后来利用农网改造的机会，将拉萨和林芝电网联在一起，形成了拉萨、日喀则、山南、林芝地区这几个西藏最重要的人口和经济集中地的藏中电网。但是由于昌都地区和阿里地区距离遥远，仍然是独立的小电网。

（十一）新疆维吾尔自治区内的电力联网

首先是将乌鲁木齐地区和南疆库尔勒地区联结成一个电网，伊犁地区的电网仍然是独立的。后来通过修建恰甫其海水利枢纽工程和吉林台水电站，从奎屯修建输电线路到伊犁地区，形成了全疆互联互通的统一电网。

（十二）海南岛与内地的联网

海南岛原是一个孤岛电网，与广东并不相联。电力体制改革组建南方电网，南方电网覆盖的范围是贵州、云南、广西、广东和海南。后来时任海南省委书记汪啸风同志给曾培炎同志打电话说，我们海南岛是一个独立的电网，进入南方电网没有实质性的意义，除非将海南岛和广东电网联结起来，才能真正融入南方电网。曾培炎同志答应南方电网组建后将建设从湛江到海南海口的海底电缆，将海南与南方电网实现物理相联。南方电网成立后兑现承诺，虽然造价较高，仍然建设了广东到海南的 500 千伏海底输电线路，目前容量并不算很大，只有 60 万千瓦，但是海南电网与南方电网的相联，自此除台湾岛外全国各省份形成互联互通的统一大电网。2015 年 7 月 23 日，南方电网主网与海南电网第二回 500 千伏跨海交流联网工程项目获国家发改委正式核准批复。联网二回工程建成后，联网输送能力将达到 120 万千瓦，解决海南电网"大机小网"问题，将有利于提高昌江核电机组运行安全经济性以及海南电网安全可靠运行能力。

（十三）山东、福建等省独立电网联结融入大电网

由于山东经济发展快，电力不足，在山西建设的王曲电站向山东点对网供电，后来建设宁夏宁东至山东青岛 ±660 千伏直流输电线路，山东电网已经融入华北电网。福建省与浙江省电网相联，融入华东电网。

（十四）金沙江水电基地电力输送

金沙江发源于青藏高原，流入云南省，在云南省境内称金沙江中游，金沙江下游是云南省和四川省的界河。在金沙江下游规划有向家坝、溪洛渡、白鹤滩和乌东德4个大型水电站，装机容量总和接近于两个三峡，是我国重要的水电基地。金沙江水电开发规划时，电力体制尚未改革，统一由水电部管。但是在金沙江水电基地开始建设时已经形成了国家电网公司和南方电网公司两家电网公司。国家电网公司希望金沙江下游的水电能够全部由国家电网公司区域内消纳，而云南省和南方电网公司认为，云南省电力已划入南方电网，金沙江云南省一侧的发电机组的电力应向云南省、南方电网输送。我说服了刘振亚同志，就按照这个方案，金沙江右岸机组通过建设向上（向家坝至上海奉贤）直流送往华东地区；金沙江左岸电力则由南方电网送往广东地区。向上直流是我国建设的第一条 ±800 千伏特高压直流输电线路。后来巴西建设美丽山水电站，电力输往里约热内卢地区。美丽山水电站的装机容量、输电距离和向上直流非常接近。我邀请巴西能源部长参观访问向上直流，陪同他参观了上海奉贤变电站，引起了巴西能源部长的兴趣，问了很多问题。以后经过多次考察，确定采用中国的 ±800 千伏特高压直流输变电技术，在后来的招标中，国网公司经过不懈的努力，赢得了投资建设巴西美丽山水电站至里约热内卢 ±800 千伏特高压直流输电线路项目。

（十五）内地向港澳的供电

早在大亚湾核电站建设时，香港的中华电力就是主要股东之一，大亚湾核电站的电力有相当一部分要送往香港。大亚湾核电站的建成实现了向香港的供电。但是香港仍有 600 万千瓦左右的燃煤电厂。香港地区面积狭小，燃煤电厂不仅有排放问题，而且堆煤场和固体废物也将占据一定的面积，而香港的土地资源十分宝贵。当时，邱腾华先生是香港环境局局长。他们的环保意识很强,有计划要淘汰香港的燃煤电厂。邱腾华先生多次找过我,希望能增加从内地购电,逐渐淘汰香港的燃煤电厂。经请示中央,中央政府希望香港特区能保持繁荣稳定,对香港方面提出的要求尽可能予以满足。与我工作有关的,一是香港担心来自海南莺歌海海底管道的天然气供应会逐步减少,希望能通过西气东输管道延伸建设由深圳到香港的天然气管道,每年向香港供气 10 亿立方米;第二个要求就是向香港供电问题。当时成立了内地与港澳基础设施建设联络小组,内地方面由我负责。2008 年 8 月28 日,我受中央政府委托与香港特区行政长官在香港共同签署了关于供气供电问题的谅解备忘录,内容是向香港 20 年供气和供电。

我同时还拜访了中华电力,中华电力主要是负责九龙半岛的供电;还拜访了李嘉诚旗下的港灯公司,港灯向香港本岛供电。之前只有中华电力投资了大亚湾核电站,从内地购电,这次港灯也表示有兴趣研究从内地购电。考虑到香港投资者的利益,同时也考虑现有大亚湾和岭澳的模式,我还口头答应可以在粤东地区寻找一个核电厂址,初步定在汕头的汕尾地区,欢迎香港方面采取类似于大亚湾投资的方式共同投资建设向香港供电的核电站。

开始的时候,香港方面是非常积极的,认为核电是清洁能源。之所以没有提在大亚湾再建核电机组向香港供电,是因为这个地区已有6 台百万千瓦级核电机组。但不幸的是,2011 年初发生了日本福岛核事故,居民恐核情绪上升,香港特区政府担心香港居民的接受程度,对从内地购买核电开始讳莫如深起来,不再像过去那样积极。但是香港并未放弃从南方电网购电的想法,成本也比在香港发电便宜。

澳门方面主要是燃油发电机组,而且装机容量比香港小得多,他们对从内地购电一直持积极态度,在当时高油价情况下曾表示可以考虑放弃所有燃油发电,全部改由从内地购电。

（十六）大陆与台湾的联网问题

台湾缺少能源资源，台湾发电主要靠燃油、燃气、燃煤，同时现有三个核电站，台湾的四核问题因为两党政治争端而搁浅。台湾现有三个核电站产生的核废料虽然数量很少，存放于一个叫兰屿的小岛，设计储量已经快储满，但是因为台湾没有核废料处理设施，也一直在寻找解决方案。台湾岛内反对建核电站的声音还是很大的。其实，解决台湾岛的供电问题从技术层面看并不复杂。从福建平潭到台湾新竹海上距离仅 140 公里左右，比海南岛的海底电缆长不了太多，所以从大陆通过海底电缆向台湾岛内供电是完全可以实现的。现在的问题不是技术问题，而是政治问题。只要台湾方面有意愿，这是不难做到的。

四、全国联网尚留遗憾

所幸的是，在我 2011 年初从能源局局长岗位上退下的时候，实现了全国大陆电网的互联互通，但是也留下了一些遗憾。

一是作为沿海两个经济发达的省份，福建和广东没有能够实现联网。当初为了解决广东的供电问题，我曾提出过福建电网与广东电网相联的问题，但是后来由于电力体制改革，形成了国家电网公司和南方电网公司，福建电力归属国家电网公司，广东电力归属南方电网公司。这样两省的电网相联问题就被搁置起来。从省的态度看，福建省是较为积极的，广东省积极性不高。其实国网、南方电网公司都是央企，只要政府下决心，实现福建和广东的联网并不是一件很难的事。

二是现在其他区域电网之间都实现了电力互供，但唯有华北和华东电网之间尚未有高电压输电相联，未能实现跨区供电。原因是国网公司提出的建设"三华"电网的设想遭到一些人的反对，实际上最后剩下的也就是从华北到华东的输变电线路的建设了。虽然我力主积极推动，但是国家能源局电力司的个别人采取暧昧态度，一直未办理。上届政府领导面对不停地收到不同意见的来信，始终没有一个明确的态度，所以一次次被搁置起来。虽然后来把皮球踢到中国国际工程咨询公司，中国国际工程咨询公司组织的专家评审中多数专家还是赞成建设华北到华东的特高压交流输电线路，但是中咨公司内部意见却无法统一，最后只能采取和稀泥的办法，建设一条从锡林浩特到山东泰安的 1000 千伏交流输电线路，就是不建到近在咫尺而又需要电的华东南京，这样做就是为了避开形成"三华"电网。同时同意建设一条从锡林浩特到华东的 ±800 千伏直流输电线路，这样处置的目的仍然是为了避开形成"三华"同步电网的问题。这个问题只能留待后人去解决，但是我想就和宁西铁路一样，早晚是会解决的。目前各大区电网唯有华北电网与华东电网未实现相联和互供，这是很大的遗憾。

回首我国的电网发展历程，我感慨万千。现在在辽阔的国土上，从世界屋脊的青藏高原到南海之滨的海南岛都由一个互联互通的电网覆盖了，这真是一个伟大的世纪工程。如果你现在到西藏，在夜晚，拉萨的八廓街灯火通明，和内地的大城市没有什么两样。再到国外看到一些发达国家的老旧电网，真为我们国家的建设成就而自豪。

世上无难事，只要肯登攀[*]

——记建设青藏铁路的伟大决策

举世瞩目的青藏铁路 2006 年 7 月 1 日已全线建成通车。其中，一期工程西宁至格尔木段 814 公里，1984 年建成运营。二期工程格尔木至拉萨段全长 1142 公里。青藏铁路作为世界上海拔最高、线路最长、穿越冻土里程最长的高原铁路，是世界铁路建设史上最具挑战性的工程项目，它结束了西藏自治区没有铁路的历史。

被称为世界屋脊的青藏高原，昆仑山、唐古拉山、念青唐古拉山绵亘，地质构造复杂，平均海拔 4000 米以上，空气稀薄，加上大面积的冻土层，频繁爆发的地质灾害，被认为是工程禁域。因为技术和经济上的巨大困难，青藏铁路的建设，从最初设想到决策上马，再到全线建成经历了一个漫长的岁月。

中国民主革命先行者孙中山在《建国方略》中描绘中国发展蓝图时，曾专门提到要修建青藏铁路，把青藏铁路和三峡工程相提并论。

新中国成立后，解决通往西藏的交通问题在 1950 年和平解放西藏时就是我军面临的一大问题。当时解放军以十八军为主力，从西康、云南、青海、新疆四省区多路向西藏进军，遇到的一个最大问题

---

　　* 本文是张国宝发表在《中共党史资料》2006 年第 3 期上的文章。

就是后勤保障问题，部队需要的武器弹药、粮食给养的运输遇到很大困难。我在分管国防建设工作时听过总后勤部关于西藏边防道路建设的汇报，听他们讲，在 1950 年进军西藏时曾发生过由于粮食给养供应不上导致一排军人冻饿致死的事件。

按 20 世纪 50 年代初我国的国力和技术水平，没有能力建设进藏铁路，先后建设了康（川）藏、青藏公路，成为进藏的主要通道。当时康（川）藏公路工程建设极为艰苦，11 万战士民工苦战 5 年，费用惊人，伤亡巨大。"二呀么二郎山，哪怕你高万丈，解放军铁打的汉，誓把公路修到那西藏"成为当时广为传唱、富有时代特色的歌曲。

青藏公路的建设比康（川）藏公路建设更曲折，更富有传奇色彩。时任中共西藏工委组织部长兼运输总队政治委员的慕生忠将军，是一位富有传奇色彩的红军老战士、置生死于度外的革命家。1953 年，他率领的后勤保障部队进军到格尔木。这里是昆仑山上雪水流下来形成的水泡子，芦苇丛生，他遂令部队驻屯下来，然后继续向昆仑山方向探路。据记载，当时部队动员了 2.8 万峰骆驼运送进藏物资，经过极为艰苦的行军，到达拉萨，摸索出了现在青藏公路的走向。后经过再次派部队蹚路确认，1954 年在周恩来总理批准和彭德怀的支持下，慕生忠率队修成了青藏公路，比康（川）藏公路还早建成了 10 天。青藏公路的走向，也是现在青藏铁路的走向。因此，今天青藏铁路建成，慕生忠将军仍然功不可没。

1958 年，主要从军事上和政治上考虑，经党中央、国务院批准，铁道兵部队开始修建青藏铁路。勘测工作是 1957 年夏由铁道部兰州第一勘探设计院庄心丹带领的一个小分队进行的。根据记载，他们当时所走的线路是德令哈—泉吉—格尔木—昆仑山—风火山—沱沱河—雁石坪—唐古拉—安多—那曲，再沿着当雄草原，直抵拉萨，都是紧贴着青藏公路一侧的山野，一个木桩一个木桩连成一线，在翻越唐古拉山之后，铁路勘测线与公路分离，转而进入万里羌塘无人区。遗憾的是，在那个年代的特殊经济条件下，青藏铁路修建很快因压缩基建以及西藏局势不稳定而停工。

1974 年，青藏铁路二次上马。直接原因是 1973 年毛泽东与尼泊尔国王比兰德拉的会晤。在会谈中，为声援尼泊尔，抗衡印度，毛泽东谈到可修一条进藏的铁路，跨越喜马拉雅山。20 多天后，国家建委召开了关于高原、冻土和盐湖的科研会议，随后将上马青藏铁路的报告呈报国务院。1974 年初，铁十师和铁七师上到德令哈，打开了封闭多年的德令哈到关角的隧道。但第二次上马在经历了 3 年的建设期之后波澜又起，遇到了许多工程难题，而且在路线上发生了滇藏与青藏之争。1977 年，铁道兵党委和铁道部党组联名向中央递交文件，提出《关于缓建青藏铁路格尔木至拉萨段、修建昆明至拉萨铁路的请示报告》，1978 年，又提出《关于进藏铁路的请示报告》。这两个报告历数了修建青藏铁路的困难，而以滇藏"列车通过的地方人烟较多，气候较好，大部分公路可通，施工运营条件比较有利"等原因，建议"舍青藏，改修滇藏"。当时主持中央工作的邓小平同志批准了停建申请，开始探索从云南方向进藏的滇藏铁路方案。但滇藏线立项不久，又因为国力不济，国库里没有那么多钱，以及技术上的原因而很快被搁置终结了。这样，历时 21 年，直到 1979 年，青藏铁路才建成了从西宁到格尔木段，作为青藏铁路一期工程，1984 年开始运营。我在考察青藏铁路时曾沿这段铁路看到了我国海拔最高的关角隧道和穿越盐湖的万丈盐桥，并曾听介绍说当时修建关角隧道遭遇到极大困难，铁十师死亡超过 50 人。以当时的国力财力，在没有解决冻土问题的情况下，停止修建青藏铁路是明智之举。不过，这次在风火山上建立了冻土永久性观测站，为后来解决这一问题立下了汗马功劳。

到 20 世纪末，我国综合国力大大增强，工程技术水平也有了很大提高，青藏铁路二期工程建设时机趋向成熟。1994 年第三次西藏工作会议召开后，恢复进藏铁路建设的呼声高涨，铁路建设的前期准备工作也加紧进行。

2000 年 11 月，铁道部长傅志寰给江泽民总书记写信，建议恢复建设进藏铁路，并仍推荐从格尔木进藏的青藏线方案。2000 年 11 月 10 日晚 11 时，江泽民总书记在傅志寰部长的报告上作了长篇批示："镕基、锦涛、邦国、家宝同志：看到傅志寰同志转来的一份关于修建进藏铁路有关情况的材料，引起我的深思。这次讨论'十五'计划时，我们也谈起这个问题。我到中央工作以后，一直在议论这个问题。但过去我对修建这条铁路的综合考虑不够，从经济性方面分析比较多。现在看来，修建进藏铁路，从政治、军事上看是十分必要的，从发展旅游，促进西藏地区与内地的经济文化交流看也是非常有利的。建成后运行初期可能要给一些补贴，但从长远观点看拿出这些钱来是完全值得的。总之，无论从经济发展、政治稳定和国防安全，还是从促进民族团结，更有力地打击达赖集团的民族分裂主义活动考虑，我们都应该下决心尽快开工修建进藏铁路。这是我们进入新世纪应该作出的一个重大决策，一个政治决策，要抓紧考虑。从铁道部报来的材料分析，综合比较下来，第一个方案（指青海格尔木至西藏拉萨段铁路建设方案——作者注）比较有利，投资少，工期短，线路不长，且较为平坦。当然对该方案尚存在的一些问题还要进一步做好研究，尤其要加强对冻土地区的工程地质应用性勘探、研究和试验。对青藏高原铁路的运输、管理、维修模式也应该事先有比较完善的预案。明年要召开第四次西藏工作会议，届时应正式宣布修建进藏铁路，必将对包括西藏广大干部群众在内的全国各族人民带来很大的鼓舞。建议国务院抓紧认真研究一下，总的意向定下来后，责成计委、铁道部尽快完成可行性研究，以便党中央、国务院及时讨论并作出这个战略决策。"朱镕基总理 11 月 11 日即作出批示："请国务院领导同志阅，并送各有关部门领导。请培炎同志负责，会同铁道部、中国国际工程咨询公司，抓紧论证，提出方案报国务院。"

虽然党中央、国务院领导作了明确批示，但建设这样一条难度极大的高原铁路，投资必定很大，技术上是否可行还需要以科学的态度进行论证。时任国家计委主任曾培炎同志即指示我（当时我是负责铁路工作的副主任）迅速行动，论证建设进藏铁路的可行性问题。

2000 年 12 月 14 日，曾培炎同志在北京铁道大厦召开了第一次青藏铁路项目立项报告汇报会。会议由我主持，主要听取铁道部兰州第一勘察设计院冉理总工程师的汇报。该院一直在研究进藏铁路问题，1979 年停建后仍然没有停止工作，先后比选了青藏、甘藏、川藏、滇藏多个入藏方案，但川藏、滇藏方案地形险峻，建筑难度更大，桥涵更多，滇藏线还有一段是地质状况不明的无人区。青藏线虽然穿越青藏高原，但很多路段地势平坦，隧道很少，最大的问题是冻土带。很多人可能不知道，冻土带如果在常温融化状况下，实际上是沼泽烂泥地，有的地方土只占 30%，水占 70%，冻土层最厚的地方达 500 米，只是在高寒状态下常年处于冻结状态。如果温度升高，或地层受到扰动，冻土融化，则铁路建设和运行将难以进行。为了攻克冻土难关，中科院兰州冻土研究所开展了长期的科研工作。铁道部第一勘探设计研究院在海拔 4900 米高的风火山建了一段试验线路，进行了长达 20 多年的观察。会议统一了思想，多种入藏方案比较仍首推从格尔木方向入藏的青藏线。这条线路只有在昆仑山越岭地段和快到拉萨的羊八井有一组隧道群，在进入拉萨时有一个柳梧隧道。后来在拉萨的青藏铁路开工典礼就是在这个隧道口进行的。但这些隧道都不长，除海拔高外，建设难度不大。会议还就投资估算、运量预测、高原卫生保障、环境保护、通电、道路等事项进行了研究。

2001 年 2 月 7 日，国务院召开第 93 次总理办公会，审议青藏铁路项目建议书，由我代表国家计委进行汇报。根据铁道部长期论证的意见，并综合各个方面的利弊因素，我们建议确定从格尔木翻越昆仑山、唐古拉山、念青唐古拉山的进藏铁路路线。由于这条路径桥隧不多，静态投资概算估计 194 亿元，比想象的要少，按我国已有的国力，完全有能力建设青藏铁路。为了让国务院领导对青藏铁路沿线的地形地貌有个直观的了解，我们准备了 12 分钟的多媒体动画，模拟青藏铁路全线的状况，并配以《走进西藏》乐曲，使汇报不至于枯燥。国务院一致同意青藏铁路项目立项，并成立青藏铁路建设领导小组，由曾培炎同志任组长，成员包括国家计委、铁道部、交通部、国土资源部、环保总局、卫生部、国家电网公司、中科院等单位。青藏铁路的各项准备工作从此正式启动，以铁道部兰州第一勘察设计研究院为主的上千名工程技术人员进入青藏铁路沿线加快勘探设计。

2001 年 6 月，青藏铁路二期工程建设的各项准备工作已经就绪，计划在 7 月 1 日开工。6 月 3 日，由铁道部长傅志寰和我带队，从西宁出发沿青藏铁路全线做最后一次检查。从西宁到格尔木的既有铁路受当时筑路条件的限制，标准不高，车速缓慢，当时我们就议定，随着青藏铁路建设，必须相应改造这段铁路。到达格尔木后，确定青藏铁路开工仪式地点。当时有两种方案：一是在格尔木火车站举行；二是在格尔木南山口现有铁路终端，也就是青藏铁路的真正起点举行开工典礼。南山口海拔 3080 米，风大，前方是巍巍昆仑。大家都赞成第二种方案。6 月 3 日凌晨 4 点，我们组织了 40 辆吉普向拉萨进发。从南山口向昆仑山，一路沿昆仑河（也称格尔木河）谷上行，约 90 公里，到达了海拔 4776 米的昆仑山越岭山口。此时虽是 6 月，雪花飘飘，寒风朔朔，经幡摇动，从此开始了长达 960 公里海拔在 4000

米以上的征程，也进入了从昆仑山到安多的长达 550 公里的冻土地带。我们一路沿青藏公路前行，公路两侧是星星点点的大小水泡子。这些都是当年建筑青藏公路时取土形成的凹坑。由于受到扰动，冻土出现融化，并逐渐扩大，形成了一个个大大小小的冻融湖。因此，建筑青藏铁路必须吸取这一教训，形成了避免在铁路两侧取土，选线尽量靠山的高处，并以桥代路的筑路原则。过了昆仑山后大约有一两个小时的路程，两侧似乎是一马平川的大平原，看不到有山峦起伏，除冻土因素外，筑路条件如同平原。车到不冻泉、五道梁，走在青藏公路上虽都是柏油路面，但路面凸凹不平，如同搓板，时而穿起，时而凹陷，这就是冻害。同时青藏公路上的桥涵承重力极差，今后经不起重达 40—50 吨的铁路桥梁运输，因此下决心必须对现有青藏公路进行整治，保障铁路建设运输。在昆仑山到唐古拉山的一路上我们经历了暴雨、雪花和艳阳高照的灿烂晴天，真可谓"一山看四景，百里不同天"。此行一路，跨过楚玛尔河、长江源头沱沱河、通天河、可可西里无人区。沱沱河川流纵横，冰雪覆盖，这里有江泽民总书记题词的"长江源"石碑。到达唐古拉山，也是青藏铁路的制高点，海拔 5072 米。这一段铁路将离开公路沿线，绕行 100 多公里，是青藏线建设得最艰难的路段。到达安多，进入西藏境内，也进入了羌塘草原，这里海拔依然在 4000 米以上，是著名的藏北草原，牛羊星星点点出没于草原上，蓝天白云，一片诗情画意。过了安多，冻土带也结束了，筑路不存在什么困难。铁路再次离开青藏公路，经过被称为圣湖的措那湖。过了那曲——我执意不在那曲住宿，因这里海拔仍在 4500 米以上，很多人夜里有高原反应，车队在黑暗中到达羊八井隧道群，只能点起篝火，观看隧道位置，这里离拉萨只有 90 多公里了。

第二天，我们开始考察进入拉萨市的铁路线路和拉萨火车站站址。拉萨火车站选在布达拉宫的背面，隔拉萨河与布达拉宫隔河相望，风景煞是壮丽。在拉萨河上筑起的铁路桥今天已是拉萨市的一景。拉萨火车站站址是拉萨河边难得的一片平地，当时还种着庄稼，6 月正值麦苗儿青、菜花儿黄的季节，一片田园风光。在进入拉萨的线路上，铁道部与西藏自治区政府产生了分歧，所以考察的重点是确定进入拉萨的线路。我们经考察后建议，最后在西藏自治区党委书记郭金龙同志的拍板下，还是采用了铁道部的方案，这也考虑了今后铁路向日喀则方向延伸时线路比较平顺。进入拉萨火车站前最后一座隧道叫柳梧隧道，这里成了青藏铁路在拉萨开工典礼的所在地。

2001 年 6 月 29 日，举世瞩目的青藏铁路二期工程开工典礼终于在格尔木南山口和拉萨两地同时举行，我随时任国务院副总理吴邦国同志参加了拉萨的开工典礼。

五年过去了，为解决青藏铁路二期工程建设面临的世界性三大难题，即多年冻土、生态环保、高寒缺氧的问题，各部门通力合作，做了大量的工作。

针对冻土问题，中国科学家采取了在施工中采用片石通风路基、片石护道、通风管路基、铺设保温板和热管等多项对提高冻土路基稳定性有明显效果的工程措施。在清水河等含冰量非常高的冻土地区，施工单位还实施了以桥代路工程，将桥基修在地下一百多米深的永久冻土层上，地面上则架起了长达数公里乃至最长近 12 公里的大桥作为铁路路基。

为保护沿线生态环境，青藏铁路在中国国内第一次使用了全线环保监理制度。对于穿越可可西里等自然保护区的铁路线，在工程设计中尽可能地采取了绕避的方案。同时，根据沿线野生动物的生活习性、迁徙规律等，青藏铁路还在格尔木至唐古拉山一带设置了 25 条野生动物通道，并适当调整施工及取土的地点和时间，以保障野生动物的正常生活、迁徙和繁衍。

为了解决施工人员高原缺氧的问题，青藏铁路各参建单位采取了多种手段，包括配发氧气袋、氧气瓶，建立制氧站，配置高压氧舱等等。此外，为配合青藏铁路建设，我们还做了大量的配套工作，包括整修青藏公路，从青海、西藏两侧架通输电线路，等等。

为保证青藏铁路的正常建设、运营，国家在财政上也给了青藏铁路特殊优惠政策。青藏铁路的工程投资约为330亿元，其中有75%是国家财政预算内资金，其余25%是铁路建设基金，没有向银行贷款一分钱。国家还规定，在青藏铁路建设、运营期间，免征各项税费，免缴铁路建设基金，并且可以实行特殊运价。

青藏铁路建设期间，中央领导同志一直非常关注。胡锦涛总书记曾就施工人员的身体健康问题，专门作过一个批示，强调青藏铁路建设要以人为本，要给施工人员增加营养，但不要直接发钱，而是要切实提高伙食标准，让他们真正吃到嘴里。

现在雄伟的青藏铁路已横亘于青藏高原，几代人的夙愿已化为宏伟现实，千千万万筑路大军顶风冒雪奋战于高原之上，创造了工程奇迹和人间伟业。我不禁要感慨高吟毛主席豪迈的诗句："世上无难事，只要肯登攀。"

重大基础设施的布局和建设
要有历史感、战略观[*]

——参观西伯利亚大铁路随想

我多次参观过海参崴火车站，每次看到都浮想联翩。矗立于火车站中的西伯利亚大铁路起点标志上，醒目地写着西伯利亚大铁路西起莫斯科，东到符拉迪沃斯托克（海参崴），总长 9332 公里，跨越 8 个时区，这是目前世界上最长、最壮观的铁路。共有大约 1000 列货运和客运列车奔跑在这一钢铁大动脉上。

一

这条铁路建于近 100 年前，以当时的技术实力和财力建设这么长的铁路，经过怎样的论证和决策？我在国家发改委分管交通工作时，也参与过青藏铁路、京沪高铁、温福铁路的论证和决策。设想西伯利亚大铁路放在今天中国的环境和程序下去决策，会有怎样的争论和结果？首先巨大的投资从哪里来？我想当时建设这样一条大铁路也是靠沙俄政府财力，不大可能像今天这样市场化运作。可以设想这样一条大铁路占当时沙俄政府财政收入的比重，会比青藏铁路或京沪高铁占我国财政收入的比重大得多。此外，我们在规划铁路时往往要求

---

　　*　本文是张国宝发表在《求是》杂志 2013 年第 18 期上的文章。

线路上的运量要超过年 1000 万吨以上。为此，在主持制定铁路中长期规划时，我曾和铁道部及评估专家有过争议。我一直认为，有的情况下当时运力没有达到 1000 万吨，但一旦修了铁路，潜在运力就会诱发出来。交通建设和经济发展是一个相互促进的过程。有了便捷的交通，不仅成本大大降低，由于人流、物流、资金流、信息流相继跟进、互相交织，就会把经济潜能充分释放出来；而且，对于重大项目和重大基础设施建设不能只算经济账，还要算战略账、政治账和历史账，有的项目一时看经济上不划算，但战略利益巨大、发展潜力和历史空间巨大，不仅要上，而且要快上、高质量地上，早上早主动。

二

从 16 世纪始，沙俄在亚洲扩张领土，攫取了面积达 1200 多万平方公里的整个西伯利亚地区，占亚洲陆地面积近 1/3，俄国由一个欧洲小国扩张为横跨欧亚大陆的世界级大国。这里有一望无际的森林和草原，肥沃的土壤以及丰富的矿产资源，但距离俄罗斯的欧洲部分太过遥远，且自然条件恶劣。起初，历代沙皇只是将这里作为苦役的流放地。19 世纪末，俄国进入工业化时期，当时英美日等列强也正在远东激烈角逐，使西伯利亚的战略地位凸显出来。为了牢固占有这片远离欧洲的土地，也为了实施蚕食亚洲的"远东政策"，沙皇决定修建一条贯通整个西伯利亚的大铁路。

19 世纪中期，有关部门为修建铁路进行了大量论证工作。1890 年，沙皇亚历山大三世正式颁发命令，决定首先从最东端的海参崴动工。1891 年 5 月，皇储尼古拉亲临海参崴主持铁路奠基仪式。1892 年 7 月，铁路工程又从车里雅宾斯克往东修建。俄国政府对该工程高度重视，于 1892 年成立了"西伯利亚大铁路特别管理委员会"，皇储尼古拉亲自出任主席。

西伯利亚地区密布河流、湖泊、沼泽、永久冻土层与山地，气候恶劣，冬季温度能达到零下 50℃，而在盛夏又经常出现 40℃的高温。巨大的温差经常造成钢铁脆裂、设备损坏，建设工程异常艰苦。在极其恶劣的条件下，成千上万的俄国贫苦农民以及服苦役者被征调参与了施工。在修建过程中，俄国曾多次派人到我国的山东、河南及东北招募工人，前后达几十万人。这些中国工人除一部分修建后来的东清铁路外，其余大部分来到西伯利亚的铁路工地上劳作。据说，西伯利亚大铁路东段的桥梁和隧道工程大部分是由中国工人完成的，很多人因劳累致死。另外，作为欧洲经济比较落后的一个国家，沙俄几乎要倾尽国力才能承担起惊人的建设费用。仅在 1891—1901 年间，俄国就为这条铁路花费了 14.6 亿卢布，远超同期的军费开支。经过 13 年的艰辛，1904 年 7 月 13 日，这条世界最长的铁路才开始通车，而收尾工程则延续到了 1916 年。建成初期，这条线上行驶的列车非常豪华，铺着厚厚的地毯，装饰着橡木板，很多旅客都是慕名而来的。

西伯利亚大铁路竣工后，给俄国带来了巨大的政治经济利益。通车后，这里的第一个变化就是人口迅速增长。1863 年时，西伯利亚人口仅有 286 万，到 1914 年已达 962 万人。在大铁路沿线两侧，众多的城市涌现出来。西伯利亚一跃成为俄国的主要农牧业基地，到十月革命前，西伯利亚谷物产量已占全国的 17%。同时，采煤业、木材加工业、冶金业等随着铁路的建设和运营在远东应运而生，西伯利亚的工业发展，拉动了整个俄国经济的发展。

西伯利亚大铁路的建设改变了近代远东的地缘政治和战略格局。对当时的中国产生了巨大影响。由于当时沙俄一直觊觎中国的东北地区，因此西伯利亚大铁路在俄国的侵略政策中占有重要地位。开工后不久，俄国财政大臣维特就主张干线应通过中国东北直达海参崴，这样就可拉近中国东北与俄国的联系。恰在此时，清政府在甲午战争中一败涂地，被迫签订了割地赔款的《马关条约》。最初《马关条约》不仅割让了台湾、澎湖，还包括辽东半岛。

帝国主义列强在远东展开了角逐，为了抑制日本在远东的势力，俄国联合德法两国进行干涉，"三国干涉"迫使日本"吐出"了辽东半岛。俄国则乘机秘密制订了所谓的"亚洲黄俄罗斯计划"。这一计划的基础，便是在修建西伯利亚大铁路的同时，修建穿越中国东北并南伸至大连的铁路。因干涉还辽"有功"，俄国获得清政府的回报。1896年，李鸿章作为特使赴莫斯科祝贺沙皇尼古拉二世加冕时，俄国人诱迫他签订了《中俄密约》，决定在中国境内修建西伯利亚大铁路的支线，并命名为东清铁路，后又称中东铁路。1898年动工修建，1903年7月14日全线通车。

俄日围绕中东铁路展开了激烈的争夺。由于日本将中国和朝鲜视为禁脔，必然与向东扩张的俄国发生冲突。日本人对俄1891年开始建设西伯利亚铁路坐立不安。为此，日本政府联络英美等国向俄国施加压力，试图阻止西伯利亚大铁路的修建，未能奏效。1904年初，日俄之间战云骤起。根据日本的分析，虽然当时俄国的整体军事实力要强于日本，但其在远东的兵力有限，补给也很困难。西伯利亚大铁路只剩下环贝加尔湖100多公里长的一段，如果铁路竣工，俄国在远东的军事劣势将得到根本扭转。于是在军部首脑山县有朋等人的极力坚持下，日军于1904年2月8日以偷袭的方式向俄国不宣而战。

战事的发展进一步证明了这条铁路的重要性。战争开始后，准备充分、拥有地理优势的日军取得了主动，连败俄军，攻占了旅顺。俄方则拼命赶工，在1904年7月13日强行开通了西伯利亚大铁路。靠着这条铁路，俄国在短时间内从欧洲调动大量军队到远东前线，最终在兵力上超过了日军，从而在局部挽回了败局。正因如此，1905年结束的日俄战争，虽然日本战胜，但还是签订了有妥协性的《朴茨茅斯条约》。日本从俄国人手里夺取了南满铁路。

苏联深深体会到西伯利亚大铁路的战略重要性，进一步对其进行了改造和完善。特别是在二战前后，远东成了抗击德国法西斯的战略后方，在 1945 年的对日作战中再次发挥出它的巨大作用。一些原子能工业、军工产业部署于此。太平洋舰队的基地也建于此。

苏联时期，为加快开发西伯利亚和远东地区，决定修建第二条西伯利亚铁路（贝阿铁路）。贝阿铁路西起西伯利亚大铁路的泰舍特站，经勒拿河畔的乌斯季库特、贝加尔湖北端的下安加尔斯克、赤塔州的恰拉、阿穆尔州的腾达（漠河对岸，现在是中俄原油管道起点）、哈巴罗夫斯克（伯力）边疆区的乌尔加尔、共青城，直到日本海沿岸的苏维埃港，全长 4275 公里。由苏联铁道兵部队建设，1984 年底竣工，1985 年正式通车。

苏联政府为这条世界上最长的铁路投入了大量补贴，但时至今日，由于票价提高，能负担这么长行程火车票价的俄罗斯人仍然不多。现在一张火车票的价格为 12000 卢布，约合 465 美元。经济上的原因导致这条铁路上列车的服务质量和卫生设施每况愈下，乘客也越来越少。现在，俄罗斯国家铁路公司计划将一列新的列车"金鹰"号投入使用，希望能再现西伯利亚大铁路往日的辉煌。

2006 年俄交通部副部长亚历山大·米沙林表示，未来两年内，俄罗斯将拨出 1140 亿卢布，相当于 345 亿元人民币，和青藏铁路初期的预算差不多，用于西伯利亚大铁路的改造。后来，米沙林又说，在俄罗斯 2010 年前交通运输系统现代化改造联邦专项计划的框架内，政府将拨款 2410 多亿卢布对西伯利亚大铁路进行改造。而拨巨款改造这条大铁路的目的仍然主要是俄罗斯的战略利益。因为在欧亚间 6000 多亿美元的贸易额中，只有不到 1% 是通过这条铁路的，经济效益不会很理想，但如能增加过境贸易，可以为俄带来每年60亿美元的收入。

三

追溯西伯利亚大铁路的决策、建设、运营及围绕这条铁路的地缘政治角逐，我们可以从中领悟到不少东西。重大基础设施的建设往往不能只从暂时的经济性去考虑，而应放眼长远，更多地从战略高度和全局角度加以审视。因为重大基础设施的上马影响深远，甚至改变历史进程，所以必须体现国家的战略意志。我甚至在想，当年隋炀帝挖运河真的是为了乘龙舟下扬州吗？还是为了解决漕运？但不管是什么历史原因，大运河至今仍发挥着巨大的作用。诚然，在当今市场经济条件下很多事情可以交由市场来做，但仍有不少重大基础设施和重大装备要有国家意志支撑，投入国家财力，重大战略性项目，尤其如此。

在我主持编制铁路中长期规划时，我国铁路运行总里程只有6万公里，现在发展到9万公里，铁路建设中仍有不少线路要靠政府投资，还不能全部推向市场。青藏铁路得以二次上马，和当年毛主席接见尼泊尔国王比兰德拉时大手一挥，"我们要把铁路修到尼泊尔去"的雄才大略有关。青藏铁路修到拉萨后再向日喀则延伸，是我退休前非常想实现的一个愿望。非常幸运，我临退前的国务院常务会议审议通过了拉日铁路，张平同志特意安排我去汇报，了却了我的一大心愿。日喀则通车后再继续往前延伸难度就不太大了，只待依形势作出战略决策了。

像西伯利亚大铁路这样影响地缘政治，有着深远历史影响和重大战略意义的基础设施还能举出不少，例如近年建成的中亚天然气管道起自土库曼斯坦，经乌兹别克斯坦、哈萨克斯坦到中国；正在建设中起自印度洋畔皎漂港的中缅油气管道，都将对地缘政治和能源区域布局产生深远影响。为实现民族复兴的中国梦，政治领导人和经济规划工作者都应以宽广的全球视野和深邃的战略眼光来谋划和决策这类重大基础设施项目。

"巨蛋"诞生记[*]

——我亲历的大剧院设计决策过程

著名的法国建筑师保罗·安德鲁逝世了，享年 80 岁。他设计的国家大剧院被中国的建筑设计权威们讥讽为"鸟蛋""巨蛋"。和澳大利亚悉尼歌剧院一样，开始时被看作是奇形怪状的建筑，直到设计师去世后才得到世人认可。

1998 年国家大剧院准备建设时，成立了由国家有关部委和北京市领导组成的领导小组，时任国家发展计划委员会主任的曾培炎是领导小组成员，我当时任国家发展计划委员会副秘书长，协助委领导分管基建投资方面的工作，同时兼任首都规划委员会委员。因为曾培炎主任很忙，有关国家大剧院的会议很多是我代他参加，因此关于国家大剧院设计的决策我了解较多。国家大剧院的建设过程跌宕起伏，反映出求新和保守两种思想的冲突。我一直想把这一过程写下来，但因种种原因一直未动笔。设计师保罗·安德鲁逝世激起了我的写作愿望，应该写下来作为对他的纪念。

1958 年就有了建设国家大剧院的动议

建设国家大剧院的动议实际上从 1958 年就开始了，当时的十大

---

* 本文是张国宝发表在《中国经济周刊》2018 年第 41 期上的文章。

建筑构想中有国家大剧院，并且留出的位置就是人民大会堂西边、现在国家大剧院的所在地，地点是周总理确定的。但是，由于后来压缩基本建设投资，国家大剧院的建设被搁置下来，人民大会堂西边的这个大坑一直留到了20世纪90年代。

江泽民同志任党和国家领导人后，建设国家大剧院的事再次被提了出来。但当时在这个地方建什么建筑物，有了分歧——有人主张建人大办公楼。两种意见都能从过去的档案当中找到一些领导人的意见。例如，彭真同志提出过在此建人大办公楼，政协也希望能在此有个办公地点。但是，曾任北京市领导和全国人大常委会委员长的万里同志主张按照周总理的意见，在此建一个面向大众的国家大剧院。十五大之前，以江泽民同志为核心的中央领导集体讨论，从中国的政体等许多更高层次因素考虑，加之人大常委会已经在黄城根建了全国人大会议中心，综合考虑后确定还是在该地建设国家大剧院。

关于国家大剧院的设计方案，从1958年起，北京市建筑设计院就一直在研究，事实上已经有了设计方案，其设计思路和1958年建设的人民大会堂、历史博物馆的设计思路一脉相承。北京市建筑设计院的方案，从外形看和人民大会堂非常相似，也是罗马建筑风格的大廊柱。在中央决定建设国家大剧院后，时任北京市常务副市长的孟学农同志主持召开了设计方案的评审会，通过了北京市建筑设计院的设计方案。但此时人们的眼界已经更开阔，领导层和建筑界都提出，要建就建一个世界一流的建筑，不要受过去框框的束缚，不主张按北京市建筑设计院从1958年以来延续的设计方案。朱镕基总理也赞成这个思路，提出了采用国际招标的方案，吸收国际上先进的设计理念。

朱镕基总理听取国家大剧院设计方案的汇报，
专家组组长吴良镛不满保罗·安德鲁的设计

朱镕基总理在文化部亲自主持听取关于国家大剧院设计方案的汇报时，专家组组长是吴良镛，他不赞成安德鲁的设计。吴良镛进会场时拿着一个公文包，气哼哼地坐下来。朱总理看出来他有情绪，就说："吴老，您先说说意见吧。"吴良镛说："你们都已经定了，我还有什么好说的?!"朱总理说："没有定，我一个人也定不了，还要与其他常委商量来定。您就说说您的意见吧。"

此时吴良镛打开皮包，拿出一份事先准备好的图，就是日本大阪海洋博物馆。吴良镛说，你们不是说国家大剧院的设计要独一无二的吗？你看这种球形的建筑在大阪海洋博物馆已经有了，也是安德鲁设计的。国家大剧院不过是大阪海洋博物馆的翻版而已。

文化部的同志反驳说，大阪海洋博物馆虽然也是球形，但是体量小，直径大概是 60 多米，而国家大剧院是椭圆形，长轴有 200 多米，是完全不一样的两个建筑。

此乃其中一个小花絮，我在场。

专家评第一的设计方案老百姓最不喜欢，
被专家淘汰的设计方案老百姓投票却得了第一

朱镕基总理确定国家大剧院的设计方案采用世界招标的办法选定。各国参加投票的方案，由吴良镛担任组长的 13 人专家委员会评选。专家组评出的最佳设计方案是日本方案。同时，根据朱镕基总理的指示，将各国参与投票的设计模型放在历史博物馆，让广大参观者投票选择自己最喜欢的方案。结果群众选出最喜欢的设计方案居然是被专家们淘汰掉的加拿大的方案。最后国家大剧院建设领导小组尊重了群众的意见，让加拿大的方案进入第二轮投票。

在投票前，朱总理指示，不要受任何框框的束缚。

进入第二轮投票的加拿大方案的设计人员在猜测中国人喜欢什么样的设计时，他们想到的是长城、红墙黄瓦，所以修改了第一轮的设计，把墙体设计成像长城一样，看起来有点不中不洋、不伦不类。结果在第二轮投票中，加拿大方案被淘汰出局。

被专家组评为第二名的是英国的一个设计方案。但是，根据朱镕基总理不受任何框框束缚的指导思想，法国安德鲁的没有任何框框的椭球方案脱颖而出。

"吾爱吾师，吾更爱真理"

对于国家大剧院的设计方案，虽然采取了很多办法来进行评选，但是争论和分歧仍然不断。最后，这个烫手山芋被扔给中国国际工程咨询公司组织专家来评审，用专家的话来敲定。中国国际工程咨询公司时任董事长屠由瑞组织了全国40多名建筑方面的专家学者集中在北京郊区的怀柔，进行了许多天的评审。最后让每个参与评选的专家都写出了书面意见。根据屠由瑞董事长的汇报，赞成法国安德鲁椭球方案的还是占多数。

当时对方案的看法分为南北两派——北派是以吴良镛教授为主的建筑专家，他们中的大多数有清华大学建筑系的背景，在北方建筑机构工作；南派是以东南大学建筑学教授齐康为代表，大多数是南方建筑设计院的专家。

屠由瑞讲了一个花絮：有一位清华大学建筑系毕业的建筑专家"倒戈"，不支持自己的老师吴良镛，理由是"吾爱吾师，吾更爱真理"。这句话成了屠由瑞津津乐道的"名言"。

有了专家们的意见，国家大剧院的设计方案才最终确定下来。

我对国家大剧院设计方案提的修改意见被嗤之以鼻

我在旧金山曾参观过设计大师贝聿铭设计的大教堂，这个教堂从顶俯视是一个十字架。教堂里边的柱子做成双曲面形状。因为我上研究生时，微分几何是主要课程，所以对数学公式表达的曲面非常敏感。旧金山教堂的设计给我留下了深刻的印象。贝聿铭的数学功底非常好，并应用于建筑设计中。在讨论国家大剧院由保罗·安德鲁设计的椭球形设计方案时，从俯视图看，中间是透明的，两侧用钛合金板制成不透明的。我突然异想天开，想到了贝聿铭设计的大教堂，如果从顶部俯视，引入中国概念，把它设计成一个八卦形状是不是很新颖？我画了一个草图，有一次和朱镕基总理开会时拿给他看，他们看后大概以为我是开玩笑，说："你这不是搞迷信吗？"我知道我是班门弄斧，所以哈哈一笑了之。但是我想如果我的这个设想能够直接讲给保罗·安德鲁听，也许他还能采纳呢。

"高手在民间"

国家大剧院设计邀请国际招标后，也吸引了中国的民间建筑设计爱好者，其中一位爱好者自掏腰包 10 万元，做了一个自己设计的国家大剧院模型。他的设计造型是一朵盛开的莲花，周边有 56 根柱子，柱子是细长的花瓶状，代表 56 个民族，上面有图案。莲花造型有中国元素。但是像他这样的民间设计者名不见经传，没人搭理。于是他打听到哪里有讨论国家大剧院会议时，就把自己设计的模型拿到会议门口去展示，但是登不了"大雅之堂"。看过这个模型的人，对他的设计创意赞赏的不少。但他不是建筑界的权威，又无伯乐引荐，最终只是无人问津、销声匿迹了。这也是学术界"小人物"的悲哀。

关于与天安门周边建筑风格是否浑然一体的争论

保罗·安德鲁的椭球形设计方案浮出水面后，遭到了中国一些城市规划专家的反对。最初的反对意见是：国家大剧院的建筑风格应该与天安门周边的建筑群风格浑然一体。这个西洋建筑风格的国家大剧院显然与天安门周边现有的建筑风格不协调。

文化部赞成保罗·安德鲁的设计，对上述意见进行了反驳：天安门周边的建筑是与时俱进的。最初以天安门、前门为代表的建筑，当然是明清风格，是中国古代建筑风格的代表。1958年在天安门东西两侧建的人民大会堂和历史博物馆，实际上是罗马风格的建筑群，有大廊柱，后来建设的毛主席纪念堂也基本上沿用了这种风格，并参考了国外林肯纪念堂的建筑方式，人民英雄纪念碑也有欧洲设计风格的元素。在天安门广场的西南、东南面则早已有了西洋式建筑的中国银行、前门火车站等建筑物，不也是浑然一体吗？所以说，一个城市的建筑也不是一成不变的，而是与时俱进的，在人民大会堂的西边出现一个这样的西洋风格的大剧院，体现了北京市的城市进步，没有什么不和谐的。

贾庆林提出国家大剧院向南移动80米造成的新增3亿元拆迁投资由北京市承担

由于对国家大剧院西洋式设计风格与天安门广场建筑群风格是否和谐的问题争论不断，后来决定将原来紧邻长安街的国家大剧院向南移动80米，使它的中轴线和人民大会堂的中轴线位于一条线上，从天安门城楼上看不到国家大剧院。但是向南移动80米需要拆迁南边的一个胡同，需增加拆迁费3亿元，又将引起争议。时任北京市委书记贾庆林为避免这些争论，拍板决定拆迁胡同需要增加的3亿元投资完全由北京市承担。

各界对国家大剧院设计方案的反应

国家大剧院的设计方案也引起了社会的关注。有意思的是，不同的人群对国家大剧院的设计持不同的观感。文化界普遍赞成安德鲁的设计。人大和政协的文化界代表、委员，以英若诚为代表，致信国家领导人，要求采用安德鲁的椭球形设计方案。

南方、北方的建筑界也有分歧。一般北方的建筑专家不喜欢安德鲁的设计，而在南方的建筑专家，如江浙、上海、广东一带的建筑师们比较倾向于采用安德鲁的设计方案。这种现象倒是颇值得玩味。

国家大剧院周边的水池如果发生泄漏怎么办

安德鲁设计的国家大剧院寓意是天外来的一滴水滴，落到了北京。它坐落在水池中。安德鲁认为，北京市缺水，水会给北京市的城市建筑带来灵气。但是质疑的意见提出，如果水池发生了泄漏怎么办？国家大剧院的一些建筑在地面以下，泄漏的水淹没了国家大剧院怎么办？如何逃生？

根据这条意见，水池的设计做了修改。事实上，表面看是一个完整的水池，其实在水面下是隔成了一个个格子，即使某个格子发生泄漏，也只会漏一部分水，不至于淹没整个剧场。同时，从消防等其他安全的角度一并考虑，大剧院的周边一圈开了许多小门，作为逃生通道。

朱镕基总理曾想调上海大剧院的经理到北京来管理国家大剧院，但经理不敢来

国家大剧院的方案落地后，涉及到今后的管理和经营效益问题。

当时算来算去，国家大剧院今后经营是亏损的，需要国家财政来补贴。而上海大剧院没有要国家一分钱投资，是由东方明珠集团上市经营滚出来的资金投资建设的，经营上也不亏损。朱镕基总理于是提出，把上海大剧院的经理调到北京来当国家大剧院的经理。但是这位经理婉言谢绝了，他说他在上海能办得到，到北京办不到。在上海，上海大剧院的任何一张票都得花钱买，不管你是上海市委还是上海市政府请的客人，一样要花钱买票，没有不花钱的赠票。而在北京，方方面面的人，各个政府机关，如果都要他们买票，这个人我得罪不起。所以最后，国家大剧院成立了业主管理委员会，开始说以文化部为主，后来以北京市为主，由北京市、文化部、建设部出人组成业主管理委员会，盈亏由北京市负责，把财务包袱抛给了北京。

曾想砍掉小剧场

国家大剧院的总体方案确定以后，又有人提出国家大剧院应该节省投资，没必要再搞小剧场，因为在周边有北京音乐厅，还有中山公园音乐厅，没有必要再在国家大剧院搞一个小剧场。对这个意见领导层似乎也赞同，要求不要再建小剧场了。但是由于国家大剧院的总体方案设计已经定了，即使砍掉一个小剧场，大的体量不会再变，节省的投资非常有限，而小剧场留出的空间也是浪费。那时候已经有了业主委员会，业主委员会实际上是不赞成在这个时候砍掉小剧场的，也就稀里糊涂地拖了下去，最后还是建了小剧场。这样国家大剧院共有4个剧场。

平衡各方

在设计方案的整个争论过程中，还有吴良镛教授提出的清华设计院的方案。清华设计院的方案外形是一个圆筒状，从顶部俯视像一个铜钱。对此方案，现在的许多见识过国际建筑的建筑师们和领导层也都不赞成。由于争论激烈，朱镕基总理曾经把这些建筑模型放在他的办公室，到他办公室开会或来访的人他就征求他们对这些建筑方案的看法。

有趣的是，当时国家大剧院有一个建设领导小组，是由有关部委领导组成，包括时任国务院副秘书长马凯、国家发改委主任曾培炎、建设部部长俞正声、文化部部长孙家正、财政部部长项怀诚等，同时成立了吴良镛教授为组长的专家委员会。在领导小组层面，大多数人都喜欢安德鲁设计的方案，而专家委员会则不同意安德鲁方案的人居多。

在整个设计方案的讨论中，还有北京市建筑设计院、清华大学设计院等几个方案，许多不同意见实际也是来自这些单位。为了平衡各方的意见，虽然采用了安德鲁设计的方案，但是分包细部设计给了清华大学设计院和北京市建筑设计院。这就是中国的平衡艺术。

另外，国家大剧院建设中也估计到各方面的意见，在建筑材料的选择上基本上选用国产材料。当时有一个风气，高档的建筑物采用的花岗岩、大理石石材都是采购自意大利，但是国家大剧院这样重要的建筑却大量采用了国产的石材。

国家大剧院是保罗·安德鲁的杰作，建成后他经常一个人坐在二楼靠窗的一个角落，从窗户欣赏国家大剧院和周边的环境。今后有人去国家大剧院不妨也坐在他这个位置去欣赏一下。

国家大剧院余音未了

国家大剧院建成营业已经多年，逐渐成为北京市的标志性建筑。每遇到天气晴好、网友们晒照片时，常常都有国家大剧院的影像，但是对国家大剧院建筑的非议并未就此画上句号。和三峡工程等一样，国家大剧院尽管建成运营多年，但当时反对的人还是持否定意见，赞成的人还是赞成，这也许就是中国特色的争论吧，谁都不能输了面子。

在国家大剧院之后，又出现了颇受争议的央视新大楼，于是基本上还是原来反对国家大剧院方案的一些老建筑专家又上书中央领导，批评北京市成了外国奇形怪状设计的试验场。领导批示，让国家发改委听取这些专家的意见。

时任国务院副总理曾培炎主持召开了一次听取这些专家意见的座谈会，中央有关部门的同志参加会议。会议开始后，这些对北京市近年建筑有意见的专家们激烈地发表了一些批评意见，声音基本是一边倒，与会的其他人员，包括中央部委的同志，通常都不愿意在这样的场合当面去撕破脸，反驳专家，大都是随声附和或模棱两可地敷衍几句。我听下来，只有一位年纪较轻的专家话中似乎对这些意见不太赞成，很含蓄地说了一下意见。快到中午吃饭时只剩下我一个人没有发言了，在这种场合我也不想去争论什么，但最后曾培炎副总理点名说国家发改委的同志也讲讲吧。我只好遵命发了一个言。但是，发言的时候老毛病又犯了，第一是不愿意讲违心的话，第二改不了"有话就说"的老毛病。我发言的意思是，在建筑领域也应该提倡百花齐放、百家争鸣，允许有不同风格的建筑出现，一个城市的面貌不是一成不变的，它会随着历史的演变与时俱进。我发言后全场哑然，因为时间已到，也没有人反驳我。

大家可以看到这几年，北京市虽然建了许许多多的建筑，但是上镜率最高的还是当初曾被讥讽为"鸟蛋""鸟腿"这样的建筑。

中国银行总部大楼建设花絮

20 世纪 90 年代中期以前，位于长安街和西单路口的地方，是一片菜市场和破旧的平房。后来西城区把这片地方作为重点工程进行改造，称为"西西工程"。最后开始招商引资，看谁愿意在此地建设。后来，中国银行愿意将总部搬到此地。

中国银行原来的总部位于阜成门的东南角，与保险公司合用一座办公楼。随着中国银行实力的增加，他们感觉自己也需要一个独立的办公地点。

当时这座楼的设计者为美国著名华人设计师贝聿铭，香港中银大楼就是他设计的，后来成为香港的一个标志性建筑。现在看来，中国银行大楼虽然与香港中银不太一样，但是确实有香港中银的影子，很多地方是从那座楼上拷贝下来的，特别是与香港中银的上半截比较相似。但外观上没有香港中银雄伟，因为香港建筑物不限高，而西单这个位置不能太高。

但是，等这栋楼真开始动工的时候，问题就出来了。有人把不同意见反映到了中央，说中国银行一家建造 20 多万平方米的一个办公楼，太浪费了。中央很快就把项目叫停了，把这个事情交给了国家计委，由我负责处理。

当时中国银行的领导拿出来建筑模型说，这是贝聿铭老先生一辈子的封笔之作，希望能得到批准。我也传达了上面的意思，根据规定，中国银行的建筑面积不应当这么大。问题陷入了困境。

后来我说，中国银行一家太大，看能否再找一家单位，两家合用这个楼，但最后找来找去还是想到了那家保险公司。中国银行的人显然不同意。他们说，这怎么行呢？本来是两家单位在一起不合适我们才出来的，现在又要在一起，到时候还是会有矛盾。再说了，这座楼建起来之后，我们该如何分配呢？

事实上，从内心来说，中国银行是不愿意分给别人的，但是不分的话，由于人均办公面积太大，上面肯定是不会同意的。作为中国银行的总部，按照当时的算法，他们只能占 9 万平方米的办公面积。最后，我与他们协商出了一个办法：把中银系统的机构拆出来，比如中国银行香港分行驻京办事处、中国银行北京分行等，这样一来，人均办公面积就够了。最后，这个方案报上去之后，领导也就同意了。

润扬长江大桥建设方案和命名的争议[*]

万里长江上建设的第一座公铁两用桥是武汉长江大桥，它是由苏联设计援建的。毛主席诗词"一桥飞架南北，天堑变通途"讴歌了武汉长江大桥。南京长江大桥是第二座公铁两用桥，也是由苏联设计援建，但由于中苏关系破裂，苏联撤走专家，后来由中国自己建设。遗憾的是，当时设计没有预见到长江航运船舶大型化的技术发展趋势，把桥的净空高设计为24米，致使大桥建成后，万吨级轮船无法通过。

因为已经既成事实，以后南京长江大桥上游设计的桥梁，例如芜湖、铜陵、九江大桥的净空高也都按24米建设。这一净空高度现在成了长江航运的拦路虎，本来长江可以航行3万吨级轮船，但是现在万吨级轮船最多只能到南京长江大桥以下，迫使交通部门只能在船型上做文章，建造宽底浅吃水船舶。

有人因此提出，是不是应该把南京长江大桥拆了重建？加高净空高度。但是由于净空高度24米不仅是南京长江大桥，而是在南京长江大桥以上都是这个净空高度，拆了一座桥也无济于事。这就是设计没有长远考虑的后果。因此吸取这个教训，在南京长江大桥以下建设桥梁时必须要有足够的净空高度。润扬长江公路大桥（简称润扬大桥）的建设方案提出来以后，把净空高度定为50米。以后在润扬大桥以

*　本文是2019年1月29日张国宝发表在经济网上的文章。

下的大桥净空高度逐次提高，到了南通长江大桥，更加接近长江口，净空高度已经高达 62 米。

江泽民、朱镕基同志任上海市领导时，开发浦东，首先要解决浦东、浦西的交通问题，建设了南浦大桥和杨浦大桥。

美国有一个林杨公司，是一个咨询桥梁设计建设的公司，领头人叫林同炎和杨裕球，他们早年是交通大学毕业，以后在美国发展，擅长桥梁建设，因此和江泽民同志也称得上是校友。在上海建设南浦大桥和杨浦大桥时，林杨公司是咨询公司。

建设润扬大桥时，林杨公司希望能继续参与，朱镕基总理介绍他们为润扬大桥做咨询。润扬大桥由江苏省交通厅具体负责。在研究桥梁设计方案的过程中，江苏省交通厅和林杨公司产生了很大的意见分歧，最后甚至于双方出言不逊。林杨公司也很气盛，一纸信函告到了朱镕基总理那里。朱镕基总理见信后也非常生气，批了一段很严厉的话，一开头就说，你们不要忘了这是总理请来的客人。此件发到国家计委，由国家计委协调处理。我当时正分管这项工作，这项任务就落到我头上，我也感到很难办，不敢懈怠。

我多次认真听取了双方到底存在什么分歧。因为从镇江到北岸的扬州这段江面宽阔，桥的南端是在镇江，而到北岸扬州最近的一个沙洲叫世业洲，这段距离有 1500 米左右。江苏省交通厅的意见是不想在长江上再打桥墩，想一跨从镇江到世业洲，世业洲到扬州还有七八百米左右，第二跨就可以到达扬州了。世业洲和扬州之间的河道不是主航道，而从镇江到世业洲这段江面是长江上的主航道。江苏省交通厅认为，如果在这一段江面上打桥墩会影响到河势，也会影响到航行。因此江苏省交通厅的意见是建悬索桥，就像旧金山的金门大桥和日本的濑户大桥一样。江苏省交通厅主张建悬索桥是因为当时悬索桥的建造技术可以做到跨度在 1500 米左右，避免了在航道中间再打桥墩。当然问题也有，悬索桥的两端需要把巨大的悬索固定在两端坚实的山体上，悬索的拉力十分巨大，如果没有山体，就需要建一个地下巨大的混凝土基础作为锚地。

而林杨公司的意见是建斜拉桥。可是在当时世界上最大的斜拉桥跨度是欧洲的诺曼底大桥，跨度最大是七八百米。当时还没有跨度在1000米以上的斜拉桥（现在有了）。这样就需要在镇江到世业洲之间的长江航道上再打一个桥墩，还要补充做一些工程试验。双方在意见争执时都比较气盛，乃至于出口伤人，就有了林杨公司向朱镕基总理告状之事。

我听了双方的意见分歧后，觉得还是尊重江苏省交通厅的意见为妥。从镇江到世业洲的南跨宽度约1500米，采用悬索桥的方案。而世业洲到北岸的扬州只有七八百米，而且不是主航道，可以采用林杨公司建议的斜拉桥方案。

不久，国务院总理办公会再次听取关于润扬大桥建设的可行性研究报告。因为是我分管，所以由我汇报，但是我心里很忐忑，不知道朱镕基总理能不能接受这个协调意见。果然在汇报的过程中，朱镕基总理还清楚地记得他的批示和林杨公司的告状信。他问我，林杨公司提的意见你们接受了吗？你们是怎么考虑的？我简单地回答：部分采用了林杨公司提的意见。我这里是指从世业洲到扬州的这一段采用了林杨公司提出的斜拉桥方案。朱镕基总理听后没有再多问，同意了这个协调意见。

所以后来润扬大桥就是按照这个意见来建设的。南跨从镇江到世业洲1500米采用了悬索桥方案，北跨从世业洲到扬州约800米采用了斜拉桥方案。后来林杨公司在杭州湾大桥的建设咨询中与浙江省交通部门也发生了激烈争执不欢而散。

建设方案确定后，关于桥的命名又成了问题。因为扬州是江泽民同志的家乡，所以地方政府找到江泽民同志，希望他能给桥题个名。江泽民同志说，你们先把桥的命名统一意见后我再给你们题，否则我不能题这个字。

因为长江上桥的命名都是以所在地的地名来命名的，例如武汉长江大桥、南京长江大桥、芜湖长江大桥等。但是由于润扬大桥南边是镇江，北边是扬州，不能叫镇江长江大桥，也不能叫扬州长江大桥。中国人比较讲究，如果叫镇扬长江大桥或者叫扬镇长江大桥，从谓宾结构的意思扬州都不满意。

为了解决这个矛盾，我还给出了个"馊主意"，回避扬州和镇江两个地名，叫扬子江大桥得了，但是交通部门不同意。交通部门认为扬子江是对长江下游总的一个称呼，没有讲出润扬大桥的具体地理位置，不符合原来定的桥梁命名原则。这个意见也被否了。

我想起了南宋爱国诗人陆游的一首诗："楼船夜雪瓜洲渡，铁马秋风大散关。"润扬大桥所在地就是瓜洲渡，是南宋时南宋和金对峙的地方，干脆叫瓜洲长江大桥得了。可是不知怎么的，中国人不爱听"瓜"这个词，像傻瓜、吃瓜群众等等。所以也没人愿意用瓜洲长江大桥这个名。

后来不知是哪位高人，想出了润扬长江大桥这个名字。因为镇江古代曾经叫润州，现在镇江市内还有一个润州区。而润扬长江大桥南段的起点就在镇江润州区，所以就把这座桥命名为润扬长江公路大桥。这个名字扬州人听起来也感到很舒服，也都能接受，统一了意见。将这个统一意见后的名字拿到江泽民同志那里，他欣然提笔为润扬长江公路大桥题名，并且亲自出席了润扬大桥的开工典礼。典礼会场安排在扬州一侧，我们都去参加了。主席台的左侧放置了润扬大桥的模型，江泽民同志先参观了模型，然后全程参加了润扬大桥的开工典礼。

我与海南岛的情缘擦肩而过[*]

　　随着我国改革开放的深入，海南岛的开发建设也提到了日程上来。海南岛是我国第二大岛，面积和台湾岛相差不多，但是经济差距非常之大。于是，把海南建设成为我国最大的经济特区的想法浮现出来。

　　那时，中日关系处于蜜月期，由日本海外协力基金出资搞了一个海南岛的开发规划，规划文本全部用日文书写，送到国家计委来翻译成中文。那时国家计委会日语的人很少，除了外事司有个把日语翻译外，找不到人翻译了。我那时在国家计委机电局工作。之前在国务院外国专家局工作了一段时间，我会日语，所以我也成了翻译的主力。

　　后来海南准备建省，要从国家计委调一批干部到海南工作，共选了7个人，由一位负责带队，就想到了我。可是这时国家计委综合司回来了一位援藏干部，他的年龄已经50岁左右了，带队去海南在职务上可以晋升一级，于是把带队去海南的差事给了他。后来海南建省，国家计委派一人去当计划厅长，当时派了更有资历的人去。这是我第一次与海南失之交臂。

　　在制订第七个五年计划时，国家计委按大区划分，到各大区去衔接调研，其中中南区由国家计委委员石启荣带队。现任中央深改办常

　　* 本文是2019年2月11日张国宝发表在经济网上的文章。

务副主任的穆虹和我都编在中南组。我们先到了广州，海南、湖南的同志也到广州来汇报。那时候在广州刚刚落成了湖南大厦，湖南省由时任湖南省副省长的汪啸风同志在湖南大厦带队汇报。汪啸风同志曾任湖南省计委主任。在这次工作中，我认识了汪啸风同志，他对我印象很好，我对他的印象也很好。后来汪啸风同志调到海南任省长，后来任省委书记。

那时海南的洋浦开发区是作为特区中的特区，可是洋浦的开放开发一直没有大的起色。朱镕基任总理后到海南视察，由湖南老乡汪啸风省长全程陪同。在谈到洋浦开发不尽人意的时候，汪啸风同志汇报，主要还是缺乏一个有力的领导。于是他请求朱镕基把我从国家计委调到海南任副省长，负责洋浦开发工作。据汪啸风同志后来对我讲，朱镕基听了以后说，张国宝同志国家计委还要用呢，没有答应。我和海南岛的情缘第二次擦肩而过。

也是在这次视察中，海南省向朱镕基总理反映，中央原打算给海南省的许多特区政策，由于受雷宇的汽车走私案影响，许多政策收回了，实际上海南没有享受到多少特殊的政策。于是朱镕基总理回到北京后，派我带队到海南省做一次调研，看看有哪些政策没有落实。这次调研中，海南省提出了很多要求的政策和一些具体项目。我把它写成了调研汇报上呈。后来由于当时的大环境影响，有关的政策基本上没有落实多少。但是对于海南省提出的一些具体项目要求，朱镕基总理基本上都予以满足。

其中我记得有：海南省的西线高速公路没有经过洋浦开发区，距洋浦开发区还有几十公里。海南省希望中央能出资将西线高速公路通到洋浦开发区。另外，洋浦开发区缺少淡水，海南省希望能够把大广坝水库的水引到洋浦开发区。这些要求都满足了。这份调研报告我一直都留着，后来由于我工作频繁调动，这份报告我锁在投资司办公室的一个铁皮柜里，后来连这个铁皮柜也找不到了。

尽管我与海南岛的情缘两次擦肩而过，但是从那时起，在这个历史阶段海南省的诸多重大建设项目都是由我经手经办的。包括海南最初的工业项目：汽车冲压线（后来演变成海马汽车），海南的福岛大化肥、昌江水泥厂、印尼金光集团在洋浦的纸浆项目、三亚的大隆水库、海南航天发射场、洋浦大炼油厂、海南昌江核电厂等。

我不是要把这些对海南经济影响较大的项目完整记录下来，只是谈谈在这些项目背后的小花絮，通过这些小故事反映当时海南省建省和建中国最大经济特区过程中的状况和波折。现在海南省在新的开放形势下，正在谋划建设全岛自由贸易区。这些小花絮，也许可以作为今后工作的一些借鉴和参考。

一、海南汽车冲压件生产线项目

海南岛开发初期，由于技术太差，经济十分落后，交通十分不便，那时全岛几乎没有硬化路面，全是红壤土的土路，仅海口市有一些简易的四层楼的楼房，乱七八糟地晾着衣服裤子，五颜六色，我们戏称它为"联合国"。岛上的居民除了渔民和农民外就是驻军了。那时海南几乎没有工业项目。

海南建省不久，听说菲律宾有一条美国汽车公司投资的汽车冲压件生产线，几乎没有生产过，准备出售。那时各省、各部门搞项目的积极性都很高，有兵器工业部和其他几个省也都看上了这条汽车冲压件生产线。海南省时任管工业的领导到北京来专程汇报，希望国家计委能够支持海南这个项目。

那时国家计委机电局的局长是唐自元同志，我在他领导下工作。他为了支持海南省的发展，劝说兵器工业部和其他部门不要再和海南省抢这个项目了。于是这条汽车冲压件生产线就落户在海南。其实，海南省也不知道这条生产线能为谁生产东西？也是由国家计委机电局出面协调，让上海桑塔纳和第一汽车制造厂的一部分汽车冲压件委托海南来加工生产。

但是海南的工业和技术力量实在太薄弱，最后就由第一汽车制造厂来合资管理这条汽车冲压件生产线。但是，一汽和海南省合作得并不好，矛盾不断，经营也不好。最后几经改组，发展成了后来的海马汽车厂。但是，海马汽车除了在海南省内有一部分销售外，始终没有能够发展起来。

二、海南富岛大化肥

海南岛附近的海域发现了海上天然气田。莺歌海的天然气通过海底管道卖给了香港。在第八个五年计划中规划了在海南岛建设几套以天然气为原料的化肥厂。

第一套是由海南省建设省属的海南大化肥厂，地点选择在西线的东方市。当时化工部副部长潘连生推荐河南濮阳化肥厂的原负责人刘国儒来筹建这个项目。刘国儒原在山西化肥厂工作，后来调到河南建设了濮阳化肥厂。濮阳化肥厂建成后他又调到濮阳乙烯的筹备办公室，准备建设濮阳小乙烯。

当时刘源同志出任河南省副省长，由他带队到意大利去考察。我和刘国儒随同一起去考察。那时，住宿条件差，两人一间房。考察期间我和刘国儒一直住在同一间房间，相谈甚欢。我感觉到刘国儒调到濮阳乙烯筹备办公室后工作并不愉快，深感人事关系复杂。后来潘连生推荐他到海南筹建大化肥，我觉得这一安排很好，有利于发挥他的专长。

刘国儒去后，带去的骨干都是从濮阳化肥厂调去的。那时正值海南省房地产价格暴涨，炒房成风。他到海南后给我的第一个电话是说:"哎呀,海南的钱太好挣了!我们在海南买了一些房给筹备组的人住,不到一星期价格就翻番了,很多人要买我们的房。"我到东方市的现场去看过他,隔壁好像是一所军事学校,破旧的围墙上有一个缺口,我们就从这个缺口爬进爬出。筹备组设在一个破庙或者祠堂里。刘国儒很有建设化肥厂的经验,海南大化肥厂很快就顺利建成了。

这时中海油也想利用他们自己在海上气田生产的天然气在海南建设一套大化肥,地点也选在东方市。当时中海油的负责人是后来任海南省省长和书记的卫留成同志。卫留成同志是我很敬仰的一位领导,做事比较大气,遇事好商量。他来找我谈海南建大化肥厂的事。我向他介绍了已有的海南大化肥的情况,也向他介绍了刘国儒同志。

我的意见是这两套大化肥最好合在一起,变成一个大厂。但是由于隶属关系不同,原来的海南大化肥是省管,现在要建的中海油大化肥是央企的直属企业,要合在一起并不容易,需要做很多工作。首先要得到地方政府的支持。我向卫留成介绍,如果要把这两套大化肥合在一起,关键是要做好刘国儒的工作,把刘国儒的工作安排好,使他全力支持合并的方案。后来我们又分别去找了海南省省长汪啸风。汪啸风同志很同意把这两套大化肥合在一起的想法。他作为省领导做了刘国儒和其他同志的工作。他是直接领导,力度比较大,最后终于同意把这两套大化肥建成海南富岛化肥厂。卫留成同志也很大气,就让刘国儒同志作为这个项目的一个主要负责人,这样就得到了刘国儒同志的全力支持。富岛大化肥也顺利建成了。开始我还有点担心经济效益问题,后来因为中海油选择的是大颗粒缓释化肥的方案,市场和价格都很好。

说起海南大化肥的厂址选择东方市还有一段故事。从莺歌海海上气田过来的天然气管线登陆点是在三亚市的南山。那时三亚没有工业项目，为了有 GDP 和税收，三亚的书记和市长都希望能把大化肥厂放在三亚的南山。那时我在国家计委正分管工业，我觉得三亚应该作为一个热带的旅游城市，不应该再去搞化肥厂这样的化工项目，就一直没有同意。

三亚市的领导就说："张国宝不了解三亚市。"他们说南山虽然属三亚市，但是距离亚龙湾海滨浴场有差不多 80 公里的距离，化肥厂排出的废水不会影响到亚龙湾海滨浴场。我听说后说："你们对三亚的情况肯定比我了解，但是作为三亚这样一座旅游城市，不管有多远，建一个化肥厂总觉得有点不协调。再说化肥厂也不是没有地方可建，为什么非要建在三亚呢？"他们看过不了我这一关，意见很大。

正巧有一次江泽民同志到三亚市，三亚的领导看机会来了，就直接向江泽民同志反映他们的要求，想求得江泽民同志的支持，没想到江泽民同志的答复和我的意见是一样的，说三亚这样一个美丽的热带旅游城市还搞什么大化肥？他们这才死了心，最后把化肥厂的厂址选择在东方市。现在三亚的南山也成了一个著名的旅游景点。

三、三亚大隆水库

海南属于设施型缺淡水的地方，也就是说，能够储存雨水的水库不够，雨水都流到海里去了。当时海南只有为数不多的几个大水库，如松涛水库、大广坝水库。随着海南省的发展，人口增多，旅游人数增加，三亚市的淡水供应已显不足。海南省和三亚市就提出了在三亚建设大隆水库的意见。

但是当这个项目上报到国务院去审批时，恰逢朱镕基总理视察海南省回来不久，朱镕基总理对保护好海南的生态环境意识很强烈，他担心建这个水库又将淹没掉一大片宝贵的林地，所以第一次汇报没有同意，被打了回来。我将这一情况转达给海南省和三亚市（大隆水库属水利项目，归国家计委农经司管，当时所有需报国务院审批的大型项目都是由我代表国家计委向国务院汇报）。

但是海南省和三亚市经过反复研究，觉得如果不建这个水库，三亚市的淡水供应怎么也是个问题，所以仍然强烈要求建设这个水库。我对他们说，朱镕基总理的脾气你们也是知道的，他的意见也是对的，如果还是原样的报上去，肯定不会得到批准，还是要想一个两全的办法。于是就想出了一个占补平衡的方案，也就是说，水库淹没掉多少林木，就在其他地方再种出这么多林木，保证林地的数量不减少。这个方案报上去以后，得到了国务院的批准。

后来我退休后到三亚市去，特意去看了一下大隆水库，了解一下大隆水库发挥的作用。一看大隆水库库水清澈，周边植被非常好。三亚市的同志说，幸亏有了大隆水库，否则三亚市的淡水供应根本保证不了。

四、海南昌江核电

海南建省初期，由于经济总量小，用电负荷很低，全省的装机容量很小，即便是小型的发电机组也不多。洋浦作为经济特区，香港的熊谷组在洋浦建了一个20多万千瓦燃油发电机组，但是由于电价高也很少开，每年也只是为了保养开一下。后来还是我找了时任中海油负责人的卫留成同志，请中海油把熊谷组的这个机组买下来，改成烧天然气。卫留成同志是一个很大气而又顾全大局的人，中海油把熊谷组在洋浦开发区的这台燃油发电机组买了下来。随着海南的经济发展，人口增多，用电负荷迅速攀升。为了满足海南省迅速增长的电力需要，华能公司在海口和其他地方建了几个燃煤发电厂，但是我一直认为海南岛要保持好的生态环境，不宜多发展煤电，权衡比较下来还是以发展核电为妥。但是海南省电网小，在电力体制改革前海南电网还没有和内地相联。在电力体制改革时把海南省划归了南方电网范围，时任海南省委书记汪啸风同志还专门为此打电话给曾培炎同志，说海南岛是一个独立电网，为什么要划到南方电网？曾培炎同志答应成立南方电网后建设海底电缆把海南电网和内地的电网连接起来，汪啸风同志这才同意了。由于海南岛的装机容量小，而核电机组一台机组的容量又相当大，所以如果在海南岛建装机容量大的核电机组，恐怕不太合适。所以这才选了单机60万千瓦的核电机组，并且通过海底电缆可以和内地进行电量交换。

应该说最早在海南岛选择核电厂址的是中广核。他们选中了海南岛西线濒临北部湾一侧的棋子湾，属于昌江县。但是当时由于中广核在选厂址上比中核总力度大。拿到的核电场址比中核总多，中核总有些意见。我就说服中广核把海南岛的厂址让给中核总。中核总选的厂址是在棋子湾的更北边，地点也属于昌江。应该说中广核的钱智民同志还是很有大局观的，他们没有过多地争执，就从海南岛退出了，把在海南岛建核电的任务给了中核总。

大的框架定了以后，我到海南省所选的核电预备厂址去考察，由时任中核总副总经理余剑锋同志陪同。这里之所以叫棋子湾，是因为海滩上有和围棋子大小相似的卵石，有黑有白，常有人在这里捡拾这种类似于围棋子的卵石，因此得名。在棋子湾的周边有20公里宽的防风林，基本上都是麻黄树。还有一人多高的仙人掌，开了仙人掌花。此地如果加以开发，是一个很好的旅游景点。所以我认为在这里作为核电站厂址有点可惜。我当即在汽车上作了一首《清平乐》词，发给海南省的领导卫留成同志，内容如下：

棋子湾畔，海天景壮观。

登高极目北部湾，碧水茂林沙滩。

雄奇崖岩嶙峋，浪卷奇石拍岸。

绝好旅游景点，此处莫建电站。

我们乘车继续向北去看中核总在昌江县的核电厂址，最后确定在中核总选的昌江核电厂址建设海南核电站。这里人烟稀少，濒临大海，也不破坏什么景点。现在海南昌江核电站的两台60万千瓦机组都已经建成，为保障海南省的电力供应发挥了重要的作用。沈晓明同志任海南省省长以后，主张海南省不要再搞煤电，再建海南昌江核电厂二期工程，以后逐渐把海南岛变成无煤电的省。我认为，海南省是最有可能建成无煤电的一个省。

五、海南昌江水泥厂

海南建省初期，由于工业基础十分薄弱，建材工业也非常弱小。只有一个岔河水泥厂，年产量也就几万吨，属于小水泥厂。随着海南经济的发展，建材需求量也逐渐增加，海南省筹备建设一个现代化的水泥厂，选址在海南昌江。我当时在国家计委投资司分管工业，到现场去考察厂址。时任海南省建材局局长的陈学龄，是从南京调来的，他陪同我一起考察。

这个厂的厂址选择在一个黎族村寨，他们说的话我一点都不懂，需要有一个翻译。那时黎族的村寨真是穷，我来到了一位黎族老大爷家，他和牛住在同一个草棚里，里边只有三块石头支着一口铁锅，其他一无所有。我对老大爷说，我们要在这里建水泥厂了，你就要搬到县城去住了，你高兴吗？老大爷通过翻译回答，我不高兴！我很惊讶，问为什么？他说，我什么都不会干，只会种地，到县城里去做什么？

对昌江水泥厂厂址的记忆，我记得离一个小火车站非常近。这个小火车站是日本人占领海南时为了把海南石碌铁矿的铁矿石通过三亚港口运到日本去而修建的。昌江水泥厂早就建成了，但是作为国有体制，竞争不过后来发展起来的民营海南天涯水泥厂。天涯水泥厂现在已经有了年产 100 万吨的规模。水泥厂还有一个作用就是消纳固体废弃物。洋浦后来建的印度尼西亚金光集团的纸浆厂有大量的固态废弃物，就送到水泥厂消纳了。我回忆昌江水泥厂当时现场的情况，也是想通过这个例子给大家展现一下当时海南贫穷落后的情况。

六、洋浦印度尼西亚金光集团百万吨纸浆项目

中国由于林木资源少，纸浆主要是草浆为主。但是草浆属于短纤维，生产过程中污水处理量也大。因此每年还需要进口大量的木浆。

印度尼西亚的金光集团是华侨资本，他的老板黄志源"文革"当中毕业于北京大学物理系，毕业后下放到内蒙古农村，后来回到印度尼西亚继承祖业，对中国情况十分了解，也十分友好。金光集团在东南亚是纸浆大王，他们利用印度尼西亚、马来西亚丰富的桉木资源生产木浆。

改革开放后，金光集团先是在江苏镇江建设了一个百万吨级的大型造纸项目，后来又想利用广西一带的丰富桉木资源在广西建设一个百万吨大浆厂。朱镕基总理支持林业部自己来搞这个项目，没有同意金光集团在广西搞，为此还专门成立了一个复兴纸浆公司来做这件事，时任林业部部长王志宝对此很积极。有一段时间朱镕基总理曾经想让刚从经贸委主任退下来的盛华仁同志来负责这个企业，因为盛华仁同志是企业出身，懂得如何搞企业，让盛华仁同志来具体找我谈。但我没有按照朱镕基总理的意见，反倒是劝盛华仁同志既然已经退休了，可以去做一些其他事，不要去干这件事儿。但是林业部搞木浆还是经验、人才不足，最终也没有搞好。朱镕基总理说金光集团如果想

搞，可以让他们到海南的洋浦去搞嘛！因为那个时候洋浦虽然定为开发区，但是没有什么大项目落地，朱镕基总理想把这个大项目引到洋浦去。

金光集团就真的在洋浦开始筹备百万吨级木浆厂，并且在海南岛种植一些桉木。但是在海南岛大量种植桉木也受到一些非议。有人认为桉木虽然生长迅速，但是吸水很厉害，对地力的破坏也很严重，而且和其他热带果木相比，经济效益并不是很好，与其种植桉木不如发展热带林果。因为这个问题对海南省政府也造成了很大的压力。金光集团毕竟有着丰富的纸浆生产经验，很快就在洋浦把百万吨纸浆厂建起来了，成为当时洋浦最大的工业项目。

七、关于三亚市的城市规划

有一次我陪同曾庆红副主席去海南，在三亚，地方安排曾庆红副主席参观三亚市的城市规划。在这种场合，一般介绍人员都会讲这个城市规划如何好，参观的人也大多数赞扬一番。这次曾庆红副主席参观三亚城市规划展也不例外。大多数人听到讲解，看了展览，都说几句好话。唯独我又讨人不喜欢了。我说了一下我的看法。

三亚本来是一个南中国海的海滨城市，在城市内部有很多小的河流，通向海里。后来随着三亚的发展，认为这些河流不利于交通，就把原来通过市内的大多数河流都填平变成了柏油马路。介绍中同样正面地介绍了这项市政工程。有一次朱镕基总理视察三亚时说过一句话，说三亚城市不像城市，农村不像农村。当时我们听说后，还很为三亚市打抱不平，觉得三亚是个很美丽的城市啊。

这次我看了城市规划，觉得三亚市没有什么特色。我说如果当初把这些河流经过整治保留下来，也许就可以像威尼斯一样，成为一个非常好的旅游城市。浙江的绍兴过去也是一个水城，河流多桥梁多，自称是东方的威尼斯。后来也是把大多数河流填成了马路,失去了水乡的特色。当然,孰是孰非,这只是我自己的看法而已。

八、海南洋浦大石化项目

海南建省以来,一直没有大的工业项目落地,海南省一直都想搞一个大型石化项目。一家民营企业曾经购买了国外的二手设备,想在临高县搞一个炼油项目,最后也是下马了。洋浦开发区也缺乏一个大型的工业项目。卫留成同志任海南省省长后,因为他曾是中海油的负责人,对石油炼化行业很熟悉,于是调兵遣将,加快了在洋浦建设石化项目的步伐。但是对于海南岛这样一个生态省来讲,搞这样的石化项目也是有不同意见的。海南省的想法是集中在洋浦这个地区搞工业项目,不影响海南岛的其他地方。

曾庆红同志视察海南时,特意通知国家发改委让我陪同,因为他也是中海油出身,他也想利用这个机会促成此事。在飞机上他问我:"国宝同志,你认为在海南搞一个大的炼油石化项目可以吗?"我说,我的担心是海南岛是一个生态旅游省,搞这样一个大的化工项目是否恰当?当然从增加海南岛的 GDP 和税收来讲,搞一个大的工业项目也是合适的。但是换一个角度思考,这样的项目为什么一定要搞在海南呢?放到广西去搞,不是也可以吗?曾庆红同志说,海南作为一个省,总是应该有一些税收吧?是不是可以让他们把这样的项目集中放在洋浦搞?我因为事先没有思想准备,没有明确谈我的意见。飞机在三亚降落后,大约是下午四点多钟,海南省安排我们一行先到海滨浴场去游个泳。汪啸风书记因为身体不太好,没有下水。卫留成省长则陪同曾庆红同志一起下水游泳,我也一起下水去游泳。没想到,到了海里以后,卫留成等两个人把我摁在水里说,张国宝你说在海南该不该搞石化项目?我退了一步说,可搞可不搞。后来,在卫留成同志的大力推动下，海南洋浦炼油厂终于搞了起来。

九、海南文昌航天发射场

2016 年首次启用了海南文昌航天发射场发射长征 7 号卫星。据报道，周围的宾馆全部订满，地方政府开放海滩供游客参观发射。对海南省来讲，这是一个万人空巷目睹航天发射的兴奋时刻。我无缘去现场感受这种气氛，只能回忆一下文昌航天发射场决策的一些逸事。

我国航天发射基地原有西昌、酒泉、太原发射中心。其中西昌卫星发射基地是最重要的一个。之所以选择西昌作为卫星发射基地，是因为西昌又称为月亮城，天气晴好，符合卫星发射要求的气象窗口较多。西昌位于我国的内陆深处，从安全保密等角度考虑也是一个重要的原因。

我在担任国家计委副秘书长时协助甘子玉副主任分管国防方面事务，1999 年我担任国家计划委员会副主任后仍继续分管这块工作。后来成立国防科工委，国家发改委保留国防动员办公室，我一直分管到退休。

西昌卫星发射基地在 20 世纪 90 年代初时曾发生过一次泥石流灾害，我和原国防科工委一位姓张的领导同志，是副主任还是副参谋长我已经记不清了，到西昌卫星发射基地去处理泥石流灾害，后来也几次到西昌卫星发射基地观看卫星发射，所以和当时西昌卫星发射基地的胡世祥司令（少将）也算很熟了。后来胡世祥司令调国防科工委任参谋长，有一次他到我办公室来找我，和我谈海南欲建设文昌航天发射场的事。

根据当时的体制，西昌、酒泉、太原等卫星发射中心都隶属于国防科工委，而研发生产卫星、火箭的则是航天工业部，后改名航天工业总公司。国防科工委和航天工业部门是谁也离不开谁的两个机构，但是就算是亲兄弟也免不了有矛盾。从航天工业部门的角度看，他们在卫星发射上处于从属的地位，一切要听国防科工委的，心理是不太平衡的。所以一心想有一个自己能说了算的发射中心。这的确是他们当时心里的想法。同时从技术角度看，西昌卫星发射基地确实存在一些问题。在发射时脱落的火箭残骸散落在飞行途中，有时会砸坏民房和人畜，存在安全隐患。第二个问题是西昌位处四川盆地深处，要将火箭和卫星运抵西昌需要经过很多山区的隧道和桥梁，受运输条件的制约，火箭口径很难做到 5 米以上，否则就运不进去，这就制约了火箭口径向更大发展，向获得更大推力发展。另外，卫星在发射过程中要克服万有引力，达到第二宇宙速度，理论上越靠近赤道越好。

现在海南建省了，国际环境也进入到了一个相对和平发展的新阶段，如果能在海南建设一个航天发射场，可以克服西昌卫星发射基地的两个弱点，散落的火箭残骸落入海中。另外克服地球引力所需要的动力比较小。这对于正在发展的海南省来讲是一个难得的好项目，可以展示海南的形象，可以对外开放为航天教育基地和旅游观光基地。而对于航天工业部门来讲，也是一个在国防科工委体制外，按市场经济建设的一个商用发射场，也正是他们内心所希望的。

所以最初的文昌卫星发射场主要是由航天工业部门和海南省在推动，这是否和海南省当时从航天工业部调去的鲍克明副省长有关，我不得而知。但是对于国防科工委来讲是要在自己的体制外另起炉灶，是不欢迎的。所以当时胡世祥参谋长到办公室来找我，就是告诉我国防科工委的一些意见。他们担心一旦海南的航天发射中心建成，具有很多优势，长期以来花了大量人力物力建设在三线地区的西昌卫星中心会受到影响，走向衰落。

我对胡世祥参谋长讲，希望国防科工委和航天工业部门及海南省好好协商一下，因为当时确有要发展 5 米以上更大口径火箭的设想，主要的障碍就是怕研发出来后无法运到西昌。如果将发射中心放在海南，通过海上运输这个问题就较好解决，为我们研制 5 米以上大口径火箭提供了条件。至于体制问题，希望他们三方能找到一个大家都能接受的办法。此外，我也讲，在改革开放的条件下，航天发射场不应该再是个神秘的地方，应该成为一个集教育、科研、观光旅游、发射相结合的多功能的基地，这有利于海南省的发展。至于西昌卫星发射基地的地位问题，希望国防科工委能界定一个合理的分工，如商用大口径的发射可以放在海南，而军用性质的仍主要放在内陆地区。胡世祥参谋长也同意这个想法，表示将与这几个单位协商。

以后国防科工委多次和航天工业部门、海南省进行磋商，大家从大局出发，终于达成了一致意见。这个意见就是，海南文昌航天发射场和西昌卫星发射基地隶属于一个单位，统一管理，仍旧归国防科工委系统，即现在的总装系统。胡世祥参谋长后来见到我也表示国防科工委（现在的总装备部）同意在海南文昌建航天发射场，主要工作也转由他们负责了。现在海南省文昌航天发射场正式建成了，值得庆贺。

十、后记

我还经办了海口的聚酯项目以及韩国企业在海口的光纤棒项目等，以及西沙永兴岛、南沙美济礁的海岛建设，就不一一讲述了。

值得一提的花絮是，距永兴岛约半小时航程有一个叫东岛的小岛，西沙和南沙的很多岛礁是没有植被的，而东岛上却有茂密的植被，生长着高大的肉科植物，因此成为海鸟的栖息地。岛上没有常住人口，长年累月海鸟的粪便堆积有一两米厚，所以过去常有大陆的渔民到海岛上去挖鸟粪作为磷肥。更有意思的是东岛上有一群野牛，大约有上百只，很可能是过去不知什么岁月人放养在这里的，后来繁殖成了群。并不是每个登岛的人都能看到这群野牛，我登岛时有幸看到了这群奔跑的野牛。东岛上没有常住居民，只有一定数量的守岛部队，平时没有人去，高层领导更没有人去过了。所以守岛部队对我的到来分外热情，坚持要搞一次阅兵，向守岛战士鼓励几句，但岛上仅有一台手扶拖拉机，于是我站在手扶拖拉机上，和我同去的同志坐在手扶拖拉机两侧的槽帮上，搞了一次也许是绝无仅有的海岛阅兵。也就是这时，不远处 100 多头野牛飞奔而过，尘土飞扬。

现在海南改革发展研究院、南海研究院、深海能源大会等一批无烟产业落户海南，写写上面一些花絮是想从一个侧面表明海南的发展，需要和保护海南热带岛屿统筹考虑。海南独特的地理位置也要求海南的经济发展与国防建设统筹考虑，同时也要吸取海南建省以来所走弯路的经验教训。

港珠澳大桥的前生今世

　　港珠澳大桥最初是由香港商人胡应湘通过朱镕基总理办公室找到我提出来的，时间大约是在 20 世纪 90 年代末。胡应湘是一个典型的粤港商人，敢想、敢干、敢闯。在 20 世纪 80 年代初期，中国刚刚改革开放，他就投资建设了广州到深圳的广深高速公路。这在当时，基础设施建设投资大，资金回收周期长，一般外商不愿意投资此类项目。胡应湘先生却敢于投资广州到深圳的高速公路，确实是有眼光。结果，这条高速公路成了"印钞机"，给他带来了丰厚的回报，他也因此从这个项目中尝到了甜头。后来他就大胆地提出了港珠澳大桥的设想，但是他的这一设想是把深圳甩在外面的。他自己的解释是港珠澳大桥主要解决珠江西岸以及来自于广西、粤西的车辆到澳门或香港，今后不用再经过深圳到香港。但是，这个想法深圳市肯定是不高兴的，广东省也支持深圳的意见，希望能够建设包括连接深圳在内的深珠港澳大桥。后来把方案简称为双 Y 方案。而胡应湘先生提出的港珠澳大桥的方案称之为单 Y 方案。广东省、深圳市的意见和胡应湘先生提出的方案一直未能达成一致意见。胡应湘先生也做了香港特别行政区政府的工作，香港特别行政区政府的态度也是支持胡应湘先生的单 Y 方案。后来成立了内地与港澳基础设施建设协调领导小组，内地方面由我担任主席，香港和澳门都是特首负责。在这个协调小组内，由于广东省、深圳市和香港、澳门的意见不一致，也未能达成统一意见。当时，黄华华同志任广东省省长，有一次他从广州到深圳去的路上还给我打电话，强调广东省还是希望双Y方案规划建设，把深圳考虑进去。但是，胡应湘先生可能更多地是从商业利益出发，一直很坚持单Y方案。我曾建议黄华华省长，既然胡应湘先生作为投资人，是不是就按他的意见，按单Y方案建算了。很遗憾，在我任内没有能够就这一问题达成最终意见。后来我的工作分工做了调整，担任国务院振兴东北地区等老工业基地领导小组办公室主任和国家能源局局长，交通方面的工作，除了个别正在进行的大项目外，其余都交给了其他同志负责，所以对后来的情况我就不是十分清楚了。

大体的脉络是，如此巨大的工程，最初的投资估算要720亿元，现在看起来竣工结算要达到1200亿元，凭胡应湘先生一己之力是难以完成的项目，有相当一段时间，此项目被搁置起来。后来中央政府和香港、澳门特别行政区政府从维持香港、澳门繁荣稳定和加强内地与港澳联系的角度出发，中央政府还是支持把港珠澳大桥建起来，而且采纳了港珠澳的意见，按当初胡应湘先生提出的单Y方案建设，只是胡应湘先生由于力不从心退出了。大桥的主要投资改为了由中央政府、广东省和香港、澳门特别行政区政府出资，由政府作为主要出资方，从一个由一个商人提出的商业化想法变成了由政府主导的重大基础设施项目。目前大桥建设资金中，政府出资是占大头，约有不到300亿元是由银行融资解决。但是，从现在的情况看，单靠收过桥费来偿还贷款也是比较困难的，需要一个过程。这座港珠澳大桥可能更多地是在发挥大湾区的社会效益上，而不是单一桥的经济效益上。

四、经济金融篇

推动东北地区等老工业基地全面振兴，努力实现新跨越[*]

一、东北地区等老工业基地振兴工作取得了重要阶段性成果

2003 年 10 月，中共中央、国务院《关于实施东北地区等老工业基地振兴战略的若干意见》发布实施。以此为标志，东北地区等老工业基地振兴战略正式启动。实施振兴战略 7 年来，取得了重要的阶段性成果，东北老工业基地已经走出了低谷，初步走上了内生驱动、良性循环的轨道，重新焕发出了生机活力。关于这几年振兴战略取得的成就，可以用这届政府成立以来召开的两次国务院振兴东北地区等老工业基地领导小组会议上温家宝总理的评价来概括。在 2009 年的第一次领导小组会上，温家宝总理指出："实施东北地区等老工业基地振兴战略五年多来，振兴东北地区等老工业基地工作取得了重要的阶段性成果。以国有企业改革为重点的体制机制创新取得重大突破，多种所有制经济蓬勃发展，经济结构进一步优化，自主创新能力显著提升，对外开放水平明显提高，基础设施条件得到改善，重点民生问题逐步解决，城乡面貌发生很大变化。实践证明，中央实施振兴东北地

---

* 本文是 2011 年 1 月 16 日张国宝在振兴东北地区等老工业基地工作座谈会上讲话的主要部分。

区等老工业基地战略的决策是及时的、正确的。"在去年第二次领导小组会议上，温家宝总理强调："东北地区等老工业基地振兴战略实施以来，东北地区的经济社会面貌和广大干部群众的精神面貌发生了很大变化，东北三省经济增长速度高于全国平均水平，外商投资跃居全国前列。在应对国际金融危机中，东北地区等老工业基地继续保持了良好态势，保增长、调结构、促改革、惠民生取得显著成效，为全国经济平稳较快发展作出了贡献。"温总理的话既是对振兴成果的概括，也是对东北老工业基地为全国作出贡献的肯定。

特别是在国际金融危机的冲击和洗礼中，东北振兴的成果得到了检验。设想，如果没有振兴战略的实施，东北老工业基地将会是什么样的情况？金融危机发生之后，我们起初有一些担心，原因在于东北老工业基地有两个典型特点：一是重化工业比重大，企业一旦停产，不仅损失巨大，而且恢复起来比南方中小企业更为困难。二是东北地区大型国有企业多，如果生产经营形势长期不能好转，将导致大规模企业职工下岗失业，严重影响东北地区社会稳定。而实际的情况是，东北老工业基地在危机的考验中交上了一份令人满意的答卷。

我们也可以用一些数字说明东北振兴战略实施以来发生的变化。改革开放之前的1978年，广东省的经济总量只有辽宁省的80%，而振兴战略实施之前的2002年，辽宁、吉林、黑龙江三省的经济总量仅有广东省的85%。这一段时间，东北老工业基地长期积累的体制性、结构性矛盾日益显现，大批国有企业陷入困境，大量职工下岗失业，经济发展缓慢，出现了"东北现象"。

经过7年的努力，东北三省经济状况发生了很大变化。2009年，东北三省实现地区生产总值30557亿元，是2003年的2.4倍。按可比价计算，年均增长13%，这个速度与东部沿海地区大体相当。如果考虑政策实施到对经济增速产生实际影响的时间因素，用"十一五"

这几年的数据应该更能说明问题。经过我们对全国各省地区生产总值及增速的核算，"十一五"前四年，东北三省地区生产总值增速年均为 13.4%，在四大区域板块中名列第一，高出东部、中部和西部0.86、0.63 和 0.03 个百分点（东、中、西分别为 12.54%、12.77%、13.37%）。根据初步核算，2010 年东北三省经济增速继续在四大区域板块中领跑，这是振兴战略取得成效的最直接的证明。

还有一些数字也可以对此作进一步说明。从固定资产投资数据看，2009 年东北三省全社会固定资产投资 2.37 万亿元，是 2003 年的5.6 倍，6 年间年均增长 33.5%，高出全国、东部、中部、西部 7.4 个、12.4 个、1.7 个和 4.8 个百分点。2010 年前三季度，东北三省投资增速接近 30%，仍然位居四大区域板块之首。从实际利用外商直接投资看，2009 年东北三省实际利用外资 214.3 亿美元，其中辽宁省实际利用外商直接投资为 154.4 亿美元，位居全国第三，大连、沈阳分列全国副省级城市利用外资前两位。2003 年，东北三省实际利用外资占全国各省加总的 5.9%，到 2009 年增加到 13.6%。从财政收入看，2009 年东北三省实现地方财政一般预算收入 2720 亿元，是 2003 年的 3.2 倍，年均增长 21.4%。

具体到东北的传统优势产业，这几年正在为国家作出更大的贡献。我这里仅仅讲讲农业和装备制造业的情况。

从农业看，东北地区战略地位更加凸显。过去几年，黑龙江省、吉林省粮食产能工程建设顺利实施，东北地区新建尼尔基引嫩扩建一期工程和三江平原等大型灌区工程，农业生产经营的机械化、规模化和组织化程度进一步提高。2010 年，东北三省粮食总产量再创历史新高，达到 2200 亿斤，其中黑龙江省粮食总产量超 1000 亿斤，吉林省粮食总产量超 590 亿斤，均较 2009 年有大幅增长。黑龙江省成为全国第二个粮食产量超千亿斤省份，我相信成为全国第一产粮大省指日可待。东北地区的肉、蛋、奶产量也在全国占据重要地位，2009年分别达 967 万、505 万和 1040 万吨，占全国总产量 12.7%、18.4% 和 29.6%。前几年，内陆地区猪肉供应紧张时，每天有上万头生猪调往关内，一时间"龙江猪"声名鹊起。特别是去年，国务院办公厅转发《关于加快转变东北地区农业发展方式建设现代农业的指导意见》，将进一步提升东北地区在全国农业发展全局和引领转变农业发展方式中的作用。

从装备制造业看，振兴战略实施以来，一重、哈电、哈空调、长客、沈鼓、沈阳机床、大连机床、北方重工、大连船舶重工、瓦轴等一批国有重点老企业的技术装备水平、生产制造能力、产品质量和创新能力有了显著提高，又创造了很多中国第一。重大技术装备自主化成果显著，100 万千瓦核电、超超临界火电、空冷发电机组，±800 千伏直流和 100 万伏交流特高压输变电成套设备，70 万千瓦大型水轮机组，30 万千瓦抽水蓄能机组，3—5 兆瓦大型风电机组等实现自主化，百万千瓦核岛主设备和大型铸锻件取得重大突破。一重集团自主研制 15000 吨水压机，成功攻克百万千瓦级核电全部大型锻件。长客成为国内地铁车辆的领军企业，产品大量出口海外，在高速动车组自主化方面也承担重任。沈鼓集团研制成功百万吨级乙烯"三机"（乙烯、丙烯和裂解气压缩机）。大连重工·起重研制成功国内首支 90 级大型船用曲轴。华锐公司 2009 年风电机组产量位居世界第三，2010 年可能情况更好，前几天股票发行创了国内股市发行纪录。特变电工沈变集团超高压和特高压输变电产品产能达到 10 万兆伏安，位列世界第一。哈空调百万千瓦级空冷系统不仅占领国内机场，而且处于国际领先水平。沈阳机床、大连机床、齐重数控、齐二机床研制成功一批高档和重型数控机床，填补国内空白。

东北对全国有重要影响的还有国防军事工业，很多重要军事装备安排在东北研制生产。从新兴产业发展上，东北在航空航天、高端装备、海洋工程、生物医药、战略性新兴产业等领域和软件及服务外包、旅游业等服务业领域，初露端倪，有望形成新的优势行业。

但从加快转变发展方式的大背景下看，振兴工作依然任重道远。特别是如何优化老工业基地产业结构，如何推进资源节约和生态环境保护，如何使老百姓共享振兴成果方面，仍然要付出艰苦努力。以城镇居民家庭人均可支配收入为例，2009年，辽、吉、黑三省分别为15761元、14006元和12566元，均低于全国平均水平，相当于平均水平的91.8%、81.6%、73.2%，而在2003年三省相当于全国平均水平的85.5%、82.3%、78.8%。这说明，除了辽宁省与全国平均水平的相对差距有所缩小外，吉林、黑龙江两省与全国的绝对和相对差距都在继续扩大。这些都需要我们下一步工作中更加关注。

二、实施振兴战略很多工作给我留下深刻印象

这7年来，我亲身经历了东北地区等老工业基地振兴战略从出台、实施到深化的整个历程，有幸成为这一国家重大战略的具体执行者，也和东北地区广大的干部群众、企业结下了深厚友情，特别是在振兴初期推动的棚户区改造、清理历史债务负担、设立东北老工业基地调整改造专项、建立中小企业再担保机构、制定对外开放政策，对改善民生、促进就业和激发企业活力起到了积极作用。我主张建设的漠河、白山等机场已经通航。在振兴初期，我们协调铁道部与三省领导在人代会期间签署建设哈大高速铁路协议，竣工在即。呼伦贝尔煤电基地已经向辽宁供电。东北第一座、也是世界在建规模最大的大连红沿河核电站建设顺利推进。连续4年我在元旦前夕与一重集团干部职工座谈，鼓励他们树立更高目标。现在一重攻克了所有核电锻件，产值是振兴初期的10倍，技术装备水平和创新研发能力显著提

升，打造世界级铸锻钢基地已不再是梦想。我推动的哈尔滨量具刃具集团、瓦房店轴承集团、特变电工沈变集团等一大批企业的改革发展取得了成果，重新焕发出活力，很多企业已经成为行业的领跑者。我组织和参与的中俄能源和地区合作也结出了硕果，两国元首批准了中俄地区合作规划纲要，这是中俄协议中内容最为翔实的一个规划纲要，中俄原油管道已正式输油，同江铁路大桥开工在即，中俄 3000 多公里界江无永久性桥梁将成为历史，黑瞎子岛回归后，中俄联合开放开发已经提上日程。我推进出台了促进资源型城市可持续发展的政策文件，并亲自协调安排重大项目，支持阜新等资源枯竭城市加快发展。中央财政连续 4 年对已经认定的 44 座资源枯竭城市实施财力性转移支付 168 亿元，对这些困难地区发展给予了极大支持。最近出台的《大小兴安岭林区生态保护与经济转型规划（2010—2020 年)》又提出了很多综合性政策措施，比如研究将大小兴安岭符合条件地区纳入国家生态功能区转移支付范围；生态功能区中森林覆盖率高于 70% 的旗县参照资源枯竭城市转移支付政策；中央投资中安排专项资金，支持林区发展接续替代产业及"以煤代木"项目等。这些工作都给我留下了深刻印象，切切实实解决了地方的问题，促进了发展，改善了民生，是我推动的众多工作中最有意义的一部分。

三、推动老工业基地全面振兴

从一个振兴战线的老兵角度看，我认为，未来的振兴老工业基地工作要牢牢把握住加快转变经济发展方式这条主线，推动老工业基地全面振兴，努力实现新跨越。

第一，要继续深化改革扩大开放。改革开放是动力支撑，没有改革开放，就不会有今天振兴的成绩。下一步，要继续把改革开放作为转变经济发展方式的强大动力。要进一步深化国有企业改革，及时总结推广前一阶段行之有效的做法，比如职工持股等好的做法，发展多种所有制经济。要推动尽快解决厂办大集体问题，完善相关政策。要尽快出台东北老工业基地"债转股"资产处置试点办法，根据实际情况合理处置"债转股"股权。进一步推动企业兼并重组，在装备制造等行业培育具有国际竞争力的大型企业集团。在中国装备制造业企业中，东北企业具备打造像通用电气、西门子、三菱、阿尔斯通的技术实力，但需要整合。要继续大力发展非公有制经济和中小企业。要把提升东北对外开放水平放在更加重要位置，充分发挥东北地区地处东北亚核心区域、毗邻俄罗斯的地缘优势，加强同周边国家的合作，编制《东北地区沿边开放与东北亚区域合作规划》，有针对性研究提出相关重大政策，全面提升东北地区对外开放的层次和水平。要继续落实好中俄地区合作规划纲要，完善中俄地区合作机制，筹备好中俄地区合作发展基金，实施一批具有示范带动效应的重大项目。高度重视并认真做好中俄联合开发黑瞎子岛工作，协调组织编制好相关规划。

第二，要加快完善现代产业体系。这是十七届五中全会对东北老工业基地的新要求，要充分发挥东北产业和科技基础较好的优势，完善现代产业体系，优化产业结构。我想，在东北的产业体系中第一还是农业，东北地区是我国农业资源禀赋最好、粮食增产潜力最大的地区之一，未来在全国的地位会更加重要。要结合贯彻落实这次制定的农业文件，进一步支持东北地区发展现代农业。继续推动装备制造、原材料、农副产品深加工等优势产业升级，利用东北地区等老工业基地调整改造专项和其他相关中央投资资金，支持一批重点建设和技术改造项目。加快淘汰落后产能，积极推进钢铁等行业的兼并重组。要把培育战略性新兴产业作为老工业基地产业结构调整的重点，支持高端制造业、新能源、节能环保、新材料、生物医药、生物工程等战略性新兴产业发展，依托既有产业基础和科研人才优势，采取有效措施，加大支持力度，尽快培育出具有竞争优势的新兴产业。在机器人、光电子等高技术产业领域，东北都很有基础。大力推动辽宁沿海经济带、沈阳经济区、哈大齐工业走廊、长吉图经济区等重点产业集聚区加快发展，建设国内一流的现代产业基地。要大力发展金融、物流等生产性服务业和旅游产业，切实提高东北老工业基地服务业发展水平。这里，一定要把旅游业发展摆在更加突出的位置，东北旅游资源得天独厚，大有可为。自主创新是加快转变发展方式的根本途径，也是东北老工业基地近几年调整改造的一条重要经验。要下决心支持东北企业的技术引进和消化吸收再创新，把东北地区等老工业基地建成国家重要的技术研发与创新基地。

第三，继续做好资源型城市及林区可持续发展。资源型城市特别是资源枯竭城市和国有林区，是老工业基地调整改造的重点和难点。《国务院关于促进资源型城市可持续发展的若干意见》出台以后，资源型城市转型和可持续发展工作取得了很大成效。这次国务院又批复同意延长首批资源枯竭城市财力性转移支付政策。今年要开展第二批资源枯竭城市转型成效评估，对处于不同发展阶段的城市进行分类支持，启动第三批资源枯竭城市界定工作。组织编制《全国资源型城市可持续发展规划》。开展资源型城市可持续发展试点。研究制定《资源型城市可持续发展条例》。推动资源型企业可持续发展准备金制度尽快出台。组织实施好资源型城市吸纳就业、资源综合利用和发展接续替代产业专项。林区问题与资源型城市有相似之处，这次出台的《大小兴安岭林区生态保护与经济转型规划》是一个很好的文件，提出了很多含金量很高的政策，希望同志们能把规划的落实工作抓好，推动有关部门出台具体政策，组织实施好大小兴安岭林区发展接续替代产业和以煤代木中央投资专项。研究长白山林区生态保护和经济转型问题。

第四，加强社会事业和民生工程建设。要把保障和改善民生作为振兴老工业基地的根本出发点和落脚点，继续加强就业和社会保障工作，积极发展教育文化事业。做好东北老工业基地人才工作。棚户区改造是原东北办推动的一件大事，对全国都产生了重要影响，今后要继续做好煤矿、林区、垦区棚户区改造工作，推进城市和国有工矿集中连片棚户区改造。要高度重视东北地区冬季取暖问题，扩大集中供热覆盖面，加快东北地区城市集中供热管网改造，解决好城市低保户冬季取暖问题。在民生问题上，我们还要深入研究，看看还有什么文章可以做，作为下一步振兴工作的一个重点。

第五，做好全国老工业基地调整改造工作。东北地区是老工业基地的重点，但老工业基地不仅限于东北。老工业基地是一个全国性的问题，有必要统筹研究推进。去年的国务院振兴领导小组会议，温家宝总理明确要求要统筹推进全国老工业基地调整改造工作，组织编制《全国老工业基地调整改造规划》。从我个人的角度看，老工业基地是"十二五"期间我国转变经济发展方式的重点和难点，做好老工业基地调整改造这项工作，是加快转变发展方式的具体体现。推进全国老工业基地调整改造，对提升国家产业竞争力、发展战略性新兴产业、促进区域协调发展、推进新型城镇化、解决突出民生问题、加快形成新的增长区域均具有重大的现实意义和战略意义。这项工作希望东北司也能抓出成效。

第六，加强振兴重大问题和重大政策研究。这些年，我们研究推动了一系列重大政策，对振兴工作的顺利推进起到重要作用，这也是原东北办和东北司的优良传统。今后，要继续动脑筋，想办法，深入研究，努力提出一些有分量、有针对性、切实可行的政策措施，解决东北地区等老工业基地发展中面临的新矛盾、新问题，推动老工业基地实现新跨越。

从经济大国迈向经济强国之路 [*]

一、世界经济总体低迷，中国经济增速放缓

2012 年许多重要国家进行了大选，新一届领导人开始执掌政权，大国关系开始新的磨合和调整。可以说 2012 年是大选年，但真正对世界新秩序的影响将从 2013 年开始逐渐显现。自 2008 年开始的美债、欧债危机已持续 5 年，但对世界经济的影响并未过去，世界经济总体仍处于低迷。2013 年美欧经济有缓慢复苏的迹象，但仍很脆弱。因美债、欧债危机，西方发达国家的种种弊端也暴露出来，滥用金融衍生工具，实体经济衰落，高福利许诺和选举政治的需要，使许多经济政策积重难返。被世界热捧的金砖国家也受到影响，巴西、印度、南非、俄罗斯经济增速显著回落。

中国 GDP 增速多年来首次降到 8% 以下，虽然取得了 7.8% 一枝独秀的成绩，但还是引起了世界的关注，人们习惯了改革开放 30 多年来中国经济年均增长两位数的发展速度，对中国经济是否从此进入低速增长阶段给予了过多的解读。

---

　　* 本文是 2013 年 1 月 26 日张国宝在中国国际经济交流中心主办的中国经济年会（2012—2013）上演讲的主要部分。

二、中国已成为世界经济大国但非经济强国

经过 30 多年的持续快速发展，中国从 10 年前的第 6 位跃升为世界第二大经济体，第二大贸易国，第一大出口国，这是自 1796 年康乾盛世结束以来，时隔 200 多年中国重登世界经济大国地位。在 500 种主要工业产品中，中国有 220 种产量位居世界第一；在国际标准行业分类的 22 个行业中，中国产值均居第一或第二。钢铁、水泥、原煤、电解铝、造船产量均占全球 45% 以上，制造业主营业务收入超过全球 1/5，成为名符其实的制造业大国。

2011 年《财富》500 强中，中国内地企业上榜 69 家，比 10 年前增加 60 家，其中制造企业 27 家。但是中国经济大而不强的问题突出。关键核心技术对外依存度超过 50%，高端装备、关键设备在很大程度上仍依赖进口，2011 年进口集成电路达 1701.9 亿美元，仅次于进口原油的金额（1911 亿美元），是第二大宗进口商品。中国有 500 多家集成电路设计企业，但销售总额仅为美国高通公司的 1/2。2011 年中国电子百强企业利润总和仅相当于苹果公司的 41.4%。2011 年中国申请国际专利合约共 16406 件，仅是美国的 1/3，且技术含量有较大差距。2011 年世界品牌 500 强中，中国内地仅 21 个品牌入选，其中制造业仅 7 个，远低于美国的 239 个，法国的 43 个，日本的 41 个。

中国单位 GDP 能耗是世界平均水平的 2.2 倍，美国的 2.8 倍，日本的 4.3 倍。中国能源和矿产资源类产品对外依存度很高，2012 年进口原油 2.85 亿吨，对外依存度已达 58.7%，中国占全球一次能源消费净增量的 71%，铁矿石消费增量占全球增量比达到 105.1%，铜消费占全球增量 149.5%。中国一次能源消费占全球 21.3%，而美国占 18.5%，俄罗斯仅占 5.6%。

我们在看到中国创造巨大的制造业份额的同时，也要清醒认识

到，不少行业生产已接近或达到峰值，粗钢产能达 9.8 亿吨，产量超过 7 亿吨，仅唐山迁安一个县级市产量就超过德国，唐山地区钢产量则超过欧洲，竞相价格竞争，基本处于全行业亏损状态。水泥、船舶、太阳能、风力发电设备均表现出产能过剩，包括发电设备制造在内，产能已达年产 1.6 亿—1.8 亿千瓦，2011 年的产量峰值 1.44 亿千瓦，均有产能过大的担忧。经过这些年的产能建设，煤炭和电力供应充足，2012 年 5 月起煤炭价格每吨跌幅达 200 元，到了冬季煤炭销售旺季，秦皇岛港煤炭价格仍在每吨 635 元左右，没有上涨。火力发电设备平均利用小时仅为 4965 小时，比上年下降 340 小时。2013 年煤电供应充足，不会出现供应紧张的状况，煤炭价格上涨乏力。电力装机已达 11.44 亿千瓦，超过美国也成了世界第一。2013 年电力供应充足，发电设备利用小时数估计不会增加，甚至可能进一步下降，应进一步淘汰落后高能耗机组。2013 年结构调整、压缩过剩产能将是经济运行中的一项重要任务，不管我们是否愿意，将有一些企业生产难以为继。我们必须为此做好准备。中国总体已处于工业化中期阶段，不应追求量的增长，要在创新和结构调整上着力。我们不应追求过去 30 年的两位数的增长，7%—8% 左右的中速增长将成为常态。如能做到这一点，中国仍将是世界上增速最快的经济体。

三、中国发展面临着严峻的国际经济环境

作为经济增长重要引擎的对外出口，在改革开放以来一直起着重要作用。由于受美欧债务危机影响，世界经济低迷，贸易保护主义抬头，贸易摩擦日益增多，摩擦领域也从传统的劳动密集型产业转向新能源、信息产业等高技术领域，新兴产业成了贸易争端重灾区。

2010 年中国就遭受各类贸易救济调查 66 起，美国国际贸易委员会共发起 58 起"337 调查"中有 19 起针对中国企业，占调查总数

1/3。除关税、配额、反倾销等传统手段外，反补贴、技术壁垒、知识产权、排放标准、国家安全等名目被滥用，全球70%反补贴案针对中国，矛头指向产业政策、国有企业。

除欧美发达国家外，新兴市场国家与我同质竞争增多，巴西发布"工业强国计划"，印度发布"国家制造业政策"，我国劳动力和资源成本压力激增，低端的劳动密集型产业开始转移。

西方国家推行以重振制造业为核心的实业回归政策，美国2011年11月发布"制造业复兴计划"。可以说前有发达国家高端阻击，后有新兴国家低端追赶，迫使我们必须加快传统产业的转型升级。

四、抓住战略机遇，促进中国从经济大国向经济强国转变

在这样的新形势下，中国能否继续保持较快的发展速度，能否保持一枝独秀引领世界经济的发展？我认为是可能的。因为我们有中国特色社会主义制度优势。事实已经表明，只要我们下决心干，有国家意志，什么人间奇迹都能创造出来，卫星可以上天，原子弹可以爆炸，三峡工程、青藏铁路、西气东输、南水北调、高速铁路、特高压输电，一个个世界级的重大工程都建成了。我到过巴西、委内瑞拉、墨西哥、南非，贫民窟的顽疾不管什么政党上台都束手无策，而我们成功地进行了棚户区改造，这就是我们的制度优势。经济适用房需求仍然很大，铁路通车里程只有9.8万公里，轨道交通、城市地铁等基础设施还需要持续完善，这些都为我们提供了广阔的市场。只要国家下决心，大型客机、燃气轮机、集成电路专项都能搞起来。力争在新能源汽车、新一代互联网、生物技术、先进制造业等新兴产业领域寻找新的增长点。我们有3万多亿美元的外汇储备，而我们对外投资累计规模只排世界第13位，扩大对外投资，以投资促外贸，带动中国工程承包，技术、原材料和设备出口潜力很大。我们要实施多元化的

出口区域政策，加大对拉丁美洲、非洲、中亚、东南亚地区的投资贸易，特别要从传统的低端劳动密集型产业、小型服务业、资源类初级产品投资转向投资较大的交通、能源基础设施。总之，中国还处于重大战略机遇期，要抓住机遇，实现从经济大国向经济强国的转变。

海外投资亟需保险和救援机制[*]

在南京举办的 2017 中国企业"走出去"风险发布会，据说有 3300 多人参加，而 2015 年该活动首次参会人员只有 700 多，这说明我国企业"走出去"需要这样的服务。

没有理由怀疑中国的经济会衰退

我是在南京长大的，对南京的情况算很熟悉。这次回到南京，等于回到了家乡，市里的领导要陪我到滨江开发区看一看。我想，这有什么好看的，我也没有听说过有滨江开发区，不知道它有多了不起。

到达之后，我发现我来到了一个类似于上海浦东开发时的那样一个场景。这是一个新的经济开发区，这在若干年以前是很难想象的。我小的时候，这个地方是最偏僻的农村。但就在改革开放的形势下，这里高楼林立，充满了生机。滨江开发区几年来的发展现状，可以说就是中国经济发展的一个缩影，这也是大大出乎我意料的。

现在国际上，有各种各样的舆论，例如中国衰退论，对中国的经济发展能不能持续持怀疑态度的人也有。但无论是国内的嘉宾，还是来自于国际上的嘉宾，在你所下榻的滨江开发区看到的景象就是中国经济发展的一个很好的缩影，也是我们国家对外开放更加发展的一个

---

　　* 本文是 2017 年 3 月 21 日张国宝在 2017 中国企业"走出去"风险发布会上致辞的主要部分。

缩影，没有理由怀疑中国的经济会衰退。

中国对外开放形势的沧海桑田之变

我在国家发改委工作多年，是我国对外开放的亲历者。在开放的初期，我们主要的对外开放形式是引进外资、引进技术，搞合资企业。那时候我们没有钱，哪里会想到有一天我们还要到外面去投资。前几年，李岚清副总理退下来之后，他找我，想让我提供一个材料，中国合资企业是从什么时候开始的。他曾经担任国家外资委的领导，在他印象中，有一次跟外国人谈判，因为北京吉普车厂想引进美国一个小汽车公司的技术。在谈判中美国人提出来，你们为什么要搞技术引进呢？你跟我搞合资好了。他听了以后不知道这个词是什么意思，回来以后他们查了之后说是合资，吓了一跳，资本主义怎么能跟社会主义搞合资？他马上向中央打报告，说美国人要跟我们搞合资，敢不敢？邓小平同志批示说，可以考虑，可以尝试。但现在已经找不到这个材料了，李岚清同志写回忆录想回忆一下中国合资是怎么搞起来的，想到这个文件会不会存在国家发改委？他让我帮助找一找，我才了解了这个过程。如果拿我们今天的对外开放形势和那时候来比，真的是沧海桑田之变。

今天，我们的对外开放已经进入到了一个新的时期，进入了新的发展阶段。不再是以引进外资搞合资企业为主要形式，"走出去"也成为了我国对外开放的一个重要领域。可以说，中国已经到了引进来和"走出去"并重的一个新的对外开放态势。而且，这几年，对外投资"走出去"的步伐显著加快。最初我们"走出去"的目的可能是为了得到一些中国短缺的资源，如能源矿产，以后发展到一些低附加值的产品，深入到市场，再深入到更低廉成本的生产地区。我在孟加拉国就看到来自福建的一些服装厂，因为国内的生产成本增加很快，就到孟加拉国去搞服装厂，收益也很好。

中国的对外投资规模已经居世界第二位，对外开放覆盖到各个领域，不仅有装备制造业，而且还包括服务业。当然，还有农业、金融业、基础设施等全领域的对外投资。从最初以国有企业为主，例如几大石油公司对外投资，发展到今天众多的民营企业甚至个人到海外去投资。投资的区域已经覆盖到了全世界几乎所有的国家和地区。而且，这个势头还仅仅是开始，今后还会在更大的范围内发展。

海外投资的保险和救援机制必要且具前景

随着我们国家"走出去"的步伐加快，当然也带来了新的问题。随着"走出去"人数的增加，规模的扩大，我们面临的风险也多了。过去，我们从电视中看到世界上哪个地方发生了恐怖事件，或者有了灾难，很少会想到，是不是有中国人。但现在，只要一看到哪个地方发生恐怖事件，或者空难、海难，很自然就会想到有没有中国人。这说明我们"走出去"的区域范围之广。

对于公民"走出去"的保护和救援也显得越来越重要，这不仅要靠政府的外交领事保护，也需要催生出民间建立的联盟救援机制，这非常必要。我们在海外旅游的人数已经达到了每年1.3亿人次，出国旅游会碰到各种各样的问题，需要有各种各样的领事保护和救助。除了外交部加强领事保护以外，建立一些商业性的救援联盟，对我们公民的权益进行保护，这一点也非常重要。

现在"走出去"的风险比以前更大。例如，基础设施、高速铁路、核电，这些项目投资金额大，建设周期长，碰到各种风险，包括政治上的风险、地区动荡的风险、投资本身的经济风险、市场的风险等等。

为了适应这个新的形势，借鉴国外已经实践过的一些丰富经验，我们逐渐地来完善、建立起适应我们国家"走出去"步伐的一些保险和救援机制，就显得更有必要，而且也更有发展前景。

中美两国相互投资并不乐观[*]

中国和美国是世界上两个最大的经济体。美国现在是世界第一，中国是发展中国家里最有影响力的国家。中美两国的经贸关系经过建交以来的多年发展，互为最重要的贸易伙伴。除加拿大和墨西哥外，中国是美国第三大贸易出口国，美国是中国最大的出口国。

随着中国改革开放 30 多年来的经济发展，中国的经济状况和 30 年前有了巨大变化。30 年前，中国最主要的对外合作方式是引进外资。那时，中国的外汇储备非常有限，外汇曾经是我们非常重要的财富。但是，30 年后的中国，外汇储备已超过 3 万亿美元，引进外资和"走出去"投资已成为我们两方面都要重视的外资政策。

但是，和中美两国贸易额相比，两国相互投资却并不乐观。去年，在美国吸引外国的投资中，来自中国的投资只占 0.5%。当然，中美双方统计数据可能有一些差异。最近，我刚刚访问过美国布鲁金斯学会。据该学会分析，来自中国的投资可能占到美国外来投资的 3%—4%。总之，在美国的外来投资当中，不管是哪个数据，中国所占比重还非常小。

在与布鲁金斯学会交流中，我发现中美双方无论在政界、学术界，还是民间，对两国相互投资的认知差距非常大。美方通常认为，

---

*　本文是 2013 年 5 月 16 日张国宝在美国投资政策与实践研讨会午餐会上的讲话。

美国欢迎来自中国的投资，没有任何障碍，非常公平。据布鲁金斯学会介绍，他们对中国赴美投资者做了调查，94%的投资者都感到满意。可是在中国，却经常听到很多抱怨，认为美国对来自中国的投资有很多政策上的限制和歧视。经常听到他们会举出这样的例子，比如中海油收购美国优尼科公司被拒绝。最近三一重工投资美国风电也以军事原因被否。

可是，美国调查的结果为什么会有 94%的满意度呢？因为对于个体来讲，中国在美国最大的投资领域可能不是矿产资源，也不是制造业，而恰恰是零售服务业。所以，在布鲁金斯学会交流的时候，我开玩笑说，他们调查的都是到美国开饭馆和连锁店的，这些投资者在美国确实受到的阻力小，受到的限制也没有那么多。然而，这样的投资项目数量多，投资金额却少。对于稍大一些的投资项目，就会受到很多审查。我听到的故事比大家在媒体上看到的还会多得多，除了大家知道的三一重工在美国投资风电遭到拒绝诉诸法律外，还有不曾报道的许多例子，如中国三峡公司和美国杜克公司进行了为期两年的谈判，准备在美国投资 6.9 万千瓦风电厂，最后被否决。当然，也有别的典型例子。如中国一家非常知名的民营企业万向集团，去年我陪胡锦涛主席访美时，奥巴马总统专门接见万向集团，我当时还奇怪，万向这样的小公司为什么受到奥巴马总统接见？原来，万向兼并了美国一些小企业，对美国解决就业问题很有帮助。但是，当万向想购买美国一家电池公司的时候，就碰到了问题。所以，鲁冠球来找我，希望我出面帮忙斡旋。我叮嘱他一定要按照商业规矩办，也许还有办成的可能，因为那是在美国，不是在中国。最终他听了我的意见，这个项目得到美国政府批准。当然，中间波折还是非常多的。这样的例子还有很多。我觉得，中美两国由于体制上的不同，文化背景不同，在对待同一事物的认识上会有这样那样的不同。所以，对此也不感到奇怪。在美国社会当中，对来自中国的投资会有这样那样的看法，这是美国的现实，中国很难去改变。问题在于，我们的企业如何去深入地了解美国的政治体制和投资环境，让投资更顺利，这是我们应该考虑的。比如说，去找专业的律师，或者去找游说集团，等等，而不是找我这样的政府官员。

世界复杂多变，每天都在发生着这样那样的事情，国与国之间存在认知上的不同也并不奇怪。但是，我觉得中美两国，一个是最大的发展中国家，一个是最大的发达国家，和平和发展仍然是两国关系的主流。尽管出现了我刚才列举的兼并优尼科公司中出现的问题，我们最终还是高兴地看到中海油并购加拿大尼克森公司，也有相当一部分在美国的投资最终获得成功。

中国有很多企业和个人对投资美国还是非常感兴趣的，我相信，中美两国未来在相互投资和经贸合作领域会有更大发展。

"走出去"是企业的必然选择 [*]

经过 30 多年的改革开放，中国已经成为世界上第二大经济体，外汇储备也从几亿美元增长到现在接近 4 万亿美元，国力和技术实力大大增强。如果说前 30 年我们的开放以引进外资、引进国外技术为主要特征的话，近几年中国的对外开放已经呈现引进来和"走出去"并重的态势。据统计，近 10 年来我们对外投资的流量以年均 40% 的速度增长。这个增长速度听起来很高，和我们原来的基数比较低有关系，但毕竟是一个非常高的增长速度。特别是 2013 年，国际经济仍然处于缓慢复苏状态，跨国投资流量增长只有 1.4%，是一个比较低的增长速度。在这样的情况下，中国海外投资流量仍然增长了 22.8%。从这个数字可以看出，中国现在正进入到一个海外投资迅速增长的阶段。

中国现在境外投资的流量，按境外国家及地区统计数来看，第一位的仍然是香港，香港占了去年对外投资额的 58.6%。因为我过去接触的比较少，我看到这个数字都感到很吃惊，这说明香港作为中国金融窗口的地位还是很明显的。香港占到我们对外投资额的一半以上，这是一个很值得注意的数字。去年海外投资总的流量突破了千亿美元大关，达到了 1078 亿美元。在这当中有 58.6% 是投资在香港，但是

* 本文是 2014 年 10 月 24 日张国宝在第六届外洽会"香港金融服务业助推中国企业走出去"专题研讨会上的致辞。

香港可能只是一个窗口，通过香港又投向世界其他的地方。从这一组数据还是能够看出来，香港作为国际金融中心，也作为中国内地走向世界的一个重要窗口，它的作用是非常明显的。

现在中国海外投资总资产量已经达到了 25000 亿美元，其中净资产的存量是 6600 亿美元，其中非金融类投资净值有 5800 亿美元，已经是一个相当可观的数字了。去年我们的跨国投资流量占了全世界跨国投资流量的 7.8%。但是我们的存量由于过去基数比较小，占全球比重还比较低，跨国投资的存量我们只占全球的 2.5%，还是个比较小的数字。尽管如此，中国在全世界的跨国投资已经名列第三，仅次于美国和日本。这也可以看出，中国海外投资的潜在发展趋势是非常明显的。

中国发展到今天这个阶段，"走出去"已经是很多企业的一种必然选择。我长期在国家经济管理部门工作，工作了 40 多年，我曾经经历过国家只有几亿美元外汇储备的时候。在 20 世纪 90 年代我们的外汇储备曾经一度达到过 200 多亿美元，那个时候就觉得很了不起了，要研究如何用好外汇。李鹏总理在当时还曾经提出来，用外汇建几座电站。那个时候我们供电很紧张，像苏州工业园电站，湖北襄樊电厂，还有天津蓟县电厂都是当时利用这批外汇建设的。但是现在我们居然达到了接近 4 万亿美元的外汇储备，这是我们当时想不到的。我后来担任国家能源局局长，从我熟悉的能源领域也能勾画出我们国家经济的一个状况。现在我们国家的电 70% 是用在制造业上，家庭用电只占 12%，服务业用电只占 13%，农业用电只占 5%。从用电结构可以看出来，我们的电主要用在制造业上。具体用到哪里去了呢？实际上一讲大家都很明白，我们的钢铁、水泥、有色金属、机械制造业使用了大量的电。以钢铁为例，纵观全世界钢铁发展史，除了中国，只有几个国家的钢产量曾经超过 1 亿吨，那就是美国、苏联、日本。随着这些国家工业化的完成，它们的钢产量都掉到了现在的 1 亿吨以下。我在任时，有一年中国钢产量曾经快接近 2 亿吨了，那时候原冶金部的老领导就呼吁，国家注意要控制了。结果谁也没有想到，现在我们的钢产量达到了 7 亿吨。这是产量，产能比这个还要大。如果包括在建的，有人说产能快接近 10 亿吨了。这样大的数字可以说在世界工业发展史上也是从来没有过的。当然我也很担心，这种产量在一个高速发展的阶段是需要的，但是可能很难长期维持。其他的制造业也面临同样的情况，包括我们的水泥，还有我们的纺织业。中国现在没有人再去穿打补丁的裤子，我们这一代人离开父母出去读书基本功就是要会补裤子，都是穿着打补丁的衣服。现在中国纺织业解决了 13 亿人口的穿衣问题，还提供了全世界 35% 的纺织品，也就是说我们还解决了全世界 35% 人口的纺织品需求，这是非常了不起的成就。当然也说明中国制造业之庞大。现在发展到今天这个阶段，我们的产业竞争力，无论是能源也好，劳动力成本也好，和国际上有些地方竞争已经有些问题了。以制衣业为例，原来制衣业是中国很重要的产业，但是现在像孟加拉国雇普通的工人，工资相当于一个月 800 元人民币。在中国现在雇一个工人一个月 800 块钱已经很难雇得到。产能过剩的问题，一些劳动密集型产业竞争力问题，作为企业来讲面临着"走出去"的需求。

在未来的若干年当中，"走出去"将是中国对外开放一个非常重要的新领域。但是也有些统计数据并不是十分准确，像昨天央视《对话》节目当中，主持人就问我，我们"走出去"是不是有 70% 亏损？我说你这个数字哪里来的？我不相信"走出去"会有 70% 的企业亏损。亏损肯定会有，任何一个国家，包括发达国家到中国来投资，也不可能百分之百成功。如果有 100 个项目，95 个成功，5 个亏损，那就是非常好了。当然，如果说你投资 100 个项目，50 个都亏损，那就有问题了。但是我相信，绝大部分的中国"走出去"项目都是给企业带来了新的活力。如果不是这样的话，为什么他们还要前赴后继地"走出去"？"走出去"的企业当中很多还是私营企业、民营企业，他们的钱是要精打细算的。所以我想"走出去"现在是中国对外开放非常重要的新趋势，而且这种势头还会继续发展。

但是我们"走出去"也面临很多问题。在现代社会中，金融发挥着特别重要的作用，我们"走出去"的企业，如果说碰到问题的话，比较集中的还是融资难、担保难。现在中国的银行在海外机构也很多，企业在开始酝酿项目时，也要和银行沟通。项目搞成了以后，银行能不能给贷款？现在银行也想拓展自己的业务。中国国内现有银行中，国家开发银行做得比较大，其他银行现在也都感到这是一个很好的新的业务亮点，所以也在积极拓展。海外贷款项目，问到银行时都说很好，要给你支持，但是真的要提供贷款时确实非常难，海外机构往往做不了主，要通过香港分公司，香港分公司做不了主，还要拿到北京来，到了北京总行还要再评估，还要各种各样的抵押担保等，能够半年、一年把这件事办成就是很不错的了。但是我们在海外的很多投资项目面临和其他国家的竞争。比如说我们的一家企业在印度尼西亚投资电厂，这个电厂你想投，日本人也想投，你解决不了融资问题人家不会等你。最后反倒是一些国外银行给了贷款，像马来西亚银行听说有这个项目，他找上门来，说这个项目只要好就愿意给你贷。而且不需要国内提供任何抵押或担保，只要印度尼西亚有购电协议作为保证，比如电价是多少、购多少年、每年购多少电，如果这些协议是可靠的话，可以用项目融资的办法提供贷款支持。最后的确是通过马来亚银行解决了贷款问题，而且利息还比国内的银行贷款利息低。甚至有一些小额贷款都难，比如刚才我提到这家企业，在中国国内还是很有名气的，这个项目办成以后，首先要在印度尼西亚开办一个公司，要租一个楼面，多少钱呢？600 万美元。对于企业来讲这个数字也不算太大，他们本来想就地通过中国的银行在印度尼西亚的机构解决，但是解决不了，最后老板说咬咬牙，我自己出吧，自己来解决。所以真正要拿到贷款的时候，中国的银行的手续还是非常复杂的。

第二是担保难。我们现在"走出去"，无论是投资还是贸易都离不开金融担保，所以成立了一个中信保，财政也给支持。目前中信保已经成为我们"走出去"提供担保的一个很重要的保险公司。但是在我接触到或听到的很多公司都找中信保，因此就要排队，财政还要给中信保额度限制，一年只能担保这么多。如果超出额度以外，从风险管控的角度来讲，将来出现风险，财政就要承担责任。有一家企业现在是国内做石油装备出口做得最大的，全世界 57 个国家都有办事机构。在这次习近平主席访问拉丁美洲的时候，在习近平主席的亲自见证下和阿根廷石油公司签订了一个 10 亿美元的买方信贷，由国家开发银行提供贷款。国家开发银行也在习近平主席见证下与阿根廷石油公司签订贷款协议。这还是在高访推动下签订的协议，但是回来还是落实不了。第一笔就是 2 亿美元的压裂剂由中方来出口，国开行遵守承诺同意给贷，但必须要找担保公司，中信保经过一番研究以后也出具了愿意担保函，好像这个事应该能办成了。还不行，还要报财政部金融司，金融司不同意。金融司为什么不同意呢？最近阿根廷的项目比较多，葛洲坝工程局在这里也承揽了水电项目，要 40 亿美元担保，担保额度早就没了，所以你就做不成。我听到这个消息以后也很困惑，现在我们国家经济下行的压力比较大，企业有这个条件，也有这个可能，把我们产品出口到国际市场，银行也愿意贷，担保公司也愿意担保，就是办不成，而且这个项目还是高访时达成的，其他项目可想而知，会更难。这两个例子，说明我们真要"走出去"抛开其他问题不说，比如政治风险等，我们面临的金融问题就是很大的障碍，还不能适应我们现在"走出去"步伐加大的要求。而香港自我们改革开放以来，一直是"走出去"的重要窗口，发挥着独特的作用。香港金融地位的作用还是很大的，通过我前面列举的数字不难看出，我们很多对外投资都是通过香港渠道出去的。

另外一方面对外投资这两年谈论比较多的话题，就是关于人民币结算的问题。我们"走出去"，现在国际上政治风险很多，中国"走出去"面临很多的风险，包括汇率风险。我感到人民币对外投资结算业务也在逐渐增加，人民币作为一种结算货币也在越来越受到更多人的青睐。但是这需要有相应的金融机构来承担这个任务，这些问题都是我们"走出去"面临的新课题。昨天在《对话》当中也列举很多日本"走出去"的经验教训和案例，他们也面临过经济泡沫破裂时候"走出去"购买大量的美国资产所面临的困境，也经历过由于汇率急剧变化所造成的损失。我们作为后来人，完全可以从过去的案例当中吸取经验和教训，同时我们也非常需要国际上有经验的金融部门、法律部门、咨询部门来帮助我们企业健康地"走出去"。

推动中俄经济在更广范围发展 *

中国对外投资合作洽谈会已经成功举办了6届，在美丽的北京展览馆举办这是第二次。北京展览馆是在上个世纪50年代由苏联援助我们建设的，旁边还有配套的莫斯科餐厅，至今仍然是北京市带有标志性的俄罗斯风格建筑。很多中国朋友都很喜欢这里的俄罗斯风情，我想俄罗斯的朋友们能够到带有俄罗斯风格的北京展览馆出席洽谈会和研讨会，一定会有宾至如归的感觉，就和在你们的祖国一样。

这6届外洽会从小规模发展到大规模，特别是这两届俄罗斯参会企业越来越多，充分表明了中俄经贸合作关系进入到一个新的发展阶段，两国的互信关系进一步加深。

中国改革开放已经36年了，在改革开放初期，中国总体来看资金匮乏，技术水平和国际先进水平也有很大的差距，所以说中国对外开放前30年的主要特征是引进外资、引进国外的先进技术。但是经过30多年的发展，中国的综合国力已经大大增强，我们的外汇储备已经接近4万亿美元，居世界第一位。很多门类的技术已经跻身于国际先进水平或者缩小了与国际先进水平的差距，中国国内的产业结构也面临着转换和调整的迫切需要。所以近10年来，中国跨国投资以年均40%的速度在增长。当然，这个百分比听起来非常巨大，可能

* 本文是2014年10月24日张国宝在第六届中国对外投资合作洽谈会中俄投资合作论坛上讲话的主要部分。

和我们对外投资的基数较小有一定的关系。

但是从绝对量来看，中国现在也已经是世界上第三大跨国投资国，第一是美国，第二是日本。特别是去年，世界经济还没有能够走出缓慢复苏的态势，跨国投资总体来讲是处于低迷状态，去年世界跨国投资只增长了1.4%。中国在世界经济增长低迷的情况下，对外投资仍然取得了22.8%的增长，可以看出中国跨国投资兴旺的程度。

现在中国在海外的累计投资资产总额已经达到了2.5万亿美元，净资产6600亿美元。中国非金融类投资存量目前在世界上排名第11位。但是中国跨国投资的主要目的地最多的仍然是香港地区，和俄罗斯之间相互投资所占的比重仍然非常小，无论是俄罗斯企业在中国的直接投资，还是中国企业在俄罗斯的直接投资比重都占得很小。

作为世界上两个有影响的大国，目前这种态势不适应中俄两国经贸合作发展的势头，存在着进一步发展中俄两国贸易和投资的机会和空间。有人说，美国远隔太平洋在地球的另一侧，和中国的贸易额和投资额都那么大，为什么中俄两国同样是大国，而且离得那么近，我们之间相互投资和贸易比重就那么小呢？所以，这也是中俄两国企业家应共同回答的问题。

由于过去的工作关系，我跟俄罗斯之间有很多交往，特别我担任国家能源局局长期间，参与了中俄原油管道谈判，也参与了中俄天然气管道的谈判。中俄两国无论是在能源领域还是其他领域都存在着广泛的合作空间，但是也确实存在着两国之间扩大相互投资和贸易的障碍，其中包括文化背景、思维方式等的不同，需要有一个进一步磨合和互相理解的过程。我经常听到中国的一些朋友讲，他们感觉到和俄罗斯企业打交道很难，谈判也容易发生变化。但是我向他们也解释，我说我在跟俄罗斯人谈判过程中和他们结下了很深刻的友谊，有时候谈判谈到凌晨四点钟，谈完以后还是非常友好。两国谈判当然各为其主，一定要为本国的最大利益去交涉，但是两边又都是为了合作的目的进行谈判。所以经过谈判以后，往往都成了好朋友。我跟我的中国同事和朋友讲，我的一条经验就是换位思考，互相尊重。有时候觉得俄罗斯人难谈，俄罗斯人也会觉得中国人难谈，因为都是站在各自的立场上，如果站在他的立场上，就会觉得他的一些要价很有道理。反过来如果俄罗斯的朋友能够站在中国企业立场上思考问题，也会觉得中国的要价很有道理，因为两国代表的利益不同。

另外，中俄两国长期以来实行的都是计划经济，中国的经济体制是 20 世纪 50 年代由苏联帮助建立起来的。尽管我们改革开放以后很多方面都发生了巨大的变化，但是当时计划经济的一些思维方式和烙印在政府的作为上、在企业的行为上有意无意地会表现出来。俄罗斯也在苏联的背景下发生了巨大变化，也是按照市场经济的道路在发展经济。但是我在参加俄罗斯很多研讨会的时候，我的感觉是俄罗斯很多朋友的思维也没有能够摆脱当年计划经济的一些思路。我举个例子，希望在座的俄罗斯朋友不要生气。我去年参加了莫斯科大区基础设施的研讨会，参加会议的很多俄罗斯朋友都抱怨莫斯科交通不行，连通往机场的高速公路都没有。这时候在座的有一位俄罗斯交通部的负责人就对下面的抱怨和提问做出回应，他说财政就给我这么多钱，这么多钱我只能建这么多的路，这就是他的回答。使我想起了 30 年前中国人就是这样思考问题的，如果按照这样来思考问题，俄罗斯的高速公路确实发展不起来，因为政府不可能给你那么多的财政资金来建高速公路。你们到中国来现在看到有这么多的高速公路，不是政府财政给我们的钱，是民间的资本。民间如何筹集这种资本，简单的 8 个字：贷款修路、收费还贷。这 8 个字看似简单，但解决了建设高速公路庞大的需求。我举这个例子就是说明必须要用新的思维才能推动两国经贸关系的发展。

后来我担任中国国务院振兴东北办主任,东北和俄罗斯以黑龙江为界有4000多公里的边界线,我发现由于历史上的原因,在如此长的边界线上居然没有一座桥。我们要发展中俄之间的贸易,必须要解决交通的问题,双方也都认为在新的形势下应当在黑龙江上建一座桥,但是10多年过去了,尽管有很多的提案,但是至今仍然没有一座桥建起来。同江大桥在两国元首的亲自推动下已经提上日程,而且也举行了开工典礼。但是一个月以前我到现场看了一下,中国这边干得热火朝天,而俄罗斯那边仍然没有动工。这样的问题如果不解决就很难推动中俄经济在更广范围发展。

还有一次俄罗斯要在远东地区举办亚太经济合作组织(APEC)会议。我去了以后看到,在中国人心目当中那么有名的海参崴竟然没有一个五星级酒店,在中国现在一个县城可能都能找到这样的酒店。海参崴也是世界上著名的城市,要举办APEC会议无论如何也应当有五星级酒店,所以也介绍中国的企业到俄罗斯去谈能不能搞一个五星级酒店。后来俄罗斯在大俄罗斯岛上建立了相应配套措施,在APEC会议结束以后留给大学来使用。我举这个例子说明,俄罗斯远东地区的基础设施建设确实有很大的发展需求和空间。

还有一个例子,中国现在大豆进口非常多,中国大豆主要产地是在东北,但是现在东北大豆已经比不上美国和巴西的大豆了。俄罗斯远东地区也是可以生产大豆的地方,现在也有很多中国的个人或者企业到俄罗斯远东地区种大豆。俄罗斯政策上允许不允许我不知道,事实上有不少人在那里种。但是碰到一个问题,种出来的大豆卖不到中国来,它也要经过俄罗斯政府批准才行。我听到这个消息以后也觉得很奇怪,大豆都种出来了,俄罗斯自己也用不完,为什么就不能运到中国来呢?所以这样的一些行为做法和思维方式有进一步改进的必要。

但是我们高兴地看到，两国元首、两国政府和两国人民都从战略的高度，从发展中俄两国友好关系的高度在极力推进中俄两国之间的合作，特别是俄罗斯远东地区和中国东北地区的合作。很多大型的基础设施项目已经落地或者正在顺利进展当中。比如我参与谈判的中俄原油管道建成几年来一直顺畅地向中国供应原油，每年达到 1500 万吨。

随着基础设施和能源基础设施进一步的完善，中俄之间的合作渠道越走越宽。由于工作关系我去俄罗斯比较多。有一次我从俄罗斯回来的时候特意走陆路口岸，沿途我参观了一些中国企业在俄罗斯投资的项目，包括制鞋厂。但是我看了以后，说句实在话，心里并不是很舒服。虽然他们给我介绍说都很好，但是我看了以后发现都属于一些低档次、低技术水平的项目，和中俄两国大国的地位和相互合作的水平不相适应。中俄两国之间完全有理由向更重要的更大的更高技术含量的项目去发展。

俄罗斯有着非常先进的技术和很受中国人民喜爱的文化艺术，我在各种媒体上经常看到俄罗斯的绘画，听到俄罗斯的歌曲等，都给中国人民留下很深刻的印象和震撼。也包括俄罗斯曾经对我们援助的工业技术，到现在在中国还发生着影响。所以只要两国政府重视中俄之间的合作，只要两国的企业和人民对中俄发展经贸合作关系抱有信心和耐心，我相信作为邻国的中俄两国的经贸合作关系一定能够超越与其他国家的经贸合作关系。

再议兴安岭经济转型[*]

看到习近平总书记视察伊春林区的报道，我格外高兴。

作为国务院振兴东北地区等老工业基地领导小组办公室首任主任，我对东北、对伊春有着特殊的感情。

伊春作为一个停伐转型的重点区域，他们非常希望中央有领导能来视察。我在任时曾帮助游说，做了不少工作仍未如愿。我退休前的最后一场公务活动是到黑龙江宣布大小兴安岭转型的政策文件。

在这一轮制定振兴东北老工业基地文件时，我曾向现在分管东北振兴工作的何立峰副主任反映，文件初稿中写的是"大兴安岭"，但伊春属于小兴安岭，建议改为"大小兴安岭"，或去掉"大"字，何立峰副主任欣然采纳。

我退休后立即写了一篇《兴安岭经济转型之"贾雨村言"》，之所以是"贾雨村言"，因为已经退休，前人不理后事，说了也不管用。文章是这样开头的："高高的兴安岭一片大森林，森林里住着勇敢的鄂伦春，一呀一匹烈马，一呀一杆枪……"这歌词的景象已不复存在。

自 20 世纪 30 年代日本侵占东北后，陆续向兴安岭一带派遣"开拓团"，开始砍伐森林。1948 年东北解放，成立伊春林业局，60 多年来共砍伐商品木材 2.4 亿立方米，如果把木头一根接一根排列起来可

---

* 本文是张国宝发表在《中国经济周刊》2016 年第 21 期上的文章。

绕地球 6 圈半。人民大会堂、毛主席纪念堂都用过伊春的红松木，其为国家提供了近 70 亿元税收，如按计划内调拨价和市场木材价格，相当于贡献了 300 亿元价差。作出了这么多奉献之后，兴安岭的原始森林基本上已荡然无存，目前山岭多数是次生林了。后来国家实行天保工程（天然林保护工程）一期、二期，拨出巨额资金进行保护。

2003 年国家实施振兴东北老工业基地战略以来，我们一再呼吁完全停伐森林，以保持东北黑土地的屏障。每年递减采伐指标，但到 2010 年时还保留了 100 万立方米的采伐指标，以维持财政和就业。2010 年东北振兴办起草并经国务院批准了大小兴安岭生态保护经济转型规划，之后才完全停止了砍伐。天保工程二期（2010 至 2020 年）伊春可得到财政补助 29 亿元。

我从 2003 年担任国务院振兴东北地区等老工业基地领导小组办公室主任，历时 7 年，临退休前我最后一项工作就是到哈尔滨宣讲贯彻兴安岭生态保护转型规划。2011 年 1 月 9 日开会，第二天，即 2011 年 1 月 10 日中组部宣布我退休。当时我知道马上要退休了，心里也有些怅然。但是停止砍伐后木头财政终结，就业问题突出，却一直让我放心不下。

我从森林博览会了解到，伊春林产工业局停止砍伐前产值 40 多亿元，现在只有 20 多亿元，主要是压合板等森工产业缺乏原料了。停止砍伐后产业转型主要只能搞林下产业，种植蘑菇、木耳、蓝莓等并进行加工；开展森林旅游，但季节性很强，一年只有三个多月时间。还有一部分森工到俄罗斯去采伐木头，近年也受到俄罗斯多方限制，提高关税。

林区转型步履维艰。依我之拙见，提几点微观层面的"贾雨村言"：

1. 停止砍伐后，变砍树为种树，发展种苗产业。宁夏六盘山自然条件不如伊春，但现在培育种苗成为一大产业。在河南、浙江都有靠种苗兴市、兴县的。在伊春建设种苗基地，供应城市和其他地区的绿化用树。

2.引种观赏林木。过去兴安岭主要是用材林，以松树为主，现在可以种植一些观赏树木，美化环境，吸引游客。例如，加拿大的纬度和黑龙江差不多，加拿大的红枫树不同于中国枫树，比较高大，秋天层层变黄、变红，比中国红叶更加壮观。如果允许，可以引种类似的观赏树木。

3.对于废弃的森林铁路不要拆掉，可以进行修缮后变成森林旅游小铁路，观赏森林景色。在日本北海道就有这样的森林小火车，旅游很火爆。在美国南卡罗来纳州，我也见过过去采金的蒸汽小火车旅游，了解过去采金的状况。

4.政府继续支持林区棚户区改造。伊春林区有分散在山林的200多个采伐点，砍树做饭、取暖，所砍伐的树木也相当可观，要继续支持迁移下山，并村并镇，转变职能为护林、抚育、种树，政府财政应当供养部分费用。

5.按照主体功能区规划，定义伊春林区的功能。政府应支持兴安岭林区成为环境优美、生态良好的旅游胜地、培训教育基地，发展无烟产业，坚决遏制砍伐回潮和发展有污染的工业。

我这些意见也许连"却将万字平戎策，换得东家种树书"都不如，但闲来无事，心里一直牵挂着兴安岭的产业转型，涂鸦几句"贾雨村言"，解解心头之虑而已。

中国究竟需要多少外汇储备[*]

最近我国外汇储备连续 5 个月增长，稳定在 3 万亿美元以上，减轻了人民币贬值的压力。3 万亿美元现在是我国外汇储备的底线，但我国究竟需要多少外汇储备心中有数吗？

1998 年前：主导意见是必须要有一定外储，着重于用好外汇服务经济建设

我在 1983 年进入国家计委工作，经历了外汇储备从 0 到超过 3 万亿美元的过程。根据统计资料，1980 年我国的外汇储备是-12.9 亿美元，1981 年增长到 27 亿美元。之后，花了 10 年工夫，1990 年才增长到 110 亿美元。那段时间正值改革开放初期，各行各业都在引进技术和装备，外汇十分宝贵紧缺。用于引进技术的外汇都要拿到国家计委去申请外汇额度。为了多收外汇，开办了外汇商店，供应稀缺物资，以收取外汇。能赚取外汇的出口商品只能是自己嘴里省下的农副土特产品、小五金，连猪鬃也是重要的出口物资。那时，中国石油虽然不多，出口石油也是重要的外汇来源，因此搞了煤代油，把省下的石油出口创汇，自己用煤，其中的差价还成就了华能和神华公司。当然，近年由于大气污染问题又搞以气代煤了。

---

* 本文是张国宝发表在《中国经济周刊》2017 年第 29 期上的文章。

随着改革开放的深入，国力逐渐增强，外贸结构也有了一些变化。到了1991年，中国的外汇储备第一次突破200亿美元。1996年更是达到了1050亿美元，这时候就感到这么多外汇多得不得了了，不用好，放着实在可惜。时任国务院总理李鹏提出，拿出相当一部分外汇用于当时国民经济急需的物资和技术装备。20世纪80年代末90年代初搞过一个"183专项"，即拿出183亿美元外汇，其中110亿美元用于进口国家紧缺商品，其余支持引进技术和成套设备，那时可以说是倾囊而出了。

1996年前后，我参与了3个电力项目，记忆非常深刻。当时电力十分紧张，急需增加电力装机容量，李鹏总理指示拿出一部分外汇用于购买国产发电设备发展电力工业，最后确定的是天津蓟县电厂、湖北襄樊电厂和苏州工业园区电厂等试点项目。当时周正庆任国务院副秘书长，由于机械、电力两部委对用不用国产装备出现意见分歧，周正庆副秘书长还在国务院开会做了协调。时任电力部部长史大桢、时任机械部副部长陆燕荪、时任国家计委副主任叶青（1998年调任神华董事长）和我（时任国家计委副秘书长）参加了会议。由于机械部所属哈电集团用引进美国西屋电气技术生产的哈尔滨3号机组出了很多问题，电力部坚决不要国产的60万千瓦机组，而我则发言希望再给机械部一个机会。最后还是确定天津蓟县电厂采用哈尔滨发电设备公司的60万千瓦发电机组（其中还有相当一部分需要用进口设备，使用了结存外汇）。由于蓟县电厂的60万千瓦机组干得还算不错，后来才在全国应用开来。

关于这段历史我询问了许多当事人，都记不清或记忆有误，我查找了苏州工业园区华能电厂历史资料，有以下记述：苏州工业园区华能发电厂工程，是中国和新加坡两国政府合作开发建设的苏州工业园区的基础设施配套项目。电厂工程规划容量为120万千瓦，为大型燃煤发电厂。根据李鹏总理视察苏州工业园区时关于采用国产发电设备的指示精神，电厂一期工程建设两台 30 万千瓦国产燃煤机组，是国家批准的利用国内外汇贷款购买国产发电设备发展电力工业的四个试点项目之一。

现在回想起来，当时的外汇储备并不是很多，但仍然拿出了一部分用于国家经济建设，发挥了很大作用。1998 年之前的主导意见当然是必须要有一定的外汇储备，但更着重于用好外汇，为经济建设服务。这在当时外汇储备非常有限的情况下是非常难能可贵的。

1998 年亚洲金融危机：主张国家应有较多外储以应对不测之需成为主流意见

1998 年发生了亚洲金融危机，亚洲货币普遍贬值，香港坚持港元与美元挂钩的汇率制度，打了一场港元保卫战，充分体现了有充足外汇储备的必要性。人民币也坚持不贬值，为克服亚洲金融危机发挥了重要作用，这需要有外汇储备的底气。

因此，那时候主张国家应当有较多外汇储备以应对不测之需成为主流意见，但到底多少为宜也没个定数。

2006 年：外储超过 1 万亿美元，有观点认为 1 万亿美元足够

到了 2006 年，我国外汇储备超过了 1 万亿美元，我们从来没有想到会有这么多外汇储备。这时候就有了另一种意见，认为有 1 万亿美元的外汇储备就足够了，过多的外汇储备成为货币投放过多的一个重要原因，是造成通货膨胀的一个因素，因此外汇储备也不能过多。随着外汇储备超过了 2 万亿美元、3 万亿美元，通货膨胀压力加大，这种意见更加强烈，占了上风。

国家开始考虑保持一定外汇储备，其余的拿出来用好。例如，学习新加坡的淡马锡国家主权基金，增加海外投资，中投公司就是在这样的背景下成立的。成立中投的外汇额度来自外汇储备，而相应的配套人民币是财政部向金融机构发行国债。1000 亿美元相应的人民币国债需要 7000 亿元，这可是比 1998 年亚洲金融危机时累计 5 年发行的 6300 亿元国债还多的数字。在国务院讨论时有的领导都没搞明白，怎么一下子弄出 7000 亿元资金，我们的文教卫生也缺钱，弄钱这么容易，能不能给文教也发点国债？另外，外汇储备应该增加黄金储备和以重要物资储备作为实物储备的意见也受到重视。

2014 年后：经济界担心人民币贬值，划出了外储不低于 3 万亿美元的底线

2014 年后我国经济增速放缓，进入新常态，人民币又面临贬值的压力，股市也面临下行压力，经济界又开始担心人民币过快贬值，开始重视保持较高的外汇储备，以防不测。他们还划出了不低于 3 万亿美元的心理底线。今年春节前后，有些对外投资的基础设施项目在支付上就遇到了困难。我所知道的由上海电建总承包的印尼棉兰老岛电站项目，设备、设计、施工都是中国的，人民币也准备充分，但春节前给施工现场的外汇就是支付不出去，造成很大困难，后来强调了是"一带一路"项目，情况才有所好转，但已经影响了项目进度。

回顾这一过程，我国外汇储备到底多少为宜，其实很难有个准确的数量概念。外汇储备多少为宜与经济体量有一定的相关性，也与中国经济融入全球的程度有一定的相关性，与国际金融状况也有关，目前还与金融界对整个市场的信心有一定的关联性。因此，外汇储备多

少为好，应该不是一个算出来的数字，也不是一个确定不变的数字。回顾我国经济界对外汇储备的态度，有一条经验应该汲取，外汇储备的严格管理和有效应用同等重要，不可忽左忽右。外汇储备的安全不仅是守住，更应是开源，增强综合国力是关键。

开发性金融的创新与争议 [*]

　　过去陈元同志当国家开发银行行长时,我们在工作中得到了开发性金融的很多支持,我在实践当中有很多体会。举个例子,当年与俄罗斯谈判建设中俄原油管道,后来俄罗斯政府把尤科斯石油公司收归国有,俄罗斯石油公司还要上市,俄罗斯提出来希望中方给贷款。马凯同志当时任国家发改委主任,他和我都主张同意给俄罗斯这笔贷款,但是当时一般商业银行不愿意贷,因为对俄罗斯信用看不准,对经济状况不看好,贷款有很大风险。在这样的情况下,经过国务院的协调和国家开发银行的大力支持,首先由国家开发银行给了俄罗斯第一笔 60 亿美元的贷款。这笔贷款在 2011 年时已经还清,当时定的利息是国际 Libor+300bp。后来国际 Libor 高了,俄方觉得有点吃亏,国开行同意调了一下,完全按照国际商业规则来运作。我们把这笔钱放在买油的专户中,俄罗斯拿到购油钱后,再用这笔钱还中国的贷款。一共还了 5 年多时间,已经全部还完,一共收取约 12 亿美元的利息。我们在这笔贷款项下进口了 4800 万吨俄罗斯石油。因为有了这个基础,第二次俄罗斯建中俄原油管道时,提出要贷 150 亿美元,后来增长到 250 亿美元。这样庞大的贷款数字,也是我们过去从来没有贷过的,尤其给俄罗斯贷这么多的款,商业银行都觉得有风险。后

---

　　[*] 本文是 2017 年 8 月 12 日张国宝在中国金融四十人论坛上发言的主要部分。

来也是通过开发性金融思路，最终从国家利益出发协调，把贷款放了出去。到现在为止，执行得非常好，利息从来没有拖欠过，已经进入还本付息期。国际金融现在成为国家开发银行非常重要的一项业务。

有一段时间我担任国务院振兴东北老工业基地领导小组办公室主任，那时东北的金融面临一个很大问题，就是失血。东北的存款和全国其他地方差不太多，但是东北经济不好，大家都认为东北风险很大，所以东北地区的存款都被总行调到其他没有风险的省去放贷。这样的情况下，失血问题越来越重。那时李克强同志在辽宁当省委书记，棚户区改造问题非常突出，因为辽宁矿区的老百姓住的是窝棚，需要改造。当时陈元任国家开发银行行长，率先用开发性金融的理念给地方政府提供支持，进行棚户区改造。后来到了 2010 年，把棚户区改造扩大到林区棚户区改造。开始时棚户区改造只限于矿区，林区没有。2010 年时，伊春有很多窝棚，林区棚户区非常严重，这 7 年中，伊春地区拆迁了 1200 万平方米的林业棚户区，所以你们看到今天伊春非常漂亮。这也是得到了开发性金融的好处。

还有一点，当时东北没有机构愿意给中小企业贷款，民营企业不发达也是一个非常突出的问题，不像南方。商业银行贷款一定要担保，但又没有担保机构。在我的推动下，成立了东北中小企业担保公司，后来这个公司总部被放到吉林长春。当时让东北三省和大连市，加上内蒙古各出 3 个亿，但是 15 亿元还不够，请国家进出口银行帮忙，也很支持。但是国家进出口银行希望把它放在大连。当时没有什么金融机构总部放在吉林，因此这个总部对吉林很重要，所以放在了吉林。进出口银行给这个中小企业担保公司注入了 15 亿元资金。我一直很担心，因为当时大家有一个舆论，就是什么机构放东北就会搞不好，所以我每年都很关注这个事，担心别把钱花亏了。这个机构董事长原来是领导兼任，退休副省长兼任担保机构的领导。现在政府官员不能兼职，我更担心这个机构到底能不能正常运转。后来听说运行得非常好，给很多中小企业作贷款担保，使中小企业有能力获得贷款。所以金融对一个地方的发展所起作用非常大。我估计在其他行业中也完全一样。

2004年，我主持制订了第一个国家《中长期铁路网规划》，并在其中提到一个观点：铁道部要把铁路修到你那里，要求必须要有每年1000万吨公里的运量。如果没有1000万吨公里的运量，就不要建。这种情况下，就出现了"不种桃子，怎么摘桃子"的问题。所以我当时和铁道部争论：如果没有铁路，石家庄还是一个庄。石家庄之所以成为河北的省会，就是因为当年铁路经过这个地方，成为京广线和石太线的交会点。所以，有一些需求是激发出来的，没有建铁路就没有1000多万吨公里的运量，建成铁路以后就会有了1000多万吨公里运量。这和开发性金融讲的是一个道理。有一些东西要靠激发，靠培育。银行嫌贫爱富是金融逐利的本性，作为商业银行也无可厚非。但是要把穷人变为富人，才能收他的钱。所以这句话后面，还要加一个让穷人变成富人的机制，这也是一个金融机构应该做的。我确实听到对开发性金融的不同看法：银行内部担心，长期来讲，开发性金融会成为坏账。还有其他不同意见，例如开发性金融是否有政府利息补贴之嫌？是开发性金融好，还是增加股份投资好？这些意见有待进一步研究和改善。

开发性金融的不断完善和创新能够为我们的实体经济和国家"一带一路"倡议或者振兴东北老工业基地服务，而不能因循守旧，这对原有的商业银行也是一个挑战。现在电商起来了，对原来传统的商业贷款模式已经造成很大冲击。所以，没有创新，金融也会很危险，别看它现在很赚钱。

没有放之四海而皆准的宏观经济政策

有没有放之四海而皆准的宏观经济政策？

各国发展阶段不同，国情不同（历史、人口、资源禀赋、产业结构、文化传统），采用什么经济政策必须结合各国的国情。中国有 14 亿人口，产业门类齐全，经济总量大，但是人均收入在世界各国排名中处于低位。有些国家经济结构单一，例如只有旅游业。宏观经济政策怎么可能都一样呢？马克思主义要与中国的实际结合，经济政策也是这样。

能不能保持经济永远平衡发展？供需平衡，没有通货膨胀，既不过剩也不短缺。我认为，这是理想化的经济运行状况，我把他叫作经济乌托邦思想，现实中是不可能的。

我们说到计划经济，说到资本主义，过去常说的一个例子是资本主义把过剩牛奶倒在海里，所以就想出一个计划经济。市场要多少，我们就安排计划生产多少，这样就可以做到供需平衡，不会出现把牛奶倒到海里的资本主义现象。但是经济是多维的、复杂的，怎么可能计划得准确无误？多一点就造成过剩，少一点就紧缺，物价就涨。社会主义计划经济体制下也会出现产品过剩，通货膨胀。改革开放初期，在日本听了一次关于计划经济、市场经济的课，印象深刻。东京有 1000 多万人口，每天要吃掉多少粮食，各种各样的副食品，要用各种运输手段运进来。计划得再好也有漏洞，预测不准，少一点供应就紧张，多一点就过剩，还是由市场去调节。需要的东西就会有商家去做这个生意，这样反倒效率高了，所以城市的计划工作者是不会去做这种计划的。无论资本主义、社会主义，市场经济、计划经济，经济不可能理想化地永远处于不多不少的平衡状态。现实生活中经济波浪式前进，调整、巩固、充实、提高才是现实的经济发展模式。当然我们希望这种波动要小，应变要及时。

1998 年和 2008 年两次金融危机，中国的应对就使得这种波动的影响小于世界其他一些国家。在危机中，反而使中国经济得到长足的发展，基本保持了汇率的稳定。最近在网络上流传一个从 19 世纪末到现在近 100 多年世界各国发电和钢铁的变化情况，大家可以看到正是在 1999 年之后，中国迅速跃居世界前列。

改革开放 40 年使中国的生产力得到了巨大的发展，而在后 20 年，这种发展更为明显。在 1997 年 8 月从泰铢贬值开始的亚洲金融危机，中国当时宏观经济政策还在以防通胀为主，而到 1998 年初迅速调整过来，变为积极的财政政策，发行建设国债，扩大内需，以加大基础设施建设为主，并为长远发展奠定基础。1998 年至 2003 年 5 年间一共发行了 6300 亿元建设国债，其中一部分是地方债，主要用在了 6 个领域：一是粮库建设。二是水利设施建设。1998 年的大洪水后用了 480 亿元加固干堤，水利建设占了最大头。三是农网改造，做到了城乡居民用电同网同价。村村通公路，县县通油路的农村基础设施建设。四是城市基础设施建设，包括污水处理厂、地铁等。五是能源、交通基础设施建设，包括高速公路、铁路、机场、港口、电网。六是支持高技术产业化和技术改造贴息，后来把大学扩招、筒子楼改造放了进来。

这 6300 亿元国债投资，为我们国家经济发展奠定了很好的基础，要放到今天 63000 亿元也做不下来。大家可以看到，并不是现在有人说的刺激了房地产。2008 年应对国际金融危机，大家谈到的 4 万亿元和 1998 年的 6300 亿元不是一个概念，是个笼统的数字，包括银行贷款、社会资金等，没有一个准确的统计。现在有人怪罪于这两次积极的财政政策，扩大内需造成了产能过剩。

正像我前面讲的，经济是在波动中向前发展的。过去把水多了加面、面多了加水作为一个贬义词。我看正是面多了加水、水多了加面，才把经济这个面团越做越大。有些经济学家始终都在批评政府产能搞大了，通货膨胀了，经济低迷了。其实，无论是资本主义国家还是社会主义国家，哪个国家没有这样的波动？中国经济腾飞了，人民的生活改善了，这是有目共睹的事实。有人拿出哈耶克、杨小凯的经济理论批判凯恩斯的经济理论，就是我前面说的，希望经济永远是平衡稳定发展的。

凯恩斯的经济理论对克服当时的经济危机也是起了积极作用的，还有货币学派。在我看，这和"宁要社会主义的草，不要资本主义的苗"异曲同工。我还是希望经济发展得快一点，人民生活改善得快点，更何况对于中国这样一个过去贫穷落后的国家，更需要这一点。中国庞大的人口需要就业，也需要这样做。

经济波动进行调节，比守着贫困讲空头理论，慢慢发展要好得多。有些经济学家不了解经济的实际运行情况，担子也不在他们身上，怎么说都可以。

欧洲与中国的经贸合作之路
越走越宽广[*]

欧洲在大家心目中是世界上最发达地区之一，是世界上最重要的经济体。中国现在比过去富有多了，但是我们清醒认识到中国现在仍然是最大的发展中国家。我们和欧洲的生活水平比还有不小的差距。

欧洲是文艺复兴的发源地，有很多好地方。遗憾的是，很多地方我都没有去过。像瑞典，还有北欧的挪威、冰岛，东欧各国，一直很向往，但是未曾去过，还没有我老伴退休后旅游去的地方多。所以我一直耿耿于怀。但是在我的工作生涯中和欧洲许多国家和企业打了不少交道，参与了与欧洲国家的许多经贸合作工作。

上世纪 80 年代初我在国家计划委员会机电局负责技术引进。那时候许多工业技术都是从欧洲国家的企业引进的，例如西门子、阿尔斯通、ABB 等。我和他们打交道时还是阿西亚和 BBC 两个公司，后来合并了才叫 ABB 公司。中国第一条 ±500 千伏直流输变电线路葛沪（葛洲坝至上海）直流就是从 ABB 的前身 BBC 引进的。四川白马 30 万千瓦循环流化床锅炉技术是从阿尔斯通引进的。中国三峡水电站最初的水轮发电机组也是从欧洲伏依特、阿尔斯通等企业引进的。中广核的大亚湾核电站的设备是法国阿海法的。宝钢的 2050 热轧机

---

* 本文是 2017 年 11 月 21 日张国宝在中欧论坛上的发言。

组和 2030 冷轧机以及其他钢铁厂的大型轧钢机用的都是德国德马克、西马克的设备。

我还参与了上海第一条磁悬浮列车的引进工作，那时候徐匡迪任上海市长，全套设备技术是从西门子引进的。中国改革开放后最早到中国调查汽车工业的是日本企业，他们当时调查了北京的东方红汽车厂等，但是他们认为中国还将在很长时间是他们汽车产品的出口市场，不想搞合资企业或转让技术。那时候中国副部级干部的配车都是日产轿车。德国的大众汽车、法国雪铁龙后来居上，与上海和长春汽车厂成立了大众汽车合资厂。日本企业这才着急了，后来才设立了本田和丰田的合资汽车厂。

中国最初的地铁车辆技术也是从欧洲引进的。广州、上海第一条地铁的设备是使用德国政府贷款引进的西门子车辆。法国的阿尔斯通与南京浦镇机车车辆厂合作生产的轻轨列车装备了上海明珠线。中国高铁动车组最初的技术引进也得益于西门子和阿尔斯通的技术，对我们后来自己集成创新，开发中国的动车组帮助很大。

早期我们在广深线搞的快速列车采用了瑞典的摆式列车。中国西气东输的燃压机组是从英国罗罗公司引进的，甚至汽车上点火用的火花塞也是从英国史密斯公司引进的。

在可再生能源领域，丹麦的维斯塔斯、德国西门子的歌美飒在中国办有合资厂，也占有一定份额，早期占的比例则更大。芬兰的芬欧汇川、芬兰与瑞典合并组建的斯托拉恩索公司在中国的苏州和广西都建立了合资的造纸厂，中国造纸厂的相当一部分设备都是从欧洲引进的。

著名的中国海尔家电企业早期是和德国的利勃海尔公司合作电冰箱起家的。利勃海尔还向中国出口了大量工程机械。

在中国改革开放初期，不少的欧洲国家向中国提供了政府贷款，当然他们要求 80% 要买他们本国的设备，叫作"Local Fee"，在设备价格上是比较昂贵的，也赚了中国不少钱。包括我前面提到的广州、上海地铁购买西门子的车辆，挖地铁的盾构机。

在石油化工领域，欧洲国家也与中国有着广泛的合作，是在中国创办合资企业和出口设备、转让技术最多的地区。例如，在广东惠州的壳牌与中海油的合资乙烯厂，在上海 BP 公司和中石化的 90 万吨乙烯合资企业，在上海的拜尔公司和巴斯夫公司的 MDI 工厂。

中国最初生产化纤的设备也大多数是从欧洲进口的，包括意大利的许多企业也是中国最初石油化工设备的主要提供商。

中国医院用的大型医疗设备，例如核磁共振、CT 及许多其他医疗器械，包括中国唯一的，刚开业不久的上海质子重离子治疗癌症的昂贵加速器也是德国西门子生产的。中国的许多药物从拜尔进口。

曾经在中国广泛应用的鲁奇气化炉也是欧洲的技术设备。船用柴油机大部分是 MAN 和瓦锡兰的。大到上海沪东造船厂生产的 LNG运输船的专利技术，空客飞机，台山核电站的四代核电机组，小到荷兰飞利浦的刮胡刀，瑞士的手表，爱立信的手机，可以说欧洲的技术和产品在中国无处不在，中国和欧洲已经是你中有我，我中有你，谁也离不开谁。这些还仅是我知道的，有的是自己部分经手过，临时想起来的。

如果追溯到更久远，中华人民共和国成立后生产的第一台 6000千瓦发电机就是在东欧的捷克援助下生产的，江泽民同志还参与了这台机组的研发。中国企业与欧洲企业在第三国的合作也很广泛。例如，与英国的 BG 公司、BP 公司、壳牌公司在澳大利亚、非洲的安哥拉、中东的伊拉克共同投资进行油气勘探开发，也取得了很好的业绩。

中石油和法国道达尔共同投资开发俄罗斯位于北极圈内的亚马尔

天然气田，并以此为契机，为运输液化天然气，提出了开辟东北的冰上丝绸之路。在中国境内，欧洲的油气公司也开展风险勘探开发，包括参与在中国境内的页岩气勘探开发。因时间关系我不能一一列举了。

总之，我这里想表达的是，欧洲的现代科学技术对中国的影响很大，对促进中国的现代化帮助很大。

欧洲的产品对中国百姓的生活影响也很大，法国的葡萄酒、化妆品、时装，瑞士的手表，德国的啤酒赚走了中国多少男人和女人的钱！我正在庆幸我没让欧洲赚到我的钱，但是我没法防止他们赚到我老婆和孩子的钱。一不小心穿了我儿子的阿迪达斯运动装居然是德国生产的；换了副眼镜，镜框、镜片还是欧洲产的；买了个华为手机，镜头是和蔡司合作的；坐的汽车是奥迪；做白内障手术换了个人工晶体还是德国产的；吃一种保肝的植物药水飞蓟，我以为是中药，结果是德国产的。

现在挪威的水产品、西班牙火腿、荷兰的奶酪也进了中国人的餐桌。

越来越多的中国人到国外旅游，欧洲始终是中国游客的首选地。今年这个国庆长假就有 600 万人次出境旅游。有 11 个国家的几十万个商铺接受手机支付。不知道欧洲的商家是否接受手机支付？希望欧洲的商家赶上这个潮流。

给大家讲一个有趣的故事。中国大陆第一座水电站是云南昆明附近的螳螂川上的石龙坝水电站，使用的是西门子和伏依特的设备，至今还可以运转。2010 年，在庆祝中国水电百年时，有人告诉我当时有一对德国工程师夫妇在这个穷乡僻壤安装水电站设备。他们给西门子总部写了一封信，大意是说：别看现在这是个穷困的偏僻山区，将来有可能成为最大的水电基地。我有点不大相信，会不会是跟我讲这个故事的人忽悠我？因为这样的事儿现在太多了。我通过国家能源局总监李冶向西门子驻北京办事处了解。不到三天，西门子总部就提供了这个工程师夫妇给总部信的复印件，现在依然保存在西门子公司的档案中。这确实使我惊讶。我怎么也不能相信经过第二次世界大战的狂轰滥炸，这样的档案还能保存下来。

中国争办上海世博会，当时这项工作是由时任国务院副总理的吴仪同志负责的，徐绍史同志当时任国务院副秘书长，协助吴仪同志工作，给我们每个部委都派了任务，分头去向各国游说。徐绍史给我打电话，我希望去欧洲游说，因为我说欧洲许多国家和企业与中国有很多经贸合作关系，我也熟悉。可是这一个肥差，被当时经贸委的张志刚副主任捷足先登抢去了。只好把我派到了拉丁美洲阿根廷、巴西。当然，我也未辱使命。

今天中国和 40 年前改革开放初期相比已经有了巨大的变化，但是中欧之间仍然是最重要的贸易和投资伙伴。特别是习近平主席提出了"一带一路"倡议以后，以连云港为起点，经过中亚各国到达欧洲的欧亚大陆桥更加繁忙。我们把起自太平洋岸边的连云港直到欧洲大西洋畔港口鹿特丹的铁路称为欧亚大陆桥。这应该是比海运距离短、时间省的欧亚最便捷的交通通道。现在从浙江义乌到伦敦的班列作了往返运输，共开设了中欧班列运行线 51 条，国内开行城市 27 个，到达欧洲 11 个国家 28 个城市。从开通班列以来，已累计开行班列 6000 多列，今年已开行班列 3000 列，是 2011—2016 年的总和。仅此一个数据，足见通过欧亚大陆桥，沿丝绸之路，东西方贸易之繁荣。

随着"一带一路"倡议的实施和政策的便利化，可以预见，东亚国家与欧洲、中亚各国沿欧亚大陆桥的经贸合作、人员往来会更加繁荣，造福于沿线各国人民。

欧洲国家非常重视气候变化和大力推进新能源、清洁能源的使用。意大利和其他欧洲国家 10 个企业集团提出了沙漠行动计划的设想，想在北非沙漠地带建设大规模的太阳能发电厂，然后用输变电线路输往欧洲。这是一个宏伟的设想，许多世纪工程，包括苏伊士运河、巴拿马运河都是从设想开始的。我希望这个设想有朝一日能够实现，中国现在太阳能、风能发电发展很快，并提出了全球能源互联网的概念。如果有机会，中国的企业也愿意为这一伟大工程的设想出一把力。

中国在改革开放后的 40 年间已经发生了巨大的变化，过去我们主要是以吸引外资到中国投资为主，而现在已经发展为引进来和"走出去"并重的对外经济合作发展模式。2014 年中国流出的资金已经大于流入的资金，中国已经成为一个资金的净出口国，已经成为国际上一个重要的对外投资国。现在，中国的一些企业已经成功地在欧洲进行了投资。例如 2011 年 1 月山东烟台万华实业集团收购了匈牙利 Borsod Chem Group 公司（简称 BG 公司）。BG 公司 2009、2010 年每年亏损额都在 1.3 亿欧元左右。万华投资 12.6 亿欧元收购，是目前中国在中东欧 16 国中最大的中方投资项目。但是，2011 年四五月份欧债危机恶化，BG 公司 2011 年亏损额实际达到 1.5 亿欧元。2012、2013 年每年都减亏 5000 万欧元左右，2014 年实现扭亏为赢，赢利 800 万欧元。2015 年实现税后利润 5000 万欧元。2016 年实现税后利润 1.2 亿欧元。李克强总理在 16+1 中东欧首脑会晤后答记者问时举中国企业中东欧发展成功的例子就举的万华投资 BG 公司。中国的核电企业也在与罗马尼亚、英国商谈投资建设核电站，这些在过去恐怕是做梦也想不到的事情。

中国富有的民营企业跑到欧洲去收购酒庄，已经不是什么新鲜事。中国的民营企业吉利汽车兼并了瑞典著名的汽车品牌沃尔沃。一开始，大家对这一个蛇吞象的兼并并不看好，但是后来经营得很好。前两天又传来消息，吉利在白俄罗斯的 6 万辆合资汽车厂也投产了。欧洲作为世界上最重要的经济体，人类现代文明和现代科学技术的发源地，和古老中国的经贸合作一定会越走越宽广。

金融创新更好为实体经济服务 [*]

一、金融创新挑战传统金融模式

我长期在实体经济部门工作，"尝过金融的甜头，吃过金融的苦头"。我没有金融知识的理论造诣，但有着金融重要性的切肤之感。1998 年的亚洲金融危机，2008 年的国际金融危机，都是因金融问题引发了全球性的经济危机，实体经济受到伤害。改革开放以来的 30 多年，金融与实体经济的关系，形象地说，"金融是爷，实体经济是孙子"。大部分时间，实体经济都处于资金紧张，有求于金融部门的弱势地位。金融部门只要朝南坐，不怕没人求上门。当然，金融部门也成就了许多企业的发展，成就了大批中产阶级和富人。

在中国 30 多年经济快速发展中，金融的作用功不可没。但是，我国经济由高速增长阶段转向高质量发展阶段，金融领域也在悄然发生着变化，特别是金融领域的创新已经对传统的经营方式造成冲击，继续朝南坐等客户求上门的状态已经开始改变。支付宝、余额宝等的出现，首先对传统金融方式提出了挑战。应该承认，传统的银行对这些金融创新的出现心里也是不爽的，金融监管部门也不无担心。但

---

  * 本文是 2017 年 11 月 3 日张国宝在 2017 杭州湾论坛上发言的主要部分。

是，没有多久，支付宝、微信支付已经蔚然成风，成了中国"新四大发明"之一。

据报道，今年国庆中秋长假，中国有 600 万人出国旅游，11 个国家，十几万商铺都接受手机支付。这个势头还在发展，这是比喊了多少年的人民币国际化来势要猛得多。国际社会、台湾同胞看到在中国大陆走到哪里都可以刷手机支付，都很惊叹。无钞支付，以监管部门没有预料到的势头发展，走在世界前列。是好耶？还是糟耶？金融领域的这些变化已经迫使金融机构必须转变传统经营模式，加快建设现代金融体系，更好为实体经济服务。但是，什么是未来的现代金融体系是想象不出来的，要尊重人民群众的创造精神。我曾写过一篇文章讲，对待新生事物莫学九斤老太。现在金融创新领域会不会出现新的"黑天鹅"谁也不知道。

近期有一个虚拟货币的东西又开始火起来了，又叫作"数字货币"或"加密货币"。各国对虚拟货币的态度莫衷一是，有禁止的，有允许的，有观望的。我看，现在包括金融部门的大多数人还没有搞明白。现在国外有些知名大学开始设立专门研究"加密货币"的机构，大多数国家还在观望。但是，包括国际货币基金组织在内，已经有人预言这必将对传统的央行模式造成巨大冲击。

二、实体经济对金融机构的抱怨

我和实体经济企业接触较多，听到他们对金融的抱怨也较多。常听他们说："一个税收，一个银行利息，是压在我们头上的两座大山，我们忙了一年，都给银行打工了。"在税收领域已经采取减税清费来减轻企业负担。在金融领域我看到聪明一些的、经营较好的企业都在控制负债率，甚至做到无银行负债经营。我在三线建设时期曾经工作过的一个陕西企业，叫法士特，现在就是无银行负债经营。

华为好像也是如此。因为他们吸取了一些实体企业就是因为承受不住高负债率而被压垮的惨痛教训，不甘心沦为只为银行打工。而银行对这样的好企业追着屁股要给贷款。银行与企业的关系发生了逆转。

我的一些朋友也告诉我，他们现在有余钱就放在余额宝，回报比存银行要好。银行贷款皇帝女儿不愁嫁的时代已经悄然发生变化。这就要求我们的金融机构不能再是朝南坐等客户上门了，而是应该主动走出去为实体经济服务了。民间流传着银行嫌贫爱富，而银行认为在市场经济体制下银行本来就应该是逐利的，嫌贫爱富是理所当然的。我在某些场合下讲过，银行嫌贫爱富后面还应该加上一句话，就是也要"让贫变富，放水养鱼"，就是培育优质客户的意思。有些企业在开始的时候需要资金，但尚无业绩，银行往往不愿贷款，但是一些风投基金以独到的眼光看准了。

现在网上有些议论，说阿里、腾讯都是外国资本的企业，搞得再好都让外国投资者把钱赚走了。可是阿里、腾讯反唇相讥，当初找国内金融机构谁都不愿意提供资金。这说明，我们的金融机构眼光不够独到，缺乏对行业的深入研究。

三、这样的产业政策应该搞

银行该不该搞差别利率？我认为，应该搞。有人说这是在搞产业政策，不公平。前一段时间有人在争论该不该搞产业政策？我看这样的产业政策应该搞。其实，市场经济最发达的美国也有产业政策，没什么可指责的。以大家认为市场经济最发达的美国为例，美国各州的电价不同，华盛顿州民用电大致9美分一度，而工业用电便宜点，可到3美分一度。同样的用电，为什么对不同行业可以有不同电价？银行利率为什么不可以？美国就给光伏等新能源产业以贴息贷款。奥巴马就是给了支持他竞选的一个新能源企业 8 亿美元政府担保贷款，而这个企业后来亏损了，要由政府为它还贷而遭到舆论指责。美国对太阳能发电给予税收抵免的政策等等。这不是说明美国也存在扶持支持什么产业的政策吗？

金融业应该有产业政策服务于国家发展大局。例如，在党的十九大报告中能源是放在生态环境章节中讲的，只提了"清洁能源"、能源消费和能源生产革命等几处，并且报告提到了交通强国，没有讲能源强国。这说明中央对今后能源工作的导向和主要任务是十分清楚的。

现在国家发改委、国家能源局为了防止权力太大、太集中，防止权力"寻租"，把煤电的审批权都下放下去了，各地却不顾煤电已经出现过剩、发电小时数逐年下降的事实，批了一大批煤电项目，给今后电源结构调整埋下了隐患。这些煤电项目上马没有银行支持是不行的。银行为什么不能把煤电项目的贷款利息高于风电、太阳能呢？以此来贯彻绿色金融的理念。

今年夏天金融 40 人论坛在黑龙江省伊春市举行，人民银行副行长殷勇做了个短暂的调查，黑龙江省贷款平均利率是 6.2%，比全国的平均利率高 0.49%。黑龙江省贷款 40% 是涉农贷款，说明黑龙江是农业大省，但涉农贷款平均利率达到 7.36%，比全国涉农贷款平均利率 2.75% 高出很多。这个结果可能会有人认为是合理的，但我认为这正是金融要改革、要创新的地方。后来我与基层的企业交流了解到，要拿到这些贷款，实际利率还要高到 10%。

过去银行等客户求上门来，今后银行要走下去培育好客户，把效益不好的变成效益好的，就像税务部门培育税源一样，才能有更多客户来给银行付利息。今后我们必须想明白，是银行养活了实体经济还是实体经济养活了银行的问题。可能会屁股决定答案。要我说是银行帮助了实体经济，实体经济养活了银行。我曾经举过一个例子，在制定第一个铁路中长期规划时，铁道部门的意见要有年1000万吨公里运量的地方才可以考虑建铁路，而我争辩说，现在没有1000万吨公里运量，但是建了铁路后运量就会爆发出来。我举了石家庄的例子，没有京广线、石太线在此交会，石家庄可能就是一个庄，不会成为省会。我想金融也是同样的道理。

四、金融应该在培育小微企业中有所作为

实体经济中，中小企业贷款难又是一个突出的问题。小微企业创业之初资金捉襟见肘是影响大众创业的一大障碍。尊敬的民营企业家鲁冠球去世了，我很悲伤。他创业时变卖家产也只能凑够4000元钱。那时候如果能有金融机构帮他一把，也许不会这么艰难。1999年春节，我陪同朱镕基总理去看望遭受1998年大洪水的湖北洪灾区群众。在除夕夜和他家人吃年夜饭的时候，当时马凯同志、李伟同志在场，我向朱镕基总理反映，农村存在高利贷问题。为什么高利贷长期存在？农民确有急需的需求，而借不到钱。后来听说，春节假期后半段，朱镕基总理找来了戴相龙行长，给农村增加了信贷。十九大报告提出乡村振兴战略，并提出坚决打赢脱贫攻坚战。金融应在脱贫攻坚战中有所作为。

在第一轮振兴东北老工业基地工作开始时，我们就发现东北老工业基地是资金净流出，原因是东北原来的坏账多，银行不愿意贷，把东北的存款抽走，贷到别的省，变成越穷越给人输血。后来还是陈元同志主管的国家开发银行搞了开发性金融，给城市基础设施建设以很大支持。我们又搞了一个中小企业贷款担保机构，每个省出了3个亿，进出口银行支持了15亿元，凑了三四十亿元，一些中小企业才拿到了一些贷款，包括现在有一定规模的辽源袜业也是得到了这个担保机构支持才发展起来。

五、波浪式前进才是现实经济的发展状态

从宏观经济学观点看，有两种办法都能刺激经济。一是凯恩斯学派，扩大投资；二是货币学派，增发货币。当然都要适度，否则就会引发通胀。1998年和2008年两次金融危机，我国都采取了积极的财政政策和适度宽松的货币政策。1998年和其后的几年，共由财政向银行发行6300亿元建设国债。现在有些舆论把产能过剩归咎于这两次刺激政策。但是我认为，权衡利弊这两次扩大内需都是利大于弊。正是应对这两次危机，中国反倒得到了快速发展，大大增强了国力，也为世界经济复苏作出了贡献。中国的外汇储备也在这一时期得到了快速增长。后来的财政增长也早已覆盖了所发债券的债务，为国际社会所羡慕的中国基础设施也是在这一时期大规模建设起来的。至于说产能过剩，任何经济要想什么时候都产需平衡是理想化的。计划经济的初衷就是希望这样做的，希望通过计划做到什么时候都产需平衡，克服市场经济的弊端，但是反倒没有做到。波浪式前进才是现实的经济发展状态。

六、重视创汇与用好外汇

对外汇储备的管理和使用我曾写过一篇《中国究竟需要多少外汇储备》文章。我1983年进入国家计委工作时在机电局负责技术引进工作。在改革开放初期大量引进了国外技术，需要外汇。可是1982年当年的外汇储备才70亿美元。以后节衣缩食，扩大创汇，到90年代初期外汇储备达到了200亿美元左右，那时就觉得多得不得了了，要用好这部分外汇。根据李鹏总理指示，用100多亿美元建设了天津蓟县、苏州工业园、湖北襄樊、西柏坡等电厂及其他基础设施。

后来，外汇达到两万亿美元时就有人惊呼外汇储备太多了，成为投放货币的一个重要原因，会引起通货膨胀。在这样的舆论背景下成立了中投公司，目的是要学新加坡淡马锡等国家主权投资基金，用好外汇。采用的办法是由财政向银行发行7000多亿元人民币债券用来购买1000亿美元的外汇。在国务院讨论时，有些同志还没搞清怎么回事，就说这7000多亿元人民币怎么那么容易弄到？我们教育、科技也缺钱，为什么不给我们发点债券？7000亿元人民币什么概念？

我前面讲到为应对1998年亚洲金融危机，连续5年才总计发行了6300亿元人民币建设债券，所以国家只要愿意运作，宏观上是有手段的。到了2014年后，经济发展进入新常态，增速下滑到6%—7%，人民币也出现贬值压力。这时又有人担心一旦出现金融危机，人民币贬值，要有足够的外汇应对，又怕外汇储备少于3万亿美元，开始紧缩、内控、收紧，防止外汇外流。结果连正常的"一带一路"的基础设施项目外汇汇出都出现了困难。例如，我协助搞成的在印尼棉兰老岛的发电厂项目，设备和施工都是中国的，春节前外汇汇不出去，支付出现了困难。

我回忆这一过程是想说，对外汇储备到底多少为妥？实际是摇摆的。我认为外汇是挣的，为防止金融风险，还是首先要在开源上下功夫，去挣外汇，同时要管好、用好外汇。外汇是挣来的，目的是为了用好的。

改革开放之前的几次经济建设高潮[*]

中华人民共和国成立 70 年了，中国在近几百年的历史中获得了 70 年无内战的和平发展时期，这在中国历史上是一段非常宝贵的和平发展时期。中国从一个半殖民地半封建的贫穷落后、民生凋敝的国家，在战争废墟上建设成为世界第二大经济体。这 70 年间也有波折，也走过弯路，有经验教训，这 70 年是一个波浪式发展的过程。回首这 70 年，归纳起来，有 5 次经济建设高峰期。当然，这 5 次经济建设高峰在时序上也不是截然分开的，有的有交叉。

第一次是新中国成立后的三年国民经济恢复期和第一个五年计划（1953—1957 年），从战争的废墟中恢复工矿企业的生产。

第一个五年计划主要是围绕苏联援建的 156 个项目展开的。苏联援建的 156 个项目产业门类齐全，涵盖了国民经济各主要领域，有电站、煤矿、炼油厂项目，还有鞍钢、武钢、包钢、抚顺铝厂、东北轻合金厂、北满钢厂（特殊钢）、杨家杖子钼矿、吉林石化等原材料项目。还有众多门类齐全的机械制造业项目，例如西安飞机制造厂、第一重型机器厂、第一汽车制造厂、第一拖拉机厂、哈尔滨三大动力厂、哈尔滨轴承厂、沈阳机床厂、葫芦岛造船厂、大连造船厂、兰州石油化工机械厂、包头一机（生产坦克）、武汉重型机床厂、四川长

* 本文是张国宝发表在《中国经济周刊》2019 年第 11 期上的文章。

虹、红光电子管厂等等。轻纺类项目有保定化纤厂、佳木斯造纸厂等，这些企业后来都成为行业的骨干企业，并为全国输送了大量技术人才。

后来随着产业结构调整和技术进步，这些企业也经过了不断的技术改造，许多仍然是行业中的骨干企业，当然也有一部分在产业结构的调整中被淘汰了。应该说，当时苏联援助的这 156 项工程，在当时技术条件下，在苏联也是最先进的，应该承认这一阶段苏联对中国的援建是真诚的。

第一个五年计划的建设使中国奠定了产业门类齐全的国民经济体系，培养了大批技术人才。第一个五年计划是非常成功的。1957 年反右开始，国家的工作重心有了转向。

第二次经济建设高潮是 1958 年的"大跃进"。

"大跃进"的出发点是想迅速把中国建成强国，但是急于求成，违背了经济发展规律，仍然用战争年代"广泛发动群众、打人民战争"的办法。

"大跃进"的一项重要内容是大炼钢铁，各单位都建小高炉炼钢铁。我那时还是学生，但 1958 年几乎整年都在参加炼钢铁。学校做的小高炉还没有一人高，用自制的耐火砖砌成。原料实际上很多是商铺的铁栅栏门，都被拆下来放在小高炉里去炼钢铁了，当时全国到处都是如此。炼出来的钢铁很多都谈不上质量，浪费了大量资源。我的家乡原来盛产毛竹，生产竹制品是当地重要的副业，后来竹林都被砍了炼钢铁去了，老百姓只好用人工到嵊县肩挑毛竹。

由于追求高指标、"放卫星"，滋长了浮夸之风。农业领域居然报出亩产十几万斤水稻的产量。1958 年算上劣质钢材也未能达到 1070 万吨钢的目标。钢铁、农业行业如此，其他行业也大同小异。这种违背经济发展规律，用搞群众运动办法搞"大跃进"式的建设高潮很快就难以为继了，在党内也引发了不同意见，就有了七千人大会来纠偏。

庐山会议的初衷也是为了反"左"，纠正一些"左"的做法。但遗憾的是，后来在庐山发生的一些事情使会议由反"左"变成了反右，1959年开始了反右倾运动，没有能够认真总结"大跃进"的经验教训，这以后一直"以阶级斗争为纲"。1964年"四清"运动，一直延续到1966年的"文化大革命"，近10年间都没有以经济建设为中心。

而这段时间恰恰是世界科技革命风起云涌、日本经济腾飞、"亚洲四小龙"崛起的时期，中国丧失了机遇，被强国拉开了距离，被小国追赶上来。"大跃进"浮夸风直接导致了三年困难时期（其实很多是人为的失误），给国民经济造成重大打击。

"大跃进"后，对经济以"调整、巩固、充实、提高"八字方针做了调整，大炼钢铁时的小高炉大多数废弃了，在一些中心城市形成了一批省级的中小钢铁厂，对日后我国钢铁工业的发展发挥了一定作用，但总体看1958年的"大跃进"对经济发展的促进作用和对经济的破坏，是问题多于成绩，第二次的经济建设高潮以这样的结局结束。

第三次经济建设高潮始于1964年，直到1980年的三线建设。建设高峰期是在1968年至1976年之间。

三线建设的背景是，1964年我国成功爆炸了第一颗原子弹，中苏关系破裂，苏联威胁要对中国做"外科手术式打击"，蒋介石要"反攻大陆"。为防患于未然，毛主席提出了三线建设，对工业布局做战略性转移，在内陆地区建设门类齐全的工业体系，防范一旦战争爆发能保留应对战争的工业生产体系。

一线是指沿海沿边地区，三线是指京广线以西、陇海线以南、广东韶关以北、甘肃乌鞘岭以东的西北西南内陆腹地，涉及13个省区市，多数都是山区。

为准备打仗，三线厂址强调靠山、隐蔽、进洞，甚至提出进山一尺还是出山一尺是路线斗争。所以许多工厂建在交通十分不便，缺少基本生活条件的深山沟。这期间在三线地区的基建投入占同期全国基本建设总投资的40%多，400万工人、干部、知识分子、解放军官兵和成千万人次的民工参加了三线建设，建成了1100多个工矿企业、大专院校、科研院所。当时采用让一线地区老企业对口包建三线工厂的办法。例如第一汽车制造厂包建位于湖北十堰的第二汽车制造厂（东风汽车制造厂），三分之一的一汽老职工迁往湖北十堰的山沟。其他工厂由沿海迁往三线地区的职工比例和第一汽车制造厂大同小异，大体都在1/4至1/3之间。一重包建四川德阳二重，哈尔滨三大动力包建四川东方电机厂、东方汽轮机厂、东方锅炉厂，上海机床厂包建汉江机床厂和秦川机床厂，北京汽车厂包建陕西汽车厂，上海热工仪表厂包建四川热工仪表总厂，鞍钢包建攀枝花钢铁公司，等等。

三线建设同样离不开基础设施先行。三线建设期间修建了成昆、焦枝、阳安、湘黔、襄渝等铁路，极大地改善了广大西南西北地区的交通状况。还建成了刘家峡水电站、丹江口水电站、葛洲坝水电站等一批能源项目。

在三线地区还部署了西南物理研究院、核动力研究设计院、西昌卫星发射中心、酒泉卫星发射中心和大批军工生产企业。事实上，我国后来的大批杀手锏武器关键技术都是在三线地区研发和配套的，包括歼-20、轰-6、核潜艇技术等。

三线建设动员的人力物力比第一个五年计划和"大跃进"都要多。毛主席对三线建设十分重视，发表了许多关于三线建设的分量很重的指示。例如"攀枝花建不成，我睡不着觉""没有钱，把我的稿费拿来""没有路骑毛驴也要去""现在再不建设三线就如同大革命时期不下乡一样是革命不革命的问题""三线建设要把好人、好马、好设备都调过去"等等。广大的工人、技术人员、干部为建设三线表现出极大的革命热情，调往三线支援建设的同志都义无反顾携家带口奔赴三线。这些人中的大部分和他们的后代都留在了三线地区，真正做到了献了青春献子孙。

我当时大学刚毕业不久，也奔赴三线参加三线建设，70年代中期由于受"文化大革命"影响，三线企业投产缓慢，机械工业部从三线工厂抽调了一些人协助三线企业完善工装配套，我被抽调安排在机械工业部汽车轴承局技术处，因为这个原因我到过东风汽车厂等许多三线工厂。我在《神州穿越》一书中有一篇《东风轶事》，讲了东风汽车厂建厂的一些故事。后来在媒体上还发表过一篇《那些隐秘在秦岭古迹中的三线工厂》。

国务院三线办成立后办公地点一直在成都，三线办的领导人是李井泉。彭德怀同志复出安排工作也在三线办，任中共中央西南局三线建设委员会第三副主任。可能没有人见过彭德怀写的诗，在川南攀枝花，彭德怀面对建设者的忘我劳动，在笔记本上写下了一首七言诗颂攀枝花："天帐地床意志强，渡口无限好风光。江水滔滔流不息，大山重重尽宝藏。悬崖险绝通铁道，巍山恶水齐变样。党给人民力无穷，众志成城心向党。"

机缘巧遇，上世纪90年代原国务院三线办公室改为国家计委三线办公室，划归国家计委领导，办公地点仍在成都，由我协助甘子玉分管三线调迁工作，主要任务是对当时厂址选择不当、缺乏基本生产生活条件的企业进行调整搬迁。由于三线建设时过分强调靠山隐蔽进洞，有些企业无法在原址生存发展，于是将这些企业从山沟里迁出，集中安排在有城市依托的开发区。例如成都的龙泉驿、西安的高新技术开发区都是集中安置迁出的三线企业的地方。经过调迁使这些企业获得了新的发展机遇。例如我曾经工作过的三线企业现在成了世界最大的生产重型汽车变速箱的公司，是陕西省工业战线上的明星企业。

由于三线建设是在基础设施差的西部地区展开的，而且在当时历史条件下过分强调靠山隐蔽进洞，所以建设成本肯定高于沿海，有的后来不得不做调整，因此对三线建设的利弊得失一直有不同看法。但是三线建设改变了我国的工业布局，有利于缩小西部地区和东部地区的区域差距，为现在的西部大开发奠定了基础。有许多三线企业虽然地处交通条件较差的西部地区，但已经成为行业的骨干企业，例如东风汽车制造厂、东方发电设备制造公司、成都飞机制造厂、绵阳科技城等。江泽民同志倡导编写《中国电机工业发展史》，由原机械工业部部长包叙定任主编，我任副主编，曾培炎副总理领导了书的编写。对"大跃进"和三线建设的评价描述进行了认真讨论，对三线建设给予了积极评价。三线建设是新中国成立以来迁移职工最多、建设规模最大的一次经济建设高潮。

第四次经济建设高峰是从 1973 年实施的"四三方案"和华国锋任总理后于 1977 年实施，后来被批评为"洋跃进"的大规模技术引进。

其背景是 1972 年尼克松访华，中美关系解冻，党中央国务院抓住我国国际环境改善的有利条件，大规模引进了 26 项关系国计民生的重大技术装备。另一个背景是，从 1966 年开始的"文化大革命"，已经使国民经济走到了崩溃的边缘，人心思变，迫切希望把工作转到经济建设上来。

1973 年 1 月，国家计委向国务院汇报了用 43 亿美元引进 26 套成套装备的计划，所以称为"四三方案"。毛主席、周总理很快在 2 月份就批准了这一方案。这 26 个项目主要集中在化肥、化纤和烷基苯三个领域，分别针对粮食增产、解决中国人的吃饭问题；生产化纤替代棉花，解决棉花与粮食争地，解决中国人的穿衣问题。这两个民生问题是中国历朝历代都没有解决好的大问题。烷基苯是洗涤剂原料，解决老百姓洗衣服问题。这26个项目于1982年全部建成，实际花了51.8亿美元。这以后，逐步取消了实行多年的粮票、布票还有肥皂票，1984年取消了从1954年起实行了30年的布票。这26个项目中主要有辽阳化纤、四川维尼纶厂、上海石化、南京烷基苯厂、大庆化肥厂、云南天然气化工厂等，还有一套武钢的一米七轧机。这一次的大规模引进和建设，抓住了国际形势的有利条件，执行也是顺利和成功的，如果说不足，就是当时对引进设备国产化工作重视还不够，导致引进13套大化肥设备后紧接着又引进了6套。

毛主席逝世后，华国锋成为党和国家新的领导人。华国锋也想尽快扭转"文革"对经济的破坏。当时经济面临的局面相当严峻，突出的问题是燃料、动力和原材料紧张。1977年7月，国家计委副主任李人俊代表国家计委向国务院汇报，今后除抓紧"四三方案"的在建项目的投产外，再进口一批成套设备、单机和技术专利，总额为65亿美元。邓小平提议引进还可以加一点，譬如搞100亿美元也是可以的，后来又经过几次汇报，华国锋同意将引进规模扩大到180亿美元。这一次的技术引进包括建设宝钢、仪征化纤、扬子乙烯、大庆石化、烟台合成革厂等13套重大项目，还有43套采煤综采设备和几个电厂，以解决能源需求增加问题。但是不久，华国锋的"两个凡是"受到批判，重大技术引进也被批判为"洋跃进"。宝钢建设和大庆乙烯等项目都被暂停，当时的冶金部长唐克等在人代会上因宝钢项目受到质询。时任上海市副市长兼任宝钢政委陈锦华在上海也受到批评。后来陈锦华同志任国家计委主任后成了我的忘年交，他曾多次向我详细讲述了宝钢上马和下马的过程，包括对他本人的批评。后来陈云到上海调研，肯定了宝钢建设，在邓小平、陈云同志的支持下，宝钢恢复建设。我认为，宝钢建设具有里程碑意义，使我国钢铁工业上了一个新的台阶。

通过"四三方案"和其后的技术引进,我国的钢铁工业、石化产业、化纤工业等产业缩小了与国外先进水平的差距,石油化工、化纤成为重要产业,也拉开了改革开放的序幕。如果说问题,就是引进和建设规模的确超过了当时财政所能承受的能力。1978 年决定引进的 180 亿美元,国内配套建设资金至少要 1300 亿元,而 1976 年我国财政收入才 776.58 亿元,连吃饭开支都很困难,所以有的项目延期,停缓建更增加了建设成本。另外,重引进,但对装备国产化的安排重视不够,导致连续引进 23 套大化肥设备,一次引进 4 套 30 万吨乙烯设备。

1978 年十一届三中全会确定改革开放,全党全国的工作重点转移到经济建设上来。经过 10 年"文革"浩劫后,人心思变,改革开放发展经济顺应了党心民心,掀起了经济建设高潮。中间虽有波折,但邓小平同志 1992 年南方谈话又拨正了航向。1993 年经济工作以反通胀为主要任务,1998 年的亚洲金融危机、2008 年的国际金融危机都未能阻挡经济发展势头,使中国保持了 30 多年的持续快速稳定发展,平均年增长率超过 9%。比上世纪五六十年代日本的"神武景气"持续时间还长。

改革开放后,我国首先是利用改革开放新形势,看到了自己的差距,大量引进国外先进技术。我上世纪 80 年代初进入国家计委,在国家计委机电局负责机械行业的技术引进。那时候从小到电缆接头、绝缘电瓷,大到发电设备、露天矿成套设备都要引进,最大困难是没有足够的外汇。我 1983 年进入国家计委,记得 1982 年的外汇储备是 70 亿美元。所以,有限的外汇只能有选择地用于最优先需要引进的东西。这就是为什么要国家计委审批的原因。后来知道了还有中外合资或独资这种形式。据李岚清同志回忆,合资这种方式最早是在北京吉普与美国 AMC 汽车公司谈技术引进时美方首先提出的，中方不懂什么是 joint venture，后来向最高领导汇报了谈判情况，邓小平同志批示可以尝试。李岚清同志回忆此事但找不到批示件，让我在国家计委找，我也没有找到。但是，当时合资同样碰到外汇问题，审批条件最难的是要求合资企业自身外汇平衡，即合资企业必须用自己的创汇来支付外方投资者的利润，这就要求合资企业必须有出口创汇能力。而基础设施没有创汇能力，所以在基础设施领域很难有合资。随着中国经济的增长，软肋就暴露出来，能源、交通成为经济发展的瓶颈。所以当时把世行、亚行和外国政府贷款优先安排用于交通、能源基础设施建设。当后来我国外汇储备增加到 200 多亿美元时，李鹏总理提议用外汇储备建设了苏州工业园电站、天津蓟县电站、湖北襄樊电站等。

国务院领导充分认识到重大装备国产化对国家的重要性，成立了国务院重大技术装备领导小组。当时，江泽民、李鹏都是领导小组成员，领导小组办公室设在国家经委，由经委副主任林宗棠任办公室主任。我作为国家计委代表是办公室成员。根据国家的重大工程确定了 12 项重大装备，其中有 30 万、60 万千瓦发电设备，50 万伏输变电设备，千万吨级露天矿装备，秦山核电站装备，三峡工程设备，大秦线装备，30 万吨乙烯设备，30 万吨合成氨、52 万吨尿素设备，宝钢成套装备，秦皇岛煤码头设备，50 万立方米城市煤气化设备，电子对撞机等。依托国家重大工程开展装备国产化工作，我国机械制造业水平上了一个大台阶。国务院重大办的工作为日后我国重大装备国产化奠定了基础。

在改革开放以来的经济发展过程中，有许多经典案例极具战略谋划和智慧。大秦铁路的规划建设是其中之一。我国资源分布不均，南方缺煤，北煤南运占了铁路货运能力的近一半。过去的煤炭订货会最关键的是分配铁路运力。1985 年规划建设从大同到秦皇岛的重载铁路专线，初期按 1 亿吨 / 年的运力考虑，并在秦皇岛建设了煤码头。后来经过几次改造，到了 2010 年大秦铁路线的运力达到了 4 亿吨，成为我国北煤南运最重要的通道。大亚湾核电站的建设，因为当时缺少外汇，要求自己解决外汇问题。后来香港中华电力参股大亚湾核电站，所发电量的一部分输给香港，解决了大亚湾核电站的资金和外汇问题。国家没有拿钱和外汇就建起了大亚湾核电站，内地、香港和外商做到了三赢。同样由于国家缺乏资金，用煤代油的价格差自己滚出钱来，组建了神华公司，开发出现代化的神府煤田，神华成为全球最大的煤炭企业。

在这期间，中国基础设施建设投入之大、速度之快为世所罕见。对于财力基础并不雄厚的中国，这么大的资金投入从哪里来？其实任何国家，财政的每一分钱都是来自老百姓。为了解决电力短缺问题，我国建立了每度电两分钱的电力建设基金，用这笔钱来加大电力基础设施建设，后来这笔钱又用于农网改造。铁路建设基金则是通过铁路每吨公里运费加价 3 分 3 厘钱来筹集，而高速公路的建设采用"贷款修路，收费还贷"这 8 个字解决了大问题，机场建设收取机场建设费。否则政府财政怎么能拿出这么多钱？而俄罗斯就没有解决好这个问题，他们很多思维还停留在计划经济的做法。我曾应邀参加莫斯科市的一个基础设施研讨会，当民众问到为什么交通这么拥堵、没有高速公路时，他们的交通部部长振振有词回答，财政只给我这么多钱，我只能修这么多路。中国人民是最好的人民。人民，只有人民才是创造历史的动力。经常有一些经济学家批评基本建设规模搞大了，货币发行多了。但是这么多年来，虽然也有通货膨胀稍高的年份，但整体上没有出现像拉美国家和其他一些国家那样的恶性通货膨胀，通胀始终在可控范围内。

　　为缩小区域发展差距，21世纪初先后出台了"西部大开发""振兴东北老工业基地""中部崛起"等区域发展规划，但遗憾的是，迁就各地的攀比，面面俱到，缺少战略重点。

　　我国经历了1998年的亚洲金融危机和2008年的国际金融危机。

　　亚洲金融危机始于1997年8月泰铢的贬值，亚洲大部分国家和地区包括"亚洲四小龙"在内，货币贬值、经济受到重创。只有中国坚持人民币不贬值，并采取了扩大内需的做法，在国际上一枝独秀。不仅经济没有受到严重影响，反而在亚洲金融危机的背景下，加大了基础设施建设，1998年以后的经济发展速度比过去还要快。

　　至今还有人指责发行国债、扩大内需加剧了产能过剩和通货膨胀。但是这些批评者没有经历扩大内需的实践，他们实际上并不知道扩大内需究竟做了什么。

　　1998年到2002年政府换届前5年共发行了6300亿元国债，主要用于6个方面。朱镕基总理一再指示这笔钱不能用于一般性的、扩大生产能力的加工工业项目。一是应对1998年的大洪水，加大水利基础设施建设，对长江干堤进行了一次全面加固，疏浚江河、移民建镇、退耕还湖等，用于水利建设的投资占的比例最大。二是农网改造，首先实行城乡居民用电同网同价。三是农村粮库建设。四是能源交通基础设施建设。高速公路里程迅速增加。实施了农村村村通公路、县县通油路工程。五是城市基础设施建设，主要是污水、垃圾处理设施、轨道交通。六是文化教育基础设施，对旅游景点的交通道路、卫生设施建设给予补助。高校扩招、大学筒子楼改造。后来应经贸的要求，对一部分重点企业技术改造给予贴息，但所占投资比例不大。如果是现在，2万亿元也做不了这么多事。

　　应对2008年的国际金融危机同样采用了扩大内需的办法，但4万亿元和前述的6300亿元不同，4万亿元是社会资金概念，包括了银行贷款、企业债券等，并没有 6300 亿元精准，投资规模也宽泛。但总的看，我国还是成功地应对了国际金融危机，保持了汇率稳定，保持了经济的持续增长和社会稳定。中国在船舶、汽车、通信技术和设备、高铁、电力、新能源等诸多领域从远落后于国际先进水平到跻身于世界先进行列。外汇储备从上世纪 80 年代初为负储备到今天拥有 3 万亿美元。从引进来到"走出去"，仅水力发电站，中国企业在海外就投资建设或工程承包建成了 350 座，总装机容量达到 8100 万千瓦，相当于英国的装机容量。在拥有 14 亿人口和广大农村的中国实现了户户通电。

"不管白猫黑猫，抓住老鼠就是好猫。"中国成功的经济实践说明了中国采取的经济政策是符合中国实际的正确政策。有些"经济学家"也在搞"两个凡是"：凡事都拿中国的做法与美国和西方国家对标；凡事都拿西方传统经济学理论批评中国的政策。其实宏观经济学理论要和一个国家的国情结合，古典传统经济学不与一个国家的国情结合，不与社会与时俱进，就是教条的宏观经济学。他们认为什么时候都要做到供需平衡，没有通货膨胀才是经济发展的理想模式。但是在现实生活中，波浪式前进，"调整、巩固、充实、提高"才是真实的情况。改革开放以来，中国在一系列问题上进行了理论创新，走出了"计划经济是社会主义，市场经济是资本主义"的认识误区；进行了多种所有制经济共同发展等一系列符合中国国情的理论创新，始终坚持改革开放和以经济建设为中心，保证了经济的持续快速健康发展。

五、琐忆漫谈篇

公务翻译趣闻[*]

翻译是不同语言国家、民族进行交流的重要中介，往往因为不能准确进行翻译，产生误解，耽误了大事。

在我的工作生涯中遇到过不少因不能准确翻译而造成重大影响的事例。

"Plaza"是广场吗

1996年，北京市批准港资在王府井路口至东单路口的街面建设名为东方广场的综合商业大楼，该建筑号称要创8项世界第一，但很快遭到一些国内建筑师和城市规划专家的非议，上书国务院要求停建该项目，重新审议。

时任国务院总理的李鹏同志批示，该项目停了下来，交由当时的国家计委去处理。

国家计委由我和另一位同事负责此事，中间的协调波折，这里就省略了，最后总算确定了国务院领导、北京市、港方投资者都同意的方案。

没想到，李鹏总理提出北京只能有一个广场，就是天安门广场，要求港方把东方广场改名。

---

　　*　本文是张国宝发表在《中国经济周刊》2012年第16期上的文章。

我们找到港方代表周凯旋女士，传达了领导意见。周女士态度优雅，表示接受我们的意见考虑改名，但提出如东方广场不能用广场的名字，北京市的其他冠以广场的建筑也应一视同仁地改名，否则成了仅歧视他们这个项目。

我们听了，感到她言之有理，北京市已有若干被称为某某广场的商业设施，要改也必须都改才算一视同仁，结果碰了一个软钉子。

回来后我很是懊恼，也感到奇怪，按我所学，广场应是"square"，为什么要把一个商业大楼叫作广场？这都是改革开放后香港传进来的称谓。

我追根溯源，查阅国外称为广场建筑的英文名称，原来英文应该是"plaza"。我赶紧去查英汉字典，看看"plaza"是否还有什么别的译法。结果字典上相关的中文译法只标了"广场"二字，没有别的解释。

原来如此。我认为问题出在最初的字典编纂者，如果字典对"plaza"词条有综合商业中心此类的解释，也许就不会出来那么多广场了。

我们自知要人家改名的理由不足，不再去提此事，也就不了了之了。

读者不妨去查一下英汉字典，看看"plaza"是否仅广场这一译法。我估计早期的英汉、汉英字典中不仅只是"plaza"一词，还有不少类似的问题。

"大的"一词，影响了西气东输管道工程合资谈判

2001 年国务院决定开展西气东输工程，时任国务院总理的朱镕基同志认为，西气东输工程中间的管道，当时我们经验还不足，主张采用中外合资方式，两头的气源和市场都在我们手里，只有管道搞合

资没什么关系。所以，开始时我们一直是按中外合资方式做工作，最后壳牌公司入围，几近签约。

这时，传出我国外商投资"两免三减"的税收优惠政策可能调整为国民待遇，即一律实行 23% 的所得税率。外商听此传闻后不放心，跑到财政部去询问。财政部出于好意，破天荒出了一纸安慰函，估计此函是一位年轻公务员所拟，大意是中国的外资所得税政策不会有大的改变。

没想到外商拿到这一安慰函后更毛了，外商内部研究，这多少改变算是"大的"？必须要中方给出一个量化的概念。但财政部认为，我们给出了一个函已经不错了，不肯再出函。

眼看签约要吹了，我找到时任国家发展和改革委员会主任曾培炎，讲明了情况，我们商定财政部是不会再出函了，能否国家发展和改革委员会再出一个解释函，说明中国语言中常用"大的"一词，并不意味着有大的变化，有时往往是表示不会有变化之意。但这么一段文字怎么也译不成英文。如译成"Big doesn't mean significant change"，自己看也越看越别扭，外国人看了更是一头雾水。找了很多高级翻译也是一筹莫展。最后我出了一个主意，用汉语拼音，"'Da' doesn't mean significant change"，但外商始终未能放心，表示他们无法向董事会和律师解释。

这件事给我们一个深刻的教训，拟公文千万不能信手拈来，有时还要考虑中外文化差异。

美国人说的就一定是对的吗

江泽民同志退休后，曾几次叫我到他的办公室汇报能源、电力、重大装备等问题。

有一次江泽民同志问我：智能电网有几个英文表述，哪一个更准确些？一个是"intelligent grid"，另一个是"smart grid"。

当时在座的还有一位中组部人才局副局长，他曾在英国当过大学副校长，是千人计划引进的人才，英语当然应该很好。

经过大家切磋，认为"intelligent"是"智慧、聪明"之意，而"smart"是指对外界反应灵敏，如用在体育运动上指运动员反应灵敏、敏捷，从智能电网的本意看应是对负荷、供电状况的变化能灵敏柔性应对，所以"smart grid"的译法较为贴切，江泽民同志认为应该是这样。

过了几天，突然接到江泽民同志的电话，问我看到中美联合公报没有？他说，中美联合公报的中文本中，关于中美两国愿在智能电网领域进行合作，英文本中，智能电网的表述为"modern grid"，问我为什么要译成"modern grid"？我说"modern grid"按中文的通常译法是现代电网，可能意思更为宽泛。

我随即问了外交部参与会谈的副部长，他说当时也向美方提出了智能电网的译法问题，但美方坚持要用"modern grid"，我们就接受了。

当我将此回复江泽民同志后，他大为光火，说：美国人说的就一定是对的吗？我们为什么不进行说明？

需要说明的是，现在国内外对智能电网的英文表述都已采用"smart grid"。

京剧应译为"Jingju"

一次聚会，参加人有原国务委员唐家璇、外交部长杨洁篪、全国政协新闻发言人赵启正等。

席间，赵启正郑重其事地提出，我国的国粹京剧英文译为"Beijing opera"甚为不妥，因为"opera"在西方国家是歌剧，京剧译成

"Beijing opera"，就成了北京歌剧，并不能让外国人体会到京剧艺术的内涵。

而日本的"歌舞伎"，英文是按日文发音音译的"kabuki"，而不是译成东京歌剧（Tokyo opera）。为什么日本歌舞伎可以音译而我国京剧非要译成"Beijing opera"呢？

于是赵启正立即起草了一份提案，要求把京剧的英文译法改为"Jingju"，叫我们签上名，包括唐家璇、杨洁篪、我都在赵启正的提议上签了名。

其实，随着中国的国际影响力不断扩大，有些中文词汇确实很难找到对应的英文词汇，莫如直接音译，慢慢会更准确地体会到中文词汇的确切内涵。

例如"折腾"一词，很难在现有英文词汇中找到贴切的译法，后来干脆创造了"zheteng"这一新词。类似的还有近年流行的"忽悠"译成"huyou"，"牛逼"译成"nubility"。

其实这未尝不可，我想起了 20 世纪 80 年代陪同当时国家计委副主任赵东宛的一次访日。

当时日本刚有了卡拉 OK，可还没有传到中国来，国人都不知道卡拉 OK 是什么意思，日本人说到卡拉 OK 难坏了翻译，不知怎么翻译才能让我们明白。还是一位在日本做烟花爆竹生意的华侨把卡拉 OK 译为"我歌伴唱机"，总算让我们稍微明白了。但后来干脆音译过来，就叫卡拉 OK，恐怕现在没有一个人不明白它的意思。

其实，中英文的译法在外交上很有讲究。

例如 2001 年中美军机在海南岛海域上空发生撞机，导致我飞行员落海失踪，酿成了严重的外交风波，最后美方被迫发表了声明，我方译为：美国对撞机事件表示了道歉，承认美方侦察机侵犯了中国领空。

其实，美方字斟句酌巧妙地选用了模棱两可的英语词汇，"We are sorry..."，而没有用"apologize"；所谓"承认"则用了"acknowledge"一词，准确的意思应是"认知"，而查英汉字典，"acknowledge"的中文解释是有"承认"的解释，但美方根据准确的英文理解应是"美方注意到中方认为美国飞机侵犯了中国领空"。

双方根据对译文的不同理解都坚持了自己的立场，各自保全了面子，化解了外交风波。

交直流之争的历史和现实趣闻[*]

　　托马斯·爱迪生一生中发明了留声机、电灯等许多影响人类生活的重大发明，拥有多项个人专利，为人类进入文明社会作出了巨大贡献，至今还被认为是美国最伟大且贡献最多的人物。爱迪生是一个天才发明家，他常常会灵光乍现，提出一些连自己都无法解释的研究方法。但就是这样一位伟大的发明家也有马失前蹄的时候。

　　爱迪生经过近十年夜以继日的研究终于发明了适用的电灯，于1882年9月4日率先在位于华尔街的J.P.摩根大楼点亮。但在发明了电灯之后接下来的问题是，如何将电从发电厂送到街区、大楼乃至居民住宅。当时的电压等级很低，不可能将电输送到稍远一点的距离，这制约了电的推广应用，这也成为爱迪生要解决的问题。如果采取直流输电方式，每平方千米就得有一个发电厂，这肯定影响电力的推广应用。与此同时，有一位脾气古怪的塞尔维亚发明家尼克拉·特斯拉提出了交流输电专利。这一技术专利可以让电出厂电压升得很高，这就意味着电力可以通过输电线输送至较远距离，在用户端电压再次降下来。这一专利引起了匹兹堡实业家乔治·西屋的兴趣，他买下了尼克拉·特斯拉的交流输电专利。接着爱迪生公司和西屋公司陷入了直流输电好还是交流输电好的繁杂争论，而且由于电力是一个网

络系统，只可能有一个赢家。在这场有关输电技术孰优孰劣的激烈争论中，爱迪生不顾自己已有的崇高声望，寻找交流电的弱点，从交流电的安全性入手，公开指责交流电不安全，升高电压会导致人身触电事故发生。当时的新闻报道也确有不少触电事故发生。甚至纽约州利用触电能致人死亡正在研究选择电椅作为行刑方式。爱迪生为了使自己主张的直流输电方式占上风，甚至雇用了一些专家秘密为其工作，制造舆论渲染交流电与触电事故，甚至与电刑联系起来。爱迪生本人也通过展示交流电让动物触电，宣传交流电的危险。他的团队在反交流电的争论中甚至挖空心思给电椅取了个"西屋"的绰号，以贬损交流电。犯人受电刑称为"被西屋"。

然而由于交流电的优越性非常明显，所以西屋公司的交流输电技术在电力市场上取得了主导优势。西屋公司从爱迪生公司手中夺取了市场份额，而爱迪生公司由于顽固坚持直流输电技术削弱了公司的营利能力。尽管爱迪生本人竭力反对，爱迪生通用电气公司不得不与他当时的一个主要竞争对手合并，公司从过去的爱迪生通用电气公司更名为通用电气公司，他的名字从新公司的名称中被拿掉了，这使爱迪生倍感羞辱和痛苦。但是这场争论使影响电力推广应用的技术障碍得以消除，正是西屋公司和特斯拉的交流输电技术使得电力获得了大发展。

这一争论还提醒人们，再伟大的科学家也不是神，不可能要求他们事事都是权威、正确的。科学技术日新月异，新理论、新技术、新产品层出不穷。历史从来都是长江后浪推前浪，不能凭老经验、老知识去当九斤老太，武断阻止新技术的发展和推广应用。对新东西要允许试、允许探索，而不是一棍子打死。有些看来不可能的事情后来却成了技术的主流。

有趣的是这场交、直流之争的历史公案在 130 年后又在中国上演了。电力技术发展到今天已经不可同日而语了。中国从改革开放前只有 220 千伏交流输电（西北网有 330 千伏输电线路），发展到 500 千伏交流，±500 千伏直流输电。近年又提出了 ±800 千伏直流和 1000 千伏交流。并且还列入了科技中长期规划，建成了云广、向上（向家坝至上海奉贤）±800 千伏直流和晋东南至湖北荆门的 1000 千伏交流输电线路。但是要不要采用 1000 千伏交流线路却争议不断，为寻找有利于本方意见的证据可以说已经"挖地三尺"，能说的都说了。我一开始就接手了这种争议。反对者最初也是从交流特高压是否安全入手。他们曾列举出在科索沃战争中北约曾使用石墨炸弹，导致科索沃电网瘫痪，因此以战争起来易被石墨炸弹摧毁为由反对特高压，甚至有人到军事科学院求证，希望得到军方的支持。但是这一论据显然经不住推敲，很难使人同意这种观点。因为石墨炸弹摧毁电网的原理是从飞机上投掷炸弹中的石墨丝是导电的，挂在电线上后造成短路，从而使电网破坏。但是这一原理对电网的电压等级是没有选择性的，科索沃没有高压电网，低压电网照样会被摧毁，即使不建特高压，只有 500 千伏电网，其影响也是一样的。战争中即使不针对电网，电厂同样可以成为轰炸目标，防止这一问题不是建什么电压等级的问题，而是如何防空，获得空中优势的另一范畴的问题。

其后争论的焦点又引向同步电网太大是否安全的问题。该不该建"三华"同步电网（华北、华中、华东三大区域电网用交流相连接）。所有的争论都应该由实践和市场去检验、去选择，更何况科学技术水平已经发展到可以通过计算机仿真来模拟，可以通过试验示范工程去检验。已经建成的晋东南至荆门 1000 千伏交流输电工程事实上已将华北、华中（包括川渝）电网连接成一个同步大电网，安全运行了三年零十个月，并没有出现反对者担心的安全问题。相反，华北、华中两大电网实现了丰水期和枯水期的水、火互补。今年夏天来水好于往年而弃水少于往年，水电得以满发。实践是检验真理的唯一标准。遗憾的是这种争论已导致"十二五"规划过去两年，而电网规划却还迟迟出不来。风电发电量只占全国发电量的 1.5%，但在内蒙古、东北、酒泉却有 15% 至 20% 的弃风，造成宝贵的清洁能源白白浪费。从电灯点亮的 130 年来，同步电网从几千瓦已发展到几亿千瓦，电压等级从几十伏发展到上百万伏，科学技术不断在解决着发展的难题，也保障了安全。不能说我们今天的电网就是最完美，再没有发展余地的电网了。能够保证安全的同步电网也许会更大。如果技术上能做到安全，即便全国一张网，各种微弱的、间歇的可再生能源能在更大范围内消纳有什么不好？在科学技术日新月异的今天，相信这是能够做得到的。

无独有偶的是杰里米·里夫金在《第三次工业革命》一书中提出了互联网通信技术与能源体系交汇的设想，书中写道："互联网技术与可再生能源即将融合，并为第三次工业革命奠定一个坚实的基础"。这一革命无疑将改变整个世界，在可预见的未来，在中国这一片古老的土地上，数百万的中国人将可以在家中、办公室和工厂里生产自己的可再生能源，并通过"能源互联网"实现绿色电力的共享，正如我们现在创造并实现信息的在线共享一样。

"3D 打印机" 和刘伯承的 "游击战"[*]

中央财经领导小组办公室主任朱之鑫同志给我看一份该办编的《全球财经》简报，讲的是全球热议的第三次工业革命，其中谈到"3D 打印机"。这种正在兴起的技术正在改变传统制造业，将过去切削为主要方式的机械制造业改变为依靠计算机辅助的堆砌成型方式。

我想象着这种技术，现在的打印技术是将文字或图像打印成平面二维的纸质文件，按"3D 打印机"的字义想象，打印出的东西应是一种立体的图像，打印出一种产品仍实难想象。于是追根溯源去查原文，原来英文原词是"3D Printer"，所以被翻译成了"3D 打印机"。

这使我想起了自己在工厂工作，翻译机床说明书时大家讲的一个笑话。机床导轨上的挡块，英文词是"dog"，如有人翻译成"机床上趴着一条狗"，在字面上完全没有错，但的确是一个笑话。

英文中有很多这样的词，翻译成其他文字要根据不同领域的用法，译成该种文字能理解的意思。真正好的翻译家不是照字典的词意解释去直译，而是要想出一个恰如其分的译词，否则会弄得人一头雾水。

一个颇有趣味的故事也许能说明这个问题。现代很多军事著作译自德文，据说我国著名军事家刘伯承在翻译一本军事著作时碰到

"guerrilla war"一词，读音和大猩猩的"gorilla"一样，如果译成"大猩猩的战争"，绝对是个笑话，而刘伯承将它译为"游击战"并沿用下来，这的确是个令人叫绝的译法。刘伯承可能是受到中国古代军队中"游击将军"这个职位的启发。

回到"3D 打印机"。据我了解及和其他同志切磋，我们认为，问题也出在翻译上，似应译为"3D 成型机"更易为人理解。其实我们也有学者研究了多年。我的同门师弟，中国工程院院士、西安交通大学教授卢秉恒多年前就开展激光成型的研究，许多形状复杂的零部件，例如汽轮机一级叶片，用传统的切削加工或精密铸造都是非常难的。他用激光成型的办法堆砌出复杂的产品，这就是所谓的"3D 打印"，实际应称为"3D 成型"更易理解。

十八大期间，我碰到我的研究生同学、西安交通大学党委书记王建华，问到卢秉恒教授的研究进展情况，他告诉我"很好"，许多单位找来研制复杂的产品，卢教授很忙。现在已发展到能熔化金属堆砌成型了。我又问，那为什么不像清华同方、北大方正激光照排一样搞出个公司来运作推广？他说也有公司，但运作不大理想。看来产业化应用还有差距。

"3D 打印机"的译法要不要改一改？供有关同志切磋。

亲历中日春晓油气田之争[*]

2013 年 5 月 26 日，国务院总理李克强在德国参观波茨坦会议旧址时强调："《波茨坦公告》第八条明确指出：《开罗宣言》之条件必将实施。而《开罗宣言》中明确规定，日本所窃取的中国之领土，例如东北、台湾等岛屿归还中国。这是用几千万生命换来的胜利果实，也是二战后世界和平秩序的重要保证。所有热爱和平的人，都应该维护战后和平秩序，不允许破坏、否认这一战后的胜利果实。"有论者认为，这是中国对日本发出"不允许"的最强音。

而此前的 5 月 13 日，日本右翼政客大阪府知事桥下彻关于"慰安妇"的一番讲话，进一步加剧了人们对日本日益右倾化、否认战争罪责、复活军国主义的担忧。

以桥下彻们为代表的少壮派日本右翼政客，出生在战后 30 年，对战争没有直接的体会，以煽动民族情绪为自己捞取政治资本，登上政坛，这些人看似爱国，实际是将日本拖向深渊，是对历史的极端不负责任。

日本发动侵略战争之前一批少壮派军人也是这么干的，结果是给日本人民带来了深重灾难。桥下彻们又在重蹈这一覆辙。从电视画面可以看到桥下彻年龄不大，踌躇满志，振振有词，其实是不学无术，

---

* 本文是张国宝发表在《中国经济周刊》2013 年第 21 期上的文章。

435

一副流氓嘴脸，即使是在日本国内也受到不少人的鄙视，把他们称为政客。如果是这样的人掌权会把日本引向何方？

不讲外交礼仪的日本前通产大臣

这使我想起了日本的另一位右翼政客，曾任日本通产大臣的中川昭一。2004年，我去菲律宾马尼拉参加APEC能源部长会议，中川昭一原不打算出席这次会议，后在会议开幕前突然带60多人的庞大媒体到达，要求中日韩三国能源部长会晤。

中方代表团应邀参加。会面中，中川昭一言不由衷，草草收场，待韩方离场时，中川昭一提出要与我再单独谈谈。落座后他立即发难，指责中国在东海开发春晓油气田，侵犯了日本领海。我心平气和地向他解释，中日在领海划分上存在分歧：中方主张大陆架自然延伸，以冲绳海沟深槽为界划分两国领海，而日本主张中间线原则划分领海。对于这种分歧，应该通过外交渠道的友好协商来找到解决办法。尽管中国不同意日本以中间线划界的主张，但为了友好协商，中国的油气勘探一直在日方主张的所谓中间线中国一侧，最远的天外天钻井平台离中间线还有5海里，并不存在侵犯日本领海权益的问题。我强调，中日两国的政治家应站在维护得来不易的一衣带水的国家友好关系的高度妥善处理这一问题。在问题没有解决前，可以通过协商搁置争议共同开发。

其实早在20世纪80年代，中国就提过这样的主张，后来又进行过几次海上油气田勘探公开国际招标，不少外国企业也来参加过投标，直到此次会面之前日本方面均未提出异议。

尽管我耐心解释，但中川昭一仍气势汹汹，他拿过桌上放着的一杯橘子汁，拿一根吸管横在杯子中央，用另一根吸管吸着自己一侧的橘子汁说："你们中国人就像这样把我们日本一侧的油气都偷吸过去了。"我对他这种不讲外交礼仪的行为很反感，但仍忍住气向他解释，地下的地质构造不像一杯橘子汁这样简单，不可能把十几海里外的油气吸过来的。

中川昭一又拿出一张印有"绝密"字样的标有中国国土资源部的东海油气井示意图，其中一个黑圈压在所谓的中间线上，继续指责中方侵犯了日本领海主权。不知日方通过什么手段获取的这张图。我指出，尽管我现在不能断定这张地图的真伪，但这张图不能说明什么，我已经说明中方不接受中间线的主张，但为了不影响今后谈判的气氛，中国至今最近的天外天钻井也离中间线有几海里的距离。两国的政治家应从对历史负责，从维护两个邻国友好关系的大局考虑，通过协商寻找解决的办法，不做恶化两国关系的事情。

我为日本出现了这样的政客而担忧

会见就在这样的气氛中结束。当会见室门一开，中川昭一带来的60 多位日本媒体记者蜂拥而上，连推带挤，时任国家发展和改革委员会能源局局长的徐锭明为保护我还被摄像器材打了一下。中川昭一立即在另外一个房间向日本媒体召开记者会，讲述他向中国政府就东海问题提出了抗议。记者会后他即打道回国了，根本没有参加 APEC 能源部长会议，他此行的目的就是一场政治秀，向日本国民显示他的强硬，为自己捞取政治资本。

这是我第一次领教日本右翼政客的嘴脸，从外表到谈吐，我很惊讶日本作为一个世界上有影响的国家，怎么会有这样的政客？他使我联想起李鸿章赴日本谈判屈辱的《马关条约》时的日本政客，想起了日本浪人。中川昭一给我留下了很不好的印象，蛮横而不讲外交礼仪，只知捞取政治资本，和我在日本学习时遇到的许多彬彬有礼的日本人的形象完全不同，我为日本出现了这样的政客而担忧。

由于有了这一次交往，我对中川昭一的动向比较关注，没想到这样一个人后来官越做越大，当了自民党干事长，代表日本出席联合国大会，但后来丑闻就接踵而至了。先是中午喝醉了酒满脸通红去参加下午的联合国会议，语无伦次，被世界各国耻笑，日本国内舆论也认为他这副德行给日本人丢了脸，给予炮轰。再后来，媒体登出消息说他突然死在家中，怀疑是酗酒而死。这样一种素质的人居然登上日本政坛高位，我确实为日本政治生态担忧。

我亲身经历的创新悲喜剧 [*]

　　近日召开的中央经济工作会议强调，把改革创新贯穿于经济社会发展各个领域、各个环节。这好像和以前的提法有点不一样。以前，有些文件讲：把改革贯穿于经济社会发展的各个领域、各个环节，以改革促创新发展。这次好像把"创新"两个字摆到前面去了，是不是有更深的含义？

　　后来，我请教了有关起草人，起草人说他们没有想那么多。但是，我们可以从中看出，在经济结构调整中创新的重要性。十八届三中全会通过的《中共中央关于全面深化改革若干重大问题的决定》中，有很长的篇幅讲到创新问题，如建立健全鼓励原始创新、集成创新、引进消化吸收再创新的体制机制等。这里面的每一句话，恐怕都是一篇大文章。

诺基亚等老品牌没落了

　　最近由于工作关系，我到美国的一家公司去考察。看什么呢？我们第三代核电的一个最关键的部件——组泵。它是核电站的"心脏"，从核电站开始运转到退役，它都在工作，如果它不工作了，核电站就无法运转了。这家公司的创始人是发明飞机的莱特兄弟，原来是一个

　　* 本文是 2013 年 12 月 25 日张国宝在第十三届中国经济论坛的演讲。原载《中国经济周刊》2013 年第 50 期。

飞机制造厂，曾经是美国第二大企业。后来，波音等飞机制造企业发展起来以后，它竞争不过，就改为生产汽车的某些很重要的零部件；后又转而生产核电站的组泵，当然也是技术含量很高的产品。但是企业规模和当年比已经小了很多。我有一个很大的感悟，在工业领域要当一个百年老店，实在太难了。

近两年，可能大家都注意到，柯达、摩托罗拉、诺基亚这些曾经的世界品牌逐渐退出了历史舞台，或者没有了，或者被别人兼并了。最近索尼也不行了。

我曾经到诺基亚公司参观过。我这个人有时候说话比较直接，当时就问诺基亚的总裁：现在中国很多人都在说苹果，诺基亚会不会哪天竞争不过人家，不行了？诺基亚的总裁听完这句话，脸上很不高兴，说我们不怕，它竞争不过我们，如何如何讲了很多。我说，怕不怕不是你说了算，是市场说了算。那一次谈话，让对方不是很高兴。但是，不幸让我言中了。在手机领域，苹果、三星开始崛起，诺基亚也被兼并了。这样的例子非常多。

国产彩电、数码相机的"晚一拍恶果"

我经常告诫中国的一些企业，你们在某一个时间可能很辉煌，但千万不要自傲，要如履薄冰。今天你的产品很畅销、很名牌，也许过一段时间你就退出历史舞台了。这样的例子，我在工作中也遇到了很多。

改革开放初期，中国不会造彩电，凡是有机会出国的人都弄个指标，首选买一台彩电。所以，国家下定决心要搞彩电，后来果然把彩电产业建立起来了。我国的彩色显像管电视机曾经是世界第一，年产1000万台，而且出口在世界上也独占鳌头。就在这个时候，出现了液晶技术。国内企业就在考虑，液晶将来会不会代替显像管，也开了研讨会。当时,我问一家彩电企业的老总,液晶出来了,会不会哪天代替你的显像管?他说,不会的,起码 20 年不会有问题。国家也搞了论证,请了业内最顶尖的一二百名专家论证中国今后显示屏的发展方向,最后的结论是液晶代替不了显像管。但是,后来的发展显然不是这样。

我们的数码相机也是这样。刚开始有数码相机的时候,可能就几十万像素,后来一二百万像素,相机个头也不大,大家玩玩。我当时还写了个东西,说要重视数码技术的发展。后来也组织过专家论证,专家们说,数码相机不可能代替光学相机。但我还是坚持让他们搞数码相机研究。流言蜚语就出来了,说张国宝喜欢照相,所以让他们搞这个东西。尽管后来我们也做了很多努力,但跟别的国家在数码技术上的竞争,我们还是晚了一拍,这么大的市场,我们没有抓住。我讲这个故事,就是想说明创新的重要性。

华为高强度的创新投入

我再讲两个故事。一个是华为,任正非他们几个人创业的时候,我就认识他们。刚改革开放时,我到加拿大去参观北方电信,公司位于美国和加拿大的边境,风景优美,有湖泊,生活条件非常好,有 4000 名研发人员,其中不乏中国在美、加留学后留在那里工作的人。当时,我一看,心基本上凉了,认为这辈子可能看不到赶上人家的希望了。最起码,我们连那样的硬件条件都没办法提供给我们的研发人员。但是,我预计错了,现在的华为早已经将北方电信打败了,当年的那一批企业现在都很弱势了。

华为为什么能做到这样?因为它确实在创新方面下了很大的功夫。2012 年,华为的销售收入是 2201 亿元人民币,研发费用达 300 亿元人民币,占销售收入的比值为 13.7%。一般来讲,国际上企业如果能拿出 3%的销售收入来搞研发就不错了，5%的就说明你重视研发。同时，华为也认识到自有知识产权的重要性，开展了专利技术战略，老跟人打官司。到 2012 年底，华为累计申请中国专利 41948 件，其中在外国申请的专利是 14494 件，累计获得专利授权 30240 件。正是由于高强度的创新投入，华为才能够成长为一个世界瞩目的高新技术公司。

华为的成功可能还有别的一些因素，但我认为，创新肯定是非常重要的，因为华为并不是很寄希望于政府的支持。华为稍有名气的时候，时任总理朱镕基曾经去视察过，一看不错，朱镕基马上表态，你要什么条件我支持你，你资金紧张，给你解决 3 亿元人民币贷款好不好？任正非当着总理的面说好好，但我看得出来他并不是很积极。后来，我们坚决落实朱镕基同志的指示要给他贷款，他不要，不愿意跟政府挂得太紧，到现在他都不上市，相反他在创新上下了很多功夫。

买不来的外国羊肉和现代化

从 2004 年起，我国发电装机平均以每年 1 亿千瓦的装机速度增长，创造了奇迹。不仅国内的电站全部采用了国产设备，并且 2008 年至 2012 年共计出口发电机组 9236 万千瓦，成为世界上最重要的电力设备提供者。从中可以看到我们装备制造业的进步，这也是中国工业发展的一个缩影。过去有人讲，买是买不来一个现代化的。我现在深有体会，如果当年没有搞创新，我们自己能做这些设备吗？即使有那么多外汇，拿到国际市场买，能买到 1 亿千瓦的发电设备吗？

我给大家举个例子。今年羊肉涨价比猪肉要快，有关部门希望能够平抑羊肉的价格，中央也很重视。我们有那么多外汇储备，拿点钱买不就好了吗？大家都同意。结果买的时候才发现，国际市场上没有那么多羊肉，市场流通的羊肉能够贸易的就 10 万吨，而且你一买可能价格就涨起来了。同样，如果我们去买发电设备，也可能把发电设备的价格就提高了。所以，我们一定要走自主创新的道路。

"资优生"苏州的新难题

前几天我碰到一个老朋友，江苏省苏州市委书记蒋宏坤。他说，苏州从 2000 年到 2010 年这 10 年业绩非凡。10 年中，苏州一共投入人力 350 万人，包括外来务工人员到苏州就业的；使用土地 104 万亩，就是说有 104 万亩土地从农用地转为了工业用地；创造了万亿元的产值，本级财政收入增加了 1000 亿元。可以说，苏州是改革开放的佼佼者，这些数字已经说明了这一点。

但是蒋宏坤也讲到，这种靠要素高强度投入的发展模式已经难以维持了，你还能拿出 104 万亩地来？拿不出来了，没有了。下一步苏州靠什么来发展？只有靠体制机制的创新，靠科技创新才能释放出新的发展活力。

改革开放以来，在创新上我们取得了很大成绩，但是冷静地看，我们既不能妄自菲薄，也不能妄自尊大，我们和发达国家是有一定差距的。以专利为例，2011 年我国申请的国际专利一共是 16406 件，仅仅是美国的三分之一，而且这三分之一的专利和美国的专利在技术含量上也有差距。2011 年世界品牌 500 强中，中国内地的品牌只有 21 个入选，其中制造业仅仅 7 个，美国则有 239 个、法国 43 个、日本 41 个。所以，我们的品牌、我们的创新还有很长的路要走。

企业如果不能创新发展早晚会被淘汰[*]

非常高兴参加财经—沃尔沃早餐会。我在国家发改委管能源之前也管过工业，包括汽车。刚才大家谈经济问题，中国经济会不会下滑？特别出现了传统产业增长速度降低的现象。一个月以前我回到大学毕业后曾经工作过的一个生产重型汽车齿轮箱的企业，就是陕西的法士特，现在是全世界生产重型变速箱最多的厂。厂长告诉我今年一季度卡车订单增加了30%。这个让我很吃惊，因为其他传统机械产品订单都在下降，汽车怎么会增加30%呢？我问他，他说有两个原因：

第一，他认为中国政府不会让经济增速太慢，实际上刺激经济增长的某些措施虽不像过去四万亿那么明显，但像棚户区改造、铁路建设的投入实际上已经增加，基本建设的投资在增加，所以卡车的订单也增加了。

第二，他认为治理雾霾的问题，中央政府已经作出决定，7月份以后要推出欧4、欧5标准，这样每辆车要增加两万块钱，有些客户赶这个标准出台之前多订货。确实一季度重型卡车和其他产品不一样，订货在增加。中国现在已经成为世界上最大的汽车生产国，去年生产了2212万辆汽车，比前年增加了14.8%，其中乘用车1808万辆，

---

* 本文是 2014 年 4 月 10 日张国宝在博鳌亚洲论坛 2014 年年会分论坛"财经—沃尔沃集团早餐会"上的致辞。

444

增长幅度比整个汽车的增速还要高，达到 16.5%。中国人除了买房子，最重要还是买车，有的年轻人甚至把买车摆在买房子前面。汽车消费一直非常旺盛，尽管经济个位数增长，汽车还是两位数增长。这对我们搞能源的来讲造成了很大压力，光是汽车增长这一块每年增加的油品消耗需要 3000 万吨。平均一年一辆车一吨多。我们过去算过，一辆车一年大概 1.5 吨油，这样对我们的原油压力非常大，这是造成中国原油对外依存度持续提高的重要原因。

另外，就是排放的压力。雾霾问题其实远不止北京有，包括上海广大地区现在也有雾霾，经济发达地区或多或少都有雾霾。这个对于我们的压力非常之大，所以新能源汽车比任何时候都引人关注，不仅社会关注，政府一定也很关注。去年电动汽车的生产量实际上增长很快，中国生产 17533 辆电动汽车，增幅高达 39.7%，速度还是不低的，但总量不是很大。今后新能源汽车到底向什么技术方向发展，实际上无论产业界还是科技界都还是有争论的。现在议论比较多的电动汽车有美国的特斯拉，攻势很厉害，也可以说叫特斯拉冲击，但是纯电动汽车是不是将来一定是汽车技术的革新方向？事实上产业界、汽车界还是有争议的。现在电动汽车分为充电式和插电式，这两种电动汽车都需要高性能的储能电池，但是储能电池还没有真正技术上的突破，无论我们国内的比亚迪也好，还是美国的特斯拉也好，我和他们老板当面谈过，他不跟我主动讲电池有多重。我问电池多重？他才说 600 公斤，我们的比亚迪也是 600 公斤，都是在这个水平上，但是储能电池的研究也很活跃。在汽车领域当中，用的基本上都是锂电池，我们国内比亚迪用的磷酸铁锂电池，特斯拉用的是松下的镍钴铝锂电池。现在又出现了"锂空气电池"，还有储能更大的"镁电池"，这些新型电池崭露头角，至少研发非常迅速。另外，国际上还有一个观点认为，电动汽车所用的锂电池很难在短期内技术上有所突破，所以日本的汽车厂家共同联合起来又去搞燃料电池。他们认为燃料电池可能将来还是方向。

另外，中国国内采取最简单易行的办法就是柴油汽油改为天然气加注，这个非常盛行，特别是卡车的加注非常盛行。深圳的中集公司、陕西重型汽车都在做改装汽车，就是改成可以加注天然气，或者双燃料汽车，两种都可以加。刚才沃尔沃总裁提到山东"临工"是他们的合作伙伴。山东"临工"也在做船用柴油机的改造，而且长江上已经出现了天然气的加注站。南京的八卦洲有一个香港中华煤气和江苏外贸合作搞的船用天然气加注站。长江上一千吨、三千吨的驳轮原来用柴油，现在可以用天然气。汽车燃料方面我们过去搞过乙醇汽油。我在位时在东北三省和河南、安徽推广乙醇汽油，每辆车加的油里面都有 10% 的乙醇。但是过去拿玉米做，后来温家宝总理对于粮食安全很重视，不让用玉米做，现在发明了用植物秸秆来做。还有生物柴油用废弃的食物油来做，当然"地沟油"进入餐桌不可以的，可以变成柴油加在里面。有些国家制定汽油标准，必须有 5% 的废弃油在里面。这样一些新的产业出现了。甚至上海世博会上出现超级电容器，就是迅速充电，汽车停站时候鞭子升上去和电网接触，可以几秒钟马上充上电，然后跑一公里，汽车到下一站旅客上下车时马上又充上电。这就是使用了超级电容器，这个研发也非常快。围绕着汽车能源五花八门，但是最后哪个胜出不好说。

但是不管怎么说，雾霾虽然是坏事，它也促进了新能源汽车的发展，从辩证意义讲，任何坏事也能变成好事。现在汽车已经成为人们生活当中不可或缺的一部分，因此要促进汽车产业产生革命性的变化。美国有汽车文化，中国人现在慢慢也离不开汽车了，我们这几年建设起来庞大的高速公路网，与汽车相关的社会系统，据说每六个人就业就有一个人跟汽车有关系。你很难想象有朝一日汽车不开了怎么办？那么多高速公路趴在那里怎么能行？很难设想。所以人们必然要找到替代汽车传统能源的新能源，这可能是关系到汽车厂家未来生死存亡的问题。无论是谁都躲不开这一点。现在小轿车有了很多的替代方法在研究，卡车的突破更难，现在可能除了传统的化石能源以外，还找不到非常明显可以替代化石能源燃料的能源，现在只能在节油上下更大功夫。

在座的很多人都会开汽车，现在小轿车自动变速箱非常普及了，但是在卡车里面没有普及，还很少采用自动变速箱，但是中国已经有了。卡特彼勒和我原来工作过的老厂合资生产重型卡车用自动变速箱，目前是中国唯一生产卡车自动变速箱的厂家，可能很快会和轿车的变速箱一样普及起来，包括军用车很多采用自动变速箱，这也可以说是汽车产业的一个革命。

由此让我想到今天的题目叫创新，我接触到很多企业，真正能做到百年老店非常难。比如说我们搞的核电站，核电站用的主泵是美国EMD公司生产的，它的前身是发明飞机的莱特兄弟创办的，那个企业历史上曾经是美国第二大企业，后来波音、麦道公司等上来之后不行了。原先他是搞飞机的，后来退出来了，现在搞核电站的主泵。中国也是一样的，制造业搞百年老店非常难，改革开放初期我打交道的企业基本上都变了。现在卡特彼勒在搞煤层气发电用的小燃机，还有分布式冷热电联供的小燃气轮机，卡特彼勒居全球第三，这样的企业都在发生变化。

技术革命的冲击我觉得是非常残酷的，对于企业来讲，这既是挑战也是机遇。另外，技术革命的变化很多情况下完全出人意料，现在有人让你预测什么，我说当预测师非常容易。有人问我北京雾霾到底多少年能够治好？我说你画鬼还是画人？如果画鬼，说多少都可以，这个专家说需要50年，那个专家说30年，我说都是胡扯，谁也说不清楚，关键看政府的治理力度、决心和技术进步等等。美国剑桥能源研究所的丹尼尔·尤金，是公认的能源问题专家，他举了很多这样的例子。比如说福岛核事故发生之前全世界出现核电热，结果没有想到福岛事件出来了，最后大家不上核电了，核电热变成了核补丁，这个谁能够想到？

还有在美国页岩气成功之前，做了一个油气峰值论，预测什么时候油气达到峰值，没有想到页岩气出来变了，现在峰值大大推后。在这之前美国准备大量进口LNG，建了20多个进口接收站，但是现在用不着了，现在在考虑怎么样出口。这个不是哪个专家可以预测到的。数码技术的出现淘汰了柯达，液晶技术出现淘汰了显像管。过去的传统是用油制乙烯，现在甲醇制乙烯成本更低，对于传统的油制烯烃造成重大的冲击。这样的例子可以举出很多，由于时间关系不能一一列举了。总之，世界迅速地变化，技术也在迅速地变化，作为企业来讲如果不能把握机遇，不能创新发展，早晚会被淘汰。

我和美国前能源部长朱棣文
关于碳捕捉的一场调侃[*]

美籍华人朱棣文是诺贝尔奖的获得者。2009 年，他被任命为美国能源部长后第一次访华，当时我任国家能源局局长，在钓鱼台国宾馆宴请他。席间，谈到了碳捕捉问题。

我提到，现在世界都关注气候变暖问题，关注温室气体，如二氧化碳的排放问题，于是碳捕捉这个课题被提了出来。科学家试图将排放的二氧化碳捕捉，并封存于地下，以减少对大气的二氧化碳排放。但我个人认为，这种做法事倍功半，效果甚微。

碳捕捉不如沙漠种树

据我所知，每年全球向大气排放的二氧化碳高达 315 亿吨，不知道每年捕捉到并封存于地下的二氧化碳有多少？但我估计，不可能高于一亿吨，甚至可能连几千万吨都不到。且不说这些封存于地下的二氧化碳是否完全可靠，能否确保将来不会泄漏到大气中来，仅为了捕捉到这些二氧化碳，还需要消耗额外的能源，是否值得？即便能够捕捉到一亿吨的二氧化碳，和全球每年排放到大气中的量相比，就是一个微乎其微的数据，对气候变化的影响很小。花这些代价，不如来绿

---

    * 本文是张国宝发表在《中国经济周刊》2014 年第 32 期上的文章。

化荒漠，多种树种草，通过植物的光合作用来捕集二氧化碳，也许更经济适用，事半功倍。地球上还有很多荒芜的土地，只要人类花一定的代价，其中一部分是可以变为绿地的，中国就有这样实践的先例。

中国在新疆的塔克拉玛干大沙漠开发油田，那里被称为死亡之海，没有任何植被。后来我们发现，在两米深的沙层下面，有苦咸水存在，通过滴灌的办法让一些耐盐碱、耐旱的植物将根部伸到苦咸水的地下层下，就可以成活。国家投资了一亿元，中石油公司投资了一亿元，共花了两亿多元，在500公里的沙漠公路两侧已经形成了几米宽、以红柳为主的绿化带，蔚为奇观。

我提出，花在碳捕捉上的钱莫如用在保护森林、恢复植被的绿化上来。

朱棣文坦承：他作为科学家也怀疑碳捕捉的有效性。

我又接着问朱棣文，假定地球是个气球，里边全是空的，注满二氧化碳最多能注入多少？他说这怎么能算出来？我说，朱部长，地球体积有多大？他说不知道。我说地球体积是$4/3\pi r^3$，这是中学数学课本上就有的。地球周长是4万公里，周长$=2\pi r$，就能算出地球的半径。我说，22.4升二氧化碳重44克。他说，你怎么知道？我说，这也是中学化学课本上就有的，一分子量气体的体积是22.4升，二氧化碳分子量是44，所以44克二氧化碳体积是22.4升。这样是可以算出，假如地球是空的，最多能注入多少二氧化碳。我调侃他获得诺贝尔奖后把中学的知识给忘了。

我接着又向他请教，根据物质不灭定律，自地球存在以来，从远古到今天，地球上的碳元素应该是没有变化的，只不过是以不同形态存在罢了。现在硬要把它以二氧化碳形态封存于地下是否妥当和有效？

朱棣文部长开始时还说碳捕捉研究是很必要的，后来他也承认，当他曾经是个科学家的时候，曾经对碳捕捉的有效性也表示怀疑，但是自从他当了部长以后就不能这样做了。因为有不少单位和很多科学家是靠政府拨给的研究经费工作生活的，如果停止了碳捕捉研究经费的拨付，这些人将会非常有意见。他当了部长以后就不能这样做。

这是我曾经与朱棣文部长进行的一次有趣的对话和调侃。当时我还邀请他今后有机会来参观我们塔克拉玛干沙漠公路绿化带。那是沙漠变绿洲的成功先例。

沙漠深处的公路绿化带

我对沙漠公路绿化带的关注，源于我到塔里木油田的一次考察。

本世纪初，国家决定开展西气东输工作，我到塔里木油田考察，塔里木油田总经理和我同乘一辆吉普车到位于塔克拉玛干深处的塔中油田，驾驶员居然曾经是林彪的司机。

你可能会感到奇怪，林彪的司机怎么会给我们开车呢？因为1971年这位司机只有19岁，是全军爱车模范，被调到林彪身边当司机，林彪出事后他也受到牵连，被审查。因为只是个小战士，没有什么大问题，被安排到南疆军区当司机，后来复员就来到了塔里木油田当司机。

那天，沙漠中罕见地飘起了一点小雨。沿途沙漠公路两侧，为了保护公路不被沙丘移动掩埋，打满了芦苇方格。但我惊奇地发现有些干枯的芦苇却长出了绿色的嫩芽。陪同人员告诉我，塔克拉玛干大沙漠虽然是死亡之海，但历史上它曾经是海洋，沙丘下面一到两米深处有苦咸水存在。而芦苇是耐盐碱植物，如果它的根部能够接触到苦咸水就能够成活。

到了塔中油田，在那里工作的是一批年轻人。在工作区周边，他们种了一些红柳，用滴灌的办法让红柳存活。这些都给我留下了深刻的印象。时任中石油总经理的马富才同志对种植红柳绿化沙漠也非常感兴趣。他对我说，国家能不能资助一些钱，中石油也出一些钱在沙漠公路的两侧用滴灌的办法种植红柳。于是我打报告给时任国家计委主任曾培炎和负责投资的副主任姜伟新，希望国家拨付一亿元资金，由中石油出一亿元资金，在沙漠公路的两侧种植红柳。

这一报告立即得到了曾培炎主任的大力支持，很快得以实施。种植办法为：每隔 10 公里布置一个泵站，抽沙漠下苦咸水滴灌，雇一对来自西北贫困地区的夫妇值守。

若干年后，我陪时任国务院副总理的曾培炎同志到绿化之后的沙漠公路参观过。那时，塔里木油田总经理已是孙龙德，他们把我当年给培炎同志提交的报告影印件也挂在了介绍板上。

问诊雾霾不能屁股指挥脑袋[*]

关于雾霾的形成，现在各方面的解读很多，专家也在发表各种各样的看法，包括雾霾的成因，也包括雾霾的治理。要我看，雾霾从开始形成到今天这种比较频发的状态，用中国一句古话来讲就是，"冰冻三尺，非一日之寒"，是慢慢积累的。原来断断续续地发生，但是当污染物的排放到了某个临界点以后，雾霾就会进入一个常发阶段。当然，雾霾的治理同样也适合中国的一句古话："病去如抽丝"。要想把这个"病"治好，需要一个过程，必须到人们都认识到非治不可的时候。不是说今天治理明天就没有了。

一些关于雾霾的报道，把工业化进程走在我们前面的一些国家的雾霾情况作了分析，特别举到洛杉矶的例子。洛杉矶第一次比较严重的雾霾发生在1943年，完全治理好花了整整40年的时间。过去伦敦有个称号叫"雾都"，这也是随着英国的工业革命产生的，后来伦敦的环境治理好，也是花了近百年的时间。

治理雾霾能否成功和采取的措施得力不得力、坚决不坚决、得当不得当有很大关系。如果措施坚决、得当、得力，可能用不了几年就治好了。如果你拖拖拉拉，措施也不得力，污染还在继续产生，可能几十年也治不好。

---

* 本文是据《中国电力报》对张国宝的专访整理而成。原载 2014 年 4 月 21 日《中国电力报》。

关于雾霾的成因，各种各样的说法都有，燃煤和机动车尾气可能是两个议论最多的原因。当然还有别的原因，包括粉尘等。

有句老话叫"屁股指挥脑袋"。由于存在很多利益集团，站在不同立场上的人对雾霾的认识就大不相同。比如煤炭行业的人就不愿意听到煤炭是污染源，他可能会说现在煤炭已经清洁燃烧了，发电也都脱硫脱硝了，怎么还会是污染源呢？油气行业的人也会站出来说，我们也不是，尾气排放没那么严重。后来老百姓就在网上调侃了：你也不是他也不是，那就只剩下我们老百姓炒菜是了。

所以过细地去分析谁是成因，或者谁为主谁为辅，意义不是特别大。只要大家能够认识到燃煤和尾气是很重要的原因就可以了。如果连这两点都不承认，那真是不知道雾霾是从哪儿来的了。

我举两个亲眼见过的例子。以前我陪同中央领导乘飞机起降都在北京西郊机场，那时候首钢还没有搬，整个首钢区域上空烟尘滚滚，在空中看得非常明显，降落后你自己就在雾霾里头了，就看不清楚了。西郊植物园有一个宾馆，我有一次住在那儿，早上我起来登到一个山的山顶，远望北京城就像海市蜃楼一样，只有中央电视塔等几个尖尖露在云雾的上面，当时我真后悔没有带照相机，那是一个很壮观的景象，整个北京都笼罩在烟尘之下。

可见，雾霾高空没有，只有低空区域才存在，所以能说雾霾不是人类活动造成的吗？再看看工业化程度低的地方，乡村地区雾霾就少。毫无疑问，现在的雾霾和工业化是有关的，而且肯定是和能源的过度使用和使用不够清洁有关。所以我觉得没有必要再去过多争论哪一种原因是最主要的。过多地去争论，老百姓反倒可能有意见了。

改革开放以后，我国长期处于能源供应短缺状态，当时"电荒""油荒""气荒"这些词经常在媒体上出现。那时大家的关注点更多在怎样满足社会对能源的需求，特别是电力和煤炭的需求。

我记得石万鹏同志曾说，朱镕基同志讲过："你们都说能源供应紧张，但你们不知道什么才叫真正的紧张，我在上海当市长的时候，电厂的煤几乎就要没了，那时候就不讲理了，黄浦江上开过的运煤船不管是运给谁的，先给它扣下来，先用了再说，否则电厂就得停了。"我们长期都处于能源供应短缺状态，所以那时候大家谈论比较多的是怎么保证供应，很少去谈论能源革不革命。进入到本世纪以后，尽管能源供应短缺还存在，但已经有相当大程度缓解，而环境污染问题却越来越受到公众的关注，加上国际上又提出气候变暖的问题。所以应该是进入到本世纪以后开始提到能源结构调整问题，在供应基本满足后，人们就开始思考结构上的问题。大到我们的经济结构，小到能源结构。

以电力为例，电是二次能源，从人类文明进程来看，二次能源占比越大，人类文明程度越高。过去家里做饭用蜂窝煤，后来变成液化气，再后来用天然气，现在很多人连天然气也不用了，直接用电。随着我们文明程度的越来越高，人们使用二次能源的比例也在上升，而二次能源的用途越来越广，这本身就是一个生产变革。

我刚担任国家能源局局长的时候，我国30万千瓦以上的发电机组只占总装机的30%，后来用了一个措施叫作"上大压小"，光是在我任内就关停了7500万千瓦小火电，上了一些大机组。现在30万千瓦以上的机组占总装机容量的比例已经提高到了70%，这是个巨大的变化。用大机组来替代小机组，用高效机组来替代落后机组，这也是能源生产方式的变革。

以前发电平均煤耗400多克每千瓦时，后来降到300多克，现在全国平均已经是321克每千瓦时，上海外高桥三期已经到了275克，已经达到了世界最先进水平。而且世界上用百万千瓦级超超临界机组最多的是中国，这不就是能源生产方式在发生变革吗？再比如说煤矿，过去有很多小煤矿，矿工是很艰苦的，用肩扛、拿驴子拉、从矿底下把煤拉上来，这些方式都存在过，而且并不是很遥远的事情。后来逐渐把一些小煤矿整合成现代化的大煤矿，先淘汰 9 万吨以下的，再淘汰 30 万吨以下的，这也属于能源生产变革。所以，我认为，能源生产方式变革：一是加大能源结构的调整，二是能源领域的技术创新。

如何处理能源跟经济结构的关系问题呢？我们还是以电为例，我国每年的发电量中有 74% 是用于第二产业，也就是说用于制造业，居民用电只占 10% 多一点，然后是服务业用电，也就是 13% 的样子，农业用电不到 6%，大概就是这样一个结构。我们的电主要用在制造业上，这和我们的产业结构特点有很大的关系，我们说中国已经成为世界上第一制造业大国，在用电量上就可以看得非常清楚。

而发达国家正好倒过来，发达国家服务业用电和居民用电占比很高，真正的工业用电占比甚至都不到 40%。尽管我们以制造业为主的产业结构符合我国现在的发展阶段和国情，也是就业的需要，但是我国的经济结构要进行调整，增加服务业的比重，特别是制造业里有很多高耗能产业，更要进行调整。

美国电价分成三类：居民用电最贵，服务业其次，制造业最便宜。制造业用电大概 6.7 美分每千瓦时，换算成人民币的话，也就是 4 毛 2 分钱的样子，已经比我们便宜了。也就是说，我们的情况正好跟美国倒过来，居民用电最便宜，工业用电最贵。现在我国工业用电价格起码要七八毛钱。最近我到宜兴去，问起工业电价是 0.97 元每千瓦时，我们的电价几乎是美国的一倍了。美国的天然气价格比我们的要便宜，我们的企业使用能源的成本，最起码在电和天然气上，已经高于美国的企业，这已经对我们的实体经济产生了影响。

但是现在如果说美国做得对，我们也要上调居民用电价格，政府能下这个决心吗？老百姓是不是又有意见了？所以说这个很难调。没有办法，只能对高消费的人群多收点。后来就有了个阶梯电价，你消耗得多你就多交钱，维持基本生活水平需要的人就少交点。

我国资源状况在任何情况下都必须贯彻节约为先的原则，因为我国人口太多，资源禀赋也比较差，不可能鼓励敞开使用。

帮企业追回一亿美元国际债 [*]

前不久，我给国家开发银行的一封信帮助企业从委内瑞拉要回一亿美元欠款。

山东科瑞公司是近年来崛起的民营石油装备制造企业，出口石油装备到世界各地，生意做得风生水起。该企业同时还是我们中国产业海外发展和规划协会成员。但是最近，科瑞公司在出口委内瑞拉问题上遭遇了"滑铁卢"，被拖欠1.6亿美元债务追讨不回。后来，科瑞公司领导给我发了个微信：

> 主任，我这次和杨董事长来委内瑞拉主要是来要账的，委内瑞拉国家石油公司从2012年到2013年欠下我们1.6亿美元的债务，换成人民币大约10亿元。这对于一家民营企业来说是多么重的负担，可是委内瑞拉石油部长小查韦斯却视而不见，我们这两天也是急得没招了。

我建议他们写封信给国开行领导，因为国开行向委内瑞拉提供贷款，对于委方有一定影响力和约束力。我告诉他们，信写好可以由我代转。于是有了下面这封草拟的信：

---

　　*　本文是张国宝发表在《中国经济周刊》2015年第4期上的文章。

尊敬的领导：

　　您好！山东科瑞石油装备有限公司成立于 2001 年，是一家高速发展的集石油装备研发制造、油田技术服务、油田 EPC 总承包为一体的国际化公司，在 49 个国家建立了营销网络，2013 年销售额 120 亿元人民币，员工 8000 余人。与委内瑞拉国家石油公司（PDVSA）自 2009 年开始业务往来，为 PDVSA 提供了大量油田开发及生产急需的石油装备，极大地支持了委内瑞拉石油行业的发展。

　　但是，自 2012 年以来，委内瑞拉石油公司（PDVSA）已累计拖欠我公司 1.6 亿美元货款，约合 10 亿元人民币，这对于一个民营企业意味着巨大的风险和财务压力。每月巨额的银行利息、资金周转困难，严重影响了企业的正常生产经营。迫于此，急切恳求国家发改委和国家开发银行领导对委内瑞拉石油公司拖欠我公司款项情况给予关注，希望能与委内瑞拉石油部长 Asdrubal Chavez（小查韦斯）先生以及 Benedes 银行行长 Simon Zerpa（西蒙）先生进行沟通，敦促委方寻找还款途径，通过中委基金等方式尽快支付我公司货款，以拯救我公司！

　　万分感谢！

山东科瑞石油装备有限公司

2014 年 11 月 13 日

　　我利用和国开行行长郑之杰同去迪拜参加博鳌论坛之机向郑行长反映了此事，希望国开行能给委内瑞拉去封信，我的提议得到了郑行长的支持。郑行长将此事交代给国开行国际合作局。不久，科瑞公司就来了下面这条微信：

主任好，向您汇报个事情。我们得到消息，郑行长命国开行国合局与委方对接，以国开行公文形式给委内瑞拉石油公司融资部去函，要求以近期的流贷偿还科瑞欠款，函件委方已收到并在内部报批，应该对归还欠款有很大帮助。万分感谢领导对我们的帮助和支持，接下来我们持续关注，有好消息再向领导汇报，也期待您有时间来我们北京分公司指导工作。

之后有了结果，又收到了下面这条微信：

主任，有个好消息，因为有了国开行郑行长的关心和国开行的信，委内瑞拉向我们归还欠款一亿美元。新年伊始，全公司上下为之振奋，剩下的 5000 多万美元欠款委方承诺今年一季度付款。我先给您鞠躬致谢啦。

我即转发给了国开行国际合作业务局王革凡局长：

革凡：收到山东科瑞公司的一则短信，附后。请转告郑行长，你们的举手之劳帮了企业大忙。

王革凡回信：

主任客气了，为企业脱困解难是我们的职责。

我为企业由衷高兴，想起了一个段子：做不了大事做点小事，发发微信居然也能解决问题。

TPP 最后吃亏的指不定是谁呢[*]

中国国庆长假，中国家庭都在享受度假的欢乐，但大洋彼岸的美国亚特兰大，以美国为首的环太平洋 12 国达成了 TPP（跨太平洋伙伴关系协定）。作为太平洋沿岸的大国、世界第二大经济体和贸易大国的中国却不在其中。

这对中国究竟有什么影响？谁是赢家，谁是输家？TPP 的始作俑者无疑是美国。已经有了世界贸易组织，美国人为什么还要搞 TPP？

当今世界美国仍然是老大。在中国加入世界贸易组织前，以美国为首的西方发达国家以为凭借技术和资金优势，把中国纳入世界贸易组织体系，将敲开中国庞大市场的大门。而国内的一部分人也十分担忧中国一旦加入世界贸易组织，外国的汽车和农产品等将充斥中国市场，中国的产业因此会垮掉。但是中国加入世界贸易组织后，这些担心并没有发生，中国产品出口快速增长，贸易顺差积累了大量的外汇盈余。而西方发达国家指望一旦中国加入世界贸易组织，外国产品凭借技术优势大量进入中国市场也并未如预期发生。实践的结果表明，中国才是加入世界贸易组织的赢家。正应了中国古代的一个辩证法："塞翁失马，焉知非福。"

---

　*　本文是 2015 年 10 月 8 日张国宝发表在经济网上的文章。

　　美国人心里是有苦说不出，都是自己作的套，因此下决心另起炉灶，拉太平洋沿岸小兄弟另外组个群，把你中国晾一边。先是拉你中国参加，但条件非常苛刻，特别是有关涉及政治体制的条款中国根本接受不了，因此中国排斥TPP。后来中国又想参加进去谈，美国人"劝"中国你还是先别来吧，条件你受不了。但太平洋沿岸小兄弟各自利益诉求不同，达成协议也不容易，一谈就快10年了。

　　中国搞"一带一路"、亚洲基础设施投资银行、亚洲基础设施基金，当惯老大的美国人心里很不是滋味，加快了搞成TPP的步伐，能让步的就让步，终于在中国国庆期间12国达成了协议。奥巴马一句大白话道破了天机："我们不能让中国来制定世界的经贸规则。"

　　但是美国国内看法也很不同，代表汽车业的利益集团就很担心和不满。汽车零关税，日本车不是会大举进入美国市场吗？日本人怕的是美国牛肉进入日本，但早已岌岌可危靠政府补贴活着的日本养牛业能有多大一点市场？有优势的美国生物医学和制药业也缩短了专利保护期。美国现在是世界第一进口大国，拼凑出一个TPP来心里是舒服了，但综合利弊肯定是美国吃亏。最高兴的应该是日本、越南，为他们的产品进入美国、加拿大、澳大利亚开了方便之门，其他小兄弟是跟着起哄的，吃亏上当都不知道。心里最不舒服当属中国。但还是中国那句老话："塞翁失马，焉知非福。"

　　我在见基辛格时谈了这样一个观点，美国逼中国人民币升值，中国人也有一些人怕人民币升值，但人民币升值了未必对中国是件坏事，一些低端的低附加值产品可能会受影响甚至于淘汰，但一些高附加值高科技含量的产品可能会成长起来，有利于加快中国产业结构调整。中国已经是一个大进大出的国家，人民币升值对原油、天然气、矿石、农产品进口是利好，对对外投资和出国旅游也是利好。也许美国会发现一个产业结构更合理、产品更有竞争力的中国出现在世人面前。

美国搞了个 TPP，最后吃亏的指不定是谁呢！

TPP 结局如何 *

在本次于亚特兰大召开的 TPP 部长会上，参与谈判各方纠结的三大领域，分别是农产品市场准入、汽车业原产地规则，以及制药业知识产权保护等。美国为急于通过 TPP，为奥巴马这届政府留下政治遗产，将谈判延长了 3 天，并做出了重大让步。

会上都争论些什么？因不满加拿大和美国对奶制品贸易的处理方式，新西兰曾威胁退出谈判；澳大利亚对美国和墨西哥对糖业贸易的处理方式有异议；澳大利亚和新西兰还对美国提出的生物制药专利保护期限有争议；而美国则不满于日本对粮食贸易的处理方式。这些产业均得到了代表本国利益的投票集团的支持。

美国最初希望在协定中设置 12 年的专利保护期限，以促进美国生物制药创新和保护美国制药厂商利润。但此举遭到谈判参与方的普遍反对，此后美国同意将这一期限缩短至 8 年。而澳大利亚、新西兰和智利等国的目标是将专利保护期限缩短至 5 年，以方便制药厂商可以尽早介入市场并降低药价。

基于 TPP 没有充分解决海外货币汇率操纵问题的判断，美国最大汽车制造商之一的福特已经明确表态，将呼吁国会否决这一协议。而日本则有望在扩大汽车出口方面受惠。

---

* 本文是 2015 年 10 月 10 日张国宝发表在经济网上的文章。

美国是最大的贸易进口国，所以总体看零关税的自由贸易协议更多有利于 TPP 成员国中向美国出口产品的国家。

而美国具有优势的出口产品，如航天航空、生物医药、农产品等，但这 12 国中不少都是农产品大国，如澳大利亚、新西兰，包括越南也是农业国，真正怕美国农产品进口的是日本。但日本农业已经是在政府保护下的弱势产业，市场有限。除农产品外，其实进口国是不是零关税都需要从美国进口，对扩大这些优势产品出口作用不大。

所以美国急于达成 TPP 协议更多是"挣了面子，输了里子"。美国民主党总统候选人，包括在位时 45 次力挺 TPP 的原国务卿希拉里表态反对，都是从选票考虑，因为这些候选人看到美国工会为代表的利益集团反对，怕丢了选票。所以 TPP 的后续进展很可能是国会审议拖下去，拖到 2016 年，甚至甩给下届政府去决定。

我对锂电池为动力的全电动汽车一直持有疑虑[*]

技术路线的判断和选择是否正确关乎一个企业乃至一个行业的生死存亡。改革开放以后我们举全国之力建设起一整套彩色电视的产业链，包括玻壳、荫罩、电子枪、荧光粉、偏转线圈，乃至防爆钢带等配套企业，投巨资建设了咸阳彩色显像管厂。以合资形式建设了北京松下、南京飞利浦等若干家彩色显像管厂，一度成为世界第一的彩色电视机生产大国。但是，好景不长。

液晶显示屏的出现，使我国建立起的完整的彩色电视机生产产业链受到致命的打击，破产的破产，转产的转产。在彩色液晶显示屏生产方面，我们又落后于韩国、日本。

数码相机的出现，使我国在改革开放后从柯达、日本富士引进的福达、公元彩色胶卷厂，以及我们用巨资自己扶持的保定乐凯彩色胶片厂投资付之东流。而数码相机技术又落后于国外一个周期。

DVD 的出现，使我国集中全国之力在大连建设的录像机机芯厂刚建好就面临停产和转产。

改革开放以来引进国外的先进技术和装备，使我国的工业技术生产水平上了一个档次，但是也不乏有些国家把行将淘汰的落后技术装

---

* 本文是 2016 年 3 月 27 日张国宝发表在经济网上的文章。

备和产品转移到中国，没有多久就被淘汰出局。广州汽车厂引进法国标致的汽车就是一个例子，把一个走下坡路的车型拿到中国来，结果巨额亏损。

我为什么又谈这些问题，因为我一直在关注我国电动汽车的发展方向。无疑，现在锂电池是电动汽车动力的主流。但是，最近有报道称，日本本田开发出了一款氢燃料电池汽车可以续航750公里。今后电动汽车的方向究竟是混合动力？锂电池？还是燃料电池？这是值得关注的问题。

我对锂电池为动力的全电动汽车一直持有一些疑虑，锂电池重量重，一辆轿车的电池六七百公斤，一辆公交车电池要上吨重。回收废电池问题也没有完全解决。锂仍然属于稀有金属，一旦汽车全部采用锂电池，锂就会成了稀缺资源。锂电池一次充电续航距离短等等，这些都是锂电池的致命弱点。今后电动汽车的动力究竟是何种电池，确实值得认真关注。日本开发燃料电池车的动向，值得我们注意。

什么是质子放射治疗 *

近一年多来，关于质子放射治疗癌症的报道多了起来，上海市经过 10 多年的筹备建设，质子重离子治疗医院于去年 5 月正式开业，至今已经治疗了 280 个癌症患者。据说中国现在在筹备想建的质子或质子重离子治疗医院有 19 个之多，大有一哄而起之势。但对质子治疗的原理、适应性、投资等，所需知识知之甚少，连医学界真正弄明白的也不多。

那么，什么是质子治疗呢？质子其实就是 +1 价的氢原子核，原子量为 1。经过高能加速器把质子加速到光速的 70%—80%，引入到需要治疗的肿瘤部位，通过精准攻击肿瘤，用高温高热杀灭肿瘤，这种治疗方法就是质子放射治疗。高速质子在穿透皮肤和肌肉时只损耗能量的 20%，到达肿瘤部位后释放出 80% 的能量，形成一个尖峰，称为布拉格波，形成高温高热以达到杀灭肿瘤细胞的目的。布拉格波物理现象其实在 1947 年就被科学家发现了，但是由于当时还缺乏计算机精准定位等学科的配合，无法用于临床实践。

在 20 世纪 60 年代和 70 年代，由美国麻省总医院神经外科和放射学科与哈佛大学高能加速器实验室、哈佛医学院合作科研攻关，将质子放射治疗癌症用于临床实践，这是一个需要多学科集成的高

---

* 本文是张国宝发表在《中国经济周刊》2016 年第 41 期上的文章。

科技医疗技术和设备，前端其实就是高能加速器。高速质子流引入治疗室后，通过计算机精准定位射入肿瘤部位。质子放射治疗癌症最初主要是用于难于进行外科手术的神经系统肿瘤，例如脑瘤、脊髓瘤，因为在这些部位动手术很容易伤及神经，也用于儿童肿瘤的治疗。在通过美国医疗监管当局FDA批准前进行了800多例志愿者的临床治疗，FDA的审批就经过了5年多时间。40多年来麻省总医院质子放射治疗中心已经临床治疗癌症病人9000多例。现在美国明尼苏达州梅奥中心，德克萨斯州癌症治疗中心，以及加州还有一家质子放射治疗中心，全美有5家左右的质子放射治疗医院。麻省总医院的质子放疗医疗设备是由比利时制造的。最初质子放射治疗癌症仅限于脑瘤、脊髓瘤等神经外科肿瘤，因为腹部肿瘤受到呼吸的影响，总在动，难于精准定位，所以最初质子放射治疗癌症未能应用于肝癌等腹部肿瘤。后来由于技术的发展，事先向肝脏部位植入一枚很小的金箔，大约只有针眼那么大小，作为传感器。呼吸时肝脏起伏运动的信号就会由金箔传感出去，治疗质子光束也会随动，保证在呼吸时也能精准射到肿瘤部位。植入金箔其实很简单，一瞬间完成，病人没有感觉。这个问题解决后质子放射治疗也开始用于肝癌等腹部肿瘤的治疗了。

这项质子放疗治癌技术传到德国和日本后又有了新的发展，加入了重离子，成为质子重离子放射治疗。所谓重离子其实就是碳原子核，+12价，原子量12。日本的科学家认为重离子放射对癌细胞的杀伤力比单纯用质子要强，放射治疗次数可以减少，杀伤力更强。目前日本有5家质子重离子放射治疗中心——名古屋大学医学部、京都大学医学部、东京大学医学部等，设备由日立公司制造。

上海的质子重离子治疗医院是在学习日本质子重离子医院的基础上筹备建立起来的。在筹备过程中上海的专家们参观访问过美国和日本的质子或质子重离子医疗中心，最终选择了采用质子重离子治疗技术。上海的质子重离子治疗医院的设备是由德国西门子制造的，设备造价约 13 亿元，加上建设费用在 15 亿元左右。国家发改委支持了 1 亿元，其余由上海筹措。韩正同志在上海任副市长和市长时对上海质子重离子医院的筹备和建设给予了坚决的支持，才使该医院建成，前后花了 10 多年的时间。由于质子治疗需要有放射物理学科的知识，而中国缺少这方面的人才和专业，所以上海质子重离子医院招聘了一部分外国医疗专家，并且在复旦大学开始培养放射物理学研究生。

到目前为止，美国的技术仅限于质子放射治疗，没有重离子。在这点上美国和日本、中国的医疗专家有学术分歧。我向美国麻省总医院和上海质子重离子医院都做过询问。上海质子重离子医院肯定地认为加上重离子之后放射治疗的效果会大大提高，而美国麻省总医院的医疗专家认为质子放射治疗就足够了，没有证据能证明加上重离子后有特别更好的疗效。双方都坚持自己的看法，这只能是一个学术争论了。另外技术也在不断进步，美国麻省总医院质子放射治疗前要在计算机模型基础上，用五轴数控机床加工出肝脏放射模型，导引质子准确射向肿瘤。这个过程约需 15 天。而上海质子重离子医院据说不需要制作模型了。

综上所述，质子或质子重离子治疗癌症是一项投资巨大，需要多学科集成的高技术，需要物理学和医学的紧密结合和复合型人才，而这方面我们还缺乏经验。经验需要有一个循序渐进的积累过程，这不仅仅是一个设备制造问题，还包括经验的积累。

另外，质子或者是质子重离子放射治疗也是有局限性的，只能针对一定的癌症患者才适用。适合于治疗原发性肿瘤，对于已经扩散的癌症则不太适合。因为质子重离子治疗癌症仅限于物理杀灭癌细胞，如何防止癌细胞的扩散转移，人类还在探索研究中。所以还是早期发现的小肿瘤治愈的概率高。但美国麻省总医院放射医疗专家说他们并不特别关注肿瘤大小，更关注是否扩散，有过治疗 10 厘米肿瘤的案例。

北京市治霾要有量化指标和时间表[*]

北京市治理雾霾一定要有像深圳一样的具体的量化指标。这个工作肯定会遇到很多困难甚至不同意见。回想当年首钢搬迁、关停北京市内 4 个燃煤电厂，无不是力排众议，下壮士断腕的决心。

沿着公路向深圳市最东头紧邻惠州市的坪山新区驶去，坪山区已经成为生产电动汽车的比亚迪公司的生产基地，这里的街道也叫比亚迪街。

一进入坪山区境内，首先看到的是道路两侧停满了清一色的崭新的电动巴士。开始我还为这一景象高兴，可是行驶一段后感到不对头了，停泊的电动巴士连绵不绝，占满了两条车道，再往公路两侧外望去，凡是能停车的空地都停满了清一色的电动巴士，好像整个城市都被这绿色电动巴士塞满了，动弹不得。我马上想到这是不是电动巴士滞销了，产出来没人要，抑或是订货单位没钱提货，造成严重积压。所以我见到比亚迪总裁王传福的第一句话就是："王总，是不是电动巴士积压卖不出去了？怎么会停了那么多车？"王传福笑答："这里停了 9000 辆电动巴士，都是为深圳公交生产的，你没看见车上已经喷上了线路的名称。深圳市共有 1.5 万辆公交车，计划两年全部更换为电动的，今年就换 9000 辆，减少城市尾气排放。这些车有不少是在

———————————

　　*　本文是张国宝发表在《中国经济周刊》2016 年第 50 期上的文章。

其他城市的生产厂生产的，都先运到这里来上牌照，所以这段时间都停满了。"

接着，他给我算了一笔账。他说，城市公交车和出租车只占汽车保有量的2%，但排放量要占30%，这不仅是因为巴士比私家车排量大，而且一辆巴士平均每天要行驶18小时，而私家车一天行驶通常在两个小时以内。一辆出租车一天要行驶400—500公里，而私家车通常一天行驶也就40公里左右。一辆公交车的排放量相当于30辆私家车，一辆出租车排放量相当10辆私家车。公交车和出租车主要在城市内跑，尾气集中排放在市中心，但充电问题比较好解决。还有，公交和出租、环卫等车辆市政府可以说了算，是最适合改为电动汽车的车辆种类。深圳市因此下决心在两年内优先将公交车改为电动，以减少尾气排放。

城市里的环卫、工程车主要在市内跑，也很适合改为电动汽车。王传福告诉我，抗战胜利70周年阅兵时，比亚迪生产的电动清扫洒水车早于阅兵式，一清早出动，一下子把长安街清扫干净了，北京市因此又订了一些比亚迪的环卫电动车。我听后很受启发。

燃油车改电动车，无疑将减少尾气排放，尽管这不是造成雾霾的全部，但却是实实在在的措施。同时从能源安全的角度看，我认为中国的能源安全最重要的是石油安全。现在我们石油的对外依存度已经达到60%，而且还在提高。石油产品近60%是用于交通工具，飞机、轮船及军用等领域，现在暂时还无法用其他能源来替代石油。有限的石油资源应优先保证这些用途。其他能源品种都不会是大问题，特别是近年来大规模的电力建设，我国已经彻底扭转了缺电的局面，并且有所富余。水电、核电、风电、太阳能发电还有很大空间，燃油改电动，电力供应不是问题。

中国像深圳这样规模的城市还有不少，我向北京市了解了一下，北京市有出租车 71000 辆，公交车 22000 辆，其中纯电动车 2568 辆。这个市场可不小。电动巴士、电动出租车、电动环卫工程车市场广阔，可以形成一个新的经济增长点。

王传福还告诉我，今年比亚迪生产电动汽车 11 万辆，而且电动巴士国际市场也很好，今年出口英国 1000 辆电动巴士，还向中国台湾地区销售了约 200 辆。明年要生产电动车 14 万辆，电动巴士 2 万辆。看来在电动巴士领域中国产品还处于领先地位，估计国际市场空间也很大。

回到正题，北京市治理雾霾一定要有像深圳一样的具体的量化指标。例如，什么时候能将燃油巴士、环卫车和出租车全部改为电动或新能源车？用两年或最多三年行不行？对其他治霾措施也要有可考核的时间表。例如，要用多久时间？将散煤治理到什么程度？全市用煤量什么时候降到什么水平？这个工作肯定会遇到很多困难甚至不同意见，所以要有硬措施，动真格才行，仅仅泛泛地定性议论不行。

回想当年首钢搬迁、关停北京市内 4 个燃煤电厂，无不是力排众议，下壮士断腕的决心。

助东北脱困要少挖苦多帮忙[*]

　　近些年东北三省的 GDP 增速在全国各省中垫底，引起了全国的关注。东北三省的干部群众当然更加焦虑。因为我曾经担任国务院振兴东北地区等老工业基地领导小组办公室主任，所以我对东北的经济状况也就更加关心和着急。

　　2003 年 10 月，国家出台了《中共中央国务院关于实施东北地区等老工业基地振兴战略的若干意见》。从统计数据看，2003 年至 2012 年是东北经济社会发展变化最大的时期，也是经济得到快速发展的时期。在这一段时期，东北地区经济总量在全国四大板块中的比重保持在一个重要位置，个别年份东北经济的增速曾一度位于四大板块之首。

　　东北经济下行拐点始于 2011 年，最为困难的是 2016 年，辽宁负增长，吉林、黑龙江两省增速分别居全国第 25 位和 29 位。所以外界出现了"东北经济断崖式"下滑的呼声，引起了各方的关注。

　　东北经济到底怎么了？人们很容易指出的原因是：改革不够深入；计划经济的影响较深；地方的观念，官本位意识较强；有了事不是去找市场，而是去找政府；凡事都需托人情；营商环境差；外向型经济不发达；投资不出山海关等。这些问题在某种程度上确实存在。

---

　　* 本文是 2017 年 9 月 4 日张国宝在 2017 东北科技金融与产业振兴高峰论坛上的演讲。

记得在国家实施振兴东北地区等老工业基地战略的初期，中组部和国务院振兴东北办联合在哈尔滨召开过一次厅局长以上干部会，宣讲振兴东北老工业基地战略。我在会上讲，振兴东北要学赵武灵王胡服骑射的故事，从移风易俗开始，能不能今天中午吃饭不要转桌子敬酒？结果中饭开始，大家都很不自在，一个女同志首先"打破僵局"，说我是女的可以例外，给张主任敬杯酒。结果一会儿会场大乱，又开始了转桌子敬酒，可见移风易俗之难。

外国人吃饭 AA 制，东北人吃饭抢着付钱，结果老板只好随便抓一个付钱，还是个没带钱的。东北人豪爽，讲义气，地大物博，不在意这仨瓜俩枣的。这点交朋友不错，但用在经商上就不够精明了。这样的例子很多，一时半会儿难以改变。以上这些问题都不同程度存在，需要通过进一步深化改革，转变思想观念。

不过，值得关注的是，这些问题在 2004 年至 2012 年也是存在的，为什么那时的经济增速会比现在高？就事论事讲，东北经济增速出现下滑，还是东北经济结构的新特点造成的。

由于历史形成的原因和自然禀赋，东北经济结构中，重化工业比重大。在第一轮振兴东北老工业基地的 8 年中，国内外经济大环境正逢中国经济高速增长，能源原材料价格上涨，装备需求量大，这对以重化工业为主的东北经济结构是利好。

例如第一重机厂那段时间，钢铁设备、核电设备订单充裕，如鱼得水。大庆油田也是一样，那时国际原油价格每桶一百多美元，大庆日子好过，对黑龙江税收贡献也大。东北的钢铁厂、煤矿也是同理。

但是当中国经济发展进入新常态，经济增速下滑，从过去的9%—10%下降到6%—7%，东北的重化工业受到的影响首当其冲，而经济结构的转换又非一朝一夕之功。

加上煤炭价格下跌得厉害，电力市场疲软，在黑龙江经济中举足轻重的能源板块高速下滑，即便其他产业的产值增加了 2000 多亿元，也就刚刚能弥补能源下滑的部分，经济增速当然就没有了。

农业对黑龙江经济也举足轻重。水稻产量 520 亿斤，对全国粮食安全贡献巨大，但是如果水稻价格一斤差一元钱，影响就是 520 亿元。

还有受日本福岛核事故的影响，核电发展明显减速，承担核电设备制造的一重、哈电，原来是优势，现在成了受影响最大的企业之一了。

还有 2010 年从保护东北黑土地生态环境出发，我们作出了大小兴安岭停止砍伐、经济转型的决定，"木头财政"没了，靠吃政府财政转移支付。仅伊春一市，财政收入降到 14 亿元，而财政支出要 127 亿元。对全国、对东北、对黑龙江全局，长远看，战略上是好事，但对于经济增速肯定是个负面数据。

这些因素的叠加会对黑龙江经济增速产生重大影响。别的地方影响有没有？也有，但对黑龙江经济结构而言，影响更大。伊春的经济转型，大庆的经济转型，黑龙江乃至东北的经济转型，要给东北、给黑龙江时间，多帮助他们转型。只说些批评的话、丧气讽刺的话甚至是风凉话，只会导致自丧志气，也不完全符合实际。我历来不主张以 GDP 增速排座次、论英雄。

但是这样我们就能说东北经济对中国经济发展没有贡献了吗？显然不能。

中国国土辽阔，各地区经济结构、经济基础、自然禀赋不同，如果都以 GDP 增速排座次，互相攀比，主体功能区的思路就难以贯彻。以对外开放程度而言，广东毗邻港澳，上海面向太平洋，连接长江经济带，东北毗邻朝鲜，但东北的对外开放就一定要和东南沿海相比吗？我看没有可比性。东北更多承担着保卫国家安全的责任。

所以，对东北 GDP 增速下滑，也要做主客观的实事求是分析，不要丧失信心。我看黑龙江对国家的贡献其实很大，一、二、三产业结构也有比其他省市优越的地方。

例如黑龙江第一产业占比高达 17.5%，是我国最重要的农产品生产大省之一。但农产品价格不高，你说这是好事还是坏事？我路过富锦市参观了一个现代农业全产业链公司，公司仓储了 422 万吨粮食，主要是大米、玉米，号称可供全国 13 亿多人口吃 10 天。像这样的粮食公司黑龙江还有七八个，这就是对国家粮食安全的贡献。

黑龙江也好，东北也好，过去也不是没有轻纺、家电工业。例如哈尔滨亚麻厂是苏联援建的 156 项工程之一，海伦糖厂是中国最大的甜菜糖厂，佳木斯造纸厂是亚洲最大的造纸厂……但现在都垮了，为什么？营口在改革开放之初领风气之先，当时友谊牌洗衣机是第一大品牌，还有沈努西冰箱，现在与南方的家电相比，早已不可同日而语了。为什么？是东北这块土地不适合轻纺、家电工业发展吗？产业的兴衰、发展是靠企业家精神，靠市场氛围，靠自然禀赋来选择的，平心而论，这方面东北和南方比的确有差距。

东北的粮食加工产业也值得我们反省。台湾的一个旺旺食品，一点点粮食膨化后能卖那么多钱，可见我们脑筋动得还不够；东北有那么多葵花籽，可是却鲜有瓜子的品牌，连傻子瓜子都不是东北的；在吉林，我们曾经扶持过皓月牛肉、大成玉米深加工，但普遍经营得不好。

所以东北不是没有轻纺工业，是如何让轻纺工业能在东北黑土地上成长。我们要营造好的营商环境，否则都是空谈。我的确看到有外资、港资来东北办粮食深加工企业，结果的确有流着泪走的。这就值得我们深思了。

东北也有许多高科技的优势产业，起步时全国领先，但总做不强，做不大。例如沈阳的新松机器人，许多年前就是依托中科院应用数学研究所发展起来的，在全国绝对领先，但这么多年了，发展总有些不如人意。

金融业的问题也不小。在第一轮振兴东北老工业基地时，东北金融是失血型的。因为银行是嫌贫爱富的，东北的坏账多，信用不好，所以银行存款在东北是净流出的。越需要钱的地方越没钱，导致越富的越容易搞到钱，穷的越来越没钱。

有数据显示，黑龙江省贷款余额是 1.9 万亿元，40% 多是涉农贷款，说明黑龙江省是农业大省。但对比贷款利率呢？黑龙江贷款平均利率是 6.2%，比全国的平均利率高 0.49 个百分点，涉农贷款利率 7.36%，比全国涉农贷款平均利率 2.75% 高出很多。这让我大吃一惊。我们的金融如何来降低融资成本，帮黑龙江，帮东北来降低经营成本。东北经济有问题，金融业也有很大责任。

此外，在东北经济的改革中，央企应承担重要责任。东北经济振兴更要期待央企深化改革，而不只是组织上的分分合合，人员上的调来调去。

岁月留痕[*]

　　前几天，赵东宛老部长特意让秘书给我送来了《文稿汇编》书稿清样。文稿时间跨度从 1951 年到 2016 年，而所叙内容则从 12 岁参加抗日剧团，延安岁月，东北民主联军，留学苏联，担任第一重型机械厂厂长兼总工程师设计 1.25 万吨水压机，任中央财经领导小组副秘书长，人事部部长，荣获抗战胜利 70 周年纪念章等差不多 80 年的历史。其实，这还只是他工作生涯的一部分，例如他 20 世纪 80 年代初曾任国家科委副主任兼国家计委副主任、国务院振兴电子领导小组副组长（组长是李鹏同志），文稿中却没有提及，可能是那个时期没有留下文稿，实为遗憾。

　　赵东宛部长是我尊敬的老领导，他在 80 年代初曾任国家科委副主任兼国家计委副主任，这种兼职，据我所知只有赵部长和张寿（由上海交通大学副校长调任国家计委副主任兼科委副主任），都是在全国科技大会之后，也体现了当时对科技工作的重视。他在国家计委分管两个司局，就是我所在的机电局和科技司。

　　那个时候改革开放不久，有大学学历的人 90% 外语学的都是俄语，能做英语、日语翻译的是稀缺人才。而我在进入国家计委前曾经在国务院外国专家局工作，和外国专家直接对话，练会了口语，所

---

* 本文是 2018 年 8 月 17 日张国宝发表在经济网上的文章。

以当时赵东宛部长接见外宾和出访都让我做翻译。同时他那时还是中央财经领导小组副秘书长，秘书长是张劲夫，那时中日友协会会长是王震副主席，有时赵部长还让我去为他们担任翻译。

这段经历让我接触到了当时的一些重大对外经济合作项目。例如，宝钢项目因国内经济调整停建，日本方面要求索赔，后来宝钢恢复建设时中方把 2050 轧机给了德国，日本经团联派团到北京斡旋，赵东宛以计委副主任身份在木樨地的国家信息中心会见日本代表团，会见后由我整理会见记录上报中央决策。我陪同赵东宛率电子振兴领导小组组织的代表团访日，成员中有武汉邮电科学研究院副院长赵梓森院士等当时中国顶级的光纤通信专家，接触到光纤通信、程控交换机、集成电路、太阳能电池等产业。这些经历都让我受益匪浅。

后来赵东宛调任劳动人事部部长，他要我跟他一起去人事部，我说我是一个技术干部，从未搞过人事。他说劳动人事部还有劳动保护这一块任务，例如压力容器检测，我可以去做这些工作。但是我还是觉得留在计委能更好发挥我的专长，所以没有和赵部长一起去人事部。

他的家住南沙沟，就在国家计委对面，所以我抽空就会去看他，聊聊天。他文稿中的一些事我也听他讲过。

他在 12 岁就参加了抗日救亡运动，15 岁在延安就入了党。抗战末期，他被派往东北，任东北民主联军野战医院政委，驻通化。当时在通化有很多日本侨民和日本关东军的散兵游勇携有武器，等待遣返，在国民党特务的策动下发动暴乱，其中的细节书稿中没写，但赵部长曾和我讲过。后来他转到地方工作，任安东省机关党委书记，属陈云、肖劲光领导的南满军区，经历了东北解放战争。解放后被派往苏联学习机械制造，回国后正值"一五"计划建设高潮，他被任命为第一重型机械厂厂长兼总工程师。他在一重工作了 14 年，1971

年才调离一重，其间他主持设计了当时国内最大的 1.25 万吨水压机，为包钢生产 1150 轧钢机，还承担了九大设备的 3 万吨模锻压力机和 2800 铝板冷轧机。

他在书稿中写道，从全国各地选调的工程技术人员来到这冰天雪地荒无人烟的富拉尔基，其中他的副总工程师李宜璋是留美的，原在上海工作，也调到了北国的富拉尔基。如果不是赵部长的书稿记载下来，恐怕很少会有人知道李宜璋其人了。就像陈锦华老主任在《国事忆述》一书中讲到宝钢的第一任领导是冶金部叶志强副部长，建设副指挥是工程兵的方如玉。如果不是陈锦华老主任书的记载，这一历史并不久远的人物也不会有多少人知晓了。正像赵东宛部长序稿中所述："编印文稿汇编的目的，就是为了把这些历史资料集中起来，便于妥善保管。"所以，从这个意义讲，我们希望老同志把这些历史史实记载下来。

赵东宛部长还曾对我讲过，当"文革"风暴就要来临时，他预感到一场暴风雨就要来了。为了不使自己的子女看到父辈被批斗的场景，在"文革"开始前，他把所有的子女都送到了亲戚家，使他们免受了心灵的伤害。当然，这一段他并没有在书稿中写到，也可见赵东宛部长是一位有着丰富政治斗争经验的老干部。

中国人凭什么吃上世界美食 [*]

今天看到《中国经济周刊》专访上海水产集团有限公司董事长濮韶华的一篇文章《从出口创汇到让国人吃上更多"外国鱼"》。文章最后写道："统计数据显示，上海水产集团各种优质自捕海产品回国数量已由 2011 年的 1.5 万吨，提升到 2017 年的 7.03 万吨，占当年捕捞总量的 54.92%，品种有增加、品质有提升。目前已开发形成了中西太平洋深冷金枪鱼系列产品，西非章鱼、墨鱼等软体鱼系列产品，北太平洋牡丹虾、鳕鱼系列产品，大西洋红虾、鱿鱼系列产品，进口三文鱼、银鳕鱼、野生蓝鳍等特种水产系列产品近百种，通过上海水产集团所属的'龙门''水锦洋'品牌的直营店、'良友''爱森'便利店，以及电子商务平台和直供宾馆、连锁餐饮等渠道的线上线下互动，不断增加优质海产对国内市场的有效供给，让市场和消费者越来越多地享受到国家扶持远洋渔业的政策红利，造福百姓，回馈社会。"

这使我想起来我过去写的一篇文章，再拿出来"秀"一下。

每当我去超市的时候，看到琳琅满目的商品心里总有一种感动、一种感慨，这种感受可能中年以下的人不会有。我很爱吃花生米，在我的记忆中改革开放前我最后一次吃到花生米是在 20 世纪 50 年代末。那时候每逢国庆都要举行庆祝游行，我在南京新街口 5 分钱买了一包

---

[*] 本文是 2018 年 8 月 23 日张国宝发表在经济网上的文章。

红皮花生，边吃边看游行，那时的心情至今记忆犹新。可是从那以后，我在市面上再也没有看到卖花生的了，直到改革开放以后，市面上花生越来越多，现在已经是最普通的商品了。那么，那段时间花生米哪里去了？是没有生产了吗？我后来在宏观经济部门工作，对经济方面的事儿知道得多了，才明白那段时间花生米都拿去出口创汇，用于购买国家急需的产品和还债。那时候我们能够出口的产品就是像花生米、苹果（还得是个头匀称的）这样一些从中国人口里省下来，稍微好一点能卖到国际市场上的东西，甚至猪肉、猪鬃也是重要的出口商品。那个时候虽然我们自己粮食也不够，但是1950年至1960年，每年还净出口粮食230万吨左右。那是没有办法，我们要进口钢材、机械设备，包括飞机、轮船、火车、发电设备、化纤设备、石油等等工业产品都需要进口，只能从嘴里省下来出口换汇，才能有钱从国际市场买我们急需要的东西。

改革开放初期，百废待兴，需要引进先进的技术，外汇十分宝贵，1980年我国的外汇储备是负12.9亿美元，那时为了获得每一美元的外汇可以说是想尽办法。我们开设了外汇商店，用外汇券可以买到市面上买不到的好东西。鼓励侨汇，如果有海外关系，从国外汇来外币那是很吃香的，这样的家庭可以凭侨汇券在外汇商店买到普通人买不到的东西。那时候出国，为了不让肥水流外人田，规定乘飞机只能坐中国民航等等，这些措施是80后的人没有经历过的。如果不是听说，他们也很难想象。现在国庆长假就有600万人次出国旅游，在国外消费。

那时候中国能够用于出口的产品中农副产品占了大头，中国人当然只能从自己嘴里省出来。那时候统计报表上所谓的出口机电产品是铁钉、铸铁件、家庭维修用小车床这些低端货。1985年由这样一些"机电产品"构成的出口额为16.8亿美元，仅占全世界机电产品出口额的2‰，排名世界28位，占全国外贸出口总额的27.9%。国家下决心要改变外贸结构，提高机电产品的出口比重，成立了机电产品出口办公室。一批有国际竞争力的机电产品逐渐成长起来。最初是一些家电产品，逐渐发展到工程机械、大型发电成套设备等。从 1995 年起，机电产品连续成为我国最大宗的出口产品，到了 2000 年机电产品已经占到全国外贸进出口的 43.9%，到了 2015 年机电产品出口已经占到外贸出口的六成，机电产品出口额达到 13107.15 亿美元，全国外贸顺差的 85% 是由机电产品创造的。中国的机电产品已经占到全球机电产品出口的 17%。出口的机电产品技术含量也逐年提高，程控交换机、移动通信设备、船舶、发电设备、太阳能电池、特高压输电设备等在国际市场上已经具备竞争力。仅发电设备年最高出口达到 3400 万千瓦。中国成为世界上第一造船大国，2017 年 1 至 10 月中国就出口船舶 6475 艘，以及制造难度极大的海上钻井平台和 LNG 运输船。新能源汽车、高铁、核电设备也开始走向国际市场。以从嘴里抠出来的农副土特产品为主的出口产品结构转变为以高端机电产品为主的出口产品结构。钢铁等原来的进口品现在成了重要的出口物资，仅伴随机电产品和工程承包的钢铁一年的出口量就接近 1 亿吨。中国的外汇储备从 1980 年的负 12.9 亿美元增长到超过 3 万亿美元，我们已经有钱购买世界各地的食品供国人享用。不仅粮票、各种副食券早已经取消，走进超市发现，不仅美国的车厘子，澳大利亚、新西兰的牛肉，阿拉斯加的龙虾，俄罗斯的大马哈鱼子、北极虾，挪威的银鳕鱼，西班牙的火腿，泰国的榴莲，等等，连厄瓜多尔的虾都上了中国的餐桌。进口的粮食、大豆改善了中国的营养结构。

从自己嘴里抠出来到能够享用世界各地的食物，靠的是中国改革开放的政策，靠的是全国人民的艰苦奋斗，不断提高我国的产业结构，产品的技术档次。看到这样的变化，心中怎么可能没有感慨和感动！

不知该笑还是哭

老天爷还是讲政治的。在经历了几天的重雾霾天气后，2019年3月5日全国人民代表大会开幕，天气骤然放晴，云开雾散，终于迎来了初春的艳阳天。

也就是这几天，网上出现了一篇"重磅"文章：《中国专家组已基本弄清京津冀区域大气重污染成因》，赶紧打开看，内容说，从2017年4月起集中了2000多名专家，历时两年进行研究，终于搞清了京津冀及周边地区大气重污染的成因，结论是："远超环境承载力的污染排放强度，是京津冀及周边地区大气重污染形成的主因。"

看了这个结论，我真不知道是该笑还是哭。要说笑是因为，这个"权威"结论终于排除了各种利益集团对雾霾成因七说八不一的云山雾罩的解释。要说哭，结论原来是如此简单，恐怕不太傻的人都能想到。

我国的雾霾肆虐已经不仅是京津冀地区，如果你乘京沪高铁，沿线雾霾天气已经是常事。今年春节我在深圳，也是有很深的感受。大湾区原来一直是天气清澄，没有人谈论什么雾霾。现在春节期间深圳也有好几天是雾霾天气，只是程度不如京津冀地区厉害。有一次我从广州坐汽车到深圳，沿途看到燃煤火力发电厂的烟囱一个接着一个，一眼望去看不到烟囱的地方几乎没有了。我都没有想到，就这么一段短距离，火电厂竟有这么多！

所以我在想，现在搞大湾区规划是不是也应该把治理雾霾、改善能源结构考虑进去。再想到我在任时曾经和香港特别行政区政府签订了一个协议。在香港这么一个弹丸之地居然还有240万千瓦燃煤火电厂，主要是青山火力发电厂，光煤场就要占很大的面积。对寸土寸金的香港来说真是十分可惜。当时香港特别行政区政府是想从内地买核电来淘汰青山火电厂的。当时特首亲口对我讲，他们也不想搞LNG接收站用燃气发电。因为搞LNG接收站也要占很大一块面积，还不如从大陆购电来得经济，也有利于环保。后来由于发生了日本福岛事件，这件事就撂下了。现在是不是应该重新考虑一下包括香港在内的大湾区的能源结构问题了，青山燃煤火电厂是不是应该关掉？

煤炭协会有一个统计数据，2018年有21亿吨煤用于发电，占全国煤炭消费的一半以上。可是一谈去煤化，各种利益集团的意见就出现了分歧。即便中国煤炭资源丰富，也没有必要把开采强度搞得这么大，多留点给子孙后代细水长流不是也很好吗？

专家要多一点愚公精神

2019 年 3 月 1 日晚上，正在东京参加第 8 届世界智慧能源周和亚洲开发银行会议的北京国际能源专家俱乐部总裁陈新华发来一组日本加氢站的照片和一篇短消息如下：

清洁汽车的未来已来：东京街头位于东京塔附近的加氢站，光是 Iwatani 这个牌子，就在东京有 30 座加氢站。今晚参观时，正好有两辆车过来加氢，因此观摩了整个不到 5 分钟的过程。氢的价格是每公斤 1100 日元（约 65 元人民币），一公斤氢气可以跑 100 公里。一辆丰田燃料电池新车加满后可以跑 650 公里。据这个加氢站的服务员小哥介绍，每天有 30 辆车来加，加气量在 100 公斤左右。

氢气来源丰富，可以从化石能源提取，也可以从生物质里产生，更可以利用可再生电力对水进行分解获得。以氢为原料的燃料电池汽车不排放任何污染物，因为产生的是水。氢气非常安全，这个加氢站的安全设施还不如加油站的严格。

日本把氢能提高到国家战略的高度，并已经建成了整个价值链。日本这个能源非常短缺的国家，能否通过氢能引领世界的能源转型？如果前几天的会议我们听到的是政府的决心，今晚我们看到了它的成果。

无独有偶，韩国总统文在寅也在最近宣布，要把氢能源作为国家战略。他表示："韩国企业应一起努力，共同抢占氢能燃料电池汽车市场，该行业仍处于起步阶段，韩国政府致力于把氢能燃料电池行业变成下一个经济增长引擎。""韩国政府会意志坚定地支持氢能燃料电池汽车行业的发展，并且确定它是韩国下一代经济增长引擎。"

李克强总理在去年访问日本时，参观了日本丰田的氢燃料电池汽车，在国内引起了不小的关注。日本丰田已经把氢燃料电池汽车变成了实用商品，最近又推出第二代氢燃料电池概念车。我国目前仍以三元锂电池为动力的电动汽车为主流。

清华大学两名电动汽车"权威"教授发表了一些关于氢燃料电池汽车的言论，大意是列举了氢燃料电池的不足和难点。有一位教授说，氢燃料电池应该回到实验室去。他们主张应以三元锂电池为主流，认为搞氢燃料电池困难很大。这些言论引起了业内不同的反应。有的甚至说，如果还能称你们是汽车专家的话，但你们不是电池专家。

这使我想起了LNG（液化天然气）的例子。通过多级闪蒸，把天然气冷却到摄氏零下162度以下变成液体，最初是由美国人提出来的，但是把它变成工业化生产则是日本人完成的。

因为液化天然气需要储存，要有能耐低温的钢材，运输LNG需要制造非常复杂的专用的LNG运输船，运输到目的地以后还要再储存气化。这一系列难点需要一个个科研攻关解决问题。这是一条复杂的产业链，成本会有多高？怎么能和气体的天然气竞争？可以想象这样的问题如果摆在一些中国专家面前，大概率是要被否定的，甚至会被讽刺为异想天开。

但是日本人却很执着，没有知难而退，而是一个一个难题地去攻关解决，最后竟然把它变成了一个产业。这可能就是日本人性格和中国人的不同。同样的问题又发生在氢燃料电池上。和 LNG 一样，燃料电池也会碰到一个一个的难题。但是日本人没有放弃，而是一个一个难题地去解决，终于把它变成了工业化的商品。

由此想到我们的一些专家们，遇到这些问题的时候，应该多一些日本专家的愚公精神，少一些智叟的知难而退。其实，不仅是 LNG 和氢燃料电池，在许多产业上也都是如此。现在广泛谈论的芯片其实我们的起步并不算太晚，至少是比韩国和中国台湾地区要早，但是我们现在却落在了后面，原因固然是多种多样的，但是遇到困难缺乏愚公移山的攻关精神，也是其中之一。

好在现在中国已经有很多有识的企业没有听这些"智叟"的劝告，而是行动起来成立了产业联盟，从氢能源的基础设施到燃料电池的制造都已经在铺开。

我现在才更深刻地认识到，为什么要把《愚公移山》作为毛主席著作的"老三篇"来学习。

被中兴事件逼出来的两项成果 [*]

美国制裁中兴公司给全民上了一堂芯片重要性的科普教育课。各行各业都在思考如何避免中兴事件对本企业的影响？最近出了两项成果。

第一个成果是北斗卫星导航定位系统的芯片，过去是从美国进口的，这次已经全部换为中国自己的芯片。有文章说，这将影响3万亿元，我估计这个数字可能是拍脑袋，也许过大了。但把美国的芯片换成了中国的芯片，这是事实。

第二个成果是作为工作母机的数控机床中的数控系统。数控系统中的关键和电脑一样是CPU。CPU采用的芯片过去也是美国的。现在国产五轴数控机床用的CPU已经换成了中国自己的产品，采用中国自己设计的芯片。五轴数控机床在国防军工产品中有大量的应用。估计这样的成果在其他的行业还会出现。

美国生产芯片估计有40%是出口到中国市场。美国对中兴的制裁使得中国许多行业开始用中国自己设计和制造的芯片来替代过去从美国进口的芯片。这将使美国芯片在中国市场受到很大的影响。

就像苹果手机在大中华区的销售下降一样。中兴事件出来后我就说过，美国对中国中兴的制裁，实际上是麻秆打狼——两头怕：对于

中兴当然怕失去了芯片供应，但是对于美国芯片制造商来讲，如果真制裁下去，他们将失去 40% 的市场，这个行业就要萎缩。

这又应了中国古代哲学："塞翁失马，焉知非福。"美国人是听不懂的。

短新闻意义大

据 2019 年 2 月 22 日《日本经济新闻》报道，尼泊尔针对主要铁路线路的建设计划，包括从中尼边境到加德满都的铁路，决定采用与中国轨距相同的标准轨。

世界上铁路的轨距大体分为宽轨、标准轨和窄轨。原苏联各加盟共和国，包括现在的中亚五国以及蒙古国都是采用苏联的宽轨。因此，中国的列车到了满洲里口岸、绥芬河口岸、新疆的霍尔果斯口岸后都要经过换装才能运行。法国统治印度支那三国时，在越南修建的铁路采用的是窄轨，同样到了中越边境也要经过换装才能继续运行。

关于窄轨铁路讲个趣闻。法国人占领印度支那地区时不仅在越南修了窄轨铁路，还在云南修了一段窄轨铁路。那时候云南开矿，例如个旧锡矿，有了一批靠矿发财的土豪，比我们今天的煤老板还富。借着天高皇帝远，朝廷很难管得到他们，他们建了很多豪华的花园，规模不亚于苏州园林，只是知道的人少罢了。但是由于去的人少，所以保存很完好。现在到这里来游玩的都是当年法国铁路人的后代。他们来了后就换上清朝的衣服，住在花园里。据说在花园整修好之后，一个地方官员在那里住了一个晚上。半夜里突然听到床边上有个清朝的丫环对他说："你怎么睡到我床上来了？"吓坏了这个官员。从此没有中国人在这个花园里住，都是来自法国的这些游客在里面住。

中国、美国、日本、德国和法国本土等大多数国家采用的是标准轨。中国、朝鲜、韩国也都采用标准轨。标准轨距 1435mm。中国现在有 21 条和周边国家的铁路需要换装,增加了中欧专列的运行时间。但是由于轨距问题各个国家都非常敏感,所以很难统一。例如,如果蒙古采用中国的标准轨,俄罗斯就会很在意。

尼泊尔境内的铁路是英国统治尼泊尔时修建的,采用的是窄轨,而相邻的印度采用的是宽轨。印度周边的巴基斯坦、孟加拉国也是采用宽轨。所以对尼泊尔采用何种轨距,印度是很关注的。

我的《筚路蓝缕:世纪工程决策建设记述》一书中有一篇文章——《拉日铁路决策往事》。文章中介绍了青藏铁路的第二次上马和毛主席接见尼泊尔比兰德拉国王夫妇时的讲话"我们要把铁路修到尼泊尔去"有关。我看过这个录像。所以青藏铁路修到拉萨后我极力主张立即建设从拉萨到日喀则的铁路,这样到中尼边境的距离就很短了。到尼泊尔首都加德满都大约只有 540 公里,而且海拔较低,中尼边境海拔只有 1000 多米,亚热带气候,地势较平坦。这次尼泊尔政府表态,要采用中国的标准轨建设尼泊尔铁路,将推进中尼铁路的建设。

所以,短新闻背后的意义大。

我认识的包信和与煤化工 [*]

　　近日看到《中国能源报》3月25日刊发的采访中国科技大学校长包信和的文章——《煤化工是未来煤炭利用的主要途径》，让我想起了10多年前的一件往事。大约是2005年3月份全国人民代表大会会期间，辽宁省代表团安排了5个发言，分别代表工、农、商、社区基层干部和知识分子。知识分子代表是时任中科院大连化物所所长包信和，安排在最后一个发言。包信和所长的发言主要介绍了大连化物所开发的煤制烯烃技术。因为代表来自于各个领域，估计很多人不知道烯烃，所以他发言并未收获什么回应。但是因为我分管这方面的工作，所以对他的发言很感兴趣。

　　通常作为化工基础原料的烯烃是由石油化工生产的，我国煤多油少，如果这项技术是成熟的，可以用煤代替石油生产烯烃，意义很大。所以会后我约包信和所长到我的办公室再给我详细介绍一下煤制烯烃。我向他请教了许多我不懂的技术问题。听后我觉得这项技术属于我国自主创新，在我国有很好的应用前景。我对包所长说，要把科研成果变成工业化生产才更有意义，也才能使科研人员更有成就感。但是过去我们把科研成果变成工业化大生产做得很不够，科研院所、大学关心的是拿出研究论文，科研机构和企业是"两张皮"，缺乏把

---

* 这是2019年4月1日张国宝发表在《中国能源报》上的文章。

科研成果转化为工业生产的好机制。

另外，把科研成果转化为工业化生产，一定要发挥企业的作用，要选择好有技术和经济实力、有执行力的企业，来转化这些科研成果。包信和所长完全同意我的看法。

把大连化物所煤制烯烃技术转化为大工业生产，我想到了神华。因为神华有资金实力，有人才。时任神华副总经理张玉卓原来是在煤炭部的煤科院工作，后来是神华叶青董事长把他调到神华，重点抓煤化工，当时他正在抓从美国 UOP 公司引进 MTO（煤制烯烃）。张玉卓有坚实的科技能力，有合作精神，有创新煤化工技术的激情。我找到了张玉卓，把大连化物所开发煤制烯烃的技术向他作了介绍，并告诉他国内这项技术已经成熟了，而美国 UOP 尚在小规模实验室阶段。他听后非常感兴趣，非常支持国内自主研发技术产业化。我把神华愿意合作的这个信息转告给大连化物所。大连化物所具体从事这项科研技术的是刘中民研究员，以后具体事务我主要是找刘中民联系。这时候包信和不当所长了，由张涛接任他任所长，包信和专心致力于科研工作。

后来在神华和大连化物所的具体商谈中，双方都有合作的愿望，都很大气，形成了合力。神华支付给大连化物所 1 亿元技术转让费。后来中科院说，这是中科院成立以来所得到的最大一笔技术转让费。

神华的团队很专业，又讲科学。在陕西省的支持下，陕煤公司、大连化物所和神华在陕西华县先搞了 50 吨／日的工业化试验，成功后下决心采用大连化物所的技术，放大在包头建设年产 60 万吨烯烃的煤制烯烃工厂。由于神华有很强的执行力，有建设工厂的经验和人力。在中石化洛阳院等院所的通力合作下，顺利地建成了包头年产 60 万吨煤制烯烃项目。这在中国和世界上都是第一个真正大规模工业化生产的煤制烯烃项目。建成后在国内外引起很大的反响。盛华仁同志原来是中石化的董事长，后来任国家经贸委主任。我陪同他参观了包头的煤制烯烃项目，他给予了很高的评价，并要求中石化有关企业也开展煤制烯烃的工作。现在中石化也有了自己的煤制烯烃技术。

我还陪同哈萨克斯坦代表团参观了包头煤制烯烃工厂，哈萨克斯坦代表团一行都很震惊。

现在用大连化物所的技术已经在全国建成了 13 套煤制烯烃项目，总生产能力达到 716 万吨，加上中石化搞的，全国煤制烯烃生产能力已达 1300 万吨，节省了我国资源不足的石油，也为煤炭的转化找到了一条出路。业内人士评价，在国际油价上涨时，由于我国有了煤制烯烃，一定程度上平抑了烯烃的价格。去年神华的煤制油煤化工板块利润达到 60 亿元。

现在包信和已经是中国科学院院士，张玉卓、刘中民都成了中国工程院院士，包信和调任中国科技大学任校长。

但并不是所有的科研项目转化为工业生产都那么顺利。在这个项目成功之后不久，中科院福建物构所搞出了煤制乙二醇。乙二醇是生产化纤的重要原料，我国还大量进口，我也想如法炮制，把福建物构所煤制乙二醇技术迅速转化为工业化生产。我也把福建物构所的技术介绍给了神华。

但是福建物构所和神华的商谈就不那么顺利了。福建物构所总想主导这项技术的工业化生产，商谈中提出要由他们来派厂长等等双方无法谈成的条件，又想转让给给出条件更好的民营企业，但是忽略了企业的工业化生产能力。所以没有神华把大连化物所的煤制烯烃技术转化为工业化生产那么成功。同样大连化物所开发的其他一些技术，在转化为工业化生产中也没有能像神华转化煤制烯烃技术那么成功。

所以要把科研技术转化为工业化生产必须科研机构和企业紧密合作，有很强的执行力才行，对技术转让费的期望也应该实事求是。

回顾这件事也是对科研成果转化为工业化生产的一个感悟。希望今后有更多的科研成果像煤制烯烃那样转化为工业化生产。

这个老太太"帮倒忙了"

随着新疆经济的发展，与周边经贸合作关系不断扩大。作为欧亚大陆桥的必经之地，也就是现在所说的"一带一路"的重要通道，以互联互通为代表的基础设施建设需要进一步完善。过去经新疆通往欧洲的铁路只有一条——兰新铁路西段延长，经阿拉山口进入哈萨克斯坦。王乐泉同志任新疆维吾尔自治区党委书记时，建设精伊铁路提上了日程。

精伊铁路是从兰新铁路西段的精河车站引出，穿越北天山山脉后，进入伊犁河谷，到伊犁地区首府伊宁，它再向西北方向延伸就可以到中国与哈萨克斯坦接壤的霍尔果斯口岸。从霍尔果斯口岸出国到哈萨克斯坦，可以开辟从新疆到欧洲的第二条通道。

王乐泉同志非常熟悉国务院审批项目的程序，所以他事先向能够参加国务院会议有发言权的领导都单独作了汇报，特别是向当时分管外经贸工作的吴仪副总理作了汇报。一来吴仪副总理分管外经贸工作，二来人又心直口快，乐于帮忙。

朱镕基总理主持国务院会议审议精伊铁路时，我代表国家发展计划委员会作了汇报。由于精伊铁路的必要性和重要性不言而喻，另外王乐泉同志事先也向各有关部门和领导作了汇报，所以会上并没有什么不同意见。这时吴仪副总理发言了，她问我：你们为什么不把这条铁路建到霍尔果斯口岸呢？为什么只建到伊宁呢？如果建到霍尔果斯口岸，这条铁路才更有价值，可以成为第二条欧亚大通道。

吴仪副总理的意见无疑是对的。之所以新疆只报了精伊铁路而没有报精伊霍铁路,是因为当时建铁路铁道部要求地方必须有一定量的配套资金。如果一次性建到霍尔果斯,新疆拿不出这么多配套资金来,所以只好采取分段建设的办法,等建好了精伊铁路后,今后有机会再建设从伊宁到霍尔果斯口岸的延长线。吴仪副总理发这个言,其实是想帮新疆的忙。

吴仪副总理发言后,朱镕基总理问我:"吴仪副总理的意见你们是怎么考虑的?"我只好实话实说:吴仪副总理的意见是对的,但是新疆一下子拿不出这么多钱来。最后,朱镕基总理说:"那这个问题你们拿回去再研究吧。"当时国务院会议就没有通过这个项目。

国务院在审议这个项目时新疆非常关注,他们了解了国务院会议上的情况后只知道项目没有能够通过,所以非常沮丧。我刚回到办公室,王乐泉书记就把电话打过来了。他说:"这个老太太本来我是想让她帮忙的,结果帮倒忙了。"我安慰了王乐泉书记几句,并保证国家会认真来研究这件事。

后来我们又经过了几个月的研究,因为吴仪副总理的意见非常正确,国家计委应该支持新疆一次性建设精伊霍铁路,直接把铁路建到霍尔果斯口岸。为此,国家计委领导决定,又从中央财政预算内基建资金中追加 20 亿元给精伊霍铁路这个项目。同时经贸部和国家计委也规划了霍尔果斯口岸的建设,成为了跨境自由贸易区。精伊霍铁路于 2004 年正式开工。

现在霍尔果斯口岸成了中国通向欧洲的重要通道,中哈原油管道和中亚天然气管道也都是经霍尔果斯口岸进入中国新疆,发挥了重要的作用,也为今天实施"一带一路"倡议发挥重要作用。所以,吴仪副总理真的是帮了忙,而不是帮倒忙。虽然项目推后了几个月,但是多拿到了中央支持的 20 亿元资金。

游园警示

　　北京刮风了，天气晴好，有了初春的气息，到已经很久没有去的颐和园走走。虽然不是周末，仍然游人如织，但多是打着三角旗的各地来的旅行团。导游介绍的歪批历史，游客们听得认真。仔细看看，游客多是 50 岁以上的来自于基层的普通百姓，穿着很土，行为拘谨，虽是游玩，脸上也基本上没有笑容，显得有些木讷，布满了岁月的沧桑。不少人脸庞黝黑，花白头发蓬乱而无光泽，一看就知是辛劳了一生的一代人。和偶尔从身旁走过的外国游客相比，从形象到穿着，到气质，那差距不是一般的大。如果不是因为改革开放，生活有了改善，他们可能一辈子也不会到北京来游玩颐和园。这是饱经了岁月风霜的一代人。所幸的是，改革开放让他们进入到了最基本的小康生活，有了出外旅游的可能。和他们相比，中国还有相当一部分人没有他们幸运，正在努力脱贫之中。

　　我无心去看周边的风景，而是端详着一个个从面前走过的打着各色三角旗的旅游团，思绪脱缰而飞。中国人贫困，被人欺负，被人看不起，被人奴役了上百年，靠的是这样一代勤奋、辛劳付出的中国人，才使一部分人有了这种最起码的小康生活。可是已经过惯了好日子的世界上的另一批人心里已经开始不舒服了，千方百计要挤压中国的发展空间，打压中国。他们忘了屠杀了几乎所有的印第安人获得了土地，靠贩卖黑奴用血汗积累起了财富，靠贩卖毒品鸦片毒害他国人民的身体健康攫取外汇白银，他们忘了 200 年间多数年份曾经拥有世界上最多的外贸盈余。今天他们道貌岸然地指责别人没有人权，高唱自由平等，指责别人外贸顺差。更可笑的是，一些人也跟着摇旗呐喊，指责自己的祖国和同胞，拾洋人的牙慧，把鸦片战争说成是中国没有契约精神造成的。难道中国必须买鸦片才是自由贸易吗？美国今天退出多个国际条约有什么契约精神？说退就退。顺便说一句，契约精神这个词儿，绝对不是懂中国话的假洋鬼子们发明的，而是洋人为了美化自己发明的词。可笑这些自以为是的假洋鬼子拿来挂在了自己嘴上，用来批评自己的同胞，自然会受到国人的鄙夷。中国人要珍惜今天来之不易的生活，尊重辛劳付出逝去了一生的一代人。

过度的现代化反倒不方便

波音 737MAX 事故提醒人们思考一个问题：是不是要把所有的事情都做得极端自动化？一切都交给机器去办，去判断？人实际只是机器的附庸，一旦机器出了故障人也无能为力。讲两个真实故事。

温家宝同志担任副总理时到四川内江一个贫困县去考察。这个贫困县从来没有来过大领导，接待条件就是一个老旧的县招待所。县长听说中央要来领导了，招待所也来不及翻修，就尽量弄得现代化一点，安了一个声控灯。第二天早上，省长张中伟和内江市市长李亚平去接温总理。张中伟省长问候说，昨晚休息得怎么样？温总理客气地回答：还好，就是这个灯，不知道怎么回事，一会儿亮，一会儿关。后来没有办法，只好拿枕巾把眼睛盖上。

张中伟省长一听，赶紧去问招待所负责人是怎么回事？招待所所长说，我们招待所太老旧，为了现代化一点，临时安了个声控灯。张中伟省长一听生气了，说：你一个鸡毛小店，搞什么现代化？

有一次我陪同曾庆红同志去大庆，住在 9 号院。途中大家叫我讲个故事。我就把上面这个故事讲了。曾庆红没有任何反应。第二天吃早饭时，曾庆红说，国宝同志讲的事昨晚上让我碰上了。9 号院房间里的灯，开关都变成了触摸式。曾庆红说：我们年纪大了，晚上都要起来解手。摸墙啊，不知道摸哪个开关好，又怕把警卫灯摸着了。这样反倒不方便。其实，在床头装一个普通的开关是最实用方便的，何必去搞什么触摸灯？有时候浴室也弄得花里胡哨，不知道旋哪个开关好。有时候喷一身冷水，有时候喷一身热水。

的确，有的时候搞过度的现代化反倒不方便。

一个不应忘却的基础产业 [*]

  清明假期期间，我特别想近距离看一下高铁，拍一些照片。当我来到一座高铁桥梁的桥墩下时，远看并不特别让我震撼的桥墩竟然如此硕大无比！我站在下面显得非常渺小，一座座这样的桥墩延伸跨过了河流。

  这时候我脑子里想到的反而不是高铁了，而是这样一座座桥梁和硕大无比的桥墩需要多少水泥和钢筋啊！这些年我们建了那么多的高速公路和高铁，建了那么多的水库和水电站大坝、机场、港口，还有城市里拔地而起的一座座高楼大厦，这得消耗多少水泥和钢筋啊？

  我计算了一下，从 1991 年至 2018 年的 27 年间，我国共有 350 亿吨水泥用于建设。如果没有水泥供应的保证，我们也就不可能取得如此大的建设成就。

  现在，水泥作为一个普通的工业门类，而且还是一个高耗能、有污染的产业，除了讲淘汰落后产能，已很少被人提起了。在讲大国重器和经济发展成就时几乎没有提到过水泥。

  其实就像粮食一样，虽然有了那么多的高新技术产业出现，人还是离不开吃饭。在经济建设领域，还是始终离不开水泥、钢铁这样的基础原材料工业。

---

* 本文是 2019 年 4 月 19 日张国宝发表在《中国工业报》上的文章。

505

我 1991 年从机械电子局调到国家计委投资司任原材料和加工工业处处长才开始接触水泥行业。那时候有冀东水泥厂、柳州水泥厂、江南水泥厂、耀县水泥厂等为数不多的几个大水泥厂。

所谓大，也就是拥有 1000 吨水泥熟料的生产线，鲜有日产 1500 吨，甚至于 3000 吨的水泥熟料生产线，其余大多数是立窑的小水泥厂。所以那时候我经手办理的几个大的水泥建设项目也就是靠引进设备建设日产 1500 吨的水泥厂，最大的也不过是日产 3000 吨的生产线，年产七八十万吨左右。一个大的利用外资项目是安徽铜陵水泥厂，利用世界银行贷款，大约是日产 2500 吨至 3000 吨的生产线，年产 150 万吨，应该是最大的水泥厂了。

那时候水泥生产设备主要是从丹麦史密斯公司和德国洪堡公司进口。为什么水泥生产设备要从国外进口？因为那时候我们机械工业也没有能力制造水泥回转窑上的硬齿面大齿轮，那需要大的齿轮磨床，我们还没有，所以只能生产软齿面的齿轮，磨损很快。还有大型的变速箱我们也制造不了。

铜陵水泥厂建成后，应该是当时我们国内最先进的水泥制造厂了，可是经济效益却还不了世界银行的贷款。因为开始时，我们国家的汇率体制是 1 美元兑换固定的 2.8 元人民币。后来汇率体制发生了变化，一美元兑换 8 元人民币，铜陵水泥厂还不了债了。后来铜陵水泥厂被安徽海螺水泥厂兼并，成了海螺水泥集团的骨干企业。

那时候还有一些是由外资来投资建设的水泥厂，如大连的小野田水泥厂、山东烟台的三菱水泥厂，还有在江苏由台资投资的远东水泥厂等。那段时间还审批了冀东水泥厂、长春双阳水泥厂、新疆天山水泥厂、海南昌江水泥厂、湖北的新华水泥厂、广西河池水泥厂，还有葛洲坝水泥厂，专门生产大坝水泥，但规模也大体是日产 1500 吨到 3000 吨的水泥生产线。

欣喜的是，当年建设的这些水泥厂几经改造、扩建、兼并，都成了雄踞一方的水泥集团：海螺集团成了全国最大的水泥生产企业之一；双阳水泥、天山水泥也都分别成了东北地区、新疆地区的水泥生产集团。后来韩国大宇要在山东建设一个日产 8000 吨熟料的水泥生产厂，开始我一听吓了一跳，有这么大规模的生产企业！马上同意让他来建，我们可以找到差距，学习他们的先进技术。现在海螺集团和其他一些大的水泥企业都有了日产万吨级以上的水泥熟料生产线，并且装备完全可以国产化了。

随着投融资体制改革的深入，水泥项目早就不需要国家发改委来审批了。1991 年我国水泥年产量 2.53 亿吨，而 2018 年的年产量已经达到 23.38 亿吨。说来时间并不久远，20 多年的时间，一个水泥行业就发生了这么大的变化，从一个行业也反映出我国工业的进步。

20 世纪 90 年代初的水泥厂完全没有回转窑余热的回收装置，能源浪费了。现在大型的回转窑用上了余热发电装置。

那时水泥的包装主要是靠牛皮纸袋袋装，使用时要把牛皮纸袋弄破了，既浪费，效率也不高。后来逐渐推广了散装水泥运输，有了散装水泥运输车和运输船。

那时的水泥厂是废弃物产生的地方，现在许多水泥厂和地方政府合作，可以帮助地方消纳固体废弃物，就是把废弃物放在高温的水泥回转窑中焚烧。

以海南省洋浦的印度尼西亚金光集团造纸厂为例，造纸厂产生的泥沙、枝丫、树皮送到附近的天涯水泥厂去消纳掉，双方签订了协议。由于水泥回转窑中的温度高，消纳废弃物的效果很好，甚至于还可以消纳水泥厂所在地区的液体废弃物，把液体废弃物喷入回转窑中焚烧掉。当年北京市要在昌平上一个水泥厂，但是该不该在北京建一个水泥厂争议很大。后来是一条理由使主管部门同意了北京水泥厂建设，就是石景山发电厂和钢铁厂的粉煤灰和废渣倾倒在永定河河道里，影响了永定河行洪。建水泥厂用槽车把石景山发电厂的粉煤灰拉到水泥厂里，变成了水泥的原料，起到了消纳固体废弃物的作用，这才同意了建设北京水泥厂。

水泥厂不仅规模大了，各项技术和环保措施也有了长足的进步。水泥曾经是我国的出口产品，2006 年出口高峰时曾经年出口 3612 万吨。但是，有意思的是在 2018 年发生了根本的变化，当年净进口 459 万吨，我国从水泥出口国变成了水泥进口国。由于产业结构调整，我国大力整顿小水泥厂，这几年水泥的产量没有增加，还有所减少，所以成了水泥进口国。

这也说明我国巨大的建设规模必须有水泥来保障。这也使我想到现在许多国家，包括发展中国家和发达国家，要建设高铁等基础设施，如果他们本国没有足够的水泥生产量，要完成他们的建设目标也是很困难的。各工业门类必须协调发展。中国做到了这一点，但许多国家要完成他们的建设目标，可能连水泥都供应不上。这也是中国这么多年来奋斗的成果。我们建立起了门类齐全的工业基础，有能够适应经济快速发展的基础工业，这是我们国家的优势。

民营石化企业强势崛起*

　　大型石油化工企业由于投资大、技术复杂，历来是央企三桶油的地盘。而每个大型石化项目基本上都是国家的重点项目，例如当年的燕山石化、辽阳石化、镇海石化等等。

　　在过去民营企业难望其项背，但很快原来称霸天下的央企生产化纤原料的企业逐渐被民营企业赶上。这些生产化纤纺织品的民营企业开始向上游产品发展，先是生产聚酯原料，再逐渐向上游延伸，开始生产聚酯的原料PTA。以前生产化纤原料聚酯的第一号企业是央企仪征化纤。但是现在有多个生产PTA和聚酯的民营企业，在规模上已经超越了三大油所拥有的化纤原料企业。原来的仪征化纤已经不在话下。

　　这里我要介绍一下，最近三个民营化纤企业投资的大型石化项目开始逐渐投产，其单个项目规模和技术档次都已经超越了央企三大油的单个项目规模。

　　第一个是本周开始投料生产的，由江苏生产化纤的民营企业恒力公司在大连长兴岛投资的2000万吨炼油和石油化工产品的大型石化企业。就其规模，已经在央企三大油石化企业之上。在很多人看衰东北老工业基地的情况下，一个江苏的民营企业到东北投资如此规模之

* 本文是2019年5月23日张国宝发表在《中国工业报》上的文章。

大的石油化工联合企业，其意义非凡。

第二个是比恒力规模还要大的浙江民营化纤企业荣盛，在舟山群岛的一个岛上建设了 4000 万吨炼油和下游化纤原料的大型石油化工企业。这一规模可能已经超过了央企三大油单个项目的规模。

第三个是浙江民营化纤企业恒逸在文莱投资建设了年产 800 万吨炼油和下游石油化工产品、化纤产品的大型石化企业。习近平主席访问文莱时做了报道。我所知的"走出去"投资的石油化工企业中可能还没有这么大的。一个民营企业又拔得了头筹。

现在又在重演民营化纤企业超过央企化纤企业的场景。看来民营石油化工企业将要超过央企三桶油。为什么会出现这些现象？确实值得深思。

看来还是民营企业束缚少、框框少、机制灵活，央企如何能和民营企业竞争呢？另外说一句，这几个民营石油化工企业的年生产值都比阿里、百度等要大，只不过他们都很低调，不为多数人所知而已。

向全人类公敌宣战

英国女王突然宣布：向全人类公敌宣战。这个公敌竟是塑料。

这个和我一直在想的一个问题居然不谋而合。塑料是在大自然中很难自然降解的物质，越来越多的塑料垃圾已经成为人类环境的重要杀手。

塑料是由石油化工生产的，原料是石油，而我国现在已经是世界上最大的石油进口国，石油对外依存度达到70%以上。

为了能源安全，我在呼吁应该推行石油替代战略，有可能不用石油而用其他物质来替代的地方减少对石油的使用。

塑料从它发明起，作为一种新材料在经济中发挥了重要的作用，但是消耗了宝贵的资源，并严重污染了环境。

我在美国波士顿时，麻省总医院所在的区就规定，超市里不许用塑料袋而用纸质口袋替代，甚至在快餐店里也用纸质材料压制的饭盒来替代塑料饭盒。

前年我在佳木斯看到山东泉林造纸厂在那里办了一个用玉米秸秆生产生活用纸的工厂，环保达标，生产过程中木质素产生的黄腐酸肥料还可以改良土壤，保护东北宝贵的黑土地，也可以用来作为种植花卉的肥料，价值也不亚于纸质产品。这些纸质产品中，包括餐巾纸、包装盒、纸口袋，制作得很精美，后来我发现在北京的某些超市中也有卖泉林纸产品的。

这个工厂解决了东北大量存在的植物秸秆的出路问题。我看了以后很受启发，向佳木斯市的领导建议，地方完全可以立法推行用纸制品替代塑料。例如前述的在超市完全可以用纸质口袋、纸质托盘来代替塑料，岂不是一举两得。佳木斯田雨副市长当时也非常赞同。但是在中国办成一件事实在不容易，没有强大的执行力根本办不成，到现在也没见有什么动静。

退休后，我有时自己到超市去买菜，发现用塑料包装比以前更多了。两根黄瓜就是一个精致的塑料压成的托盘，表面上再覆上塑料膜。几个小红萝卜也是这样。几乎没有用纸质托盘的包装。

在石油紧缺的中国居然还大量在使用用石油为原料的产品，而这些产品本来是可以用更环保的其他产品来替代的。所以我脑子里常在想，工信部、环保部对于这样一件事，对他们来讲当然是小事，可能没有官员会特别想到重视这件事。

为什么工信部或者环保部，或者两个部门联合，不能发个文件，在超市和餐饮店限制使用塑料制品，推广使用纸质材料来替代呢？这对部门来讲并不是一件难事，但是没有人去主动想这个问题。其实还有许多可做的利国利民的类似小事。

现在连91岁的英国女王都对人类公敌塑料宣战了，让我们也行动起来吧！

从多个国际组织对华为的
态度迅速倒戈的启示

不长的时间，一些国际组织在对华为的态度上来了一个 180 度的大转弯。从迅速响应美国的号召，参与制裁华为的大合唱，又迅速地恢复了华为在这些国际组织中的成员地位，颇具戏剧性。他给我们一些什么启示呢？

国际性的组织，顾名思义是全球性的、有广泛代表性的机构，不应该是美国一家的御用机构。但是，美国往往利用其实力地位，操控这些国际组织，而一些国际组织也只好仰美国的鼻息。

但是当今世界已经不同了。中国有 14 亿人口，比美国加上他的五眼联盟，再加上欧盟和日本的人口总数还要多。也就是说，中国一国市场潜力就堪比上述各国总和，更何况中国经济总量已经是世界第二。

以移动通信为例，中国是使用移动通信最活跃、最年轻的一个市场。不仅拥有手机等移动通信设备的人群数量多，而且由于近年支付宝、微信支付等被广泛应用，所以移动通信市场在国际市场上的份额比我们人口在国际上占的比重还要高。

如果把中国排除在外另起炉灶，就完全失去了代表性，失去了作为国际组织的意义。如果都要坚持这么干，那最坏的结果就是把世界分割成两个，甚至于若干个市场，各自采用自己制定的标准。这样全

光辉历程——中国发展改革 40 年亲历与思考

球就不能互联互通，就失去了发展 5G 的优越性，这不是国际社会所期望的。

这样的事例其实在能源领域早就发生过。过去中国能源生产和消费总量在世界上占的份额小，所以由西方世界主导的各个能源组织都不把中国放在眼里，而是排斥在外。我们想巴结，有时候都难以挤进去。

但是后来情况不同了。中国已经成为世界上最重要的能源生产国和消费国。如果没有中国参加，这些能源国际组织就失去了意义，失去了全球的代表性。所以他们就纷纷主动要求中国参加。例如，国际能源理事会、世界可再生能源协会等等，包括由西方国家主导，被称之为富人俱乐部经合组织下属的国际能源署（IEA）也邀请中国参加。

我们不愿意交会费，他们说开始成为观察员也行，要求中国派人到他们组织去工作。我在位时不愿意给一些我认为没太大价值的国际组织交会费，所以一开始我对参加国际能源理事会和世界可再生能源协会等都不感兴趣。他们就通过外交渠道向中国领导人施加影响，我们这才勉强地参加进去了。

再如国际电工协会。中国是最大的电力建设大国，特高压等国家标准被作为国际电联的国际标准，中国国家电网董事长当选为世界电工协会的主席。由于中国天然气事业的快速增长，国际影响力越来越大，北京燃气集团的董事长 2017 年也当选国际燃气联盟 2021—2024 任期主席。这些都体现了中国的市场影响力。

所以，中国只要足够强大，在世界上拥有足够的话语权，任何国际组织也难以把中国排挤在外。这里使我想起 1970 年 5 月 20 日毛泽东主席在《全世界人民团结起来，打败美国侵略者及其一切走狗!》声明中说过的一句非常硬气的话："现在世界上究竟谁怕谁?"

514

南海明珠美济礁

美济礁是位于南沙群岛靠南的一个珊瑚礁盘，离菲律宾很近。近年来，南海诸国对主权的声索，纷纷侵占了南沙群岛中的岛礁。如果中国再不控制南沙群岛上的岛礁，南沙群岛的主权将尽失。南沙群岛是以礁为主。其实，岛和礁有各自的定义。岛有常年露出海面的陆域面积，有的有植被和人类活动。礁面积相对较小，无植被，涨潮时没入水面，退潮时露出水面。曾母暗沙是水面下的礁盘。美济礁是一个环形礁盘，环形礁盘周长相当于北京二环路，听着不小，但在浩瀚的大海中显得不大了。这个环形礁盘在涨潮时没入水面下。环形礁环围的中间是个潟湖，面积不小，由于有环形礁拱卫，潟湖外风高浪急，潟湖内风平浪静。从空中看环形礁中间是碧绿的明珠，外面因水深呈墨蓝色。整个美济礁南端有两个小缺口，小船可以进入潟湖，潟湖是天然的避风港。

初期，在国家计委有关司的支持下在美济礁的东南西北四个方向各建了一个高脚屋，十分简陋，每个高脚屋可驻守10人左右，条件非常艰苦，淡水等后勤保障要靠定期补给船运来。驻守的多是军队院校毕业生，在基层艰苦的地方锻炼。我去时他们居然还在高脚屋养猪。这种高脚屋是临时性质的，捆绑用的铁丝很快就会锈蚀。经研究，我国对美济礁行使主权应该在美济礁设立永久性的渔政监察站，并且建设淡水、柴油等补给基地。将原来的四个高脚屋收缩成南北各一个永久性的堡垒形建筑物，分上下两到三层。施工由民工来担任，不动用军队建设队伍。民工们在烈日和暴雨下工作生活十分艰苦，只能在塑料布雨篷下休息。国家层面决定成立由国家计委牵头的领导小组，开始时由佘健明任组长，后来由我负责。建设费用全部由国家计委基本建设资金承担。永久性建筑物的混凝土预制件全部在湛江完成，用船运到美济礁。一切工作就绪后，我和海军一位副司令等一行在湛江乘 5000 吨补给船，运送混凝土预制件及其他建筑物资去美济礁。我记得是 11 月份，正是南海风浪较厉害的季节。此行我也懂了什么叫涌，什么叫浪。涌是在海面下的波浪，浪是海面上的波涛。涌比浪厉害得多，表面上波澜不惊，海面下却波涛汹涌。船从湛江出发，航行了三天三夜。几乎所有人都呕吐了，茶饭不思，包括海军作战部长也呕吐了。我那时身体很好，虽然没有呕吐，但睡不着，不想吃饭，十分难受。暖瓶根本不能放在桌上，要放在甲板上，用铁丝捆在床腿上。在南海航行，海水颜色是黑的，不是蓝的，因为水太深。

终于到了美济礁的潟湖中，里边风平浪静，人也恢复了元气。我在补给船上向建设者作了热情洋溢的工程动员。

现在 20 多年过去了，美济礁经不断建设已经今非昔比，成了我国在南海的一颗明珠。

六、访谈对话篇

中国不可能放弃核电[*]

2011年3月，日本福岛核事故之后，中国核电的发展骤然放缓。毫无疑问，中国政府高层发展核电的态度以及社会公众对安全高效发展核电的信心因此受到了很大影响。

根据福岛核事故之后国务院出台的"国四条"规定：在核电安全规划出台之前暂停审批新项目。目前的确是原地踏步，今年没有批准新的核电站，已经批准而尚未开工的4个机组也处于停顿状态，这些电站有的已经投入数十亿元前期费用，一些核电装备制造厂后续订货中断。

而就在整个核电产业发展陷入低迷的时候，全国政协经济委员会副主任、国家能源局原局长张国宝公开表示，作为一个人口众多、能源问题十分突出的大国，中国不可能放弃核电。从化石能源逐步枯竭和价格昂贵趋势，以及从气候与环境的承载力看，中国在大力发展可再生能源的同时，发展核电是不可替代的选择，否则2020年非化石能源的比重难以达到承诺的15%。

张国宝在接受《中国经济周刊》采访时坦言，他从未隐瞒过这样的看法。

他呼吁，国家在未来的核政策上应该有一个明确的定位，如

---

　　* 本文是《中国经济周刊》记者对张国宝的专访。原载《中国经济周刊》2011年第39期。

果模糊不清晰，没有一个明确的发展目标不仅会影响能源政策，也会动摇我们的核大国地位。

事实上，在过去的那些年，我国核电的发展并非一帆风顺，甚至充满了曲折和坎坷。从最早的要不要发展核电，在哪里发展核电，一直都争议不断，摇摆不定；到后来，对核电发展的管理主导权、技术路线、发展速度等也几经反复。

这也最终导致了"起步早、进步慢、差距大"的被动局面。

今年3月，张国宝已经从国家能源局局长任上退下，但依然为其未竟的能源改革鼓与呼。

核安全规划、核电安全规划正在做

《中国经济周刊》：在福岛核事故之前，内陆的很多省份都对发展核电抱有极大的热情，事故发生之后，审批基本停滞，一些省份也产生了恐惧心理。您怎么看未来内陆地区的核电发展？

张国宝：关键在于认识问题，因为内陆地区人口稠密，如果一旦发生核事故可能问题比较严重，所以开始都建在沿海。但内陆地区的湖南、湖北、江西，恰恰是一次能源匮乏的地区，每年在用电高峰的时候，缺电反映都最为严重。其次，还有华中地区。华中地区有一个很大的问题，就是水电、火电不平衡。夏天丰水期，本地的水电可能消纳不完，而冬天枯水期，又需要从别的省调电。如果建大量的火电厂，水电多的时候火电要让路，这样效益不会很好。

这些省份最大的问题就是一次能源匮乏，不像内蒙古、山西，本身煤炭产量很多。在福岛核事故发生之前，这些省对搞核电热情很高，要求很强烈。因此，我们也适度地布置了几个内陆的核电站，例如湖南桃花江、湖北大畈和江西彭泽，都报了上去，但还没来得及批，福岛核事故就出来了。需要说明的是，这些核电厂址不是能源局定的，而是早在电力部时期就确定了厂址，已等待了很多年。虽然没有批，但国家能源局给它们都发了"路条"，允许开展前期工作。现在都在等核安全规划出来。

《中国经济周刊》：核安全规划什么时候能出来？

张国宝：目前，时间还不确定。在福岛核事故发生5天后，国务院就出台了"国四条"。根据"国四条"规定，由核安全局来牵头做核安全规划。我在卸任之前，曾专门去找李克强副总理汇报过一次，汇报纪要里明确，由国家能源局制定核电安全规划。

于是，核安全局做核安全规划，国家能源局做核电安全规划，核安全规划涵盖核电安全规划，两个规划本身存在交叉，出来之前必须要汇集，而国外目前也还没有核安全方面的规划可借鉴，到底应该做成什么样子，现在还在摸索。

此外，福岛核事故后，从中央到地方难免会产生一些恐惧心理，担心核安全事故，甚至有省份说不要搞了，还有人说不要搞那么大那么快，也有人认为我们现在并不算快，各方面的意见都有。

我不同意 CAP1700 的研发

《中国经济周刊》：目前我们核电业装备国产化的推进情况如何？

张国宝：国产化推进得非常好，我这么多年为推进这个事情花了不少心血。很多人认为中国还不行，但实际上我们已经很有条件了。在较短时间内大幅提升了自主制造水平，实现了反应堆压力容器、蒸汽发生器、控制系统、主泵等一批关键设备的自主化制造。我们在核电站锻件方面有很多创新，现在就是主泵我们跟国外比还有差距。未来的前景太吸引人了，我充满了信心，而且为此感到骄傲。

《中国经济周刊》：中国核电的技术路线之争这些年一直没停止

过。当初是如何决定引进美国三代技术AP1000的？整个决策过程是如何完成的？

张国宝：技术路线都是经过充分讨论比选决定的。这是一个集体的决策。曾培炎同志在任的时候，技术路线讲得很清楚：二代加（改进型第二代核电技术）是一种过渡，将来要往三代核电去走，这也是我们引进第三代核电技术的初衷。在这个基础上，再消化吸收，研发出拥有我们自主知识产权的技术。

当初，因为每个人的背景不一样，主张也不一样。有人主张引进美国的AP1000，有人主张引进法国的。但大家有一个共识：中国是"万国牌"，引进了几个国家的堆型，每个电站都不一样，这样发展下去肯定不行，一定要统一技术。但统一到哪一边去，存在分歧。最终要有自己的核电技术认识也是一致的。

因为有不同认识，我们把核电领域的60多个专家集中到北京郊区，关起门来，不许回家、不许打电话，在那里大概讨论了有一个礼拜。最后大家记名投票，赞成或反对的意见要写出来。结果，90%以上的人都主张引进AP1000，而且都留下了书面记录。专家意见统一后，上报国务院，然后召开中央政治局常委会讨论。当时外交部也参加了，外交部方面的意见也分为驻美和驻法的两派。最后，综合考虑整个评审的过程以及各方面的意见，政治局常委会讨论同意引进AP1000。

《中国经济周刊》：在决定引进AP1000之后，国务院成立了国家核电技术公司，专门引进、消化、吸收AP1000，并承担第三代核电技术自主化的任务。目前的自主化研发如何？

张国宝：当年和美国西屋的谈判我也参加了，美国向我们转让AP1000的时候约定，如果我们自己能研制出AP1400以上的技术，知识产权就是我们自己的，不受出口限制。

国家核电技术公司正在进行自主知识产权的 CAP1400 的研发，甚至还在做 CAP1700 的研发。但我并不同意 CAP1700 的研发，而且在国家中长期科技发展规划里没有 CAP1700。这个东西并不是越大越好，如果要出口的话，能够装 1700 的必须是大电网，像这么大的电网，只有美国、俄罗斯、印度少数几个国家有这种可能，连英国都没这种可能，英国的电网很小，更何况这几个国家怎么会进口中国的？一些小国家没那么大的电网，要 1700 干什么？应该先集中精力把 1400 研发出来。

核电领域不存在垄断

《中国经济周刊》：像其他的能源领域一样，许多人也质疑核电存在垄断现象。对此，您怎么看呢？

张国宝：我认为不存在垄断，包括电力体制改革。法国不也是只有一个法国电力公司吗？比我们还要集中。我们好赖还分一个南网、北网，还来个厂网分开（即将发电和电网两类业务分开）。日本则分九大供电区，每个互相独立，互不相干。世界上没有统一的电力模式，电力体制改革也没有一个统一的模式。

在核电领域，确实有人说，我们在搞垄断。根本就不存在垄断问题，你要投，理论上都可以投。中华电力（港资）不就投了大亚湾吗？大唐在宁德电站不都参股了吗？参股可以，但问题在于都想当老大主导，不想当老二，那怎么能行？现在中核总、中广核、中电投不都在搞核能吗？国核技也是核电公司，怎么能说垄断？难道要谁想搞核电都让搞才叫不垄断吗？那样非出乱子不可。

中国的核电公司已经有那么多家了，已经很乱了，核电人才本来就不多，再掺和进来，势必要挖别人的人才，人才力量那么分散，安全意识也会削弱。

《中国经济周刊》：目前核电的价格还是比较高的，未来核电的定价机制应该怎么改革？

张国宝：核电的定价目前还是到国家发展和改革委员会价格司去批。我认为也需要改革，但短期内很难改，它比火电还难改，因为核电站投入很高，你不能让它亏本。但现在大亚湾已经降低了，从 0.43 元 / 千瓦时到 0.4 元 / 千瓦时，也有利润。随着煤价的上涨，核电降到 4 毛钱，实际上在广东，核电已经比火电便宜了，因为火电的价格上来了，成本已经超过 4 毛钱，但核电只有 4 毛钱。

能源改革需要更多勇气 [*]

双眉花白，面带微笑，百无禁忌。

在告别国家能源局9个多月之后的一个下午，这位卸任的中国能源"大管家"张国宝，与本报记者畅谈中国能源问题。

他转岗全国政协经济委员会副主任之后，亦同时担任国家能源专家委员会主任，对能源问题依然十分关注。"今年两会期间还写过一次关于'水火（水电和火电）同价'的提案。"

在与本报近三个小时的谈话中，他滔滔不绝，几乎未有间断。唯一的一次间断，是他起身去办公室拿一些关于特高压的文件资料。

他记忆力超群，对各种能源数据烂熟于心，同时对地方和行业的动态情况也相当了解。

在本次专访中，张国宝完整而系统地解释了对诸多能源问题的看法，并首次对外阐明了其对特高压电网和电力体制改革的观点。

他特别澄清：媒体称其为改良派是误报。他表示，自己是改革的亲历者和实践者，至于自己是改良派还是改革派，"任凭后人评说"。

---

[*] 本文是《21世纪经济报道》对张国宝的专访。原载 2011 年 11 月 1 日《21世纪经济报道》。

水电还应发展，但要有序

完全不搞一个电站就能保护一条河流的时代已过去。

记者：现在各地疯狂上马小水电，对生态破坏很大，对此您怎么看这种现象？

张国宝：事实上，我反对各地乱上马小水电。首先，小水电有体制问题。能源电力，顾名思义，应当由国家能源局或者国家发展和改革委员会管，但小水电现在是归水利部管。有观点称，通过小水电解决了穷乡僻壤用电问题，也致富了一方，所以在电力体制改革当中，水电曾经是一个很大的争议点。现在还存在许多水电县是归水利部门管。其次，我对小水电的技术也有意见。现在大量采用的是引流式发电技术，它把自然的河流通过隧道或者隧洞引流到下游，形成一个高水头，在下游发电，致使原来的河道干枯了，影响到了正常的生活生态用水和景观。

记者：关于是否要在怒江建水电站，您怎么看？

张国宝：有人主张开发，但是也有人特别是一些非政府环保组织，说怒江是一条生态河流，还没有一座水电站，是不是应该保留它的原生态。但是当地政府认为，还是应该建。

实际上，怒江不是完全没有水电站，在境外的下游部分已经有水电站了，在上游和支流也有小水电站。

原国家发展和改革委员会能源局曾组队去怒江考察过，有人回来后极力主张要进行开发，他说不让开发的人是理想主义者，因为实际情况是怒江在1500米海拔以下的边坡植被已被破坏，已经不存在原生态了，在很多地方，由于当地居民要生存，搞了很多"大字报田"（记者注：种在山梁上的农田，像张贴在山梁上的大字报，被称为"大字报田"），对生态的破坏同样很严重。主张建水电的和反对水电的人争论很激烈，环保主义者说你们不要干，而当地人问我们穷成这样了我们靠什么来收入？环保主义者说，你们可以搞旅游。但地方的同志并不认可旅游能致富这种想法。

我个人认为，完全不搞一个电站就能保护一条河流的时代已经过去了，更何况怒江下游事实上已有水电站。但我主张有序开发，不要像原先那样做"一库八级"的水电开发大项目，而是在六库这个地方先建一个水电站，还可解决怒江州所在地的用水问题。先建一个试试看看情况怎么样？有不少人持这种主张。但这需要科学论证，协调好各种意见。

记者：既然已经建了这么多，今后"十二五"期间还有没有必要再上很多大型水利工程？

张国宝：还是要上的。为了完成非化石能源的比例，水力发电要承担最主要的份额，否则怎么能实现到2020年非化石能源占一次能源消费比例15%的国际承诺？目前，中国的水资源开发程度仅仅为24%，远远低于美国和日本等发达国家水平，美国开发程度为82%，日本开发程度为84%。

记者：最近，政策层面对非常规油气非常重视，如何判断这一形势？

张国宝：我认为应该加快发展非常规油气，目前发展很不够。我在任时，也一直呼吁发展。20世纪90年代，我和时任国家计委副主任叶青去美国考察，那时美国的煤层气已经做到600亿立方米，我们国家是0。

在中国，瓦斯是第一杀手，可是在别的国家却被当作资源利用起来。回来以后我们就力推煤层气，而且专门成立一个公司，叫作中国煤层气公司。这家公司有两家股东，一个中石油，一个中煤公司，虽然做了不少工作，但并没有做得很大。后来，美国人研究出来了页岩气，我们知道得确实太晚了，在我任内已经批了在四川跟美国合作试点，但现在刚刚开始，可能要经过 10 年努力才会有些规模。

能源发展缺口主要还得靠核电

中国核电监管方面，各部门职能分工存在交叉不清问题。

记者： *日本福岛核事件以后，德国宣布 2022 年前将关闭所有核电站。一时间，核电发展的必要性讨论再次升温。您怎么看待德国的这一决定？*

张国宝： 德国因为有绿党，绿党的实力比较强，其反核意愿比较强烈，所以为了联合执政，当政者必须要有绿党的选票，最后默克尔政权宣布 2022 年全部放弃核电。但德国的电有相当一部分是从法国买过来的，而法国是个核电大国，德法边界就有核电站。

美国最近出台了一个能源发展战略，这个战略不仅没有说不搞核电，相反表示要在这个领域占据世界领先地位。

我认为，核电是人类科技发展史上一个重要的成果。前几天全球人口达到了 70 亿。随着人口的不断增长，化石能源的日益短缺，能源缺口拿什么能够补得上？靠搞风电太阳能补得上吗？我认为补不上，还得要靠核电，如果没有核电，靠什么能源养活这么多人呢？因此，核电是保证人类未来化石能源逐渐枯竭后非化石能源供应很重要的一个方面。

记者： *有人担心，我国核电发展太快了，人才和基础能否跟得上？*

张国宝： 事实上，我国发展核电非常谨慎，十分注意安全和采用最新技术，所以和周边国家、发达国家相比，我国的核电是比较慢的。1964 年 10 月 16 日，我国就成功爆炸了原子弹，建立了比较完整的核工业体系。1970 年 12 月 26 日，核潜艇就下了水。1970 年 2

月 8 日，开始建设核电站，但直到 1991 年秦山核电 1 号机组才通过验收，经历了 21 年。在当时，韩国还没有核工业，但现在韩国运行核电站 21 座，我国才 13 座。韩国向阿联酋出口百万千瓦核电机组，自主研发了 140 万千瓦核电机组，而韩国的人口和面积仅相当于中国的一个省。目前，日本有 54 个反应堆，中国台湾地区也有 4 个反应堆。因此和周围相比，包括和印度相比，我国核电不是发展快了，而是发展慢了。

为什么会慢？不是我国核电技术人才比韩国少，也不是我们的基础比韩国落后，而是我们在发展核电问题上的意志不够坚决，争论太多。相反，我们在研发核潜艇上的意志坚定而统一，1970 年我国第一艘核潜艇就下水了。

记者：我们关于要不要发展核电的争议后来怎么平息的？为什么在"十一五"期间出现了爆发式增长？

张国宝：由于能源供应形势越来越紧张，同时为了保证有一个完整的核工业和技术队伍，大家对发展核电的认识也就逐渐一致了。还是要大力发展核电。但后来也经历了一会儿要大力发展、一会儿适度发展的反复。对什么是适度，不同的人也有不同的解释。

记者：上述反复可能更多地是集中在安全监管上的担忧。在目前的监管体制之下，各职能部门是如何分工的？

张国宝：在成立国家能源局时，其中有一个重要内容，就是把原国防科工委管的民用核电这块职能拿过来，而且连人带马都过来了。具体就是原国防科工委副主任孙勤同志调国家能源局任副局长，原国防科工委与民用核电有关的人员也均调至国家能源局。

目前国防科工局除负责军工核工业外，还管理着民用核电的一部分，比如说铀矿和废料处理，这块职能和国家能源局有交叉。另外，国家原子能机构是设在国防科工局。

还有一些领域处于模糊地带，如跟国外签订核安全条约、和平利用原子能，是国防科工局牵头，国家能源局牵头，还是科技部牵头？有一些争议，还曾到中编办协调。国家能源局与国家核安全局之间也有交叉。

比如，目前国家能源局在编写《核电安全发展规划》，而国家核安全局在编写《核安全发展规划》，这两个规划实际上是有交叉的，都还没出来。但制定出台后，还存在是否统一的问题。

还有，机构改革后，原国防科工委的一项职能，即培训核电操作员和资质认证，也带到了国家能源局。但国家核安全局说这事应该他们管。协调之后的结果是，现在考核还是由国家能源局考核，但是证书由核安全局发。

因此，核电监管方面，各个部门之间的职能分工仍存在交叉不清的问题。福岛事故出来以后，我曾经给中央写过一个报告，我在报告里说，核电看似很多部门在管，现在没有问题大家都抢着要管，真正出问题后我都不知道谁在管，不知道哪个部门是真正的牵头部门。

风电多上网在于电网扭转做法

9月底我到酒泉看了看风电，看到工业园区一片冷清。

记者：在7月举行的中国能源论坛上，您曾经提到读了美国能源部的一份风电报告后，对风电的很多看法改变了。

张国宝：一般人认为，风电是不稳定的，接到电网里必须有多少火电搭配，完全用风电不行。也有人还给它设定了一定的目标，比如全网中风电占的比重不能超过10%。总之，认为风电不是优质的能源。而美国能源部的报告把这些观点都推翻了，报告称并不存在10%的电网接纳上限，已有的技术可以解决这问题。西班牙的能源部长来访时也称，他们的瞬间风电曾经占到电网的一半，这是极端情况，但平常的情况下大概能做到 20% 至 30%。

我把这个情况写成报告汇报到了高层。有高层在出访西班牙时，还询问了这一话题。蒙西电网 10 月 16 日风电上网达到 8642 万度，比例达到 24%。所以，风电上网上限并不是我们自己想的那样，关键是电网公司没有扭转固有的想法。

德国发展屋顶计划，鼓励老百姓房顶上可以装太阳能，多余的电可以上到网上去。为什么我们不行？

记者：有观点认为，"十一五"期间风电发展过快，"十二五"期间风电到了一个战略调整期。您怎么看？

张国宝：我不知道国家能源局有没有人这样想，他们没有跟我这么说过，但是外界为什么会有这样的猜测呢？可能是只看到了一些现象。今年把各地风电审批权上收，即要报国家能源局备案。实际上备案也成了一种审批，备不下来批件就不能动。外界就会猜测，是不是国家能源局要控制风电的节奏。

备案下不来，企业需要办的一些后续手续，土地和环评等程序都停滞了，如果再不发就会影响设备制造。天宫一号发射时我到酒泉看了看风电，看到工业园区一片冷清，积压了 280 万千瓦做好的风机，可能积压了 100 多亿以上的流动资金，利润比去年下降了 60%，这一现象应引起重视。

内蒙古窝电如何破解

不通畅的原因有能摆在桌面上的，也有摆不到桌面上的。

记者：在今年南方电荒时，内蒙古却存在窝电问题。

张国宝：我到锡盟看了，确实有这个问题，那边的风机怎么不转？当地人说，原来的小变电站容量不够，等变电站弄好以后再发电。我到了蒙东的呼伦贝尔，那里的伊敏、宝日希勒、鄂温克电站都发电不足，下达计划不到 4000 小时。

跟我同去考察的内蒙古能源局同志介绍，到了冬季这个问题特别突出。因为冬季供热的问题比较突出，首先要保证居民供暖，热电联供，要保证供暖得让热电机组先开起来，优先把热电机组的电上网，然后有多余的空间才让其他发电方式，包括风电。

更深层次的问题是内蒙古电网与华北电网的联系不通畅，发了电送不出去，不通畅的原因有能摆在桌面上的，也有摆不到桌面上的。根本的问题还是体制问题。内蒙古电网比较特殊，它是属于地方政府管的电网，而不属于国家电网公司管的电网。在感情上，免不了有亲儿子，干儿子之分。

记者：内蒙古电网的问题就这么僵持着，无解？

张国宝：无解。那你说怎么改？要说有解，只有一个办法，把内蒙古电网划给国家电网，只有把内蒙古电网划给它，或者在内蒙古电网当中持有较大的股份，这个问题才能解决。

如果这么做，外界肯定又有评价，说国家电网更加垄断了。但如果不这么做，就只能维持目前的僵局。

其实，内蒙古的情况在河北也存在。河北省内电网由于其特殊性，分为北网和南网两部分。其中，张家口、承德、秦皇岛、唐山、廊坊属于河北北网，他们和直辖市北京电网和天津电网统一归属于华北电力公司管辖。石家庄、保定、邢台、邯郸、衡水、沧州属于河北南网，归属于河北省电力公司管辖。这是历史形成的，一直没有很好地解决。

拆分电网无助于电网监管

一个区域内不可能同时有几个电网公司，这就需要有监督部门。

记者：有观点认为，电力体制改革不彻底。您怎么看这种判断？

张国宝：全世界没有一个统一的电力体制模式。

法国到现在为止就一张网，而且厂网不分，发电公司和电网公司也是一家，就一个法国电力公司，法国电力公司是国有公司。

日本是另外一种模式，分九个电网，相互联结但管理都是独立的。日本任何一个地方都没有煤炭，所以不存在像中国这样的跨区域能源交换问题，互相之间电力交换很少，都基本上在自己区域当中平衡。

世界上没有哪一个国家的电力体制改革是一样的，包括电监会这种机构。也不是所有国家都有电监会，我们这套模式是借鉴英国模式。我们去考察英国厂网分开，他们有个电监会，所以我们也建立了电监会。而有的国家没有电监会，日本就没有，电力监管也归能源部门管。

记者：有观点认为电网太强大，所以电监会监督职责发挥不出来。将大电网拆分以后是不是监管起来相对容易一些？

张国宝：电力体制改革时，就一张网还是几张网进行过激烈的争论，最后的结果既不是一张网，也不是几张网，而是南、北两个电网。不管怎么拆分，在某一个局部区域当中，或者某一个省的范围内还是一家电网公司，一个区域内不可能同时有几个电网公司，还是会面临自然垄断的问题。这就需要有监督部门，电监会成立的目的是监督，不能让电网在自然垄断的情况下搞垄断，否则成立电监会干什么？现在的问题是电监会有没有起到这个作用？靠拆分电网解决不了电网的自然垄断问题。

记者：电力改革的一个方向是主辅分离，有观点认为国家电网在分离辅业方面滞后，对此您怎么看？

张国宝：这真是不能怪国家电网，他们恨不得早把辅业这个包袱甩出去，但是谁来接这个盘子？国家电网继承了电力部的衣钵，凡是别人不要的都得留在电网公司，包括电力部的老干部、电力施工企业、维修企业、设计院。国家电网也感到是个包袱。过去，国家电网公司的领导找过我多少次，说赶紧分，但问题是怎么分，谁说了算？

国家电力体制改革工作小组成立于 2002 年 3 月，由当时的国家计委牵头，原国家经贸委、国家电力公司、中组部、中央企业工委、中编办、财政部、法制办、体改办，以及广东省等相关部门和单位组成，具体负责电力体制改革的实施工作。这个机构最初设在国家发展和改革委员会，2003 年 1 月，电监会成立后移交到电监会。执行机构在电监会，实际上电监会也需要和国资委、发改委、能源局协商一致才行。

在经历多个部门的多次磨合后，目前国家已在 9 月底确定了主辅分离方案。根据这个方案，电力勘测设计、水火电施工和电力修造企业与电网企业分离，河北、吉林、上海等 14 省（自治区、直辖市）辅业企业与中国水利水电建设集团公司、中国水电工程顾问集团公司重组为中国电力建设集团有限公司，北京、天津、山西等 15 个省（自治区、直辖市）辅业企业与中国葛洲坝集团有限公司、中国电力工程顾问集团有限公司重组为中国能源建设集团有限公司。

记者：既然电网拆分解决不了问题，恢复竞价上网会有效果？

张国宝：竞价上网不是没尝试过，而是都以失败而告终。因为许多地方电力还短缺。

浙江也竞过。在 1998 年，我还带人考察过，那是在亚洲金融危机经济最疲软的时候，浙江的电也有一点富余，在全国率先搞的竞价上网，后来电力紧张以后浙江率先取消了竞价上网。现在，浙江已经多少年不竞价了。后来，在东北也搞过竞价上网试点，结果电力公司和地方政府有意见，也只好停了下来。

为什么会这样？因为这种竞价不是正规的竞价。竞价要有一个前提，即电力相对富余。而我国的电力本身处于一种紧缺状态，供不应求怎么竞价？像今年这么大电荒，怎么竞价？

记者：去年国家电网收购许继电气，您为什么没有签字？

张国宝：我曾给国家电网公司说过我的理由。为什么非要把许继电气和平高电气收购？你收了以后就算一碗水端平，别的企业也认为你没端平，会认为改革走回头路。后来是国网公司找国资委批的。这也从一个侧面说明了电力管理的多龙治水。

目前，我们的管理体制还存在问题，比如这类收购，国家能源局不批，而国资委批了。国资委批，应不应找国家能源局商量？

记者：对于发展特高压电网，外界有很多争论。您怎么看待这些争论？

张国宝：我赞成发展特高压。我认为这是一种技术进步，它可以更好地满足中国能源分布不均衡格局下人们对能源的需求。

为什么要发展？ 2010 年，我国发电装机容量已达 9.62 亿千瓦，是 1978 年的 16.84 倍，装机容量从世界第 21 位跃居到世界第 2 位；全社会的用电量到了 4.19 万亿千瓦时，比 1978 年增长 16.78 倍；220 千伏以上输电线路长度达到 44.3 万公里，增长了 19.1 倍，变电容量 20.8 亿千伏安，增长了 81.6 倍。电力工业无论从量上还是质上都发生了巨大的变化。什么叫量变到质变？这么大的变化，你的技术不变，电的数量可以无限增加，能这样吗？电都增加这么多了，电力系统难道不要变吗？

随着电网规模的迅速扩大和电压等级的不断升高，电网稳定破坏事故却日益减少。上个世纪 70 年代电网稳定破坏事故年均 9 次，1981 至 1987 年减少到年均 6.7 次，1987 至 1997 年降到年均 2 次，1997 年以来主网没有发生过稳定破坏事故，而同期北美、欧洲、日本和巴西都发生过大面积停电事故，中国的电网技术已经跻身国际先进水平。

据我了解，全国人大代表、政协委员当中有 400 多人提过发展特高压的提案。

外界对特高压输电线路，特别是有无必要把华北、华中和华东区域电网用特高压交流输电线路连成"三华"同步电网持有异议，主要有两条意见：一是建设特高压同步电网，特别是"三华"同步电网，担心同步电网规模太大，系统发生严重故障引发跨网、存在造成大面积停电的安全隐患；二是既然特高压电网交流输电存在争议，能否跨区域输电只发展特高压直流输电。但这些议论多局限于感性看法上，在科学计算方面的论证不足。

对上述异议，国家能源专家咨询委员会到电力科学研究院进行了科学论证。电力科学研究院构建了三种方案：一种是 500 千伏方案，即维持现有的 500 千伏电压网架，各大区域间以直流输电线路相连。第二种是"三华"特高压异步方案，即华北、华中以 1000 千伏交流相连，形成同步电网；华东电网与华中电网以直流相连，为异步区域电网。第三种是"三华"特高压同步方案，即用 1000 千伏特高压交流将华北、华中和华东三个区域电网联结成"三华"同步电网。

通过计算机模拟计算，和前两种方案相比，第三种方案减少了直流馈入，交直流协调发展，承受严重事故能力强。这一计算机模拟计算还得了科技进步奖一等奖。没有人能找出这种计算机模拟计算不科学。不赞同搞"三华"电网的没有拿出计算依据，只是凭自己的感觉认为不安全。

随着我国电力装机容量越来越大，而我国资源禀赋又必然要进行跨区输电，"三华"特高压电网不是优和劣的选择问题，而是电网发展的必然选择，否则不能满足电网的稳定要求。

关于发展特高压，在科技中长期规划、"十二五"规划、国务院颁布的发展重大装备的文件中都有明确的表述。如果说专家的意见，搞电力系统的两院院士，如中科院的严陆光、清华大学的卢强、电科院的周孝信院士都赞成，没有电力系统的院士不赞成。

记者：除了安全性问题，人们也质疑特高压电网的经济性问题，认为远距离输电的成本可能比输煤的成本还高。

张国宝：输电和输煤都是能源远距离输送的方式，要因地制宜、相辅相成，互为补充，不存在相互排斥的问题。电力部的老领导史大桢部长说，远输煤、近输电是电力部20世纪60年代提出来的，当时各大区电网都未相联，煤很廉价，运输也不像现在这么紧张，运价也很低，而输电线路当时只有220千伏，不适于长距离输电。但现在煤价、运价都有了很大提高，输电技术也有了很大进步，500千伏交直流甚至±800千伏直流、1000千伏交流已开始使用，远距离送电成为可能，经济性也在提高，所以远输煤、近输电的看法不是一成不变的。

东中部地区缺煤、缺电现象会长期存在，跨区域输电必须提上议程，目前华东地区每吨煤价格已经超过1000元，通过全过程的输煤输电经济性比较，西部地区煤炭就地发电，特高压输送到东中部消费端，电价可以低于当地的平均上网电价。

同时，发展特高压输电技术，跨区域调剂，可以在更大电网内消纳那些稳定性差的清洁能源，如水电、风电和太阳能等清洁能源。

记者：如果建设特高压电网，在技术方面，我国能够自主吗？已经建成的项目效果如何？

张国宝：技术已经研发出来。我国不靠别人的技术而真正自主研发出来的只有少数几个，特高压算一个。苏联是发展过一个1140千伏的项目，但由于国家解体、经济下滑的原因废止了。当时他们的技术现在看起来非常老化，开关都是用机械式的开关，现在开关都是六氟化硫开关。我们的特高压技术已经被国际电力联盟吸纳为国际标准，巴西甚至俄罗斯、美国已开始与我国洽商建设特高压输电线路。

目前世界上只有中国建设了 ±800 千伏直流线路。一条是云广直流（西起云南楚州市，东至广东广州市），一条是向上直流（西起四川向家坝，东至上海奉贤），都运行得很好。在世博会之前，我带巴西能源部部长去看过向上直流项目，他原来根本不相信中国有这个技术，参观后他改变了观点。过去巴西想用 ±600 千伏，他回去以后，巴西也准备要建从美丽山水电站到里约热内卢的 ±800 千伏直流。

特高压交流项目也有两条，一条是晋东南到荆门 1000 千伏交流特高压试验示范工程，另一条是刚刚批准的，皖电东送 1000 千伏淮南到上海特高压交流输电示范工程项目。

第一条线路目前的运送能力是 240 万千瓦。所以反对特高压的就抓住这一点质问：1000 千伏交流应该送 500 万千瓦，怎么就送了 240 万千瓦？

实际上国家发展和改革委员会批文批的只是第一期工程，文件中明确是输送 250 万千瓦左右，主要是为了考验设备有没有问题，只上了一半的变压器。一期没有问题以后才上了第二期变压器，今年 11 月份就可以建成，具备送 500 万千瓦的能力。

能源消费总量控制是难题

试图分解到各个省，会面临一个问题，如果地方突破了怎么办？

记者：目前，广受争议的能源消费总量控制是怎么提出来的？

张国宝：去年在制定《中共中央关于制定国民经济和社会发展第十二个五年规划的建议》时，我是起草小组成员，在讨论过程中我提出，要不要有个指标，到"十二五"末我们能源生产多少、消费多少？

但是并未讨论出结果，为什么得不出结论？道理非常简单。到"十一五"末我国的一次能源消费总量已达到 32.5 亿吨，在"十一五"期间增加了 8 亿吨。如果"十二五"同比增长，就达到 40 亿吨。但是现在我们的煤炭产量已经占了全世界 46%，再加 8 亿吨，那么全世界一半的煤都在中国。这样，中国减排的压力就更大了。

这样就提出了一个能源消费门槛的动议。但是，实际的经济发展和人对能源消耗的需求，仅靠一个指标也是难以控制的。所以在"十二五"规划中难以确定一个能源消费总量。

后来，又发生很多事情，比如福岛核电站危机，中东、北非乱局，南方电荒，能源问题进一步凸显出来。"能源总量控制指标"的说法又被提出，但具体是 38 亿吨还是 40 亿吨，还待进一步讨论。

记者：设置总量目标，能达到政策预期吗？

张国宝：不管目标最后定在多少，但如何控制住是难题。如果控制不住，只不过出了一个数字而已，这种数字是导向性的，还是约束性的？

实际上，"十一五"期间我们也提出了一个总量控制目标，但结果是总量的"天花板"早突破了，没有控制住。现在试图分解到各个省，也会面临一个问题，如果地方突破了怎么办？就算将这个目标定为约束性指标，有什么手段约束得住？都值得研究。

记者：有很多专家说，与其对能源消费进行控制，不如施行资源税改革，通过提高资源的价格这种经济手段来控制能源消费的增长更为有效。

张国宝：资源税也不能完成达成控制消费的目的。资源税改革的效果，第一是增加资源生产省的税收，第二把能源价格抬高。能源价格提高后，能不能把价格顺出去？如果不让顺出去，又会产生煤电矛盾。如果顺出去，最后又传导到价格上，通胀的问题怎么控制？

改良还是改革？任凭后人评说

以后还有很多事情有待去做，包括微观和宏观层面。

记者：您在国家能源局任期内，有哪些想做而没能做的事？

张国宝：我在卸任的时候讲过，我们在人类历史长河当中只不过是很短的一段，以后还有很多事情有待去做，包括微观和宏观层面。比如，微观一点的事，新能源规划我在任时制定好了，但没有批，还需要完善，更宏观的方面是能源体制和能源定价机制改革。

记者：当时，很多人对国家能源局的第一期望就是进行能源价格和体制改革。

张国宝：我已经多次讲过，能源价格的职责不在国家能源局，而在物价部门，而体制改革在国家发展和改革委员会体改司。国家能源局在价格和体制方面，只是发表意见，不是决定机构。价格肯定是要改的，阻力也会很大。

比如某地方原来的水电价格是一毛五，远远低于火电价格。但地方物价局表示，不能水火同价，说这会拉动当地的物价上涨。

实际上这些都是表面的理由，如何平衡发电企业和电网企业的利益？如何体现清洁能源的价值？这些才需要我们深层次的思考。

记者：外界评价您有两个观点，一个是改良，一个是改革，您觉得自己是改良还是改革？

张国宝：那就任凭后人评说吧。改革，不是我这个层面所能改得了的。我要说一下，改良这个词源于一个媒体报道我在能源工作会上讲我是改良派，以后人云亦云、以讹传讹。我根本没讲过这样的话。在改革开放的大潮下，我是改革的实践者、亲历者。在国务院领导和国家发展和改革委员会领导下，我是民航、通信、电力三个改革方案的具体起草人。

记者：在一个部门做事情，领导还是要有一些改革精神的吧？

张国宝：我同意你的观点，尤其在各种政府部门分割的情况下，改革是要有点精神，要有勇气的。

我在任上努力去做了，比如说上大压小，国家要求我压5000万千瓦，我都压了7600万千瓦了。还有农网改造，最后一期是我在卸任之前办的。本来我快要卸任，那天正好宣布晚了，所以还是我去汇报的农网二期改造，国务院批准把农村电网再普遍改造一遍，我为办了这件事而欣慰。

坚定信心发展核电[*]

记者：此次我们采访您，相距去年两会期间的采访已近一年时间。这一年日核危机和中东北非局势让能源界十分不平静，而您也因为在日核危机后力挺核电，受到争议。您之后有没有对当时的看法有所调整？

张国宝：我在参加由清华大学—剑桥大学—麻省理工学院低碳能源大学联盟主办的 2011 低碳能源与应对气候变化国际会议上所作演讲中触及到了核电话题。我演讲的题目是《人类可持续生存和发展能源问题的科学责任》。其实我当时对讲话的用词造句还是斟酌过的，我的原话是："在人类认识自然、探索自然的过程中，都付出过牺牲和代价，在失败中人类没有停止脚步，而是吸取经验和教训，不断完善和改进，才取得了人类的进步。人类为实现飞上天的梦想，发生了无数次空难，美国航天飞机也发生过爆炸，但人类在这些灾害中不断总结经验，改进技术，使我们的飞机越来越安全和完善，航空才成为全球旅游的主要方式。人类在探索海洋中更是付出了惨重的代价，历史上的沉船事故不胜枚举，但总有勇敢的探索者不畏风险，勇敢前行，是他们推动了历史的进步。"我认为我们不能因日本福岛的老旧机组出问题就在发展核电上因噎废食。日本福岛核事故发生后，我们

---

　　* 本文是《中国能源报》对张国宝的专访。原载 2012 年 2 月 6 日《中国能源报》。

应该认真吸取日本核事故的经验教训，更加重视核安全，但世界依然需要核电，而作为一个人口众多、能源问题十分突出的大国，中国更不可能放弃核电，这是我的观点。不仅在这次演讲会上，在其他场合我也这样讲。但有一家当时并不在场的媒体发表了一篇评论文章，批评我把核事故和空难混为一谈。国务院新闻办和有关领导曾把当时网上的舆情转给我，我回了一封信，明确表示这是我的观点，至今我仍这样认为。

截至 2010 年 12 月 31 日，全世界共有 441 个在运行的反应堆，总装机容量 3.75 亿千瓦，今天核电年发电量相当于 1960 年全球发电量的总和，提供了全球 15% 的电力需求。还有 66 个机组在建，相当于现有核电机组的 17%。30 个拥有核电的国家已有 1.4 万堆年的运行经验。那些想完全废除核电的想法只是理想主义的愿望，就像人类不可能退回原始生活方式一样。

记者：您刚才说到，中国更不可能放弃核电，能具体谈谈吗？

张国宝：2010 年，我国原煤产量达到 32 亿吨，原油产量突破 2 亿吨，进口 2.4 亿吨，石油对外依存度到了 54%，并且还在逐年扩大。2011 年进口 2.6 亿吨，对外依存度进一步提高到 56.5%，化石能源产量受到资源储量、安全生产、运输能力等硬制约，价格也在不断上涨。利比亚战事迅速推高了国际油价，去年每桶油价比 2010 年平均上涨了 30 美元，仅此一项去年我国就要多付约 600 亿美元，加大了我国石油输入型通胀压力，这些都再次敲响了我国能源安全的警钟。现在又发生了伊朗危机，走势尚难预料，但不论是否开战，都必然成为推高油价的因素。所以我曾建议要重视石油替代战略，把石油用在非用不可的领域。哪些是非用石油的领域？按目前科学技术，飞机，包括军用战机、战舰、坦克等，还只能用油。动车组可替代内燃机车，地铁作为最主要的公共交通工具，继续淘汰燃油机组和锅炉，这些领域都可以用电代替石油。那么，电从哪里来？光靠化石能源是不行的，所以要发展核电。

另一方面，我国现有能源结构高度依赖煤炭。煤炭在我国一次能源消费中的比重达到 68%，煤电占全国发电总装机容量的比重达到 76.8%，占总发电量的 83%，比世界平均水平高出 36 个百分点。现在，我国的二氧化碳排放量每年是 98 亿吨，在气候变化谈判中的压力将日益增加。因此，从化石能源逐步枯竭和昂贵的趋势看，从气候与环境的承载力看，我国在大力发展可再生能源的同时，发展核电是不可替代的选择。

记者：的确，能源总量的控制还是比较有难度的，这次的全国能源工作会议也把保障供应工作提至首位，同时提出要有忧患意识。

张国宝：不知大家是否注意到，"十二五"规划中未出现煤炭消耗总量指标。2010 年，我国煤炭消费量约 32 亿吨，假设消费量增速不再提高，按照"十一五"期间每年增加 1.6 亿吨的平均值计算，"十二五"末，我国煤炭消费量将突破 40 亿吨，占世界煤炭消费总量将超过 50%，这个比重是惊人的。如果按照 41 亿吨推算，我国能源消费量的年平均增速将不超过 5%，用不超过 5% 的能源增长率来保障 8% 的 GDP 增长，这个任务也不轻松。所以，一方面，要调整经济结构中农业、工业、服务业的比重，不断提高工业产品的技术含量；另一方面，要构建多元的能源新格局，在控制化石能源用量的同时保障能源供应。

记者：近期，国务院已经批示尽快将核安全检查报告结果报国务院，恢复核电建设，核电"解冻"基调已定。这意味着什么？国务院的积极态度是否意味着已经上报两年、亟待发布的核电中长期规划将确定一个比较大的装机规模？

张国宝：尽管德国宣布了要放弃核电，但福岛事故后世界各核电大国发展核电的态势并没有根本改变，核电在今后能源结构中的定位已经清晰。温家宝总理在国务院的电视电话会议上再次重申了我国"十二五"确定的方针是安全高效发展核电。国务院在福岛核事故后确定的四项任务已基本完成，国务院领导批示要尽快把核电安全检查报告报国务院审议。国家能源局会同核安全局就调整核电中长期规划做了大量工作，我也期待着这一重要规划能早日批准。

记者："3·11"事故至今，我国没有批准新的核电站，已经批准而尚未开工的4个项目6台机组也处于停顿状态。我们最新了解到的消息是，已经批准而尚未开工的4个项目将视同已经批准的机组。您能为我们介绍一下这些项目吗？

张国宝：这你需要向国家能源局核实。在福岛核事故发生前，阳江的4、5、6号机，福清的4号机，山东威海石岛湾核电项目（高温气冷堆）确实已核准过，但未及正式开工就发生了福岛核事故，因此停了下来等待核安全检查。我想在正式开工前还需要国务院确认。

记者：能源部老部长黄毅诚曾指出，核电的成本加成定价法在一定程度上阻碍了产业的技术进步，对此您怎么看？

张国宝：我不清楚黄部长怎么说的。在核电发展初期由于投入大，当时煤也便宜，核电价格高于煤电。现在南方煤价一吨高于1000元，广东火电标杆电价0.48元/千瓦时，而新投产的岭澳二期核电上网电价是0.43元/千瓦时，核电价格已比火电有竞争力。我不知道你是否问的是这方面的问题？

记者：由于福岛核电站事故机组采用二代技术，事故后技术路线之争一度甚嚣尘上。一年过去，我们对二代技术有没有形成科学认识？

张国宝：我们在引进三代核电技术时，二代、三代的关系已经讲清楚了。福岛一期建成于 40 年前的 1971 年，本已到寿命期，采用的是早期的沸水堆技术，现在看已经很陈旧了。我国在运行的都是改进了的先进压水堆技术。现在全世界在运行的都称为二代技术，三代的一个也还没建成。福岛事故后美国也对在运的 104 个核电反应堆做了安全检查，检查结果认为都是安全的。不能认为二代技术就是不安全的。三代主要是采用非能动等安全技术，降低了堆芯熔化概率，但三代建成和考验还需时日。

记者：您为我国的核电发展做了非常多的工作，正是在您任内，结束了我国连续 3 年没有新的核电机组投运的状况。您认为我们应该如何重建信心，逐步回到稳健有序发展的轨道上？

张国宝：我们要扎实做好几方面工作。首先，发展核电始终要把安全放在第一位，全方位做好安全保障工作。未来四年，我国在建核电机组将陆续投产，企业将承担更繁重的运营工作，核安全保障任务繁重、责任重大，必须切实做好安全工作，并系统推进核电技术、管理和法规的完善与提升，全方位协同确保核安全。第二，系统开展福岛核事故的经验反馈和改进。对福岛事故的跟踪和反馈将是一笔宝贵的经验教训，我们要通过与国际相关机构的沟通合作与信息共享，全方位吸取事故经验与教训，结合国家核安全大检查中的问题，在核电设计、工程和运营等环节优化改进。第三，进一步培育我国核电自主创新和核心装备制造能力。以自主化和国产化为目标，全面统筹推进核电技术研发，着力打造自主、先进核电技术品牌；集中力量，加强合作，以科学务实的作风，加快对以 AP1000 为主导的三代技术的消化、吸收和再创新，同时加快三代核电关键设备的国产化进程。

我想强调的是，一个产业的发展，信心至关重要。应该看到，福岛事故后世界各核电大国发展核电的态势并没有根本性改变，特别是美国未来五年能源规划中对核能的定位值得我们思考。美国能源规划中明确了要研发新的舰船动力堆和小型堆。无独有偶，去年能源委员会专家咨询委员会也建议我国研发舰船用核动力堆，我认为这个建议应当得到重视。

能源大国一定要追求成为能源强国[*]

对于 13 亿多人口的中国而言，能源和粮食一样重要，不仅是一大民生问题，还是经济发展必不可少的保障。中国已经成为世界上最大的能源生产国和消费国。如何从能源大国成长为能源强国，这是主管中国能源 11 年之久的全国政协常委、国家发改委原副主任兼首任国家能源局局长张国宝日思夜寐的心头大事。9 月 10 日，难得空闲的张国宝接受了本报记者长达两小时的独家专访，坦诚讲述了对我国能源的成绩与不足、能源强国的成长路径、新能源发展、节能减排等诸多问题的思考和看法。年近70 的张国宝为了梦想仍奔波在一线，"任何大国都会把确保能源供应作为追求目标，从各大国制定的能源发展战略可以看出，谁也不会满足成为泥足巨人，这是显而易见的道理"。

自主创新能力强才是能源强国

记者：我国毫无疑问成为了能源大国，是否只有成为能源大国才能走向能源强国？在我国成为世界第二大经济体的过程中，能源发挥了多大作用？

---

[*] 本文是《人民政协报》对张国宝的专访。原载 2012 年 9 月 25 日《人民政协报》。

张国宝：大国和强国的关系如同数学中充分与必要条件一样，并非强国必然是大国，有些国家如德国装机容量和能源总量都比我国小得多，但能源技术非常先进，不能说不是能源强国。这样的例子很多。能源强国可以不是能源大国，但能源大国一定要追求成为能源强国。

我国已经迅速崛起为世界能源大国，一次能源生产总量和消费总量都跃居为世界首位，在国际能源事务中的影响力和话语权明显提升，能源安全供应能力显著增强，新能源异军突起，能源结构和生产力布局明显优化，科技创新能力进一步提升，装备水平长足进步，能源"走出去"取得历史性突破。2011年我国年人均能耗超过2.6吨标准煤，达到了世界人均水平。如果我们不是能源强国，就无法满足持续增加的能源需求，也无法降低万元产值的能耗水平，全世界的新增能源供应大部分给中国也不够用。

改革开放30多年来，能源工业为中国经济腾飞和人民生活改善注入了强劲动力。一般而言，经济增长为1，能源增长相应为0.8，这叫弹性系数。而我国能源增长高的时候达到1.2至1.3才能满足经济高速发展的需要。这和经济结构和发展阶段有一定关系。"十一五"期间我国新增电力装机超过4.3亿千瓦，5年完成了前50年的累计装机量，这是世界电力建设史上前所未有的速度。我国总体投资环境优于印度，很大程度得益于高速公路、电力供应等基础设施比印度完善。同时，也为中国成为制造业大国提供了能源保障，有约28%的能源又以产品形态出口到世界各地，为世界经济繁荣作出了贡献。

记者：请问您定义的能源强国是一个什么概念？作为能源大国的我们，如何才能成为能源强国呢？

张国宝：所谓能源强国不仅是有能源规模还要有能源技术，我理解这就是强国和大国的差别。今后国家能源要想发展，要想结构调整，要想由能源大国成为能源强国，一定要有领先世界的能源科技和装备，而且是自主化的。核心的技术靠买是买不来的。目前，能源领域中真正中国原创性的技术还是太少，绝大部分的技术和装备源自国外，我们不能什么都是西方引进，始终跟在别人后面。自主创新不但需要而且是必须的，能源强国首先要有很强的自主创新能力，这点非常重要。

不能简单地说我国是或不是能源强国，总体而言我们仍有差距，但某些领域我们已经达到或处于国际先进水平。如水电领域，世界主要水电工地上都能看到中国水电人的身影，不管是设备制造还是施工设计，在国际市场上都有很强竞争力。如火电领域，我国开发了世界首台 60 万千瓦循环流化床发电机组、建成了世界最大的百万千瓦空冷机组、实施了世界上电压等级最高的 ±800 千伏直流输电线路、建造了 33 台百万千瓦超超临界机组，与世界一流没有差距。如风电领域，我国自主研发了 3 兆瓦海上风机，5 兆瓦、6 兆瓦风机也宣告研制成功，处于世界领先水平。

记者：据称，美国能源部有 10000 人，我国能源局只有 100 多人，不少人希望我国成立统管全局的"能源部"，不知您怎么看？

张国宝：不能如此简单类比，这不一样。一是美国能源部的涵盖范围与我们不同，他们还包括原子武器的研制等；二是美国能源部实行垂直管理，包括其在各州的派驻机构，还有直接管辖的实验室等。有人提出设立能源部的想法，表明社会上对能源工作的重视，但从改革的思路来讲，不代表重视一个行业就要成立一个部。如果成立一个部既当老板又当婆婆，把已经拆掉的庙又建起来，搞不好还会束缚和阻碍发展。过去，我们成立了许多部，甚至好几万人管冶金、机械、煤炭、电力、石油、化工、纺织、轻工、船舶等，后来都撤销了。当时认为天要塌下来了，国家不管，不就乱了吗？结果，没有这个部，行业发展更好。有冶金部时，我国钢铁产量才几千万吨，现在变成 7 亿吨。没有了冶金部发展反倒更快了，关键是减少了对微观经济的干预。市场经济条件下，行业管理要从过去管人、管物、管钱向规划、法规、科技进步等职能转变。美国能源部其实是美国的能源科技部，主要管理科技工作，每年投入 200 多亿美元，依托下属的二十几个国家重点实验室，联合企业、高等院校开展促进美国能源科技进步的重大课题研究。国家能源局成立以来，也把科技工作作为行业管理工作最主要的内容，利用国家给的不到 20 亿元人民币，设立了 38 家国家能源研发中心，以体现鼓励能源创新、壮大能源产业的国家战略，但我国还是发展中国家，政府的投入和美国等发达国家比还有很大差距。

放眼世界确保我国能源供应

记者：近些年中国能源发展可谓突飞猛进，如水电装机容量居世界第一、电网规模跃居世界第一、国家石油储备基地从无到有、风电设备制造企业有 3 家进入世界 10 强、光伏电池出口量占全球市场一半等，那么短的时间我国的能源建设取得那么大的成就，您认为主要的原因是什么？

张国宝：能源、交通基础设施曾经是影响经济发展的两个制约瓶颈，改革开放以来的 30 多年间大部分时间都处于紧迫状况。近年来我国能源的巨大进步令世界惊叹，成绩可圈可点，经验弥足珍贵。一是体现了中国特色社会主义制度的优越性、改革开放政策和社会主义市场经济体制的合理性。改革开放前，我们何尝不想生产先进设备，但关着门搞建设，虽说全是自主知识产权，可经济和技术指标都很落后。只有在改革开放的大潮下，大力引进世界先进技术，利用经济全球化的难得机遇，逐步改革阻碍生产力发展的体制机制，既发挥社会主义能集中力量办大事的优越性，又遵从市场规律，历经市场的摔打我们才能实现赶超。二是必须坚持科学发展观，着力推进结构调整。随着化石能源的日渐昂贵，气候变化受到国际社会普遍关注，调整能源结构，大力增加水、核、风、太阳能、生物质等非化石能源的比重迫在眉睫。这些年中国的新能源发展非常快，甚至有些地方超过了美国，这是事实。三是必须坚持科技创新。我们引进消化吸收再创新和自主创新有机结合，敢为人先，勇于创新，与重大工程实践紧密结合，开发出一个个世界首创的能源装备和技术。如果没有重大工程做依托，"皮之不存，毛将焉附"，重大装备就成了无源之水、无本之木。此外，我国快速成长的庞大市场也给企业快速成长创造了市场机会。

记者：在我国的能源安全中，石油无疑首当其冲，我国石油的对外依存度已经超过美国达到 56%，同时，我国每年进口超过 2.4 亿多吨原油中，绝大部分需要通过海路运输，增加了外部的风险性。在您任上，我国启动了能源外交，中亚天然气管道、俄罗斯石油管道等相继投运，中国能源企业勇于"走出去"，能否谈谈您的感受？

张国宝：在全球化大潮中，中国不可能独善其身，要有全球视野的战略眼光，融入到整个世界的发展中。尤其在资源领域，西方国家走过的历史表明，许多国家是靠全球性的市场解决本国发展的能源需求。能源大国的博弈首先理念上不要故步自封，我国有些能源靠自我平衡有困难，应在全球范围内进行资源配置，通过国际贸易和海外投资来弥补不足。

通过"贷款换石油""工程服务换石油"等一系列措施，中国在海外获得了 1 亿吨油气当量的石油天然气，保障了中国 1/3 的油气供应。最艰难的谈判要算中俄"贷款换石油"协议，历时 10 多年，在谈判桌上鏖战了 5 个月之久。就"贷款换石油"的合同细节，中间经历了三四轮谈判，我带队的谈判队伍曾与俄方进行过连续 24 小时的谈判，一日谈判至凌晨四点半。在庆祝苏联卫国战争胜利 50 周年的活动时，土库曼斯坦总统尼亚佐夫向胡锦涛主席表示愿意向中国出售天然气，我从外交电报中知道这一消息后，抓住机遇会同中石油赶到土库曼斯坦开展合作谈判。当时很多人想不通，管道还需经过乌兹别克斯坦、哈萨克斯坦两国，能行吗？现在，中亚天然气管道已经开通，为解决我国能源问题又开辟了一条战略通道。

记者：我们知道，您在任上曾草拟《核电规划》，日本福岛核事故爆发之后，核电发展一度陷入停滞状态，从全球范围来看，您认为我国的核电政策是否需要调整？

张国宝：我国军用核技术跻身于世界五大国之列，民用核技术发展却步履蹒跚，至今未摆脱"万国牌"的阴影。究其原因是在决策发展核电问题上政策摇摆，没有形成国家意志，也影响人才的培养和装备制造业的升级。

福岛核事故发生之后，控制核电发展规模和速度的提法，我偶尔也能听得到。现在我国已开工在建的核反应堆是 26 个，占全世界 40% 以上，从开工建设的数量说，中国是世界上最大的。因此，不乏有人担心安全能不能保证？是不是太快了？但是我认为要客观分析。为什么呢？我国核电占整个装机容量的 2%，而世界平均是 16%，差距比较大。别的国家是什么情况呢？美国有 104 个反应堆，法国有 58 个反应堆，韩国有 21 个反应堆，我国至今只有 15 个反应堆投入运行。美国、法国在 20 世纪七八十年代核电建设高峰期时，当年开工数和同时在建数量都大于我国现在的规模，如美国最高峰同时在建的核电站有 40 座。从国土面积来讲我们和美国差不多，从人口来讲，我们比美国人口多得多。我国核文化的核心就是安全，这比发展多大规模更重要。福岛核事故也在催生更加安全可靠的核电技术。我们应毫不动摇坚持"十二五"规划明确的道路，"在确保安全的基础上高效发展核电"。

节能减排的关键是调整经济结构

记者：您一直倡导大力发展新能源，最近我国光伏产业遭遇四面楚歌，我们应该如何认识这一问题呢？

张国宝：传统能源的生产，西方国家占据先机，在可再生能源和清洁能源领域，我们与西方国家处于同一起跑线上，应该抓住机会大力发展。不同于传统能源领域国企为主的格局，新能源领域民企由于机制灵活、敢为人先成为主要的推动力量。

我国光伏产业最近面临一些问题，首要原因是欧美市场不行了，它的光伏企业日子也不好过，前些年发展快得益于欧美政府为鼓励可再生能源给予了大量补贴，现在经济不景气，政府补贴减少，贸易保护主义开始抬头。另外，地方盲目攀比建设导致太阳能设备产能过剩十分严重，产能大于需求，只能压价竞争，最后谁都没利润。在我任上，国家发展和改革委员会、国家能源局没有批过一个光伏设备项目，都是依靠市场力量自发形成，也有赚钱很多的时候，现在处于低谷当然损失也很大。从市场的角度讲，这是难以避免的阶段，一些企业会在激烈的竞争中"凤凰涅槃"进入高端，一些企业会破产倒闭，就像改革开放初期电视机、冰箱、洗衣机等家电行业走过的路一样，但结果会促成产业的升级。这一过程中各级政府不应过多保护，有的省为了避免企业在这一轮结构调整中出局，采取把规模进一步做大的办法，但过多的保护最终也很难奏效，结果损失会更大。

记者：我们知道，您在推进新能源建设中遇到不少阻力，以您倾注心血的风电行业为例，有时甚至批评的声音要大于肯定的声音，似乎发展风电问题成堆，还影响到政府主管部门的政策，对弃风地区禁批、限批政策陆续出台，您认为真实的情况是什么？

张国宝：这好比九个指头和一个指头的问题，作为一件新鲜事物，新能源发展需要更多的实践家，而不是指手画脚只当批评家。有的同志不是看到发展的主流，对出现的问题不是以发展为前提积极去解决，相反用放大镜看存在的问题，遏制了风电的发展。2011年我国风力发电量706亿千瓦时，以平均每千瓦时耗煤330克计算，相当于少烧2330万吨标准煤，少排放二氧化碳8000万吨以上。此外，2011年我国风电参加联合国清洁能源机制，出售碳减排指标就收入30亿元左右。如果考虑到风电不像火电、核电那样耗水，特别适合在三北干旱少水多风的区域建设，优点更为明显。我认为风电这种大自然存在的、用之不竭的清洁能源理应优先快快利用才是。

目前，风电发展受到指责最多的是弃风问题，特别是内蒙古和东北冬季弃风达16%—20%，深层次的原因在于：一是有人认为风电在电网占比不宜超过10%，否则影响电网安全。这是一个认识误区，在欧洲风电发达的丹麦、西班牙等国风电占的比重超过了30%，瞬时占的最高比重甚至接近50%。我国蒙西电网4月26日风电上网比例达30.5%，全天电网运行平稳。在德国老百姓一家一户的屋顶太阳能发电尚且可以上网，在中国连风电上网都这么难，只能怪电网公司接受风电的工作不够积极，政策还不到位。二是就全国范围而言，风电发电量才占全国发电量的1.5%，比重很小。由于输电网发展太慢，加上存在特高压输出的争议，至今没出台电网规划，外送电输电线路建设处于停滞状态，结果就拿分散的风电投资者开刀，采取限批的做法，还把5万千瓦以下小风电场的审批权以备案为由，变相将审批权上收，这是传统计划经济的思维方法。我们应该以可再生能源法为依据，要求电网公司全额收购可再生能源，做不到就应该建网、建线路，落实法律的要求。能源局也应尽快制定出台电网规划。"十二五"规划都过去两年了，电网规划还出不来是说不过去的。

记者：我们在国际气候谈判中对国际社会有过庄严承诺，到 2020 年，单位 GDP 碳排放要在 2005 年的基础上下降 40%—45%，非化石能源占一次能源消费比重达 15% 左右。面对巨大的国际压力，我们应该怎么做呢？

张国宝：这个庄严承诺是以约束性指标提出的，就是不管国际上是否达成这个协议，我们都要努力达到这个目标。中国经济结构第二产业突出，三产比重仍较低，已成为世界制造业大国。二产比重高这是中国的发展阶段和国情决定的。制造业为我国提供了大量就业机会，积累了外汇，也消耗了较多能源和资源。特别是我国制造业还处于世界产业链的中低端，需要向高端、高技术含量、高附加值、低消耗升级。节能减排最根本的还是经济结构调整。

一方面，我们目前的产业结构乃至每个单位产品的能耗都还比较高。同样生产 1 吨水泥或者钢材，我们的耗能比日本多，我们节能的潜力还是非常大。所以，对于中国这种人口众多，自然资源占有量也不是很多的情况，必须提倡厉行节约，可以在全国范围内主抓一千个耗能企业大户，推行节能减排技术，把发展建立在节约能源和环保绿色的基础上。另一方面，我们要更加注重新能源发展，增加清洁能源和新能源比重，加快能源结构的调整，把能源发展得不仅量大，更重要的是质优。目前，我国的非化石能源占一次能源消费的比重只有 8% 左右，风能、太阳能、生物质能、地热能等非化石能源在我国能源消费中占比很小。达到 15% 目标，主要靠发展水能和核能。

中国能源结构调整与新能源战略[*]

能源委员会组成单位基本没有变

主持人: 张主任,我们知道,今年 7 月 11 日,国务院办公厅发布了一个通知,根据国务院机构设置以及人员变动情况和工作需要,对国家能源委员会组成部门和人员进行调整,这应该说是国家能源委自 2010 年成立以来首次人员变动,从这个里面大家能解读出一个什么样的信息呢?

张国宝: 因为在 2008 年那次政府机构调整当中,提出一个大部制,开始的时候,大部制很多都集中在要不要成立一个大能源部的问题,因为能源很多职能分散在很多部门,有些同志提出来应该集中到一个大的能源部,而且中国那么多能源,又是世界上的能源大国,应该有一个这样的能源部,很多比我们体量要小的国家都有能源部。但是后来种种考虑,没有成立能源部,还只是有个国家能源局,而且还是个副部级单位,挂靠在国家发展和改革委员会下面。但是由于能源事务确实涉及到很多部门,比如能源外交,可能和外交部、商务部都有关系,比如说能源资源,煤炭储量、石油储量、天然气储量,可能又和国土资源部有关系,由于能源的使用,可能和环境保护部也有关

---

* 本文是 2013 年 8 月 12 日张国宝做客人民网强国论坛新政栏目并与网友进行在线交流实录。

系，因此涉及到很多部门的职能。因此，成立了一个国家能源委员会。这个能源委员会是属于国务院的议事机构，层次比较高，比如当时的温家宝总理担任组长，李克强副总理担任副组长，下面涉及到相关的各个部委，业务组成人员有 21 个，这是成立的时候。

但是随着新一届政府组成，原来的能源委员会的很多成员都发生了变化，有的可能调到别的部门了，有的可能退休了，有很多新的领导到了新的岗位。7 月 11 日这次公布的能源委员会的名单是 20 个，和上一届比少了 1 个，因为电监会和能源局合并了，原来电监会有 1 个代表，现在没有电监会了。相应地，原来由总理亲自来担任能源委员会的主任，现在李克强总理是主任，张高丽副总理是副主任。其他的机构设置和上一届基本上是一样的，它下面有个办事机构，就叫能源委员会办公室，国家发展和改革委员会主任为办公室主任，国家能源局局长为副主任，这个架构没有变。上一届张平是办公室主任，我是副主任。这一届就是徐绍史担任办公室主任，吴新雄担任副主任。架构虽然没有变，但是组成人员确实变化比较大，我数了一下，这 20 个人当中，上一届是能源委员会的、现在还是能源委员会的，只有 7 个人，其他 13 个都是新人。

但是现在可能您还关心，为什么还是叫能源委员会，为什么还要有能源委员会，因为这个过程当中，每次调整，能源管理机构到底怎么设置，一直也是社会关注的焦点。所以，这次仍然有很多人提出来要不要设立能源部的问题。因为中国能源问题那么重要，体量那么大。但是也有很多人认为，不是说这个事情重要就一定要为这个事设一个部，过去我们有过很多很多的部，在过去改革当中，把这么多部都合并了或者撤销了，不仅没有影响到工作，而且更有利于发挥社会主义市场经济的活力。另外有些同志提出来的一些美好的建议，比如说能源职能太分散，成立能源部可以集中到一个部门来管。即便成立能源部，仔细分析也是很难做得到，因为刚才我讲到，能源要跟很多国家打交道，和外交部肯定有千丝万缕的联系，你也不可能说这个事全部归能源部管，外交部不要管了，商务部也不要管了。全国矿产资源也不大可能不让国土资源部管，而由能源部来管，因为勘探也是一个必须要总体综合考虑的问题。也不可能能源和环保相关的问题，不让环保部管，都要能源部来管。还有价格，也是一个比较敏感的问题。即便成立能源部，也不可能由能源部就来管能源价格。为什么？如果能源部管能源价格，交通部就要管交通价格，农业部就要管粮食价格。你把每个部门都分散掉了以后，哪个部门都为自己的行业吆喝。我肯定说能源吃亏了，价格太低，应该涨，一片喊涨声，我自己就能决定能源价格涨不涨，那怎么能行呢？一定要有比较超脱的综合的第三方。仔细想，好像愿望是好的，但是实际操作会有很多问题，至少说还有很多暂时没有想清楚的问题。在这样的情况下，没有成立能源部，还是能源局。但是这个问题确实很重要，因此还保留了这样的高层的议事协调机制。

主持人：听国宝主任给我们讲了这么多，对国家能源委员会新的变化有了大致的了解。您现在国家能源专家咨询委员会担任主任，是不是也要对他们整体的构架提供一些建议或者是意见，您的职位职能主要是什么？

张国宝：能源专家咨询委员会实际上在成立能源委之前就有，因为能源管理机构变化过很多次，过去历史上有过能源部，后来又撤销了。能源部撤销以后，能源管理的职能放到国家发展和改革委员会里面了，但是委里面一个局来管能源确实小一点。有一段时间社会舆论很大，因此曾经成立过国务院能源办公室。在能源办公室的时候成立过能源专家咨询委员会，后来成立了能源委。能源委继续保留了能源专家咨询委员会，其中有管煤炭的，有管电力的，有管石油天然气的，有管新能源的，各方面专家一共有 60 位。专家咨询委员会就是一些这方面的专家提供一些参谋，或者是顾问的意见。

传统能源仍占较大比重，新能源发展有三点制约

主持人：我们今天很多网友都在看我们的节目，主要是想听听部长您现在对于我们国家的能源结构变化调整的一些看法。我们看到有关统计数据，上半年除了天然气保持增速之外，其他的像传统的煤、电、油增长都是处于回落的状态，而且我们看到，尽管是在传统旺季，电力和石油消费似乎没有出现以往紧缺的状况。大家在探讨这样一个问题，是不是现在在经济低增长的模式之下，传统能源的优势已经没有了？

张国宝：我觉得不能简单地这样看。首先能源增长确实在减缓，这个是全球的趋势，不光是中国。我也认真地看了一下国务院各方面的资料，包括不久前英国石油公司（BP）发布的全球能源统计。全球受美债、欧债危机影响，这几年经济一直处于低迷状态，全球能源增长速度都在放缓。中国今年也确实有能源的增长，从增长率来看不像前几年那么高。因为长期以来，我们的能源都保持在两位数增长，经常出现电力或者煤炭的短缺，今年在绝大部分地方没有出现这种情况。最主要的原因就是总体经济在放缓。从能源结构看，风能、水能确实在增加，但占的比重非常小。传统能源，像煤炭、石油、天然气，仍然占一个非常大的比重。这一点并没有改变。我觉得，传统能源仍然是我们目前最主要的基础能源，这个地位没有变。

主持人：这种新能源的构架如果我们说要转型，决定性的或者说制约性的因素是什么？

张国宝：新能源发展还是比较快的。大家希望它发展得更快一些，但是肯定是有很多制约因素。我觉得其中一个很重要的因素，就

是新能源目前的成本价格还是比传统能源要高。拿风电来讲，经过努力以后，风电成本已经从最初的每度电一块多钱降到了五六毛。但是即便是这样一个成本，比起煤发电、水力发电来讲还是贵一些。太阳能就更贵了，太阳能过去是两块多钱，后来经过第一次招标，招了一度电一块一毛五，现在标杆定价大概在一块钱一度电，比风电还是要高出将近一倍，比传统能源高出去更多。因此新能源用得越多，国家的补贴就要越多，现在这个补贴是靠我们大家作出贡献，每一度电当中要收取一定的可再生能源基金来补这一部分的差价。这个可能还是一个很大的问题。怎么办？一方面是国家政策扶持，给必要的补贴；另一方面还是要不断地努力，通过技术进步做大蛋糕，降低成本，使新能源的成本和常规能源有可比性。

另外一个因素就和技术有关系了，如果技术不断得到发展，不断采用新的技术，成本逐渐就会有一定的竞争力。

还有一条，我们的基础设施还没有完全跟上。比如说这两年，反映季风比较多，但是没有形成把季风输送出来的通道。因为风电主要集中在三北地区，包括内蒙古、东北和西北，这一带风力资源最为丰富，特别是到了冬天，风力资源更丰富。可是这些地方到了冬天，为了保证取暖，要让热电机组开起来，供暖的同时必然发出电来，这部分电需要优先消化掉，然后才能谈到其他能源。在这样的情况下，风电就要让位于这些供热机组的能源。多余的电，如果要有通道把它送出来，送到南方或者其他需要的地方，那就没有问题了。问题是，这样的通道我们现在没有能够建起来。就全国而言，风电去年发了1004亿度电，这个成绩确实不小，超过了核电，核电去年一年才发了980亿度电。但是与全国4.8万亿度电相比，它只占2%，是个很小的数字，这2%怎么也应该用掉它。问题是在内蒙古地区可能比例就比较高了，高达百分之二三十，而这部分电又不能送到其他需要的地方去，今年仍然存在这个问题。所以，输送通道建设滞后也是一个非常重要的制约因素。

另外，在政策、法律层面上，我国制定了可再生能源法。制定这个法的时候，当时我还在位置上，最早起草是在我们这里，报到全国人大去批准，我也到人大常委会和法律专家答辩他们的问题，也见过很多次。里面有很重要的一条，就是应该全额消纳可再生能源，但实际上现在并没有做到。如何坚决地贯彻可再生能源法，我觉得也非常重要。

刚才我讲到输送网络不健全，和我们现在不断地争论电网输送技术和形式有很大关系。有人说要搞特高压，有人反对特高压，到现在为止也没有定下来。所以，影响了整个电网规划的出台和输电线项目的审批。"十二五"规划都过去一半了，这么重要的规划没有做出来，很多重要的通道，有的要建特高压，有的不同意建特高压，一直把这个事情延误下来。我对此是非常有意见的，我在多个场合都向有关政府部门反映过，也向国务院领导同志反映过。张高丽副总理几次到国家发展改革委来座谈，其中有一次老干部座谈我也参加了，我直接在他面前讲了这个意见。就是不能永远争论下去，应该尽快地对这个输变电线路的布局做出举措。

主持人：刚刚您提到的几个成本高，包括基础设施现在还不完善，国家政策层面上的一些问题等，都是我们在能源转型、结构转型方面存在的一些问题。我看到有些网友对于现在新能源包括光伏、风能有他们的看法，他们说新能源不一定节能，为什么这么说呢？比如说光伏装备生产环节，他们说是叫烧着高碳的煤生产低碳的灯。也就是说这个环节如果从整个周期来考察的话，并不是特别能做到环保。所以有人问，这样的新能源产业是否有必要去继续发展，是不是在它的背后有一些利益集团在操控？

张国宝：这样一些报道和看法我也见到过，其实不是现在才有的。我的印象当中，至少四五年以前就有过一篇这样的报道。有些人经过测算，认为制造太阳能电池消耗的能源，比太阳能电池生命周期当中所发出来的电还要多，不合算。这个问题出来以后，当然大家都很惊讶，包括我也很惊讶。但是大家经过分析以后，好像不同意这个结论。制造太阳能电池确实要消耗能源，因为要把硅变成多晶硅，多晶硅变成单晶硅，单晶硅最后变成太阳能电池板。电池一旦做好以后，在太阳光的作用下，它可以去发电，最后的结论还是它发的电要比制造它消耗的电要多。

主持人：后来我们通过验证说明他的这种说法是不科学的？

张国宝：对。当时这篇文章确实引起过高层的关注。国际社会也关注，也都做过一些分析。

主持人：我们一直在想，未来我国的能源结构一定会摆脱现在这种"一煤独大"的格局。如果从我们的国情来看，将来我们国家的能源结构应该是什么样的？最完美的状态应该是什么？

张国宝：这个问题非常重要，正是抓住了我们国家能源结构当中一个最重要的问题，因为中国一直在讲以煤为主的能源结构很难改变。确实是这样，中国的煤炭资源比起其他能源来讲相对丰富得多，油气资源相对比较贫乏。我们和西方发达国家不一样，西方发达国家油和气加起来大概要占到一次能源的60%多，剩下的不到40%才是其他的能源。中国恰好相反，中国将近70%的一次能源是来自于煤，其他的能源，像水电还占一部分，可再生能源占的比例实际上很小，风电在发电里面才占2%，如果在一次能源当中，我估计连1%都不到，只有零点几。这种状况我们是希望改变的，但是改变了以后煤就不是主要的，这一点可能在可见的未来很难做得到，只是说你能努力降低它使用的比例就已经很不错了。通过很多年的努力，收效并不明显，煤还是占有很大的比例。将来大家认识统一了，多发展点水电，多发展点核电，多发展点太阳能和风电，让煤的比例小一点，这是我们努力的一个方向。但是，努力不代表煤将来就降到次要地位，我估计在相当长的时间里，煤还是要占绝对优势的。这就给我们提出一个新的课题，如何清洁高效使用煤，不能像现在这样高污染、高排放、低效率地使用。

主持人：还有一个大家非常关注的话题就是，清洁能源虽然现在占比较小，但是未来有没有潜能巨大值得投资的？请您给我们分析一下。

张国宝：我认为潜能是非常巨大的。纵观人类发展的历程，很长时间我们烧的都是柴火，就是生物质能，那是我们最主要的能源。后来瓦特成功改进蒸汽机，蒸汽机的推广使用是伴随着化石能源使用的，有了煤，后来有了油，又有了气。瓦特改进蒸汽机到现在不过200年，已经把地球上的化石能源用得相当多了。未来还能用多久？我们不好说，悲观的观点认为再用几十年就没了，乐观的观点认为也就几百年。但是，人类还要长期存在下去，需要寻找到供人类可持续生存和可持续发展的能源。因此，人们现在又把目光放在了可持续上面，例如太阳能、风能、水能，还有一些生物质能。如何把可再生能源加以有效地利用起来，这是全人类都要考虑的问题。

主持人：现在应该说是一个值得投资的机遇期。

张国宝：你可能觉得我讲得有点虚，具体投资者是看现在是否赚钱。据我了解，还是赚钱的。有一段时间有这种批评意见，说新能源投资都是政府行为，都是国有企业不计成本。但是仔细去看一看，实际并不是这样，进入到新能源领域当中来的恰恰是民营企业比较多，而且有些民营企业在这个领域当中还非常出名，为什么呢？新能源作为新生事物给新投资主体提供了很多机会。所以，你去看一看，无论是风电，还是太阳能当中，有许多有一定知名度的民营企业，就是这个道理。

新能源投资没有垄断，能源消耗需控制在 40 亿吨标准煤

主持人：现在国有企业和民营企业在新能源架构当中的角色，目前来看，哪个比重高或者哪个角色更重要呢？

张国宝：决策都是他们自己去做，项目需要国家有关部门，比如环境保护部、国土资源部、国家能源局、国家发改委批一下，当然现在这个也在改变。注意看一下本届政府的审批放权，把风能、太阳能的审批权不再放到国家层面上批了。

主持人：但是现在还是处于垄断和政策保护的状态当中。

张国宝：现在没有。怎么叫垄断呢？现在谁都可以投资。国有企业不要说了，像龙源投资风电很出名。也有很多小的民营企业在投，包括太阳能。我觉得这个有点误解。本届政府进一步简政放权，把可再生能源、太阳能、风能审批权不再拿到国家层面上来批。这本身也会促进更多的投资主体进入到这个领域。

还是回到你这个问题，到底赚钱不赚钱？我也很关心这个问题。我一直认为它应该是挣钱的。如果不挣钱，那么多人都跑到这个领域来干什么？国有企业也要考核，也不是说就可以敞开口亏损。民营企业更要考虑了，这个钱是他自己的，他不能亏。我做过一些调查，我问他们到底挣钱不挣钱。拿龙源来讲，龙源是国有的，他一年的利润应该还是可观的。一方面有国家对新能源的补贴，还有一部分就是碳排放交易，也是他的收益，因为它不排放二氧化碳，可以把这个指标拿到国际市场上做碳排放交易。最好的时候，一度电碳排放交易能够收入一毛钱，现在可能到不了这个数字了。

主持人：现在对于民营企业来说他们要在技术创新方面投入得多一些。

张国宝：对，像风力发电，有不少企业都是民营企业。我指的风力发电分两类，一类是本身不做风力发电，是搞风电场，还有一类做风力发电设备。风力发电设备企业很多都有民营的性质，包括金风，既有地方国有的成分，但是也有民营的成分。比如像广东的明阳，完全是民营成分，包括原来的华锐，华锐实际上国有的成分很少，绝大部分是民营。所以这些领域都是民营的，太阳能刚才我讲过了，保利协鑫、尚德，还有江西的赛维，都是民营性质。

主持人：我们还发现一个数据，在去年国家能源局提出来，要把一年能源消耗的总量控制在 40 亿吨标准煤。40 亿吨标准煤这个数字意味着什么？是一个什么样的概念？

张国宝：它指的是标准煤，并不是实物，而且不光是煤，可能我还要消耗石油、天然气、核能、水能，把所有这些能源都折算过去，按照大卡折算为标准煤。这个 40 亿吨标准煤当中，煤还是很重要的。去年实物占到 36.2 亿吨，加上我们进口 2.7 亿吨，光是实物消耗已经将近 39 亿吨的样子，占了全世界煤炭消耗的近一半，这个数字已经很大了。这里头不能光靠简单的线性增长办法，而必须要把结构调整、科技进步这些因素都考虑进去，所以把 40 亿吨作为一种控制指标。如果按照目前的发展模式或者目前的产业结构能够达到 40 亿吨，难度是非常大的。从大的方面，结构都要进行调整，因为我们现在二产是消耗能量最大的。第一产业和服务业或者居民用电这个比例很小，居民用电大概是 11% 左右，包括商业、服务业也是 11% 左右，如果第一产业只有百分之几，大头都是第二产业消耗的，如果将来我们从大的结构上，增加服务业的比重，减少第二产业的比重，这也是调整能源结构很重要的一个方面，这是大结构。小的方面，比如说推广节能技术，现在浪费能源的地方还是不少。包括一些消耗能源的产业，我们和先进国家比还是有差距。所以，大力推广节能技术来减少能源的消耗。这个40亿吨，我认为是给出一种指导性的、导向性的目标，目前不大可能做到指令性的。

现在应该启动核电了 *

"五大发电集团搞核电，不一定非要做大股东去当业主，都想当老大。我不主张每家都成立核电队伍，这样的话，技术和人才都分散了。"年近 70 岁却仍精力充沛、频繁在能源建设工地调研的张国宝依然观点鲜明、言辞犀利。

2013 年，中国核电迎来了一个小的收获期，在"十一五"期间逐批开工的核电项目开始迎来投运的小高潮。在这一年，先后有宁德 1 号、红沿河 1 号机组正式投运。2013 年底，红沿河 2 号、宁德 2 号、阳江 1 号机组也逐渐进入并网调试阶段，即将在 2014 年春季投运。

这一批核电站的投入建设与国家发改委原副主任、国家能源局原局长张国宝关系莫大。张国宝经手了绝大部分目前国内在建及新投运核电项目的审批，并参与了尚未开工的一些备选厂址的前期工作论证。

这样的发展速度，逐渐改变了中国核工业辛苦 20 余年依然容量较小的困境，同时也一度引来了核电"大跃进"的争议。

当时的项目定夺有哪些考虑？在建和待建的核电站又有什么故事和曲折？三代技术招标引进工作实情如何？在这个中国核

---

　* 本文是《南方能源观察》对张国宝的专访。原载 2014 年 2 月《南方能源观察》。

电逐渐回暖的时期，本刊记者专访张国宝，畅谈中国核电发展历程。

一、"领导之间其实没有不同意见"

记者：2013年开始，红沿河、宁德等核电站逐渐开始投运，这批核电站获得审批是怎样的过程？

张国宝：我在国家发改委当副主任，以及后来兼任能源局局长时，赶上了核电大规模发展的好时机。那个时候，中核、中广核乃至其他电力公司积极性都非常高，所以有一批新的核电厂投入了建设，比如说大连红沿河首批批了四台，用的是CPR1000，宁德也是四台。这两个项目业主都是中广核，当然红沿河有中电投参股，宁德有大唐股份。宁德建了以后，中核有压力了，他们开始是在惠安筹划，后来由于惠安不赞同，就挪到福清了，福清当时定的是六台，第一期是建两台。在此之前核电都是两台两台地批，即一次只批两台，待建完后再批二期两台，而我改变了这种做法，一个厂址如能建四台、六台，就一次批了，企业建设时可以按顺序一台一台地建。这样的好处是设备可以一次订，批量生产降低成本，场地基础设施可一次规划建设，避免造成浪费。红沿河、宁德、福清、阳江我都是这么批的，后来倒是核安全局要一台一台批才能开工。企业变成了主要跑核安全局。

但现在福清可能要延误工期一到两年，我到现场看过，怎么会推迟呢？主要是主泵和控制系统的国外供应商拖期。因为业主是中核，不是中广核，在某些问题上，他有自己的主意。中核在两个最主要的部件（DCS控制系统和主泵）用了和中广核不一样的技术和供应商。中广核用的都是西门子的DCS控制系统，而福清用的是美国Invensys公司的，当时这家公司拍胸脯说我能做。他也许在美国配套过核电站，但没有跟法国的核电站配套过，所以第一套就出了问题，一直拖期，可能要拖两年。另一个是主泵，中广核用的都是法国热蒙的产品，热蒙在中国有合资厂。但是中核用的是奥地利的安德里茨技术。用安德里茨技术有一定的道理，因为之前我们秦山一期用的就是安德里茨的主泵，有这个历史。后来我们给巴基斯坦援建核电站，也是用安德里茨的。既然以前他在别的项目给你配了，和中核有很深的合作关系，用它是有一定道理，但安德里茨过去没有配过法国的 M310，也拖期了。我听了以后就挺恼火，我说你们就是门户之见，中广核用你们就不用，非要自己标新立异。他们就解释为什么要选安德里茨。但是起码 DCS 系统，当时熟门熟路用西门子不就可以了？非要用其他公司的，到现在为止还拖在这里，就是这个原因。中核选择供应商有责任。

记者：其他厂址也是当时批的？

张国宝：对，都是那时候批的，从北到南，批了红沿河，然后是宁德、福清，还有方家山。方家山实际上就在秦山，因为当时秦山已经有一期、二期、三期，好几种堆型了，再要在秦山搞 100 万千瓦，好像就说不过去了。而且那时浙江省认为秦山输出通道容量太大，也不大赞成。当时浙江省副省长王永明就和我讲过。那时我陪曾培炎副总理去看过厂址，方家山就是秦山旁边的一个小山头，实际上也在秦山范围。当时已经有秦山三期了，它也不好叫三期扩建，就另外起个名字叫方家山。

后来，中广核还提出过在大亚湾这个地方建第七台、第八台，厂址都留好了，也让我去看过，但是我不同意。我说这个地方已经搞了六台，已经不少了，不要去惹麻烦再搞两台。另外，还有冷却水排放的问题，如果太多了也会引起海水温度发生变化。六台就六台，不要再想了，那个地区本身就很敏感，离香港又很近，所以我没有同意。

那个时候广东的核电站主要集中在珠三角，靠近深圳，但是粤北、粤东、粤西都没有，所以我说，你要发展的话，就发展北东西，后来粤西就上了阳江。

记者： 粤北和粤东呢？

张国宝： 粤北就是韶关厂址，粤东就是汕尾厂址。汕尾这个厂址还有段故事。当时香港提到了希望中央政府支持香港的能源建设。主要不是因为缺电，是为了能源结构调整和环保，香港还有600万千瓦燃煤机组，香港时任环境局局长邱腾华主张逐步淘汰所有的燃煤电厂，按照和大亚湾一样的办法，允许香港公司来内地投资核电，向香港送电。我去拜访过中华电力，他们非常积极，因为在大亚湾尝到甜头了。但中华电力只负责九龙半岛的供电，香港本岛的供电是李嘉诚的港灯控制的，所以我也去见了港灯的CEO，他也很赞成。

我代表中央政府在香港签了协议，包含两个方面的内容：第一是同意在内地建核电站，向香港供电，而且核电站也同意他们来合资建，采取大亚湾核电站的办法。因为不再在大亚湾扩建核电机组了，而粤东没什么大项目，最后定到了粤东的汕尾。第二是天然气。当前海南岛莺歌海崖13—1气田每年有20亿立方米天然气通过海底管道供应到香港，但担心资源枯竭供应逐年递减，香港觉得没有把握，希望把西气东输的管线延长，供应到香港去，保障香港的能源安全。

记者： 但是汕尾核电现在也还没有开工。

张国宝： 对，吴新雄当局长以后也找我谈过，他担心上面有不同意见，我说其实没有不同意见，都是下面的人乱猜，实际上领导都是支持发展核电的。

国务院曾经有过一个纪要，今后中国发展核电要搞三代。下面一些人就比较机械地来领会这个意思，要上新机组的话一定要三代，包括阳江后两台，他们也不允许和已建的前四台选同样的堆型，要换成

AP1000。这样的话中广核不太愿意了，前边四台都是二代加，再来两台一样的，符合一个场址一种堆型群堆管理的原则。李鹏同志主张阳江后两台按前面四台一样，他认为是安全的。下边就有人认为李鹏是赞成二代加，不赞同 AP1000。曾培炎赞成三代。这并不矛盾，实际上他们两个人都支持核电发展，领导之间并不存在某些人猜测的存在不同意见的问题。

2006 年，在最终引进决定之前，我和曾培炎副总理，还有中核的陈肇博去向李鹏同志汇报的时候，李鹏同志说常委会的决定我赞成。但是他和一些同志也主张，AP1000 要慢慢观察，不要一刀切，不能因为要引进 AP1000，新的机组就都不上了，在这个过程当中，还应该允许上二代加的技术，他认为二代加也是安全的。建议再搞10 个左右国产二代加机组继续建设。实际上这期间开工的二代加机组远不止 10 个了。

和阳江类似，福清的前四台已经用了改进型 M310 技术，5 号、6 号也应该统一，或者搞自己的三代技术。有一次我陪同李克强同志去福清视察，中核就向克强同志反映，希望同意他们采用统一堆型，李克强同志对我说就同意中核的意见吧。所谓不敢审批的厂址就是那么几个：红沿河的后两台、阳江的后两台、福清的后两台，其他的没什么矛盾。按照我的理解，在这些厂址继续按照原来的堆型建就可以。以后再有新厂，比如说汕尾，从开始就按照三代来建。这样处理各方面都是能接受的，这中间没有矛盾。有人觉得这里面矛盾大得不得了，其实就是瞎猜。陈云同志说，我们要"不唯上、不唯书、只唯实"，但其实要真正做到不容易。

记者：除了红沿河、阳江、福清三个厂址的后续项目，田湾5号、6 号机组也已经确定了技术路线吗？

张国宝：对，田湾 5 号、6 号机组用改进型 M310。3 号、4 号机组谈判的时候，因为有一期两台的基础，俄罗斯坚持接下来也要用他们的 VVER 堆型，当时谈判陷入僵局，我们就先批了 5 号、6 号机组，把 3 号、4 号机组空了下来。田湾 1 号、2 号虽然出了很多问题，但是经过磨合以后，运行还比较正常。3 号、4 号机组决定用 M310 改进型技术的话，俄罗斯人会很失望，会影响其他领域跟我们的合作。把 3 号、4 号空在这个地方，给他一个希望，所以 3 号、4 号没有定，先定了 5 号、6 号机组。后来 3 号、4 号机组在我退休之后也还是用了俄罗斯的技术，现在都陆续开工了。田湾一期的两台机组是俄罗斯的技术，那时候俄罗斯已经处于很困难的境地，整个制造业都不景气，没有任务，就想卖技术设备给中国来保持核工业。俄罗斯当时没有能力提供贷款，为了把设备卖到中国来，就采取易货贸易的形式，中国拿轻工业品、服装、鞋帽、箱包、家用电器等来还。这个对我们挺有吸引力，所以就买了两个 100 万千瓦核电机组。

后来，俄罗斯经济慢慢恢复了，就提出希望停止易货贸易。与此同时，中俄正在进行原油管道谈判，当时的中石油总经理马富才在与俄方接触后，向朱镕基总理汇报说，俄方提出如果中国同意给现汇，俄方就同意建原油管道。于是我方专门组织会议讨论，然后派我过去了解情况。朱镕基总理当时同意，如果可以建石油管道，那么就可以改成 14 亿美元现汇。我带队过去与俄罗斯各部门接触，发现他们意见并不统一，最后没有谈成。田湾依然是按照易货贸易进行交易的。

到了建成投产仪式时，俄罗斯来了很多人，曾培炎副总理也出席了，本来是要搞大规模的庆祝活动，结果没想到那天设备又出了问题，在当天降格了庆祝级别。田湾现在的问题是 5 号、6 号机组已按二代加打基础了，已经投进去很多钱，现在又有人要他们改为三代，怎么改？现在伤脑筋。

二、"引进AP1000，坚决反对的几乎没有"

记者：2002年，国家计委给国务院上过一个《国家计委关于适度发展核电开展核电自主化工作请示》的报告，这个报告当时是怎么提出的？

张国宝：这个文件是我在曾培炎同志领导下写的，当时我是国家计委副主任。因为有批评认为，中国核电不多，但是牌号特别复杂，秦山一期30万千瓦是自己的，秦山二期虽然也是自己的，但实际上是将90万千瓦砍掉一个回路，变成60万千瓦。秦山三期又变成了加拿大的重水堆，大亚湾引进了法国的M310，田湾引进了俄罗斯的。这样弄下去，中国成了国外各种品牌的市场了，所以中国一定要统一，只有统一机型，才能够做到国产化。今天说这个好，就弄这个，明天又有人说那个好，又弄一个。那个时候就觉得全国应该统一思想，不要到处乱买。

这里面酸甜苦辣非常多，最难的就是统一思想。没有一个人敢拍板的话，永远不可能统一思想。如果没有曾培炎主任给我撑腰，我根本做不下去，包括吴邦国等领导，都是很支持的。田湾核电站开工是吴邦国副总理去的，当晚在田湾开了会，决定在全国建六台核电机组，但回到北京后由于意见不统一也没执行。

报告批复之后，2003年2月，我在国家计委召集大家开会，传达总理办公会的精神。那个文件我觉得起到了很大的积极作用，大家觉得要迎接核电的春天到来。当时基本上也定下来引进先进技术，统一技术路线的基调，只是具体采用哪种技术路线，还各有各的意见。

也是在那个文件以后，中国各个地方新开工的核电站开始多了起来，到目前为止投运的有17个了，里边有4个是这几年开工投产的，在建的还有31个。

记者：报告提出之后，下一步工作是如何开展的？

张国宝：2003 年，我们成立了核电自主化领导小组，曾培炎副总理任组长，我担任副组长。小组成立的初衷就是统一技术路线、统一思想、推进国产化。采用什么技术路线我们要统一思想，不能再五花八门了。那个时候美国已经有 104 个机组，日本有 56 个，法国 58 个，我们才有那么几个，刚开始起步，如果再五花八门，中国就会变成别的国家核电技术的大市场，所以一定要统一技术路线，尽管会得罪一部分人，我们也坚持要这样搞，至少在当时那个阶段是如此。

包括 AP1000 的引进也是在自主化领导小组领导下组织的。当时找我们的人特别多，像美国的通用电气公司、日本的东芝公司，都来找我们，反复宣传他们的沸水堆好，我们明确拒绝了他们，他们还不死心。我就跟他们讲，你们之所以还有市场，说明也有一定的特点，要没有特点的话全世界都不会有人用你，但是你要知道，我们中国是个孩子，刚学会走路非要叫我跑，我要先把路走稳了，你们不要来找我，我一门心思先把压水堆搞会了。加拿大人也不断找我，说重水堆好，我说我承认你们都好，但我不能因为你们都好，就把你们所有的东西都买进来。一定要搞自主的，才能让我们的核电事业真正走上健康发展的道路。

记者：自主化领导小组成立后，有阿海珐、俄原能和西屋联队三家参与依托项目投标，其中俄罗斯在 2005 年退出了招标，他为什么那么早退出？

张国宝：俄罗斯当时在建设田湾，出了好多问题。这里面故事特别多。一个典型的例子是，田湾项目的时候，核电站 U 形管是从海上运过来的，U 形管有严格的涂装要求，在海上运输有盐雾，很容易腐蚀，俄罗斯没有太在意，结果运到之后出现了很多被腐蚀的纤维裂纹，肉眼看不见，一检查发现，好多管子都报废了。再一个，支架设计的时候出现错误，强度不够。所以大家觉得俄罗斯技术不太好。这时，国门已经打开了，看到西方有很多好的技术，对俄罗斯就感觉一期出了不少问题。田湾项目仍在建设中，也是有不断的改动，所以在田湾一期没建好前就不考虑俄罗斯了。

记者： 这样就变成了法国的 EPR 和美国的 AP1000 之间的选择，我们和法国有合作的基础，为什么最终会选择 AP1000？

张国宝： 核电的灵魂是安全，大家担心的也是安全。当时美国向我们推销三代的概念，他们的固有安全、非能动安全的设计，国内不少人很感兴趣。

讨论过程当中赞成法国技术的也有，中广核内心是赞成法国的，因为已经合作很长时间，包括语言上也有很多人会法语，对它的技术标准也很了解。但是也有相当一部分人要用美国的，认为三代概念比较新。西屋也做了很多工作，在中国的核工业展览会上，江泽民主席也去参观了，他们介绍用 AP1000 技术，用模块化建造技术，一千瓦的造价不会高于 1500 美金。他说得很低，但实际上我们是首套，现在不止这个数。

EPR 的单机是 170 万千瓦，比 AP1000 要大。为什么要大？因为他的基本理念还是传统压水堆的概念。怎么做得更安全来满足三代标准呢？就是哪个环节薄弱，就在哪个环节做加法，人们就称之为做加法的三代。比如应急电源四台柴油机不够就加到八台，一个安全壳不够就加到两个，所以法国的造价就很高，只有把功率做大，摊薄每千瓦的成本，造价才能降下来。这种大容量的核电站，要电网非常大才有可能用，小国家根本用不了，所以应用就会受到很大的局限。我们当时觉得不应该以追求容量大为目标，这是它的一个问题。

而美国 AP1000 是做减法的概念，因为环节越多越容易出问题，美国的概念是尽量简化这些环节，而且利用重力等非能动性能来加强安全性。当时专家认为这种理念比较新颖。

记者：除开这些技术上的考虑，根据您当时和双方的接触，他们都有什么策略来争取？

张国宝：都是通过外交系统来向我们施加压力。美国强调中美之间的大国关系。当时中美贸易逆差很大，又没有什么商品可以填补逆差，除了粮食以外，买不到美国什么东西，而核电大家还是愿意合作的，美国也愿意转让，出口核电可以填补一部分贸易逆差。法国也是一样。当时他们承诺，如果我们引进法国的技术，他们会在欧盟发言支持解禁向中国出口武器的禁令，当然后来他们也没有这样做。

2005年的时候，西屋公司还派来了AP1000之父Howard来中国，与陈肇博会谈。Howard当时讲了三点意见：第一，美方掌握核电高端技术，而对于中端以下技术，美方由于技术人员大量向核服务转移而缺乏人手，但中方却拥有大量人员；第二，美方除了主泵等几个设备制造厂，其余工厂都已卖掉，中方却拥有很强的设备制造能力，美方的技术和中方的制造能力结合，不仅能为美中两方服务，而且能为全世界服务；第三，美方30年没建造核电站了，但是中方却一直在建造，因此核电站的安装和建造能力也是对美方技术能力的补充。

记者：在技术引进上，双方当时的态度是怎样的？

张国宝：他们打政治牌、外交牌，不过我们更多考虑的还是技术上的因素。美国最先表示可以保证技术转让。2005年底，在时任美国国务卿赖斯协调下，美国国务院、国土安全部、国防部、商务部、能源部以及美国核管会等六部门联合出面为中方出具了书面担保书，保证西屋对华的技术转让将会遵守合同并可以保证其延续性，美国商务部部长和能源部部长代表美方在担保书上签了字。美国表态之后，法国也表示可以进行技术转让。

记者：最后是如何作出的决策？

张国宝：当时虽然普遍意见是支持 AP1000，但是也确实存在不同意见。包括核工业一院的一些同志，认为我们自己都设计了 CNP1000 技术，为什么还要用人家的？面对各种争议，我们搞了一个很大规模的论证会，由负责商务谈判的中国技术经济进出口公司来牵头。那个时候曾培炎副总理具体管这个事情，我来负责具体操作，由国家发改委组织专家，在北京房山区的天湖宾馆，请了几十位专家，把大家封闭起来，开了三天会。

记者：这个专家团是怎么选出来的？

张国宝：这些专家既有核工业系统的人，也有学术界的。比如清华大学的王大中、张作义等等，中核和中广核的人也都有，当时两院与核工业有关的院士几乎都请到了。

记者：会议的情况如何？

张国宝：会议中间，大家进行各种流派的比较。有人对美国的技术提出了一些异议，比如说美国电网是 60 赫兹，我们现在国内都是 50 赫兹，设计上还要加一个变频器，把 60 赫兹变频到 50 赫兹。它的蒸发器安装跟我们也不一样，会不会引起振动？当时的核安全局局长赵成昆就提出了这个问题。

但是也有很多人赞成，比如说西屋承诺转让爆破阀技术，还答应转让金属锆材料技术，那个时候我们国家不会做核燃料的包壳，后来锆材料转让给了宝鸡有色金属研究院，现在叫国核宝钛。另外就是堆顶有冷却水处理紧急事故等等。

最后决定的时候，进行了投票。国家发改委的官员不参与投票，是专家们来投。邀请 35 位专家投票，到会 34 人，最后有 22 个人投票赞成引进 AP1000，10 人认为两种技术都可以，有一位赞成 EPR，还有一人没有明确表态。中广核虽然倾向于法国，但是包括钱智民董事长本人在内也是投了 AP1000 的票。质疑者当中，大部分人的态度是二者皆可，坚决反对的几乎没有。投票结束后，所有人都留下了书面材料，写下自己对这个问题的态度。

记者：在天湖宾馆召开这个会议投票，是不是因为争议比较大才不得不走到这一步？

张国宝：争议肯定有，但并不是争议大得不得了，我们已经预料到多数人赞成。但如果不这样做，靠行政来决定，将来是后患无穷。国家发改委不参加投票，没有投票权，只是会议的组织者。

记者：这个投票结果对最后的决策有什么影响？

张国宝：应该说，天湖会议的结果对最后引进决策起了决定性的作用。整个决策过程中，我觉得有两点经验：第一，要走民主决策道路，让绝大多数专家能充分发表自己的意见。没想到最后赞成的比我们预计的还多。第二，要做政治决策。毕竟还有政治外交因素，所以最后决定是在中央政治局常委会作出的。

记者：天湖会议之后，下一步的进展如何？

张国宝：会议结束我就立刻准备材料，一天都没有停，把每个人的意见整理出来上报，上报之后还要排会。国务院赞成还不够，还要到政治局，然后还要到政治局常委会去讨论。最后胡锦涛总书记主持政治局常委会会议，同意引进AP1000，但是因为考虑到法国的关系，考虑到历史上法国跟中国的合作，也同意买它一套，这样的话就平衡了。

记者：引进的法国技术成了后来的台山项目，并且法电也有参股。

张国宝：对，买一套EPR核电设备这个决定是政治局常委会会议上定的，是为了平衡与法国、欧洲的关系。这个项目让法电参股有几个因素。首先，这是第一台，如果将来我们碰到风险，有法国人参加的话，起码可以承担一部分风险，而不会把这个风险都落在我们头上。如果当时美国人提出来合资建设，我们也同意，但是美国没有提出这种要求。法国希望多占一些股份，通过很多人做工作，希望占到 30％ 到 40％。但因为今后电力市场是中国，我们不愿意他占太多，最后给了他 30％。第二个，我们有大亚湾的经验。当时就有中华电力来投资，它投资以后，实践证明，不仅是在资金上减轻了投资压力，对后来建设管理都起到了好的作用。

对于法国人来说，虽然说中国政府做了引进 AP1000 的决定，他认为还有希望，现在也没有放弃努力，依然在争取，只要这只脚还在这里踩着，他还是希望以后会用到他的。

三、"五大发电集团没必要都做业主"

记者：目前五大集团都想涉足核电，您对此怎么看？

张国宝：电力公司看到核电效益很好，五大发电公司都想搞，我不赞成。中国人和外国人不太一样，外国人可以只做投资人，不具体管经营，只要投资有回报就行。但是我们呢，什么都要自己管，都要去挖人。要搞核电我不反对，不一定非要百分之百去当业主，但是在中国这几家电力公司都想当老大，我们是反对这个。中华电力可以投资大亚湾，民营企业有百分之几的股份，我都会赞成，只要他们双方都同意就行。但是我不主张每家自己都成立核电队伍，这样的话技术和人才都分散了。

记者：对于发电集团，希望引入核电优化资产，也可以平衡其他产业的风险。

张国宝：如果他们能够做到外国投资人那种理念，我觉得没有障碍。投资者就是投资者，只要有收益回报就行，不一定什么都要管。我们中国人的理念就不一样，要搞核电，就一定要成立一个核电部，要从别人那挖人，都得我说了算，什么事都是我定。如果是这么一种概念，就不宜大家都来搞。

我再举个例子。在福岛之前，核电发展规模比较大，当时一些人就认为，限制业主的话就限制了核电发展。我说那不一定，非要多了才能发展吗？法国只有一家，他们发展得也挺大的，俄罗斯也是一家，发展得也很好。每个人都站在自己的立场上，找一些对自己有利的理由。这一掺和，将来监管不好监管，一旦安全出了问题，就全盘皆输，还不如谨慎点。

四、"真要想自主化的话，两家一定要联合起来"

记者：目前国内核电企业都想"走出去"，这方面面临什么困难？

张国宝：之前中广核要想出去的话，只有 M310 技术，那么法国一定会给你提出知识产权问题的，你只能跟他合作。所以你看中广核"走出去"，很多都是拉着法国来共同走。正因为这一点，国内的核电界就呼吁，我们一定要有自己的知识产权的东西，否则的话我们走不出去。

记者：中核很早就开始研发自己的 CNP1000 了，但是一直没有应用。

张国宝：对，后来因为我们确定引进 AP1000 了，这些搞研发的同志很有意见，埋怨国家为什么不支持我们的技术。我回答他们的理由就是，因为当时 CNP1000 没有获得核安全局的许可证。国家计委不是核安全局，我不能给你的安全做担保，你第一步必须要获得核安全局的许可。你获得许可证了我不用你，那我有责任，如果你连国内的核安全机构的许可证都没有，我怎么保证安全？怎么能给你找个点来建？这个理由很硬，所以他们也就不再提这件事了。

记者：目前中核与中广核都在研发自己的三代技术。

张国宝：问题就在这，两家各自搞了。我在位和退下来之后都警

581

告过他们，你们这样搞的话，是给国家出难题。你们每个人都说自己的好，要国家给你们批个点，叫国家怎么办？最后你们两败俱伤，谁也不会用你们的。所以真要想自主化的话，两家一定要联合起来。他们自己也意识到这一点，在国家能源局撮合下他们就开始研发华龙，融合两家技术。不管内心怎么样，至少表面上是达成一致了，而且我相信他们也会这样做。他们自己也能感受到，不这样做的话，再好也没办法落地。

记者：国核技也在消化 AP1000 的基础上研发 CAP1400。中国核电想"走出去"的话可能就会面临一个究竟推哪家技术的问题。

张国宝：都可以推，关键不取决于你，而取决于对方愿意用你哪一个。将来完全有可能是来自中国的不同公司在同一个国家展开竞争，没什么奇怪的。但是没有国内首台套的业绩，让别的国家首先采用很难。

记者：现在两家也都希望能有项目让技术落地，在没有融合的情况下，海外市场的开发是否会对国内的项目审批造成影响？

张国宝：如果他们联合起来，国家肯定会给他们定项目的，如果分散的话，谁也批不下来。国核技研发的 CAP1400 是肯定会用的，因为已经列入了重大专项，明年就要动工了。华龙要想落地，一定是融合之后才可能。不可能两家各批一个。他们如果能够实现自己的技术出口，也不会对国内这种技术的项目通过审批造成影响。

记者：韩国在 2009 年的时候曾经拿到过阿联酋的订单。他们发展核电其实比我们还要晚，现在已经实现了技术出口。

张国宝：你说得很对。韩国我去考察过，第一套是西屋的，也是压水堆，然后从第二套就开始国产化了。韩国人的自主化意识比我们强得多。他们有一句口号叫身土不二，意思是必须要有自己的东西。而且他们"走出去"的时候，都是国家元首亲自在背后帮他推，韩国就是总统李明博亲自出去推销的。韩国拿下阿联酋的订单后，江泽民还曾经打电话给曾培炎，询问为什么会用韩国技术。一问才知道韩国国内核电发展得很厉害，那么小的地方，有 23 个核电站。

日本也是这样。为了得到土耳其的这个订单，2013 年安倍晋三两次访问土耳其，5 月一次、11 月一次，哪个国家的元首会一年两次访问一个国家？而且在贷款上给他们优惠条件，就是为了争得自己国家的订单。英国也是首相亲自出面的。这一点我们开始有了好的开端，我们的领导人现在出去也推销了，推销我们的高铁，推销我们的核电。比如中广核在罗马尼亚"走出去"，就是李克强总理亲自去推动的。

福岛事件以后，拿到订单最多的是俄罗斯，韩国和日本也都拿了一些，中国还没有。中国也跟踪了不少国家，像越南、土耳其、南非、阿根廷、白俄罗斯等。

记者：中广核在罗马尼亚的"走出去"也并非技术出口，您对技术出口的前景怎么看？

张国宝：我们目前还很被动。我们想"走出去"，而且有能力"走出去"，我们国产化的程度已经相当好了，但是我们拿不到一个技术出口订单。毕竟你是第一次，除了巴基斯坦，其他人都不放心你，所以我们要比别人作出更艰苦的努力，让别人相信你。另外，还要有金融做后盾。

记者：罗马尼亚的项目是续建坎杜堆，但国内有坎杜堆建设经验的其实是中核。

张国宝：这个就很被动，包括英国项目也是这样，他们两家私下都很有意见。英国的项目，一直是中广核和法国联合起来在运作，中核最后又参与进去了。真不如联合起来。

记者：您认为像核燃料环节是否可以让除了中核之外的其他企业

参与？

张国宝：这个事情，按我个人的观点，有两家做也未尝不可。但是过去的传统在中核，所以他就把得很牢，轻易不想让别人来掺和。即使中广核在海外投资，中核也能拦就拦。我记得当时中广核到哈萨克斯坦开发铀资源，中核不太同意，开采出来之后中核也不给他运，当时运输的车辆都在中核手里。那个时候我们说服了中核才同意的，单靠中国自己的铀资源是不够的，应该鼓励"走出去"。其实也拦不住，像中广核在海外投资铀资源，纳米比亚、哈萨克斯坦、乌兹别克，都有投资。

但是在核元件上，中核还是不松口。哈萨克斯坦在福岛事件之前曾经有过想法，他们资源比较丰富，同意让中国来开发，但是要求中国给他搞一个元件厂。中广核进入哈萨克斯坦市场比较早，有意想搞，但中核是反对的。最近中国与哈萨克斯坦确定下了开发的一揽子协议，是由中核来签的。

五、"什么事情都要先易后难"

记者：去年江门核燃料厂的项目受到民众反对取消了，您对此有何看法？

张国宝：我已经不是能源局局长了，谈一点自己的观点。这个事情他们想得太乐观，没有对做群众工作有充分的思想准备。特别是现在福岛事件之后，群众对核电知识不一定像专家那么丰富。你光听了地方领导拍胸脯说没问题，来了问题了，群众反对了，领导胸脯也白拍了。地方领导拍胸脯没有用的。厦门 PX 事件，那都是领导争取来的项目，群众一反对，他们自己带头往后缩，不敢担。厦门、大连都是这样。

这个地方本身就在珠江三角洲，人口密集，经济比较发达，显然选错城市了。干吗非要江门，哪怕定在湛江我觉得也可以。他们当然愿意放到江门，恨不得摆到广州更好呢，那怎么能行？

要我在的话，我绝对不会同意放江门的。原来还有一个方案，要把核废料处理也放在沿海。我根本就不同意。

记者：所以选址本身就有问题。

张国宝：本身就不对，就不合适，什么事情都要先易后难。就像我定阳江，那时中广核也积极得不得了，非要上7号、8号机在大亚湾，我就不同意。一个是香港对那个地方搞核电站已经很敏感了，又不是没有别的地方可选。那个时候，他们还算听我的话，所以就不再提7号、8号机了。

惠安也是这样，福清这个厂址原来是在惠安的，这个厂址做了几十年工作，当时老百姓一直反对。我想何必跟老百姓发生冲突，就换个地方，到福清去了。福清就是很荒的一个半岛。

记者：类似的还有山东的乳山。

张国宝：那个地方附近有个银滩，开发商已经在那盖了好多别墅，所以强烈反对。我就说你不要去跟人家闹矛盾，硬要往额头撞干什么呢？所以我在位的时候，就不同意他们在银滩附近上，但是他们还是没死心，到现在也还没死心。

六、"目前我们的国产化进度和预期是非常吻合的"

记者：您最开始接触中国核电设备是什么时候？

张国宝：1983年，我到国家计委的机械电子局工作，从那个时候就开始接触核电。那时候为了搞民用核电，国家拿出8亿元人民币来改造武装机械制造工业，让它有能力来生产核电设备。8亿元现在听起来不算太大的数字，可是在当时来讲，这是一个非常大的数字。我在机电局时参与了安排8亿元，给一些核电装备制造厂，让他们形成核电设备的生产能力。

比如第一个核电站建在秦山，很大原因是利用上海的制造能力。当时上海的第一机床厂做堆内构件；先锋电机厂做驱动机构；上海发电设备制造厂等一批企业做了核电发电机、汽轮机、容器等；上海重型机器厂做过电渣重熔来生产核锻件。在江泽民同志的回忆当中，特别是在《中国电机工业发展史》序言中提到，他到上海去，明确提出"核电国产化是开发新兴能源的大事，上海一定要干，要为国家多作贡献"。

核锻件那时候定的是一重和二重。那个时候大的锻件做不下来，因为核锻件的技术我们还不太掌握，所以引进过日本的室兰技术。

不仅仅是在上海，当时动员起全国各地的力量来生产核电站的设备，比如环形吊就安排了大连重机厂来做。当时国家给了一些技术改造的资金，有条件的也都引进了一些技术，主要目的是针对秦山核电站一期工程。那个时候国务院成立了重大装备办公室，挂靠在经委，办公室主任是当时的经委副主任林宗棠。我和他一起到上海出差，当时江泽民同志刚调到上海任市长，在和平饭店请我们吃饭，他讲到了上海有很好的工业基础，理应为中国的核工业作一些贡献。之前江泽民同志曾在武汉热工研究所任所长，也是做这方面的工作。

秦山核电站当时被列为国家十二大重大装备专项之一，一期工程 1983 年开工建设，到 1991 年才并网。在这个过程当中，核电最主要的一些设备，像压力容器、蒸发器曾经都考虑过国产做，但是后来遇到了很多困难，进度也赶不上，所以最后秦山核电站一期压力容器和堆内构件是拿到日本三菱重工去做的。我到他们的现场去看过，感觉到确实难度很大，无论是焊接技术还是管板、精度等各方面要求都非常高。所以秦山一期的设备，最初我们希望国产化率做到 60％到 70％，但最后实际只有 30％到 40％。

记者：大亚湾核电站的装备自主化情况如何？

张国宝：秦山核电站是我们自己设计的，技术来源于中国核潜艇。在秦山核电站建设的同时，广东已经率先开始了改革开放，碰到了电力短缺的问题，因此希望建设核电，当时争议很大，有赞成也有不赞成的。李鹏同志是积极赞成的，时任广东省省长叶选平也非常赞成。

当时我在计委工作，时任国务院领导希望引进法国法马通的技术，计划跟法国合作5套，法国转让它们的技术，设备按照每套增加20%国产化率递增，到第五套基本实现全部国产化。围绕这个计划一度展开了很深入的谈判。不过与此同时，也有专家到德国去考察，了解到德国KWU公司建造的核电站技术也很先进，回国之后就建议不要着急决定与法国合作，还要"货比三家"，核电"货比三家"这个词就是这么来的。

国内不同的部门之间也有争议，机械工业部和电力部希望与法马通合作，而重大装备办公室的专家则希望与KWU做一些比较，这样就耽误了一些时间。耽误之后，形势就发生了变化，经济的发展本身具有周期性，有高潮有低谷，耽误了几年碰上经济低谷，核电建设的紧迫性就不是很高，原来计划的引进5套核电站的方案就没有了。

虽然引进5套机组实现全部国产化的计划搁浅了，但是我们已经和法国进行了比较深入的谈判，最后定下来，就买一套，不再和技术引进转让挂钩，只买容量，由法国来设计。为避免出问题，设备也基本全套用了国外的设备。

记者：大亚湾的建设资金是如何筹备的？

张国宝：国家计委管整个大项目的立项，可能上面也有不同的意见，所以李鹏同志跟叶选平省长商量，干脆不要国家出钱，只要给外资政策就行，这样就把香港的中华电力加到里面。

中华电力见过邓小平同志，他们愿意来合资搞核电站，所以大亚湾采取合资，中华电力占一块。国内那时候没有业主，所以由国务院定了一下，找了三个业主，一个是广东省，一个是电力部，一个是核工业部，实际上谁都没有拿出真金白银。这个问题一直遗留到现在，股比不清楚，因为谁也没有真正拿钱，只是国家划了划比例。借了40 亿美元的外债，到 2008 年全部还清，连本带利一共还了 57 亿美元。所以大亚湾一是靠跟港商合资，二是靠借外债，外国贷款。

记者：国家一分钱都没有出？

张国宝：基本没有，这三个都是空股，划了划比例，不是按照现代企业制度真正掏钱。李鹏同志卸任前，希望能解决这个问题。广东省还是作出了贡献的，起码电它是承受了，所以应该给股份。电力部和核工业部的股份，电力部的就划给了中电投，核工业部已经变成了中核集团公司，那个时候中核的总经理是李定凡，李鹏同志还给他打过电话。但是他们内部达不成意见，当时已经看到了核电站盈利的前景，谁也不愿意退出。到了张德江同志当副总理的时候，继续来处理这些问题，也一直到最近才解决，把这个划到国资委去了，现在是国资委、广东省持股，国资委是大股东。

记者：秦山二期被认为是中国核电自主化的一个里程碑，它的筹建过程与装备有什么关系？

张国宝：当时国内的工业技术不行，要一下子从 30 万千瓦做到90 万千瓦，心里没底。主要的瓶颈是在常规岛上，发动机不会做，因为没有做过这么大容量。引进西屋 60 万千瓦机组的时候，就有很多困难，碰到了 200 多个故障，当时觉得 60 万千瓦都没有把握，做90 万千瓦更没有把握，就开始争论了。这个时候就有了秦山二期的问题，当时有两种意见，一种意见是引进技术，一下子跳到 90 万千瓦，另一种意见是因为 90 万千瓦不会做，先做自主的 60 万千瓦。李鹏同志到苏联去考察，看到苏联有早期发展的40万千瓦核电站，是一堆两机的方案，一个核岛带两个常规岛各20万千瓦，20万千瓦常规岛我们会做，所以他曾经还叫我们研究过。我当时在机电局，和机械工业部讨论过，但是我们讨论认为，中国工业技术已经到了接近突破的阶段，没有必要再回去搞一堆两机，还是下决心搞60万千瓦甚至90万千瓦。当时60万千瓦已经接近会做了，起码发电机技术引进过来了，这样秦山二期就上了60万千瓦。实际上是把大亚湾90万千瓦砍掉一个回路，因为大亚湾是三个回路，每个回路30万。秦山二期是这么来的，是自己设计的，但是借鉴了国外设计的基础。

记者：您在担任相关领导职务时，对中国设备国产化主要做了哪些工作？

张国宝：我做的主要工作就是依托国家重大工程，推进重大装备的国产化。核电设备的技术等级要求高，因此我们如何逐渐推进国产化就显得很重要。这一点上，钱智民发挥了很大的作用。他比较开明，当时担任中广核董事长。我当时担任振兴东北老工业基地办公室主任，我拉着他三年春节都到富拉尔基的一重去，鼓励一重做锻件的国产化。

整个过程中，我开过好多次会。在大连开一次会，推进国产化落实到具体项目。哪个项目谁来做，都非常具体，曾培炎副总理还参加了这个会议，也讲了话。之后在广州也开过一次会。落实国产化目标，空对空是不行的，一定要有依托项目，所以在每一个核电站里头，都给出了国产化的任务，比如半速机就是应用在岭澳二期。

按照电磁理论，开始造电机的时候都是按照电网50赫兹的频率，电机一分钟3000转，但是国外都是按照1500转，转速低了以后叶片要更长，可以使功率能够提高3个百分点左右，所以当时就考虑要不要引进半速机。我很尊重老能源部长黄毅诚，他也是搞核电的积极分子，但他在半速机问题上，听了一些同志意见，认为不一定有必要搞，有全速机就好了。我那个时候认为，从功率提高以及安全性各方面来考虑，半速机的速度比全速机要低，转数慢，离心率要低，更有优势。但半速机轴重大，这个轴法国采用焊接法，焊接转子。我们就想搞整锻，如果不用焊接，这个整锻光转子重量就有 600 吨，还不包括叶片的重量。当时我主张搞半速机，事实证明，岭澳二期的两台用的半速机，使得功率提高了 3 个百分点，而且把我们国家装备制造业水平又提高了一个档次，这两台是东方德阳制造的，之后我们二代加的机组就全部用半速机。

国产化要从易到难。比如说锻件，我们还买韩国、日本的，但有一些就开始国产化，不过一定要符合国际标准，所以把美国的 ASME标准等都翻译过来，完全按这个标准来进行锻件的验收。先易后难，一步一步地来实现国产化。

DCS 控制系统就比较难。原来的电子部六所，改制后叫和利时，把天时地利人和三个词的第二个字倒过来连到一起了。后来中广核参与投资，改名叫广利核。DCS 控制系统是最难的一部分，而且也是对质量要求最高的一部分，所以首先从 60 万的常规岛的 DCS 系统开始做，然后从常规岛推广到核岛。

主泵虽然还没有完全国产化，但是也落实了国产化的制造企业。三代核电站的主泵，实际上难就难在电机上，电机就由哈电来做，泵就用沈阳鼓风机集团的。

环形吊由大连重机厂做，太重也做了，大体上国内的环形吊就是这两家。

记者：在您现在看来，核电设备的国产化是否达到了当初的预期？

张国宝：目前我们的国产化进度和当时的预期是非常吻合的，现在绝大部分都能自主制造。几个主要大部件，比如压力容器、蒸发器、应急电源，还有刚才讲的控制系统，都逐渐用国产的了，但是现在主泵还没有完全国产化。此外，个别的小零件没有必要国产化，买国外的就好了。

三门的第一个AP1000机组，为了确保安全，制造商是由西屋公司来决定的。三门1号机组的一些设备委托给了韩国的斗山制造，但是斗山也又分包一部分给一重。

我们的民营企业也有参与，核电站蒸发器里的U形管，技术难度很高，是利用江苏宜兴的一个民营企业生产的。

七、"中国发展核电应该把军和民分开"

记者：国家计委曾经设置的核电办后来为何取消了？

张国宝：上世纪80年代的时候曾经有重大装备办公室，后来重大办解散了，搞核电的几个人留了下来，并到国家计委里面。后来机构改革，成立国防科工委，就把这一块拿给他们，当时原子能机构放在国防科工委。

国防科工委，顾名思义是管理军用，现在把民用又管上了。我一直在强调，这样的话不利于我们民用核电发展，人家就会认为我们军民不分。我们应该把军用和民用分开，我们搞核电是和平利用原子能，不是搞武器。当然，军用、民用技术是相互渗透的，但是在机构设置上要分开，民用核电应全部拿到能源部门，国防科工委只负责军用，两个不要混在一起。但是很多人的传统思想认为军民应该不分，到现在为止还是这样。我认为中国发展核电应该把军和民分开，而且今后会越来越多地考虑核扩散的问题，人家可能要来检查你，你也应该让人家检查。

记者：后来民用核电又归到了能源局管理。

张国宝：后来到了成立能源局的时候，做了一个决定，民用核电全部归到能源局管理，这样就把孙勤调过来了。孙勤当时是国防科工委副主任，他带来的一批人我都接受了。那时候有批评意见说，能源管理职能分散到了各个部门，所以成立了能源局，同时把民用核电这一块都拿到能源局来管，这样就顺了。民用核电白纸黑字在三定方案里写得清清楚楚，这是我到中编办去谈的，这一块都划到能源局了。

那个时候我们国家和别的国家签署核电相关协议的情况五花八门，科技部说他要代表中华人民共和国签，国防科工委也要代表中华人民共和国签，国家发改委也要代表国家。后来我就找国务院领导说，应该国家发改委去签，因为你已经定了是国家发改委来管能源，科工委是管理军用，跟人家签反倒引起误解，内部管理可以协调，但是对外的话就不一定了。这个也费了很大劲，才把工作做过来，在三定方案里面明确由国家发改委或者国家能源局来代表核电，一直到2008 年成立国家能源局才把这个事明确下来。

我们与美国引进 AP1000 的协议，也是马凯代表中国政府，以国家发改委主任的身份，与美国能源部长鲍德曼签订的。我们购买澳大利亚的铀资源，他们担心我们会用于军事目的，需要签订协议保证我们只用于民用，才愿意卖给我们。中澳的和平利用核能协议就是我去签的。

记者：在此之前您有没有代表国家签署过类似协议？

张国宝：1998 年，我们与美国在人民大会堂签订《中美和平利用核能合作协定》，本来这个协定应该是曾培炎去签的，他当时是国家计委主任，但是美国那边最后出来的是能源部副部长，所以临时改变计划，曾培炎跟我说他们是副部长，和你对等，你是副主任，你去签吧。其实，我当时不是副主任，我是计委的副秘书长。后来就是我去签的字。

八、"现在应该启动核电了"

记者：您在任期间，曾经一度传言核电规划会上调到 2020 年 8000 万千瓦，当时基于什么考虑？

张国宝：我当能源局局长快要到退休的时候，做了个方案，到 2020 年我们要达到投运接近 8000 万千瓦。我分别跟领导汇报过，包括张德江同志，他当时是副总理，分管这一块工作，还有曾培炎、李克强，我都单独去跟他们汇报过。他们主要担心几个问题：一是人才，这么多核电站，人才培养来得及来不及？第二是担心国产化，有没有这个制造能力？第三是资源够不够？第四是能不能保证安全？

我都一一给他们做了解释。比如人才问题，实际上培养核专业的人才已经不少了。在核电较快发展的时候，为了培养人才，我找了上海交大，从工科专业的学生提供机会让他们自愿转过来到核专业，转了一批人，而且他们都非常愿意。像中广核，为了培养人才，搞了双班制。比如说值班的人，假如 6 个就够了，我们就按照 12 个人培养，然后将来再建一个新核电站就可以匀 6 个人，新老搭配一起过去。铀资源的部分，我也给讲了，我们铀资源的储备、铀在海外的投资，都给他们算了一笔账。制造能力我们也上来了。

可是就在这个规划还没有来得及通过的时候，福岛事件就发生了。大家对核的态度马上就发生了 180 度大转弯，重新恢复的时候，就做了一个谨慎的方案，再去报的时候就变成 5800 万千瓦了。

记者：您制定这一规划时，主要出发点是能源需求还是建设能力？

张国宝：不是需求，也不是建设能力，而是能源结构。中国能源结构当中煤电占的比重太大，当时我是希望核电比例能够到 8% 左右。当时做规划的时候，大约是按照到 2020 年人均装机容量为 1 千瓦左右来估算，达到小康水平，这样核电大约是 8000 万千瓦。

另外，现在竞争也很激烈，我觉得中国没有意识到这点。我到美国考察，一个很明显的感受就是制造业的回归。我去年 10 月份去美国参加一个会议，特意去考察了一下电价，美国全国平均的工业用电价格是多少呢？6.7 美分一度电。也就 4 毛钱的样子，但是我们现在中国工业用电价格多少？工业用电价格最起码六七毛钱，民用用电价格在 5 毛左右。这样的情况下，你只有一个优势，那就是劳动力便宜，而且劳动力便宜这种优势也在逐渐丧失。

记者：从您个人的工作经历来看，对于核电有哪些建议？

张国宝：第一，我觉得核电是一个高技术、高质量的产业，安全问题上不能有丝毫出差错的地方。第二，它体现了一个国家综合的工业技术水平，包括设备制造，包括核燃料制备，我们国家是世界上少有的具有一个完整的工业链的国家，从铀矿勘探，提炼出来制造元件，一直到发展核电，然后还要去后处理，这个是不容易的，是我们之前的老一辈就开始打下这个基础。整个核电发展过程中，也体现出我们国家整个工业技术水平的提高，这是我很大的一个感悟。

另外，我们现在之所以有雾霾、温室气体排放等问题，就是因为长期以来，老是强调以煤为主的能源结构不能改变。40 年了，核电还没有风电几年间起来得快，而且国家在核电上的投入远大于风电。之所以到现在还没发展起来，就是因为在能源结构调整上决心不大，发展核电的方针未能成为国策一以贯之，遇到问题就摇摆。

记者：您对目前核电重启之后的发展政策有何建议？

张国宝：吴新雄局长也跟我谈过，我说不用老猜测哪个领导赞成什么堆型，现在应该启动核电了。福岛事件过去已经两年多了。可以先易后难，把原厂址还有位置的先启动起来，比如阳江的 5 号、6 号

机，福清的 5 号、6 号机，大连红沿河的 5 号、6 号机，还有田湾的
5 号、6 号机，这些地方先批。这些厂址老百姓敏感度也很低，因为
已经有核电站了。然后你再把三门，海阳 3 号、4 号机定了，这些地
方原来就有厂址，老百姓也都搬迁了，不会有太大的反弹。我并不认
为核电在内陆就不能搞，可以稍微往后放一点，先易后难，什么都要
讲究策略。之后随着时间的推移，大家对核的接受程度可能会提高。

记者：您之前曾经建议核电要实行标杆电价，目前国家发改委也
颁布了核电的标杆电价政策。

张国宝：对，最早的时候火电比较低，一度电也就 3 毛几分钱，
这几年因为煤涨价了，火电价格上去了，而核电站的竞争力就开始出
来了。核电电价过去是一厂一价，有的 4 毛 3，有的 4 毛 1，有的 3
毛 8，现在大家都定个标杆电价 4 毛 3，谁做得便宜，谁的利润就大。
这个价格，业主也是能接受的，尽管电价看起来好像不是太高，但是
它发电小时多，一年有 8000 多个小时，相比火电，核电效益是很好
的。所以你看中广核，40 亿美元的贷款还完之后，留下这么多资产，
又去建了那么多新核电站，一年还有 60 亿元到 70 亿元的利润。

记者：您最近一次向领导人提的有关核电的建议是？

张国宝：2013 年 3 月两会之前，在雾霾问题出来之后，我写过一
篇加快能源结构调整的报告，其中提到了核电。这个报告登载在国家
发改委的《情况与建议》上，后来习近平总书记在我那份报告上有个
批示。

最近全国政协恢复了双周协商会制度。协商民主和选举民主都
是民主的形式，协商民主是目前符合中国特点的一种民主形式。政
协是协商民主的重要渠道。20 世纪 50 年代就有政协双周协商制度。
俞正声同志任政协主席后恢复了双周协商制度。我给俞正声主席写了
一封信，建议在政协双周协商会上议一议核电问题，推动一下核电建

设。1 月 9 日，俞正声主席主持协商会，本次协商会的主题是关于核电和清洁能源问题。也特别注意请了不同意见的人参加，例如何祚庥是反对核电的，也请他参加了。下午的会议有争议和不同观点，而李河君和刘汉元委员这两位搞太阳能的民营企业家则主张发展太阳能。

记者：您最近在看什么书？

张国宝：吴官正同志的《闲来笔潭》，李鹏同志新的回忆录内部征求意见稿，还有丹尼尔·耶金的《能源重塑世界》。各种关于能源的信息我也经常看，包括手机上和网上的。

中国的装备制造业离国际先进水平的差距越来越小[*]

记者：您是中国能源装备终身成就奖获得者，之前针对中国能源装备行业写了一篇文章叫《能源要发展，装备须先行》，当时列举了中国能源装备发展的很多成就，您觉得这几年中国能源装备又有哪些新的突破？

张国宝：中国能源装备应该说是发展非常快的，如果没有能源装备的快速发展，也不可能有我们能源事业的快速发展。这也是我工作几十年经验的一个体会。20世纪80年代初，我就在国家计委工作，当时在机电司。那个时候我们有12大成套装备的提法，包括千万吨级露天矿，大秦铁路，30万、60万千瓦的火电机组，还有秦山核电站的装备，三峡水电站的装备，当时都在这12大成套装备里。那个时候我们的制造基础还非常薄弱。所以，包括千万吨级露天矿所需要的挖掘机我们都不会做，都要从世界上引进。所以，当时就有领导讲过，买是买不来一个现代化的，我们中国这样一个大国，需要的装备非常多，如果全部靠从国际市场进口，国际市场上不仅价格会抬高，而且可能我们自己的工业基础也会受到很大的影响。所以，那个时候国家就下决心要搞我们自己的装备工业。

---

[*] 本文是2014年7月28日张国宝接受新浪财经能源频道采访实录。

我在文章中也引用过"工欲善其事，必先利其器"，就是这个道理。你要把一件事情做好，你一定要把这个工具做好。我们要把能源事业发展好，我们一定要有能源装备。从后来发展的事实来看，你也可以看得很清楚。从 2006 年开始，中国平均每年都有亿千瓦以上的装机容量在发展。亿千瓦是什么概念？我参加工作的时候提出的口号是为 500 万千瓦而奋斗，集全国之力才干 500 万千瓦，我们现在连续 8 年都是以亿千瓦的速度在增长。如果我们没有强大的装备制造业基础，这么多的发电设备我们全要到世界采购，且不说我们的财力有没有那么多，可能世界上的其他工厂也都得开足马力生产才行。

你刚才问到这几年有什么新的突破？其实中国这几年的科技进步非常迅速，包括我们装备制造业的进展也是非常迅速。比如前些年我们电压等级直流只有 ±500 千伏，现在 ±800 千伏我们已经走到国外去了。最近习近平主席访问巴西，巴西美丽山到里约热内卢这条 2090 公里长的输变电线路就采用 ±800 千伏的特高压直流输电技术。我觉得这就是一个很大的进步。

我参加工作的时候从一开始就接触到这个直流输变电，我那时候负责技术引进，那时候还不叫 ABB，叫阿西亚和 BBC 这两个公司，后来这两个公司合并叫 ABB 了，我们葛洲坝到上海的这条线路就是买他们的，基本上全部是买。以后到了三峡往广东输，叫"三广线"，那个时候大部分还是买，我们连续几条线 ±500 千伏都是买的国外的设备。

有一次人家问我，你为什么要 ±800 千伏？我就讲了，当然原因很多很多了，其中有一个就是输电容量大了，电压等级越高，线损就越小。从西部到东部有两三千公里那么长，如果电压等级低的话，路上损耗就很大。学过电学或者学过物理的都知道功率等于电压乘电流，电流又是消耗，在电线当中经过的时候它会消耗能量转换成热能。所以，应该让电流尽可能地小。电流小怎么办呢？同等功率下电压就要高。所以，为什么电压从最开始出现很低电压，以后逐渐发展到 220，后来又变成 330、500，也不是说越高越好。总之，从理论上来讲，电压等级高，可以使输送电流相对小，损耗就可以少一点儿，因此要采取特高压。

可能有人觉得我这个回答不专业。其实我也是从实践当中来的。大家讲到电力体制改革都会提到的一个例子就是二滩。当时二滩水电发出来了，结果送不出去，当地消化也消化不了，就浪费掉了。那个时候给它一个计划，这个计划电还能保持两毛钱，计划外的电一度就3 分钱，我开玩笑讲还不够磨损费的呢。因为那时候它送不出去。我就请教当时电力工业部的副部长，管技术的叫陆延昌，后来他当了科协的副主席，那时候我了解到他们往重庆送的 500 千伏的交流只送到90 万千瓦，设计时可能也就 120 万千瓦，实际送到 90 万千瓦。我说陆部长，你怎么送那么一点儿，能不能多送一点儿？你送 200 万千瓦行不行？他说，那我们都是算出来的。怎么算？就是根据导线的发热程度，超过一定的热量，发热太高了就不能送了。那个时候给我留下一个很深刻的印象，一条 500 千伏的交流线路只能送一百多万千瓦，我们要送上千万千瓦那得多少线路啊？这一点给我印象非常深刻。

后来我邀请巴西的能源部长来中国，我陪他去看上海奉贤的变电站，向家坝到上海 ±800 千伏特高压直流输电示范工程就落在奉贤变电站。大家都知道巴西有个叫伊泰普水电站，中国三峡建成以前它是世界上最大的，我们搞三峡设计的很多人当时都到这个伊泰普水电站参观学习过。现在巴西来学我们了。巴西的能源部长反复问我一个问题，你们为什么一定要用 800 千伏？500 千伏为什么不行？我说 500千伏不是不行，但是我们从向家坝出来以后输送的电量特别大，如果我们用 500 千伏可能要多修一些线路，我们用 ±800 千伏可以使得输电的通道减少，因为每个通道也是要占地的，而且距离也越来越长。过去三峡到上海，现在要从溪洛渡到向家坝到上海，这个距离要长很多。为了减少线损，所以我们决定采取更高电压等级。他后来又带 20 多个巴西的电力专家来考察，他们国内也经过大概差不多两三年时间不断地论证，最后决定采取中国这样的 ±800 千伏直流。在我印象中这可能是在中国境外第一次采用 ±800 千伏，境外多数还是 500 千伏的。所以，你刚才问进步，这也算是一个进步。

记者：对，一个很大的进步。

张国宝：我们 ±800 千伏的特高压也走到国外去了。其他能源装备的进步也是非常巨大的。20 世纪 80 年代我去美国引进挖掘机，我们叫电铲，那个时候电铲是多大呢？16 立方米或 23 立方米。16 立方米的电铲放在太原重机厂做，23 立方米的电铲放在第一重机厂做。我现在再去太重去看，看到是 55 立方米的电铲，比我们当时引进的那个要大得多了。

刚才我讲到 20 世纪 80 年代我们搞 12 大重大装备，那个时候引进西屋公司的 30 万千瓦、60 万千瓦发电机组，因为在这之前我们国家没有做过 30 万千瓦。"文革"当中曾经让东方电气攻关 30 万千瓦，但我们还没有做出来。但现在我们不仅会做 30 万千瓦、60 万千瓦，我们 100 万千瓦的超超临界发电机组应用也是全世界最多的。前几年我统计已经是 60 多台，现在我估计上百台都有。这也是我们在原来基础上的一个进步。

还有就是烧劣质煤和高含硫煤的循环流化床锅炉，第一个试点是在四川白马电厂。我们当时引进的是 30 万千瓦的循环流化床，现在在这个基础上自己又开发了 60 万千瓦的循环流化床，在我印象中这在世界上也是领先的。

还有水力发电设备，三峡刚开始建的时候基本上是买国外的，后来第二次招标一部分是国内、一部分是国外，到了溪洛渡、向家坝我们全都是自己的。溪洛渡、向家坝采用的单机容量是 80 万千瓦，当时三峡单机是 70 万千瓦，已经世界上最大的了。溪洛渡、向家坝 80 万千瓦主要是通过自己的水利实验做的，很多技术指标都达到了世界先进水平。

还有一个很大的进步值得一提，那就是西气东输的一些关键设备。我那个时候担任西气东输领导小组组长，对这个情况比较清楚。我们没有搞过 10 个大气压以上的管子，连钢材都不会做。我们那个时候让几大钢厂，包括宝钢、鞍钢、武钢攻关搞 X70 钢，但是第一批招标还是让韩国人中了标，因为韩国的价格比我们还要便宜，以后才逐渐国产化的。现在 X70、X80、X100 都做出来了，钢材已经不成问题，都是中国自己供。但是我们的压缩机，无论是电力驱动还是燃气驱动的压缩机，西气东输一线、二线基本上全是国外购买的。因为这个压缩机转速非常快，大概 5000 转 / 分钟，对质量的要求非常之高。后来我们和中国石油天然气集团公司共同支持进行国内攻关，目前压缩机已经由沈阳鼓风机厂做出来了，二线上的个别实验站开使用了，西气东输三线基本上都能采用国内的来做，实现了零的突破。

总之，中国的装备制造业离国际先进水平的差距越来越小，有的甚至达到或超过了国际的先进水平。

记者：我记得在《能源要发展，装备须先行》这篇文章里您也提到能源装备的发展道路，提到一个观点是装备要和项目配套发展。我觉得三峡和东方电气可能就是一个很典型的例子。现在我们能源装备可能到了一个新的阶段，比如党和国家领导人会当推销员去国外推销我们的能源装备。我们"走出去"的时候是不是也还是这样一个理念，我们要和项目配套一起"走出去"呢？

张国宝：这个也是我工作生涯实践中体会出来的。刚才我讲到 20

世纪 80 年代我们搞了重大装备，那个时候国务院有一个重大装备办。我在国家计委工作，是从计委这个角度参加重大装备办工作的。那个时候重大装备办设在国家经贸委，林宗棠是办公室主任。那个时候我们研发出来的第一套千万吨级露天矿设备是 16 立方米电铲，是太原重机厂做的，电动轮车 108 吨是湘潭电机厂做的，但做完以后没人要。开始是想给霍林河露天矿，霍林河露天矿不放心，担心第一套做出来的质量行不行。怎么办呢？一铲四车已经做出来了。于是就想到了给江西德兴铜矿，但是设备运过去后，德兴铜矿也不要。最后总算有人用了，那就是首钢在河北的迁安铁矿，迁安铁矿还算开明，同意试用，但是不给钱。

所以，这件事情让我触动很大，如果重大装备没有重大项目来依托，做出来也没人要。但是往往重大项目不放心首台套，一般都会从国外购买，因为那是最保险的。我们自己的装备制造业费了很大的力气攻关做出来了，但是做出来没人敢用。所以，必须要和重大项目结合，这是一条非常重要的经验。

80 年代，因为存在"两张皮"的现象，有的时候扯皮扯得很厉害。负责装备研制的在机械工业部或者在重大装备办的指导下，而用户多半是在别的部。比如我刚才讲 30 万千瓦、60 万千瓦发电设备，用户在电力部，千万吨级露天矿设备用户在煤炭部，燃压机组、西气东输管道制造在机械行业，但用户在石油领域。用户不放心，不愿意使用，你说怎么办？批项目在国家计委，搞装备研发在国家经贸委，后来国家经贸委并到计委，有那么一段时间重大装备和项目部在一个口子里管，这个时候相对来讲比较好协调。

所以，成立国家能源局的时候，我也不是说一定要为我们争什么权力，如果把装备一家管，批项目另外一家管，有时候协调难度就要大得多，协调需要几个部门来协商。我刚才讲的绝对不是笑话，都是有经验可循的。比如中国第一个 60 万千瓦的机组，虽然做出来了也是没人要。第一个用国产 60 万千瓦机组的是哈尔滨第三发电厂，但是出了 200 多次问题，所以不愿意再要国产设备。后来国务院开了一次会，因为那时候电很缺，国家准备拿出一些外汇来解决一批发电设备。我印象很深刻，襄樊发电厂，天津的蓟县发电厂，还有苏州工业园的发电厂都准备拿国家的外汇来迅速建立发电能力。一谈到用什么等级机组的时候，都反对用 60 万千瓦，只同意用 30 万千瓦。我站在国家计委的立场上说，能不能再给机械工业部一次机会，河北蓟县用 60 万千瓦，如果你再不用我们的 60 万千瓦就没机会了。在国务院副秘书长周正庆的协调下，天津蓟县电厂最后用了国产的 60 万千瓦。现在 60 万千瓦遍地都是，不算稀奇了，现在 100 万千瓦都做出来了。如果当时没有这样一个依托项目的话，恐怕 60 万千瓦都落不了地。

风力发电也碰到过这个问题。风力发电当时科技部也支持过一个国产化，在沈阳依托沈阳工业大学搞了个 2 兆瓦的风力发电机，但做完后谁都不要。时任辽宁省委书记闻世震都来找过我帮忙。我去找用户，但也不能强迫人家用，还得跟用户商量。用户说 1.5 兆瓦的国产都已经很好了，3 兆瓦也有人做了，怎么还要用 2 兆瓦的呢？找了半天都不愿意要。所以，如果没有项目来依托，盲目地去搞攻关，有的时候会事倍功半。

你刚才讲的"走出去"，我觉得也是同样的道理，我们现在有了这个基础，也很想把我们的核电装备、特高压装备、高速列车走到国际上。国家领导人率先垂范，出访的时候推销我们的高铁、核电设备、特高压，也取得了成效。所以，你如果有了国外用户，我们的设备做出来那才是有的放矢。地铁装备我们开始的时候也不会做，广州地铁、上海地铁是 1989 年由德国政府贷款引进的，但是我们现在地铁装备这次大批出口到南美，也是因为依托项目。

记者：现在，关于能源装备"走出去"，很多媒体的理解也是把它看成一种刺激中国经济发展，促进投资的一个有效的手段，我不知道这种理解您是否认可呢？

张国宝：因为现在中国的装备制造能力很强，而且有些技术已经达到甚至超过国际水平。在这样的情况下，把我们的装备能力或者技术出口到世界其他地方去，这也是发达国家走过的路。所以，中国有这个条件，我们要把自己的装备"走出去"，我觉得这也是双赢的。一方面对于我们来讲，技术装备出口到国际市场上，对于那些发展中国家来讲，他们需要这些装备但是自己不会做，这对他们本地的经济发展会带来好处。例如印度，一年进口的发电设备一千多万千瓦，大部分都是中国的。因为在同样性价比的情况下，中国的发电设备非常具有竞争力。

记者：现在我们看到很多成绩，但是同时也能看到中国的能源装备企业和国际上的这些巨头，比如刚才提到的 ABB，还有西门子、通用电气，我们和他们的差距还是很大的，比如世界 500 强就没有我们能源装备企业的身影，这个问题主要出在哪儿呢？还有后续怎么能促进中国的能源装备企业向大型跨国的方向发展呢？

张国宝：你这个问题提得非常重要。过去我们有很多部，那时候叫机械工业部，曾培炎副总理他最早就是从电子工业部、机械工业部出来的，他当过机械工业部的副部长，他曾经在国家计委当主任。他就跟我讲过，他说我们整个机械工业的产值加起来都不如一个通用电气公司。我们一个机械工业部领导一大摊子，而且很分散，有重型机械、农业机械、机床、通用机械，还有汽车，但是通用电气的产值超过了我们，出口就更不用说了，比我们要大得多。中国就没有形成一个大的装备制造业的企业集团能够跟通用电气或者三菱重工或者像西门子这样的企业匹敌，没有形成这种跨国的非常有实力的装备制造业的企业集团。尽管中国也有一些企业集团，但都是一个门类，但通用电气不光是做发电设备的，它连飞机发动机都做。

记者：还有医疗，各种。

张国宝：很多。我觉得还有一个原因，就是这个装备制造业如何跟金融结合的问题。我们过去听说通用电气都是末位淘汰，盈利后三位的业务就从集团里卖出去，并不断吸收新的产业进来。例如，通用电气公司原来没有风电，但是后来它看到新能源发展很快，就从安然手里把做风机的技术买过来；通用电气过去也没有煤化工产业，后来看到煤化工发展挺快，就从德士古那里买过来煤化工。所以，通用电气不断在吸收新兴的产业，淘汰一些过时落后的产业，这是它不断创新的结果。

第二个做法就是它的盈利相当一部分来自于租赁公司。通用电气有很大的租赁公司。我们买飞机、买飞机发动机很多都是用的通用电气公司的租赁的钱。这一点中国没有。我们过去造设备就是造设备，造了以后就卖给你，你给我钱，一手交钱一手交货。通用电气不是，它是租赁。设备你先拿去用，我租给你，实际上就是分期付款的意思，以后若干年你每月或者每年或者每季度给我一块儿租金，经过若干年它把整个设备都回收过来了。它有这个金融支持，你说用户会买谁的？很多建筑公司或者筑路公司的推土机、压路机，这条路修完基本上就报废了。所以，没必要买新设备，就去租设备，租完以后，这条路修完，我这套压路机基本上寿命也差不多了。

中国有两个比较知名的工程机械公司，一个是在湖南的中联重科，国有的，还有一个是三一重工，也在湖南。有一次我到湖南去，当时张春贤还在湖南当省委书记，他就领我看中联重科。中联重科是好多工程机械厂合并在一起，有很强的实力，在整个广场上摆了很多各种各样的工程机械，很壮观。当时我就跟他探讨一个问题，我说你有没有租赁？他说我没有。我说你没有租赁，你很难跟国际上这些公司来竞争。用户不要交现钱，租赁就可以拿到，你说人家会买谁的？我说你要发展必须要想办法搞出个租赁公司来。后来过了几年，我又碰到中联重科的人，他说我们已经搞起来了，有了自己的租赁公司。所以，我觉得这种装备要和租赁相结合，非常重要。

所以，我们装备制造业如果将来要做大做强的话，没有金融的支持可能不行。我们现在金融担保也比较薄弱，啥事儿都得找中信保。中信保的额度又有限，就只能担保这么多，租赁业务也不是很广泛。所以，这一点我觉得还要加强才行。

记者：刚才您提到通用电气，说它的业务末位淘汰，包括提到它的风机风电的发展，我也注意到您在国家能源局做局长的时候，一直非常支持可再生能源的发展，风电也是在您在位的时候有了非常广阔的发展前景。我想问一下，您当时是怎么注意到国际上已经产生了这种向低碳和绿色化的趋势走呢？

张国宝：我有切身的体会或者切肤之痛，应该是在 90 年代初期。那个时候国家计委有一位副主任叫叶青，他后来当过神华的董事长。我有一次陪同他出国，飞机在加利福尼亚降落的时候，我看到加利福尼亚沿海的山包上漫山遍野的都是各种各样的风机，我们也参观了一下。那个时候中国基本上不会做风机，当时国家计委内部也有这么一个机构，还贷了一部分世界银行的款，专门在外面找了一个办公室支持搞风机。他们找了西安飞机制造厂和第一拖拉机厂，联合起来搞风机，搞了半天还是没搞出像样的来。

那个时候我就下决心，中国一定要造出自己的风机来，而且不能光用计划经济的办法，要引入市场竞争的办法。如果国家给出一定的资源，通过竞争招标，扶持一些龙头企业，让它成长为风力发电设备制造的强者的话，那应该是一条路子。

那时候我在国家能源局当局长的时候就推行特许权招标。所谓特许权招标就是国家要拿出一块资源来，而且国家要告诉你这个地方的气象条件大概是怎么样子，风是怎么样，这个你让一家企业自己去做难度是很大的。那个时候我们就拿出一些钱给气象局，让气象局提供风力资料，刮风每年风向怎么样，风力大小怎么样，提供给愿意投资的人来干，同时投资人也不是我指定你，要通过竞争招标。竞争招标里要看国产化率，就是谁国产化率高我们就要支持它，当然也要看它的质量、技术条件怎么样。

搞了几年以后美国人不干了，美国人提出抗议说，你们中国怎么要国产化率？你再提国产化率不符合国际贸易组织有关规则了。有一次中美战略经济对话在杭州举行，美方的商务部部长就是后来驻中国大使骆家辉，中方是王岐山同志带队。事先王岐山同志估计到美国方面会发难，提出中国为什么会提国产化要求，不符合世界贸易组织规则。所以，事先我们也都商量，也给王岐山同志提建议，如果美方提出这个问题，我们主动说可以取消，不要国产化率。因为经过几年的发展，我们已经可以跟国际上的强手同台竞争。不出所料，骆家辉果然提出这个问题。王岐山同志主动提出我们可以取消，当时是作为中美经济战略对话一项重要成果。我们取消了以后，由于前一段时间我们自己的培育，已经具备了和国际上的风机竞争的实力。现在中国市场上尽管还有国外的风机，像维斯塔斯这样的一些风机厂，但是我们自己的国产风机占的份额很大了。目前，我们风机的装机也已经超过美国，世界第一了。2004年全国的风力装机容量只有48万千瓦，10年的时间工夫我们已经增加到8000多万千瓦，相当一部分都是我们自己造的。

记者：其实我觉得在您担任国家能源局局长的时候很多人还没有意识到可再生能源将来的战略意义。现在可能越来越多的人开始知道绿色低碳是将来能源转型的一个非常重要的方向。对于能源装备企业来说，是不是也应该加强向节能环保、绿色低碳这个方向发展呢？

张国宝：对，气候变化现在已经是全世界关注的一个话题了，不仅是个经济话题、科技话题，也是个政治话题。中国参加气候谈判当中也面临很大的压力，因为中国能源结构中煤炭占的比重比较大。人类从薪炭时代走向了化石能源时代，而化石能源时代可能又要走向另外一个能源的时代，因为化石能源是地球存在几十亿年历史积累下来的太阳能，是不是会有枯竭的一天？当然这个枯竭时间可能不会很短，也许会是几百年，但几百年在人类历史长河当中也是很短的一段时间。现在可以看出来，尽管没有枯竭，但价格已经越来越贵了。我参加工作的时候，经历过一桶油 9 美元的时候。现在看看一桶油多少钱了？ 109 美元都不止。也就是二三十年的时间就变化这么大，再过二三十年原油价格会涨到什么程度？我现在不好说。但是我估计肯定是一种涨的趋势。所以，要用新能源来代替传统的化石能源。

刚才有人在讲下一个能源皇帝是谁？我想人们用可再生能源，这对人类可持续发展是非常重要的，因为风也好，太阳能也好，是取之不尽的，是自然界循环的。化石能源是把地底下埋藏的古代的化石、太阳能给它用起来。所以，从科学发展的趋势来讲，我们一定要找到一个新的能源来替代，至少是部分替代化石能源，这绝对是一条正确的道路。

编 后 记

2018年9月，张国宝主任的《筚路蓝缕——世纪工程决策建设记述》由人民出版社出版。一时间，好评如潮，洛阳纸贵。各媒体闻风而动，争相转发其中文章，引起巨大反响。恰逢《作家文摘》报社启动2018年度十大非虚构类好书评选活动，邀请近40家出版机构推荐200本非虚构类作品参选。投票过程中，国宝主任的《筚路蓝缕》与刘源将军的《梦回万里 卫黄保华》、傅莹主任委员的《我的对面是你：新闻发布会背后的故事》，票数此消彼长，排名交替变换。12月，中国作协党组成员、书记处书记吴义勤，中央党史和文献研究院院务委员陈晋，《人民日报》原副总编辑、作家梁衡，《文艺报》总编辑梁鸿鹰，作家周大新、梁晓声等评委进行投票终评，《筚路蓝缕》脱颖而出，荣获"2018年度十大非虚构类好书"。

很多读者致信致电人民出版社和国宝主任，畅谈《筚路蓝缕》读后所想所思，期待国宝主任再多写一些中国发展改革方面的丰富实践与精彩故事，让更多人了解我们国家几十年发展改革走过的不平凡道路。国宝主任的一些亲朋好友和同事以各种方式向他表达读到《筚路蓝缕》的惊喜与震撼。国宝主任深受鼓舞，他自己也想给共和国改革开放走过的不平凡道路留下更多所做所为、所见所闻、所思所想。国宝主任因罹患重疾，病魔正无情地吞噬着他的肌体，然而国宝主任仍忍着巨大的病痛在那部老旧的华为手机上一个字、一个字敲出一篇又一篇文章，有的在《中国经济周刊》等媒体陆续发表。

在此期间，国宝主任萌生了将这些新写的文章与《筚路蓝缕》未能收入的一些重要文章结集出版的想法，并开始着手整理。然而，国宝主任因病不幸于 2019 年 10 月 4 日与世长辞，留下无尽遗憾与思念。

悲伤不能即刻去触碰，需要时间来抚平。来年夏天，我们去看望国宝主任夫人李之琪阿姨。说起国宝主任的点点滴滴，既为他一生"位高供国用"自豪，又被他一生"权重为民行"感动。说到动情处，泪水共沾巾。谈起国宝主任再出一部书以飨读者的未了心愿，李阿姨说："老张未来得及完成的事情我应该去做。虽然他已走，但我一直感觉他并未走远，留下的与他有关的物品，我现在每当触摸到都非常难过，再过段儿时间吧，等我缓缓再把他留下的文章资料整理一下，看看能不能出版。"我们说：要不这样，主任的稿子我们都很熟悉，我们先搜集整理着，您这边儿什么时候整好了，咱们再汇总比选适合出版的。

这是一个浩大工程，但国宝主任的未尽心愿和高尚人格感染激励着我们，再难也要做下去。回去后，我们通过中国经济网国宝主任专栏和中国知网等，全面收集国宝主任的文章。加上李阿姨提供的文章和未刊稿，共计 186 篇、75 万多字。经过 7 轮比选，选定 140 篇文章交给人民出版社，请编辑修改指导。由于初稿字数太多，人民出版社编审过程中，建议删去涉密、敏感、重复的文章 36 篇。经过反复不断切磋雕琢，文稿犹如一堆散乱的珍珠玉石被串成一件绝美艺术品。

为编好本书，我们和李之琪阿姨保持密切沟通，多次面谈。听李阿姨讲述她和国宝主任相知相恋、相濡以沫的星星点点。从李阿姨的叙述中，知道了"老张"除了国家发改委副主任、国家能源局局长正部级官员的"高大上"外，还有当年和李阿姨在天安门前相约见面时从斜挎背包中滚出两块面饼的趣事，大学毕业一同被分配到山沟里建设三线的艰苦奋斗经历。尤其是对半个世纪前那碗担担面的悠长回味，折射出共和国发展改革的宏伟巨变。

2018 年 11 月 19 日，是国宝主任的生日，他们一起去了几十年都未曾去过的北京前门大街。回家后，李阿姨把照片编辑成一个美篇，并在前言中写道："今天是个好日子，老伴在人生路上又跨入了新的一年。我提议：咱们去一趟前门大街寻找年轻时曾在那个四川饭店吃过的二两粮票一毛四分钱的担担面吧，那可是我们永远也忘不了的味道啊！但是，就像我们年老沧桑的面孔上再也看不出年轻时的模样，那个记忆中的四川饭店不见了。"老张在评论区写道："50 年前，一毛四分钱、二两粮票都是你付的，加上这 50 年的利息我也没有还你。"阿姨回复："半个世纪都过去了，免单了！""老张在工作中曾经多次去四川出差，每当吃到担担面，他都会说再也找不回当年那一毛四分钱二两粮票的担担面味道了。"

我们理解，找不回的担担面味道，除了饱含国宝主任和李阿姨对年轻时美好爱情的回味，更有如今物质丰富、美食众多对过去物质匮乏、食品单一的彻底告别。在李阿姨的叙述中，我们对国宝主任的认识更加立体全面，对如何选编好书稿有了更加深刻的把握。

书名初定《亲历与思考》。李阿姨和出版社都不太满意。两年多时间，绞尽脑汁也一直没想出更恰当贴切，并且能与《筚路蓝缕》遥相呼应的书名。偶然机会，看到温家宝同志给国宝同志手书的一封长信说道："退休后分别五年了，经常想念你和那难忘的岁月。我们共同经历改革开放的光辉历程，深为国家的发展和进步而自豪，心是相通的。"一下子受到点醒、豁然开朗，就叫《光辉历程——中国发展改革 40 年亲历与思考》。《筚路蓝缕》主要讲中国改革开放 40 年走过的不平凡道路；《光辉历程》恰好是说国宝主任 40 年亲历的中国发展改革的不平凡历程。简直就是妙然天成、承前启后的姊妹篇。

人民出版社总编辑辛广伟同志，对书稿非常重视，给出许多建设性、指导性意见建议，对出版给予大力支持帮助。责任编辑朱云河同志，业务精湛、尽心尽责，在文章选编过程中给予详细专业的指导，为修改完善书稿付出巨大心血。特约编辑张明同志，为策划立项、文章收集、编辑校对付出辛勤劳动。张晓天同志对本书出版十分关注，给予了全力支持、提供了很好思路。

时光匆匆。转眼国宝主任离开我们就快 4 周年了，在这个十分重要的日子，书稿即将付梓，这是对国宝主任的告慰。他应该是开心的。

文章已满行人耳，一度思君一怆然。《光辉历程》记录着共和国走过的光辉足迹，蕴含着向改革开放伟大事业每一个参与者的无限敬意，寄托着对国宝主任的深切缅怀，更是国宝主任献给一直关注、景仰、热爱、思念他的亲朋、读者的最后心意。

编者

2023 年 8 月

责任编辑：朱云河
特约编辑：张　明
装帧设计：王欢欢
责任校对：刘　青

图书在版编目（CIP）数据

光辉历程：中国发展改革 40 年亲历与思考 / 张国宝　著 . — 北京：
　人民出版社，2023.9
ISBN 978－7－01－024896－7

I. ①光… 　II. ①张… 　III. ①中国经济－经济发展－文集 　IV. ① F124-53

中国版本图书馆 CIP 数据核字（2022）第 125704 号

光辉历程

GUANGHUI LICHENG

——中国发展改革 40 年亲历与思考

张国宝　著

人民出版社 出版发行
（100706　北京市东城区隆福寺街 99 号）

北京中科印刷有限公司印刷　新华书店经销

2023 年 9 月第 1 版　2023 年 9 月北京第 1 次印刷
开本：710 毫米 ×1000 毫米 1/16　印张：38.75
字数：482 千字

ISBN 978－7－01－024896－7　定价：138.00 元

邮购地址 100706　北京市东城区隆福寺街 99 号
人民东方图书销售中心　电话（010）65250042　65289539